Ronnie Spector
mit Vince Waldron

BE MY BABY – MEIN LEBEN

Ronnie Spector
mit Vince Waldron

Be My Baby
Mein Leben

Aus dem amerikanischen Englisch von Alan Tepper

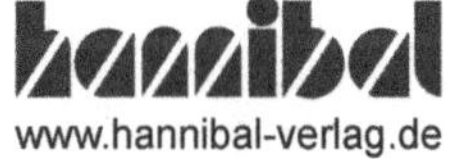

www.hannibal-verlag.de

Für meine Mum und Austin und Jason

Ronnie Spector wurde als Lead-Sängerin der Ronettes zu einer Ikone. Mit der legendären und stilprägenden Girlgroup hatte sie eine Serie von Hits, darunter „Walking In The Rain“. „Baby, I Love You“ und „Be My Baby“. Ronnie, die sprichwörtliche Verkörperung des Herzens, der Seele und der Leidenschaft des Rock'n'Roll, wurde im März 2007 in die Rock and Roll Hall of Fame aufgenommen. Sie verstarb am 12. Januar 2022.

Vince Waldron ist ein mit einem Emmy geehrter Autor. Er lebt in Los Angeles.

Impressum

Deutsche Erstausgabe

Hannibal Verlag, ein Imprint der KOCH International GmbH, A-6604 Höfen
www.hannibal-verlag.de
ISBN 978-3-85445-738-1
Auch als E-Book erhältlich mit der ISBN 978-3-85445-739-8

Titel der Originalausgabe: Be My Baby – A Memoir
Erschienen 2022 bei Henry Holt and Company, einer registrierten Marke von Macmillan Publishing Group, LLC; 120 Broadway New York, New York 10271
www.henryholt.com
Autoren: Ronnie Spector mit Vince Waldron

ISBN 9781250837196

Übersetzung: Alan Tepper
Deutsches Lektorat / Korrektorat: Thomas Wachter

Printed in Germany

CO_2-neutrale Produktion

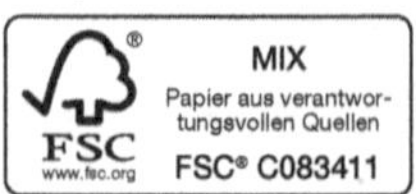

Inhalt

Einleitung von Keith Richards 9

1 *Ozzie und Harriet in Spanish Harlem* 13

2 *So viele 'ettes* 27

3 *Mascara? Noch ein bisschen mehr!* 49

4 *Der Rattenfänger* 59

5 *Haare bis zur Decke* 71

6 *Fools Fall In Love* 84

7 *John, George, Ringo und Mum* 94

8 *Die Schöne und das Biest* 114

9 *Gewitter* 123

10 *Voll im roten Bereich* 137

11 *Widerliche Fotos* 152

12 *Dunkelheit* 168

13 *Honeymoon* 176

14 *Der aufblasbare Phil* 186

15 *Krampfanfall* 211

16 *Eine ungewöhnliche Geburt* 219

17 *Außer Kontrolle* 231

18 *Nicht meine Tonart* 241

19 *Exkursionen* 252

20 *Barfuß und bankrott* 261

21 *Wieder im Spiel* 275

22 *Say Goodbye To Hollywood* 295

23 *Backstage-Pass* 313

24 *Weglaufen* 319

25 *Ganz unten* 332

26 *Zwei Pfund und zweihundert Gramm* 341

27 *Unfinished Business* 355

Epilog 1990 363

Postskriptum 366

Danksagungen 379

Die Ronnie Spector Diskografie 383

Index 405

Einleitung von Keith Richards

Ich traf Ronnie Bennett – so hieß sie damals, als sie noch einige Platten von Ronnie Spector entfernt war – im Januar 1964. Nach Christi, falls Sie sich die Frage stellen. Um Sie auf den Handlungsort einzustimmen, geleite ich Sie in den Backstage-Bereich eines dunklen, klammen und kleinen Theaters. Es war die zweite Tournee der Rolling Stones, die in England stattfand. Plötzlich traten wir mit den Ronettes auf, eine damals ungeheuer populäre Gruppe. Jede Platte von ihnen kam auf Platz 1. Falls das nicht so war, hätte es so sein müssen. Sie wussten, wie man Schallplatten produziert! Vor diesem Tag hatte ich Ronnie noch nie gesehen. Natürlich kannte ich sie – wie auch alle anderen – aus dem Radio. Bevor wir uns also tatsächlich begegneten – Ronnie und ich – funkte es bereits über den Sound zwischen uns.

Auf einer Tournee zu sein, bedeutete, dass ich mich aus meiner winzigen Schlafkoje aufraffen musste, um danach den Weg zur Garderobe zu finden, die an dem Tag im Theater lag. Ich glaube, es war das Granada Mansfield in den East Midlands, in der Nähe von Nottingham. Vermutlich war die letzte Gruppe, die hier in dem lokalen Pub „aufschlug", Robin Hood und seine fröhlichen Gesellen. Übrigens: Das Theater wurde ungefähr zehn Jahre später abgerissen. Nun steht dort ein Bekleidungs-Discounter. Aber das ist noch nicht das Ende meiner kleinen Geschichte.

Also zurück ins Jahr 1964 und ins Granada Theater. Ich schlendere also durch den Flur zum Backstage. Er ist grün. Es ist immer noch dunkel. Es stinkt immer noch. Und als ich die Treppe betrete, höre ich diese Stimmen. Himmlisch! Drei singende Engel. Kurz überlege ich, ob es sich tatsächlich um Engel handelt. „War's das schon? Hat's mich schon weggehauen? Tja, war aber trotzdem ein netter Abschied!"

Ich latsche also weiter die Treppe hoch. Dann höre ich Nedra und Estelle, die einen hypnotischen Gesang abliefern. Ja, genau das ist der Sound. Die Ronettes. Und dann höre ich die reine, unverfälschte Stimme von Ronnie, die „Be my little baby …" singt. Das zieht mich direkt in den Vorstellungssaal des Theaters. Ich erkenne die Stimme sofort. So etwas kann man nicht nachahmen. Vielleicht hätte es Frankie Lymon gepackt, den Ronnie so liebte. Ich finde einen Sitz im leeren Auditorium. Ich werde mir das hier mal anschauen – und anhören! Ronnie erkennt mich direkt. Natürlich. Und starrt mich intensiv an. Plötzlich wird mir eine Galavorstellung von der heißesten Girlgroup der Welt geboten. Nur für mich. Da soll mal einer von Schock und Ehrfurcht reden.

Ich höre sie singen, nur die drei Mädels, A cappella, ohne diese großartigen Arrangements von Jack Nitzsche. Ohne die sie unterstützende Wrecking Crew. Ohne all das errichten Ronnie und die Ronettes ihre eigene „Wall of Sound". Dort, in einem leeren Theater. Sie brauchen keine Hilfe.

Natürlich war es Liebe auf den ersten Blick. Ist das nicht immer so? Es ist schon so lange her, dass es mir schwerfällt, alles exakt wieder lebendig werden zu lassen. Ich kann aber eindeutig sagen, dass sich Ronnie und ich schon von diesem ersten Tag an gut verstanden. Wir hatten so gut wie keine Gemeinsamkeiten, ein Gitarrist aus Dartford und ein außergewöhnliches Mädchen aus Spanish Harlem. Aber wir hatten die Musik. Das verstehen Sie. Ohne die Musik wären wir uns niemals begegnet. Und ohne die Musik würde ich jetzt nicht diese Worte schreiben. Das ist doch ein wunderbarer Magnetismus, nicht wahr?

Wir trafen uns also in England und wenige Monate später fanden sich die Stones in Amerika wieder, freigelassen in New York City. Und was passiert? Natürlich tauchen die Ronettes am ersten Morgen in diesem riesigen roten Cadillac-Cabriolet auf. „Kommt schon“, rief Ronnie. „Wir bringen euch zum Jones Beach!“

Wir quetschen uns also in das Cabriolet, Ronnie, Nedra und Estelle – und so viele Rolling Stones, wie in diese Riesenkutsche reinpassen. Und schon geht's los. Das war ein Tag! Meine Güte, wir kamen zum ersten Mal nach New York. Ich schaue zu Mick rüber, der seinen Arm um Estelle gelegt hat und sage: „Hey, genau so muss es sein, Mann!“ Die Ronettes chauffierten uns durch die ganze Stadt bis zum Jones Beach. Und später fuhr ich mit zu Ronnies Wohnung. Beeindruckt. Wir hatten einen solchen Spaß.

Muss ich Ihnen jetzt noch sagen, dass Ronnie eine der besten weiblichen Rock'n'Roll-Stimmen aller Zeiten hat? Sie sticht heraus. Absolut. Ronnie hat mit vielen Produzenten und Arrangeuren gearbeitet und einige davon waren sehr gut. Doch wenn man sich ihren Gesang anhört, weiß man sofort, wer hier die Kontrolle hat. Jeder Song, den sie singt, wird zu ihrem eigenen. Er gehört keinem anderen. Ronnie ist ein sehr starkes Mädchen. Dennoch wurde sie eine lange Zeit vom Singen abgehalten. Und so überrascht es mich nicht, dass sie immer noch arbeitet. Und sie kann immer noch singen. Oh, Mann! Ich besitze Bänder, die sie hier in meinem Haus aufgenommen hat. Das war 2001.

Ich habe ein kleines Studio in meinem Keller und hatte 2000 und 2001 einige Zeit frei, woraufhin ich jeden ansprach und zum Musikmachen einlud. Ronnie ist im Grunde genommen meine Nachbarin, denn sie wohnt in Connecticut, nur vier Städte von mir entfernt die Straße hinunter. Und so erschien auch sie einige Male. Wir nahmen ein Duett der alten Ike & Tina Turner-Nummer „It's Gonna Work Out Fine“ auf, und am Tag vor 9/11 arbeiteten wir gerade an „Love Affair“. Danach zerstreuten sich die Menschen in alle Winde. Bei uns lief es wirklich prima, doch dann ging die Bombe hoch. Doch diese Nummer gehört zu den wenigen Tracks, an denen ich noch weiter arbeiten will. Ronnie – ich genieße es, wenn sie da ist. Und ich will, dass sie hier noch lange abhängt. Wie ich selbst.

Das letzte Mal, dass ich Ronnie sah – und hörte – war bei meinem Zahnarzt. 2020, kurz vor der Pandemie. In New York City. Ich sitze also im Behandlungsstuhl und der Zahnklempner macht sich über mein Gebiss her. Und plötzlich höre ich Gesang. Aus dem Flur heraus. Eine wunderschöne, reine und ehrliche Stimme, die ich sofort erkenne. Sie singt „Be my little baby …" Ich denke mir nur, dass das nicht wahr sein kann. Sie lässt sich tatsächlich am selben Tag die Zähne machen, und als sie von meiner Anwesenheit erfährt, entscheidet sie sich, mich mit einer kleinen Serenade zu überraschen. Mit immer noch geöffnetem Mund winke ich Ronnie kurz zu. Ich kann nicht reden, aber das ist egal, denn zwischen uns beiden – zwischen Ronnie und mir – ist immer noch der Sound, der es funken lässt.

Keith Richards
September 2021

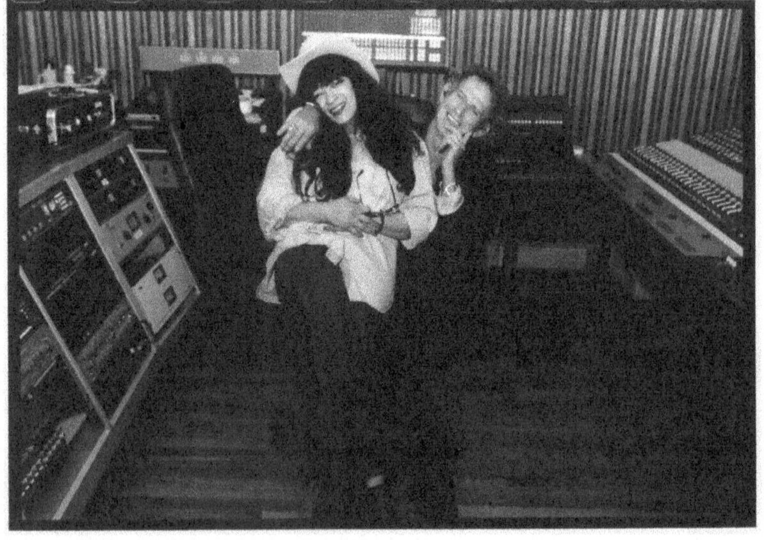

Debra Greenfield

1

Ozzie und Harriet in Spanish Harlem

Dürres gelbes Pferd. Das war der Name, den mir die schwarzen Kids gaben, als ich aufwuchs. Mein Teint war etwas heller, und ich war so klein, dass ich immer wie ein kleines Pony um mich trat, geriet ich in eine Schlägerei. Und ich wurde immer verprügelt, denn die PS 153 an der Kreuzung 145th Street und Amsterdam Avenue zählte zu den härtesten schwarzen Grundschulen Harlems. Die Kids dort hänselten mich immer und schrieen: „Hey, Mischling, krieg' deinen Arsch wieder zurück ins Reservat."

Für mich war es aber nicht so schlimm wie für meine Schwester. Ich war ein Wildfang, ähnelte eher einem Jungen und konnte schnell rennen, doch Estelle verhielt sich immer so souverän und anständig, dass die Kids von der PS 153 dachten, sie sei ein Snob. Darum wurde sie noch schlimmer schikaniert. Obwohl Estelle zwei Jahre älter war, gab es Situationen, in denen ich sie gegen die anderen Kinder verteidigen musste.

Was ich aber am schlimmsten fand: Vor der Schulzeit hatte ich niemals erlebt oder verstanden, was das Wort Vorurteil bedeutet. Ich wurde am 10. August 1943 in Spanish Harlem geboren. Meine Mutter Beatrice Bennett stammte von Schwarzen und Cherokees ab, und mein Vater Louis war ein Weißer, was mich so gemischtrassig macht, wie es nur möglich ist. Meine Schwester Estelle und ich wuchsen an der 151st Street zwischen der Amsterdam und dem Broadway auf, in Nachbarschaft mit chinesischen Wäschereien, spanischen Restaurants und von Schwarzen geführten Lebensmittelgeschäften. Auf der Straße sahen wir Menschen jeder nur erdenklichen Hautfarbe. Viele Kinder unseres Blocks waren gemischtrassig, und so erschien uns eine Ehe zwischen Menschen unterschiedlicher Hautfarbe als völlig normal. Den Kids von der PS 153 passte das aber ganz und gar nicht.

Estelle und ich hatten beide lange glatte Haare, die uns aber am meisten Ärger einbrachten. Meine Mutter machte uns immer lange, dicke Zöpfe, die am Rücken hinabhingen und an deren Ende sie grellgelbe Schleifchen befestigte. Und so trug ich meine Haare auch an dem Tag, an dem dieses Mädchen mit dem Namen Barbara fragte, ob sie sie berühren dürfe. Ich saß an meinem Tisch in der zweiten Klasse, als sie sich von hinten vorbeugte.

„Ooh, Ronnie, dein Haar sieht so weich aus“, flüsterte sie. „Darf ich es anfassen?“

Für ein schwarzes Mädchen war mein Haar ungewöhnlich samtig, und so fragten mich die anderen Kinder immer, ob sie es berühren dürften. „Klar“, meinte ich zu Barbara und machte mich wieder an die Lektüre von *Dick and Jane.*

„Oh, so schön“, sagte sie. „Das ist wirklich schönes Haar.“

Ich spürte, wie sie den Zopf streichelte, aber dachte mir nichts dabei. Doch dann fingen die um uns herumsitzenden Kinder zu kichern an. Die Lehrerin war noch nicht im Klassenzimmer aufgetaucht, und so drehten sich auch die Schüler vor mir um und beobachteten Barbara. Ich war es längst gewohnt, dass man mich aufzieht. Aber ich konnte überhaupt nicht verstehen, was denn so unterhaltsam an dem war, was hinter meinem Rücken vor sich ging. Dann fand ich es heraus!

„Oooooh, Barbara!“, kreischte ein Mädchen namens Cynthia. „Was machst du denn mit Ronnie?“

Ich drehte mich nach hinten, um herauszufinden, was sie denn meinte und traute meinen Augen nicht. In Barbaras Hand baumelte ein merkwürdiger brauner Strick mit einer gelben Schleife am Ende. Ich schnappte nach Luft und fasste mir an den Hinterkopf. Der Zopf war weg! Barbara hatte ihn direkt am Haaransatz abgeschnitten.

„Das ist wirklich schönes Haar", frotzelte sie und brachte mich zur Weißglut, indem sie den langen, wunderschönen braunen Zopf vor meinem Gesicht baumeln ließ. „Lass ihn mich behalten. Okay, Ronnie? Darf ich ihn behalten?"

Mit der Hand bedeckte ich die verbliebenen Haarstoppel und begann hysterisch zu heulen, worüber die anderen nur noch mehr lachten. „Gib ihn mir", schrie ich und riss ihr den Zopf aus den Händen. Dann rannte ich zum kleinen Abstellraum am Ende des Klassenzimmers, schloss die Tür hinter mir ab und drückte den abgeschnittenen Zopf ganz fest in meinen Händen. Als die Lehrerin endlich das Klassenzimmer betrat und mich aufforderte herauszukommen, weigerte ich mich.

„Na los, komm schon, Veronica", verlangte sie. „Und ich meine Jetzt!" Ich hatte keine Ahnung, was für eine Geschichte ihr die anderen Kids erzählt hatten, doch sie war nicht auf meiner Seite. Und so blieb ich dort drin. Schließlich rief die Lehrerin meine Mutter an, die kam und mich mit nach Hause nahm, nachdem all die anderen Kinder gegangen waren.

In der folgenden Woche schrieb uns Mutter bei der PS 92 an der 134th ein, die von hispanischen und schwarzen Kindern besucht wurde, gemeinsam mit einigen weißen Kids. Es war eine bessere Schule, die auf der gegenüberliegenden Straßenseite lag, gesehen vom Haus meiner Oma in Spanish Harlem. Nach dem Unterricht rannten wir immer direkt zu Großmutter, wo wir mit all unseren Cousinen spielten. Mum hatte sieben Brüder und sechs Schwestern, und so können Sie sich sicherlich vorstellen, wie voll es dort immer wurde.

Estelle und ich spielten oft mit Tante Hermeans Kindern – Diane und Elaine – die ungefähr in unserem Alter waren. Doch Nedra, Tante Susus Tochter, stand mir von all den Cousinen am nächsten. Nedra Talley. Ihr Vater war Puertoricaner und ihre Mutter hatte wie auch meine schwarze – und Cherokee-Wurzeln, womit sie so gemischtrassig wie ich war. Obwohl zwei Jahre jünger, konnte man uns als unzertrennlich beschreiben. Wir standen uns sehr nahe, so nahe, dass wir gemeinsam auf den Klodeckel stiegen, in die Hocke gingen und gleichzeitig Pipi machten. Scheinbar teilten wir auch eine bestimmte Abenteuerlust, da wir uns in Omas Haus ständig Ärger einhandelten.

Oma behandelte uns streng. Wir durften noch nicht mal draußen spielen. Wollten wir ein wenig Sonne tanken, blieb uns nur das Flachdach, wo sie uns immer im Auge behielt. Wir durften auch nicht in den Park gehen, da dort so viele Fremde herumlungerten. Es war eben Spanish Harlem, wo man viele merkwürdige Menschen treffen konnte. Ich werde niemals einen bestimmten Tag vergessen, an dem Nedra und ich allein rausgingen. Es war das erste Mal, dass ich den Penis eines Mannes sah.

Ich war ungefähr acht Jahre alt und überredete Nedra, mit mir zum Süßwarengeschäft auf der anderen Straßenseite zu schleichen. Niemandem fiel das auf, und als wir wieder rauskamen und uns über die Lakritze und Candy Corn hermachten, bemerkten wir einen Typen, der mit uns zugekehrtem Rücken mitten auf dem Gehweg stand. Wir versuchten an ihm vorbeizuschleichen, doch er drehte sich um und zeigte uns seinen Penis, der aus der Hose heraus baumelte. Wir kreischten so laut, dass man uns wahrscheinlich noch in Queens hören konnte! Blitzschnell rannten wir nach Hause und erzählten Oma und all unseren Tanten von dem Erlebnis. Und? Wir bekamen einen Monat Hausarrest!

Da wir aber sowieso kaum rausgingen, empfanden wir das nicht als Strafe. Außerdem war ich nach dem Zwischenfall vor dem Süßwarenladen froh darüber, drinnen zu bleiben.

Besonders an den Wochenenden. Die Wochenenden bei Oma waren das Beste, was man sich vorstellen kann. Dann kamen nämlich all meine Tanten und Onkel rüber, und wir aßen zusammen und sangen die ganze Zeit. Die meisten Brüder und Schwestern von Mum mochten das Singen, das Schauspielern oder Witze zu erzählen. Und so erschienen sie jedes Wochenende bei Oma und führten dort kleine Amateurshows auf. Keiner von ihnen sang oder schauspielerte professionell – es war etwas, was sie nur wegen des Spaßes machten.

Das war alles so aufregend, besonders für ein kleines Mädchen wie mich. Ich stand in Omas Wohnzimmer und beobachtete sie ehrfurchtsvoll und verblüfft bei den Proben. Vier meiner Onkel standen in einer Ecke und übten Harmoniegesang im Stil der Mills Brothers, während drei Tanten in einer anderen an einer Andrew-Sisters-Nummer arbeiteten. Eine Tante stand in der Küche und warf ein Bein wie eine Balletttänzerin in die Höhe, während jemand im Schlafzimmer Akkordeon übte. An Wochenenden verwandelte sich das Haus in eine kleine Do-it-yourself-Musikschule.

Ich glaube, dass mir Auftritte im Blut liegen. Neben all den Onkeln und Tanten mütterlicherseits liebte auch mein Vater Musik. Dad arbeitete den ganzen Tag in einem Verschiebebahnhof der U-Bahn, doch er besaß ein tolles Drum-Set. Es stand im Wohnzimmer, und er trommelte die ganz Nacht darauf herum. Schlagzeug in einem Jazz-Club in Harlem zu spielen – das war sein großer Traum! Er schaffte es nicht, diesen Traum zu verwirklichen, aber schenkte mir seine Liebe für die Musik.

Soweit ich mich zurückerinnern kann, liebte ich das Singen. Laut meiner Mutter war das sogar schon als Baby so. Als ich 16 Monate alt war – so erzählte es Mutter – hielt sie mich an einem kalten Dezembermorgen in ihren Armen, während wir mit der U-Bahn Nummer 1 fuhren. Und ich begann, Weihnachtslieder zu singen. Die anderen Fahrgäste schauten erstaunt zu diesem kleinen Baby, das mit seiner piepsigen Stimme „Jingle Bells“ sang. Sie hätten beinahe die Halteschlaufen losgelassen und wären fast auf ihre Hintern gefallen.

„Sieh mal“, sagte einer von ihnen. „Das kleine süße Baby singt!“ Ich war so klein, dass mich jeder Fahrgast für noch jünger hielt. Eine alte Dame meinte: „Ich habe noch nie ein Baby gesehen, das singen konnte!“ Wie Mum erzählt, blinzelte ich in die Runde und bemerkte die Aufmerksamkeit, die man mir schenkte. Sogar schon als Kind liebte ich ein Publikum.

Jeder in der Familie wusste wie sehr ich das Singen liebte. So überraschte es sie auch nicht, als ich mit vier Jahren auf den Wohnzimmertisch kletterte und begann, meine kleinen Nonsense-Lieder zu trällern. Ich mochte diesen Tisch. War ich erstmal dort oben, wollte ich gar nicht mehr runter. Mit acht Jahren arbeitete ich schon an ganzen Liedern für die Wochenend-Shows unserer Familie. Und wenn ich dann zum Singen aufstand, war ich immer das Zentrum der Aufmerksamkeit des ganzen Raums. An einem Nachmittag überraschten mich meine Onkel mit einem eigenen Spotlight, das eigentlich nur eine alte Konservendose mit einer eingebauten Glühbirne war. Aber ich liebte es. Das Licht schien all die Wärme des Zimmers zu bündeln und auf mich zu richten, während ich mit meiner achtjährigen Stimme Hank Williams' „Jambalaya" schmetterte.

Ich sang „Jambay-lie, cold fish pie, diddly gumbo", hatte aber keine Ahnung, was die Worte bedeuteten oder ob ich sie richtig wiedergab. Doch als ich mich im Raum umschaute und sah, dass alle Onkel und Tanten lächelten und mit dem Fuß den Takt mitklopften, wusste ich, etwas richtig gemacht zu haben. Mitten im Song brach ich ab und improvisierte einen kleinen „Jodler". Und hier begann die Geschichte der „whoa oh-oh-oh-oh-ohs", die zu meinem Erkennungsmerkmal als Sängerin wurden.

Als ich mit dem Song fertig war, schaute ich über den Strahl der 75-Watt-Birne rüber und sah, dass alle klatschten und mich anschauten. Als es vorbei war und ich vom Tisch runterstieg, setzte ich mich auf den Teppich zwischen meiner Schwester und Nedra. Das ist es, dachte ich. Das will ich für den Rest meines Lebens fühlen.

Dann betrat Estelle die „Bühne" und führte einen Song auf oder sie sang zusammen mit Nedra oder meiner Cousine Elaine und mir eine Nummer, die wir als dreischichtigen Harmoniegesang ausgearbeitet hatten. Mutter liebte es, uns dabei zuzuschauen, und sie bestärkte unsere Neigung zum Showbusiness auf jede nur erdenkliche Art. Mum schickte Estelle sogar zur Startime, einer populären Tanzschule im New York der Fünfziger. Ich bettelte Mum an, weil ich auch dort Unterricht nehmen wollte, doch sie konnte sich nur die Ausbildung für eins ihrer Kinder leisten, und Estelle war nun mal die Ältere. Natürlich machte mich das total neidisch.

Ich ging immer zur Startime und hing außerhalb des Tanzstudios herum, während Estelle ihre Stunden nahm. Ich war natürlich nicht angemeldet, hoffte aber, mir einige Tanzschritte abzuschauen. Bis zum Unterrichtsbeginn wartete ich immer im Flur, und wenn die Stunde begann, schlich ich zum Türeingang, um einen heimlichen Blick durch das dort befindliche Fensterchen zu werfen. Wenn ich sah, dass meine Schwester ihr Bein streckte, machte ich es ihr im Flur genau nach. Ich kam sogar noch höher! Ich blieb so lange vor der Tür, bis ich mir einen kompletten Bewegungsablauf abgeguckt hatte. Den übte ich dann die ganze Woche, bis ich gut genug war, um ihn all meinen Onkeln und Tanten in Omas Haus vorzuführen.

Ich wollte natürlich die allerbeste Tänzerin sein. Die Tatsache, dass ich gar nicht beim Unterricht sein durfte, trieb mich noch mehr an, und während ich aufwuchs, zeichnete mich ein Charaktermerkmal aus – Entschlossenheit.

Denke ich an jene Tage in Spanish Harlem, erinnere ich mich am intensivsten daran, wie hart meine Mutter arbeitete, um unser Familienleben wie in der Sitcom *Ozzie and Harriet* zu gestalten. Wir aßen immer gemeinsam, und Dad saß an einem Kopfende des Tisches wie all die Fernsehfamilien, die man so sieht. Wir hatten nicht viel Geld, aber unsere Eltern achteten immer darauf, dass uns Spielzeug zur Verfügung stand. Und wir waren kreative Kids! Konnten wir kein Puppenhaus haben, schnappten sich Estelle und ich unsere Puppen, kletterten auf die Feuerleiter und taten so, als wäre es ihr Sommerhaus.

Puppen nahmen einen ganz großen Platz in meinem Leben ein, denn ich liebte sie so sehr. All meine Cousinen prahlten damit, dass sie nun viel zu alt für Kinderkrams seien, doch ich wurde meiner Puppen niemals überdrüssig. Ich schlief sogar bis zu meiner Hochzeit mit ihnen.

Ich erinnere mich noch an die schönste Puppe, die ich jemals sah – es war in der Spielzeugabteilung von Macy's, wohin ich zum

Weihnachtseinkauf mit Mum ging. Dort, aufgestellt in einer kleinen Krippe, entdeckte ich eine lebensgroße Baby-Mädchenpuppe mit einem großen, runden Kopf und dünnen braunen Haarsträhnen, die sie beinahe echt erscheinen ließ. Ich war gerade erst sechs Jahre alt und hatte so etwas noch nie gesehen. Natürlich bettelte ich Mum an, sie mir sofort zu kaufen, doch sie schaute nur kurz auf das Preisschild und verzog das Gesicht.

„Frag lieber Santa nach der Puppe", meinte sie. „Vielleicht bringt er sie dir ja zu Weihnachten."

Ich bin mir sicher, dass Mum glaubte, ich würde die Puppe innerhalb der nächsten fünf Minuten vergessen, doch ich wollte nicht so schnell nachgeben. Ich zerrte meine Mutter rüber ins Santa-Land, wo wir in einer Schlange warteten. Und warteten. Und warteten. Als ich schließlich auf dem Schoß des alten Mannes saß, erklärte ich ihm genau, was ich haben wollte – die wunderschöne Baby-Puppe, die so echt aussah. Santa trug mir auf, ein gutes Mädchen zu sein, und dann würde am Weihnachtsmorgen eine Überraschung auf mich warten.

Klar, an dem Morgen schaute ich schnell unter dem Baum nach und fand auch eine Puppe. Aber nicht die, die ich haben wollte! Statt der lebensgroßen von Macy's lag dort diese lächelnde Kewpie-Puppe, deren Haar einfach auf den kleinen Plastikkopf gemalt worden war. Ich nahm sie vorsichtig in die Arme und versuchte sie lieb zu haben, doch das war überhaupt nicht dasselbe. Zurückschauend vermute ich, dass meine Mutter ihr Bestes gab, um mich glücklich zu machen, aber wahrscheinlich war ihr nicht klar, wie sehr ich mir die lebensgroße Baby-Puppe gewünscht hatte. Damals muss ich wohl einen starken Mutterinstinkt gehabt haben, denn ich war ein kleines Mädchen, das ihre Puppen sehr ernst nahm.

Mein Vater merkte das. Im Grunde genommen war er ein Träumer und verstand somit auch die große Bedeutung meiner kleinen Phantasiereisen. Wenn mich etwas verzauberte, beschaffte er es mir – egal, was er dafür tun musste. Und das traf auch auf Diebstahl zu!

Und genau das geschah an einem Tag. Wir shoppten im Woolworth's an der 145th und Broadway, und Dad hatte gerade den Einkaufskorb mit all den Haushalts-Artikeln gefüllt, als ich ein kleines Paar Schlittschuhe auf dem Regal in der Spielzeugabteilung sah. Es waren Miniaturschühchen in der richtigen Größe für eine meiner Lieblingspuppen. Sie waren so wunderschön, dass ich mich zum Regal hochstreckte und sie runterzog, um sie in den Händen zu halten. Als mich mein Vater dabei sah, kam er rüber und legte seine Hand auf meine Schulter.

„Das tut mir so leid, Butchie", erklärte er mir. Butchie war sein Lieblingsspitzname für mich. „Aber heute haben wir kein Geld für Puppen-Schlittschuhe."

„Oh, Daddy", bettelte ich, „Bitte?" Ich wollte nicht nachgeben und veranstaltete so ein Aufsehen, dass der Sicherheitsbeamte zu uns kam, um nachzuschauen, was da vor sich ging.

„Habt ihr ein Problem?", wollte er wissen.

„Oh, nein", erwiderte mein Vater mit einem Lächeln. „Mein kleines Mädchen will nur nicht ohne ein Spielzeug gehen." Geschlagen drehte ich mich um und machte mich auf den Weg. Doch ich hatte kaum drei Schritte gemacht, als ich bemerkte, dass Dad stehen geblieben war und ein Gespräch mit dem Sicherheitsmann begonnen hatte. „Sie haben einen harten Job", bemitleidete er ihn. „Es ist eine Schande, dass die Leute hier jeden Tag kommen, nur um etwas zu klauen!" Ich wartete da ein oder zwei Minuten, während die Erwachsenen Smalltalk machten, bis sich Dad dann endlich umdrehte und sagte: „Okay, Butch, wir gehen jetzt mal lieber."

Ich ging vor, und als wir an der Straße ankamen, klopfte mir Dad auf die Schulter. „Ich hab da 'ne kleine Überraschung für dich, Butchie." Ich drehte mich um und schaute wie gebannt auf das kleine Geschenk, das er mir machte.

„Meine Puppen-Schlittschuhe!", kreischte ich mit piepsiger Stimme. „Danke, Daddy. Danke!"

„Aber – erzähl bloß nicht deiner Mutter, wie ich sie bekommen habe", warnte er mich mit leiser Stimme.

„Das sollte unser kleines Geheimnis bleiben." Natürlich wusste ich, dass sie gestohlen waren. Dad hatte sie beim Gespräch mit dem

Wachmann in der hinteren Hosentasche verschwinden lassen. Mir war das egal. Mich interessierte nur eins: Ich hatte die Schlittschuhe unbedingt gewollt und mein Daddy hatte sie mir beschafft.

Estelle und ich glaubten, dass wir den besten Vater auf der ganzen Welt hatten, denn er schien so unbekümmert zu sein, so locker und entspannt. Nicht wie Mum, die immer so ernst und streng war. Wir konnten uns niemals erklären, warum sie mit Dad so wenig Geduld hatte. Damals wussten wir nichts über sein Alkoholproblem, das sich jedes Jahr verschlimmerte. Wir merkten nur, dass er und Mum nicht so gut miteinander auskamen, wie es hätte sein sollen.

Dennoch erinnere ich mich an tolle Zeiten, die ich mit der Familie erlebte, besonders als meine Schwester und ich noch jünger waren. An warmen Sommerabenden packte Dad uns alle in den Wagen und nahm uns mit auf lange Fahrten entlang des Riverside Drive. Wir machten die Fenster weit auf, und manchmal erlaubte mir Dad, meinen Kopf nach draußen zu halten, damit ich den warmen Wind spürte, der mir ins Gesicht wehte. Estelle legte sich gerne auf die ganze Rückbank, und so kletterte ich runter und setzte mich auf die schmale Querstange. Von dort aus beobachtete ich Mum und Dad, die lachten und sich unterhielten, während der warme Wind durch ihre Haare wehte. Das sind meine Lieblingserinnerungen an die Kindheit, denn an diesen Abenden wusste ich, dass wir eine richtige Familie waren.

Es existiert kein genauer Zeitpunkt, den ich benennen und dazu klar sagen kann: „An dem Tag zerbrach unsere Familie!" Als ich zwölf Jahre alt war, trennten sich Mum und Dad endgültig, doch das hatte eine lange Vorgeschichte. Meine Schwester und ich sahen sie niemals streiten, doch wir bemerkten viele böse Blicke über den Tisch hinweg, um zu wissen, dass es nicht so gut lief. Häufig hörten wir auch einige im Flüsterton gewechselte Beleidigungen, wenn sie dachten, wir seien schon am Schlafen.

Dads Bewährungsprobe kam, als sich Mutter zu einem Umzug in ein größeres Apartment entschloss. Sie hatte unsere winzige Wohnung in einem Haus ohne Aufzug an der 151st satt, und so machte sie sich auf die Suche und fand eine brandneue mit zwei Schlafzimmern in der 405 West/149th Street. Die monatliche Miete betrug 140 Dollar, was 1956 eine Menge Geld war. Doch mit ihrem Verdienst als Kellnerin und Dads Einkommen, malte sie sich aus, dass wir es schaffen könnten – solange sich Dad zusammenriss.

Mir tat Dad immer leid. Er träumte davon ein Jazz-Drummer zu sein, doch dieser Traum verwirklichte sich nicht. Er war weiß, und in jenen Tagen gab es in Harlem meist nur schwarze Musiker in Jazz-Bands. Davon abgesehen, konnte er keine Noten lesen – und das schränkte seine Aussicht auf eine Profilaufbahn mehr als alles andere ein. Doch anstatt sein Schicksal zu akzeptieren – oder daran zu arbeiten, es zu ändern – trank Dad, hoffend, dass es ihm dabei half, seine Träume zu vergessen. Das funktionierte natürlich nicht. Sein Alkoholkonsum machte ihn nur noch deprimierter und nach einiger Zeit trank er sich mehr und mehr in eine schwere Depression. Als ich zur Junior-Highschool wechselte, kam er immer später nach Hause. Und wenn er endlich durch die Tür torkelte, befand er sich in einem schlimmen Zustand.

Meine Mutter hatte keine Geduld für so ein Verhalten. Sie versuchte damit zurecht zu kommen, solange sie konnte, aber nachdem sie den Mietvertrag für die neue Wohnung unterzeichnet hatten, wusste sie, dass es an der Zeit war, auf feste Regeln zu pochen. „Louis“, erklärte sie ihm, „das ist unsere Chance auf ein neues Leben. Aber wir haben mehr Ausgaben und müssen uns beide mehr beherrschen. Das bedeutet für dich, mit dem Trinken aufzuhören, nicht mehr spät nach Hause zu kommen und nie wieder mit all den Tagedieben aus der Nachbarschaft durch die Gegend zu ziehen.“

„Das werde ich, Baby“, versprach er. Doch Mum hatte ihre Zweifel.

Das traf auch auf mich zu, besonders nach dem Tag, an dem ich mit ihm zu Macy’s ging, um Möbel für das neue Apartment auszusuchen. Als sich die Fahrstuhltüren schlossen, roch ich schon seine Fahne. Den ganzen Weg bis zur Möbelabteilung fragte ich mich, ob Dad irgendwie in der Lage war, das Mobiliar anzuschaffen. Er war es nicht.

Als wir den Ausstellungsraum betraten, ließ sich Dad in einen bequemen Sessel fallen und nickte augenblicklich ein. Daraufhin zog ich mit dem Verkäufer durch die Abteilung und wählte eine neue Wohnzimmergarnitur aus. Das getan, eilte ich zu Dad und zog ihm das Geld aus der Tasche, um zu bezahlen, wonach ich meinen Vater weckte und ihn mit nach Hause nahm. Mit erst zwölf Jahren fühlte ich mich wie ein Elternteil und sah ihn als Kind an. Ich fühlte mich verletzt und mir war es peinlich, dass mein eigener Vater mir das antun konnte, und genau in dem Moment verstand ich, was Mum all diese Jahre durchgemacht hatte. Es dauerte nur noch wenige Wochen, bevor uns Dad für immer verließ.

Es war in der Nacht bevor die zweite Monatsmiete für unsere neue Wohnung fällig wurde, und Dad kam nicht mit seinem Scheck nach Hause. Meine Mutter saß da und wartete bis 2 Uhr morgens, und als er nicht auftauchte, verschloss sie die Tür und machte das Licht aus. Am nächsten Tag rief sie seine Oma in Florida an und erklärte ihr, sie müsse kommen und ihn holen. Ich liebte meinen Vater, doch kann nicht behaupten, dass ich Mum Vorwürfe machte. Vermutlich spürte ich tief im Herzen, dass wir Dad schon lange verloren hatten und nicht erst bei seinem Auszug.

Als ich zur Junior-Highschool ging, war ich mir meines Aussehens bereits bewusst. Seit dem Alter von zehn oder elf Jahren beobachteten mich meine Cousins, die immer zu Oma kamen, wenn die Mädchen eine Pyjama-Party feierten. Ich weiß nicht warum, aber sie schienen immer ein Auge auf mich zu werfen. Schon damals achtete Oma mehr auf mich als auf die anderen Mädchen.

In der Schule erfuhr ich, dass es vorteilhaft war, gemischtrassig zu sein, denn Mädchen mit einer helleren Hautfarbe wurden als schöner erachtet. Obwohl viele Jungs in der Schule hinter mir her waren, hatte ich immer noch nicht das Gefühl zu einer Gruppe zu passen. Die schwarzen Kids akzeptierten mich nicht als eine von ihnen, und die weißen wussten, dass ich nicht weiß war. Tja, und die Kinder der Puertoricaner sprachen nicht mit mir, weil ich kein Spanisch konnte.

Als ich in die Pubertät kam, plagte mich eine kleine Identitätskrise. Ich erinnere mich daran, vor dem Spiegel gesessen zu haben, darüber grübelnd, wer ich denn nun war. Das sehe ich mir gründlich an, dachte ich. Ich habe weiße Augen, aber da sind diese schwarzen Lippen. Und meine Ohren? Sind das weiße oder schwarze Ohren?

Einmal versuchte ich sogar meine Haut dunkler zu tönen, da ich glaubte, dann eher meinen dunkelhäutigen Cousins zu ähneln. Ich fand dieses Zeug mit dem Namen QT Quick Tanning Lotion, also eine Bräunungscreme, in einer Drogerie. Auf der Flasche stand eine Garantieangabe, dass man damit über Nacht einen dunklen, satten Teint bekommt, woraufhin ich das Präparat kaufte. An diesem Abend – nachdem alle zu Bett gegangen waren – schlüpfte ich in das Badezimmer und verteilte die Lotion auf meinem ganzen Körper. Die Gebrauchsanweisung wies darauf hin, die Creme „moderat anzuwenden", doch ich wusste, dass ich überall eine dunkle Hautfarbe haben wollte, und so quetschte ich fast die halbe Tube aus. Am nächsten Morgen: Ich wachte auf und Estelle stand an meinem Bett und starrte auf mich hinunter.

„Was ist denn mit dir passiert?", wollte sie wissen.

„Was?", fragte ich und rieb mir die schläfrigen Augen. „Diese Streifen!", keuchte sie entsetzt. „Du siehst ja wie ein Zebra aus!"

Ich sprang aus dem Bett und musterte mich im Spiegel. Sie hatte Recht. Ich musste wohl zu viel von dem Zeug benutzt haben, denn das Präparat hatte meine Haut in große, breite Streifen gemustert, durch die ich wie ein Tiger aussah. Ich versuchte die Streifen abzuschrubben, doch sie blieben noch einige Wochen sichtbar. Ungefähr einen Monat lang trug ich beim Schulbesuch Rollkragenpullover und dunkle Strumpfhosen.

Während ich in die Junior-Highschool ging, kellnerte Mum bei King's Donuts, wo Estelle und ich nach dem Ende des Unterrichts gerne abhingen. Wir erzählten Mum, dass wir sie bei der Arbeit besuchen wollten, doch sie kannte den wahren Grund, denn der Diner lag direkt gegenüber dem Apollo Theater.

Während meiner Jugend war das Apollo der aufregendste Ort in ganz Harlem, denn dort traten all die großen schwarzen Stars auf. Die Leuchtreklame schimmerte immer grell und bunt und große Menschenmengen drängelten sich in einer Schlange. So ein aufregender Ort, diese spezielle Art von buntem Treiben, zog Estelle und mich natürlich an. Nicht, dass man uns jemals erlaubte, dort hineinzugehen! Unsere Mutter machte uns unmissverständlich klar, dass das Apollo Theater tabu war.

Für sie stellte das Apollo die Welt der Drogen und von Sex dar und natürlich all der anderen „Beschäftigungen für Erwachsene", für die wir ihrer Meinung nach viel zu jung waren. Sie mochte es auch nicht, dass wir uns beim King's aufhielten. Wenn wir durch die Tür kamen, scheuchte sie uns sofort die Treppe hinab und in den Pausenraum für Angestellte, wo wir unsere Hausaufgaben machten, bis sie endlich frei hatte. „Redet auf der Straße mit niemanden", warnte sie uns, wenn wir das King's mal allein verließen. „Viele dieser Leute sind Diebe oder Schwindler. Oder Junkies!"

Junkies! Während ich aufwuchs, redete irgendjemand immer über Junkies. Ich habe niemals einen gesehen, aber mein lieber Junge, das wollte ich! Als ich die Polio-Impfung bekam, durchzog der Schmerz meinen ganzen Körper, doch aus irgendeinem Grund faszinierte mich die Vorstellung, dass sich diese Leute jeden Tag eine Nadel in den Arm steckten. Ich konnte es kaum erwarten, einen von ihnen dabei zu beobachten.

Eines Tages sah meine Cousine Mae einen Junkie vor Omas Haus. „Hey, schau mal raus", sagte sie ganz aufgeregt. „Da ist ein Junkie." Ich sprang von der Couch auf und rannte zum Fenster, doch meine Großmutter hielt mich auf halbem Weg auf.

„Geh bloß nicht zum Fenster, Ronnie", kommandierte sie mich. „Du musst dir keinen Drogensüchtigen ansehen." Das wirkte wie ein Schlag ins Gesicht, denn ich wollte nur wissen wie ein richtiger Abhängiger aussah. Doch das war verboten. Ich habe niemals einen „richtigen" Drogenkonsumenten beäugt, sieht man mal von Frankie Lymon ab. Und als ich ihn das erste Mal traf, hing er noch nicht an der Nadel.

2

So viele 'ettes

Viele Entertainer können oder wollen dir nicht verraten, von wem sie sich ihren Stil abgeguckt haben. Ich weiß genau, wer meine Gesangsstimme inspiriert hat. Frankie Lymon. Hätte er nicht eine Platte mit dem Titel „Why Do Fools Fall In Love“ aufgenommen, würde ich heute hier nicht sitzen und diese Zeilen schreiben. Ich war zwölf Jahre alt, als ich zum ersten Mal Frankie and the Teenagers mit „Why Do Fools Fall In Love“ bei meiner Oma im Radio hörte. Frankie hatte die schönste Stimme, die je an meine Ohren gedrungen war, und ich verliebte mich augenblicklich, als man den Song spielte. Ich konnte nicht hören ob er ein Schwarzer, ein Weißer oder was auch immer war, wusste aber, dass ich den Jungen liebte, der das Stück sang. Jeden Abend setzte ich mich neben das alte Philco von Oma und wartete darauf, dass er „Why do birds sing so gay?“ sang. Wenn man ihn dann endlich spielte – mit seiner unschuldigen jungen Stimme und dem perfekten Ausdruck – wurden meine Hände ganz feucht, die Zehen drehten sich nach innen und ich kletterte unter das alte Schrankradio und versuchte ihm so nahe wie möglich zu sein. Ich presste meinen Kopf an den Lautsprecher, bis Frankie mir regelrecht durchs Gehirn drang.

„Ronnie, wenn du so weitermachst, wirst du noch taub“, warnte mich Oma. Doch das war mir egal. Hätten sie den Song wiederholt und wiederholt, würde ich bis ans Ende aller Zeiten unter dem Radio hocken.

Mich erstaunte es, als ich herausfand, dass Frankie schwarz war. Doch mich überraschte noch mehr die Tatsache, dass er erst 13 Jahre alt war – nur ein Jahr älter als ich. Als ich das erfuhr, wusste ich, dass ich ihn unbedingt treffen musste. Und ich betete jeden Abend dafür! So viel bedeutete mir dieser Junge.

Schließlich begegnete ich Frankie, aber durch einen so merkwürdigen Zufall, dass ich mir sicher war, dass das Schicksal eine große Rolle spielte. Meine Mutter arbeitete mal wieder im King's Donuts, wo sie eines Tages einer anderen Kellnerin davon erzählte wie sehr ich Frankie Lymon vergötterte. „Ronnie redet nur noch von diesem Jungen", berichtete Mum. „Sie will ihn unbedingt treffen, doch ich weiß nicht, wo ich mit der Suche beginnen soll."

„Frankie Lymon?", fragte die andere Kellnerin. „Mädchen, der sitzt doch direkt vor dir!" Sie deutete mit dem Finger auf den 13-jährigen Jungen, der auf einem Stuhl vor dem Tresen saß.

„Das ist Frankie Lymon?", antwortete Mum, dabei um Luft ringend. „Ich habe für den Kleinen gerade ein Hackfleisch-Sandwich mit viel Soße bestellt!" Dann ging sie direkt zu Frankie und erklärte ihm, er würde seinen Lunch erst bekommen, wenn er verspräche, zur 13. Geburtstagsparty ihrer Tochter Ronnie zu kommen.

„Na klar", antwortete er lachend. „Ich werde da sein, denn ich muss dringend was essen. Darf ich auch meinen kleinen Bruder mitbringen?"

„Du kannst deinen Bruder mitbringen", bot ihm Mum an. „Komm aber auf jeden Fall."

Am Tag meines Geburtstags war ich ein 13-jähriges Wrack. All meine Cousinen warteten im Wohnzimmer auf den Beginn der Party, und ich hockte auf dem Sofa nahe der Eingangstür und wartete auf Frankie. Ich sah ziemlich blöd aus, da ich eine rote Schleife im Haar trug und meine Wimpern mit Mascara zugekleistert waren. Mum hatte mir geholfen, das Make-up für diesen ganz speziellen Anlass aufzutragen. Schrillte die Klingel, hob ich jedes Mal zehn Zentimeter vom Sofa ab. „Oh, Gott!", flüsterte ich. „Ist das Frankie? Bitte, lieber Gott. Lass es Frankie sein!" Aber jedes Mal tauchte ein weiterer Cousin auf und ich sank tiefer und tiefer in die Kissen unserer grünen, L-förmigen Couch.

Irgendwann schaute meine Cousine Elaine zufällig aus dem Fenster und schrie: „Er ist da, Ronnie! Frankie und sein Bruder kommen den Gehweg hoch." Ich schlug ein Bein über das andere, stützte mich mit den Händen ab und hechtete so schnell wie möglich von der Couch hoch, während Elaine die Tür öffnete. Doch als sich die Tür öffnete, stand dort kein Frankie. Nur zwei Jungs, die ihm ähnelten.

„Hi", meinte der Größere und stellte sich vor. „Ich bin Louie Lymon." Er muss gesehen haben, wie verwirrt ich wirkte, denn er ergänzte schnell: „Ich bin Frankies Bruder. Und das ist unser anderer Bruder, Howard."

Louie? Howard? Ich fühlte mich wie am Boden zerschlagen. Es war zwar erst mein 13. Geburtstag, doch der wichtigste Junge in meinem ganzen Leben hatte mich schon versetzt. Die Demütigung war mehr, als ich aushalten konnte. Ich wollte natürlich nicht, dass alle sehen, wie ich losheulte und so rannte ich schnell ins Schlafzimmer, wo mich ein Weinkrampf überkam. Wie das damals halt so war, folgten mir geschwind Mum und all die anderen Mädchen.

„Oh, Ronnie", tröstete mich meine Mutter und richtete die rote Schleife, die sich an meinem Hals verfangen hatte. „Steigere dich da nicht so rein. Du kannst es doch nicht wissen. Vielleicht hat Frankie geplant, erst später zu kommen." Dann hatte sie die Schleife wieder in Form gebracht und begann damit, mir die Tränen von der Wange zu putzen. „Und wenn er nicht kommt, willst du sicherlich nicht, dass ihm seine Brüder erzählen, dass du den ganzen Geburtstag schmollend in deinem Zimmer verbracht hast, oder?"

Ich schüttelte den Kopf. Nein.

„Gut", meinte sie erleichtert. „Dann komm jetzt raus und mach doch einige Fotos mit Frankies Bruder Louie. Er ist den ganzen langen Weg gekommen, um bei deinem Geburtstag zu sein."

„Gut", sagte ich entschlossen und gesellte mich wieder zur Party. Wie sich herausstellte, war Louie ein richtig süßer Junge. Bis zum heutigen Tag bewahre ich einen Schnappschuss wie einen ganz großen Schatz auf, der zeigt, wie ich mit dem Bruder meines Kindheitsidols den Kuchen anschneide.

Ich hatte kaum die Enttäuschung überwunden, versetzt worden zu sein, als Frankie schließlich doch auftauchte – unangemeldet – und einige Wochen später. Nedras Mutter, Tanta Susu, hielt sich gerade bei uns auf und öffnete die Tür. „Oh, Frankie", hauchte sie, nachdem er sich vorgestellt hatte. „Ronnie wird sich so freuen, dich kennenzulernen."

Als ich ihn anstarrte, wäre ich beinahe hintenüber gefallen. Ich konnte nicht fassen, dass dieser Junge nur ein Jahr älter war, denn er sah wie ein erwachsener Mann aus. Er kam auf mich zu – natürlich schick gekleidet – und hielt eine langstielige, rote Rose in der Hand. Er trug eine große weiße Nelke im Kragenaufschlag seiner Anzugsjacke, und seine Selbstsicherheit – zu sehen an der Art wie er durch das Zimmer stolzierte – war mehr als offensichtlich. So einen Jungen hatte ich nicht erwartet.

„Frankie?", stotterte ich.

„Ich lass euch Kids mal allein", meinte Tante Susu einfühlsam, und verschwand aus dem Raum.

„Du musst Ronnie sein", stellte Frankie fest und beugte sich vor, um mir einen Kuss auf die Lippen zu geben. „Du bist ja noch viel schöner, als meine Brüder es mir versprochen haben." Ich konnte Alkohol riechen, was mich an meinen Vater erinnerte und zuckte instinktiv leicht zurück, was Frankie aber kaum auffiel. Er ließ sich einfach auf die Couch fallen und klopfte auf das Kissen neben sich. „Na, los Baby, komm schon! Wir wollen uns doch ein bisschen besser kennen lernen, oder?"

Das war so verwirrend. Der Frankie Lymon, von dem ich geträumt hatte, war der kleine Junge, der auf den Platten sang, ein Kind, so süß, unschuldig und real. Er brachte mich dazu, ins Radio zu klettern. Doch nun sah ich mir diesen großspurigen, kleinen Zwergenmann an und stellte mir die Frage, ob dieser Junge aus meiner Fantasie jemals existierte. Plötzlich erschien mir die ganze Situation höchst unangenehm, und mir war klar, dass ich so schnell wie möglich da raus musste.

„Fühl dich ganz wie zuhause, Frankie", meinte ich zu ihm und stand dabei auf. „Ich muss mich um etwas in der Küche kümmern."

Ich flüchtete direkt ins Badezimmer, verriegelte die Tür hinter mir und muss dort fast eine Stunde gewartet haben. Als ich mich sicher genug fühlte, dass er gegangen war, öffnete ich die Tür, schlich auf Zehenspitzen durch den Flur und warf einen vorsichtigen Blick ins Wohnzimmer. Der Raum war leer, und ich seufzte erleichtert.

Ich ging rein, ließ mich auf die Couch fallen und hatte den Eindruck, Frankie sei niemals dort gewesen. Mich überkam das irreale Gefühl, geträumt zu haben, bis ich auf den Platz blickte, wo er gesessen hatte. Da fand ich die langstielige, von ihm mitgebrachte rote Rose. Sie lag dort eingequetscht zwischen dem Kissen und dem Sofa. Ich versuchte sie vorsichtig rauszuziehen, doch sie zerbrach in meiner Hand. Keine Ahnung, wie lange ich dort heulend saß, aber es muss eine längere Zeit gewesen sein, denn als ich aufstand, war es schon dunkel.

Trotz der Tatsache, dass der reale Frankie überhaupt nicht mit meiner Vorstellung übereinstimmte, liebte ich immer noch seinen Gesang. Ich spielte seine Platten und sang dazu, bis ich jeden Ton auswendig konnte. Dazu dachte ich mir einige passende Tanzschritte aus, die ich dann stundenlang ohne Unterbrechung übte. Ich steckte eine Menge Arbeit in meine kleinen Proben, doch das war mir egal. Als ich dann auf die George Washington Highschool ging, wusste ich bereits, dass das Showbusiness mein Leben werden sollte. Ich wollte die Marilyn Monroe von Harlem werden und mich nicht mit weniger zufrieden geben.

Meine Proben begannen direkt, wenn ich von der Schule nach Hause gekommen war. Estelle saß in ihrem Zimmer und lernte und Mum kam immer erst um 17.30 Uhr von der Arbeit zurück, womit mir zwei Stunden nur für mich allein blieben. Ich nutzte die Zeit, um unser Wohnzimmer in einen kleinen, provisorischen „Veranstaltungssaal" zu verwandeln. Zuerst schob ich den Kaffeetisch als Behelfsbühne mitten in den Raum, und dann verdrehte ich den Lampenschirm so, dass das Licht wie bei einem Spotlight direkt auf mich schien. Dann stellte ich meinen tragbaren Plattenspieler in eine Ecke, nahm mir einen hölzernen Suppenlöffel als „Mikrofon“ und kletterte auf den Tisch. Ich sang zu jeder Platte, die ich besaß – Little Anthony and the Imperials, die Chantels und natürlich Frankie Lymon.

Doch ich hörte nicht auf, wenn die Platte zu Ende war, sondern stellte mir ein „großes“ Publikum vor, das auf und um die Couch meiner Mutter herum saß. Denen erzählte ich Witze und widmete einigen Personen bestimmte Stücke – also alles, was zu einer professionellen Show gehörte. Manchmal sprang ich sogar vom Tisch und schritt entlang der Sofavorderseite und flirtete mit allen Personen in meiner imaginären ersten Reihe, so wie ich es heute bei Auftritten mache.

Um 17.30 Uhr kam Mum durch die Tür, und das Leben verwandelte sich wieder zur Normalität. Ich ging in die Küche, um ihr beim Abwasch zu helfen, dann machte ich die Hausaufgaben und schon war es wieder Zeit, ins Bett zu gehen. Ich konnte den Schlaf kaum erwarten, denn er brachte mich näher an den nächsten Tag, an dem ich wieder den Saal aufbaute und vor meinem Publikum sang. Schon damals nahm ich meine Karriere sehr ernst. Warum auch nicht? Ich wusste, dass meine Zeit kommen würde und wollte dann bereit dafür sein.

Eines Tages eröffnete sich eine Möglichkeit für mich. So ein Typ mit dem Namen Bobby Schiffman kam in Mums Diner und begann mit ihr zu flirten. Nachdem sich meine Mutter von Dad getrennt hatte, versuchten viele der Stammgäste sie zu einem Date zu überreden, was Estelle und mich kaum interessierte – bis auf Bobby Schiffman. Bobby war anders. Estelle und ich mochten ihn von dem Tag an, an dem wir herausfanden, dass seiner Familie das Apollo gehörte. Wir wollten uns nicht einfach zurücklehnen und dabei zusehen, wie Mum einen so wertvollen Kontakt ziehen lässt und darum unternahmen wir alles Erdenkliche und bettelten, dass sie mit ihm ausgeht.

„Oh, Mum", flehte Estelle sie an. „Bobby Schiffman scheint doch ein richtig netter Mann zu sein. Und er sieht so gut aus. Nicht wahr, Ronnie?"

„Klar", antwortete ich. „Und wenn du ihn heiratest, glaube ich ganz fest daran, dass er uns im Apollo auftreten lässt."

„Aha, das wollt ihr also?", witzelte Mum. „Hmm, ich schätze mal, dass ich ihn nicht unbedingt heiraten muss, um ihn dazu zu bringen."

Zu dieser Zeit stellte sich Mutter nicht mehr gegen uns, wenn es um das Apollo ging. Sie wusste, dass es uns mit dem Singen ernst war und erkannte keinen Sinn darin, uns aufzuhalten. Oma hatte ihr erzählt, wie wir stundenlang im hinteren Schlafzimmer ihres Hauses den Harmoniegesang übten. Und das stimmte auch. Mit 14 Jahren stellte ich eine kleine Gruppe zusammen, bestehend aus mir, Estelle, Nedra und unseren beiden Cousinen Diane und Elaine. Wir hockten uns den ganzen Nachmittag in das hintere Zimmer und arbeiteten an Harmonien von im Radio gehörten Songs. Schließlich holten wir noch unseren Cousin Ira in die Gruppe, da er als Junge den Lead-Gesang übernehmen konnte, was uns näher an Frankie Lymon und die Teenagers brachte. Wir achteten nicht darauf, dass er zwei Jahre jünger war oder extrem schüchtern. In unserer Vorstellung machte uns Ira zu einer legitimen Rock'n'Roll-Gruppe. Und so waren wir völlig aufgedreht, als Mum Bobby Schiffman bat, uns bei einer immer am Mittwoch stattfindenden Amateur-Show auftreten zu lassen.

„Oh, es sind Sängerinnen?", fragte er mit einem Augenzwinkern. Bobby saß am Tresen, aber drehte sich mit dem Stuhl, um einen Blick zur Sitzecke zu werfen, wo Estelle und ich Platz genommen hatten und krampfhaft versuchten cool und professionell zu wirken.

„Na, klar", antwortete Mum. „Sie haben ein wenig geübt und sind nun zu einem Versuch bereit."

„Ja ..." sagte er, eine Pause für den dramatischen Effekt einlegend. „Okay. Für dich mache ich doch alles, Fifi." Fifi – so nannte Bobby immer meine Mutter. Der arme Kerl konnte niemals bei ihr landen, doch wir hatten unseren ersten Auftrittstermin im Apollo – und fühlten uns ekstatisch! Am großen Abend standen wir sechs im

Backstage-Bereich, zusammen mit den 40 oder 50 anderen Hoffungsvollen, die alle den ersten Schritt zum Weltruhm machen wollten. Die Anspannung war so intensiv, dass man sie beinahe wie einen „elektrischen Schauer" auf der Haut spürte. Als wäre das nicht schon genug Druck, gab es bei uns Kids nur ein Gesprächsthema – wie gemein das Apollo-Publikum sein konnte. „Wenn sie dich nicht mögen, reißen sie dich auseinander", erzählte eine der Älteren. Frank, der Cousin meiner Mutter, arbeitete an dem Abend als Bühnenhelfer, und er nahm uns für eine Warnung beiseite.

„Wenn sie zu buhen anfangen", erklärte er, „dürft ihr nicht aufhören und in die Gegend starren. Haut so schnell wie möglich von der Bühne ab, denn ihr wollt da nicht wie festgewurzelt stehen, wenn sie was nach euch werfen."

„Etwas nach uns werfen!", keuchte der kleine Ira panisch. „Was werfen die denn?"

„Ach, einfach alles", führte Onkel Frank weiter aus. „Essen, Papier, Pennies. Ich hab' auch schon gesehen, wie sie mit Schuhen warfen. Und da gibt es noch was …", ergänzte er. „Manchmal mögen sie die hellhäutigen Sänger nicht."

Ira hörte sich das an, und es war klar, dass es für ihn zu viel des Guten war. Der arme Junge starrte auf die Bühne, als würde er in ein tiefes dunkles Loch hinabblicken. Wir waren auch nervös, aber die Aufregung war stärker als die Angst. Ich hatte viel zu lange für diesen Abend gearbeitet, um mich abschrecken zu lassen. Doch als ich mir Ira ansah, der zitternd an der Bühnenseite erstarrte, kamen mir so meine Zweifel.

Als wir auf der Bühne standen, wurde es nicht besser. Die Hausband des Apollo begann mit „Why Do Fools Fall In Love" und Ira bekam keinen Ton heraus. Er stand dort wie zu einer Salzsäule erstarrt. Als das Publikum begann, über unseren kleinen Lead-Sänger zu lachen, entschied ich, das Ruder an mich zu reißen. Ich stolzierte einfach über die Bühne und sang so laut ich konnte. Als ich endlich vereinzelten Applaus hörte, stachelte mich das an, und ich sang noch lauter. Das wurde mit noch mehr Applaus honoriert – und mehr brauchte ich nicht. Wie in Trance bewegte ich mich über die Bühne und arbeitete die Energie ab, die mir die Wenigen gaben, die klatschten. Ich wusste, dass sie unterhalten werden wollten und fühlte mich wie ein Star. Danach war alles kinderleicht.

Meine Cousinen gaben ihr Bestes, um mit mir gleichzuziehen, und wir schafften es durch die Nummer, ohne von der Bühne geworfen zu werden. Es gab danach sogar ein wenig Höflichkeitsapplaus. Wahrscheinlich hatten wir es ganz gut gemacht. Ira rannte direkt aufs Klo, um sich zu übergeben. Erst als wir von der Bühne kamen, merkte ich, wie sehr wir alle schwitzten.

„War das nicht toll?“, fragte ich ganz aufgekratzt in die Runde. Doch es war klar und deutlich an den Gesichtern von Estelle, Nedra und den anderen Cousinen abzulesen, dass wir uns alle erleichtert fühlten, die Bühne heil und unversehrt verlassen zu haben. Ich konnte kaum glauben, dass alles so schnell vorbei war, und wollte sofort wieder auf die Bretter, die die Welt bedeuten. Nach diesem Abend stellte ich mir nie wieder die Frage, wohin ich gehörte.

Natürlich ging es am nächsten Tag wieder zur Schule, wo ich wieder ein ganz normales Mädchen war. Meine Schwester und ich zählten dort zu den beliebten Schülerinneren, denn sie war die Klassensprecherin und ich gehörte zu den Cheerleadern. Doch einfach beliebt zu sein, reichte mir nicht mehr. Ich verspürte einen Hunger nach mehr und wollte das beliebteste Mädchen sein.

Dabei schienen Klamotten eine wichtige Rolle zu spielen. Ich malte mir aus, dass eine schöne Garderobe mit Beliebtheit gleichzusetzen ist und zeigte mich daraufhin fest entschlossen, die am besten gestylte Schülerin der George Washington zu werden. Natürlich kosten schöne Kleider eine Stange Geld, und seitdem uns Dad verlassen hatte, stand uns nicht mehr viel zur Verfügung. Daraufhin entschied ich mich, mir einen Job für nach der Schule zu suchen.

Mit 15 begann ich beim Essensdienst im Montefiore Hospital, und dort sah ich zum ersten Mal eine Leiche. Man hatte mich für die Essensausgabe auf der Geriatrie eingeteilt. Mir taten die alten Menschen so leid, dass ich immer versuchte, ihnen eine kleine

Extraportion auf den Tellern zu servieren. Mrs. Russell war eine alte Dame, die immer lächelte und für sie versuchte ich stets einen zusätzlichen Nachtisch zu organisieren.

Ich arbeitete ungefähr einundeinhalb Monate dort, und ging gerade in Mrs. Russells Zimmer, um ihr ein zusätzliches Schälchen Zitronen-Götterspeise zu bringen, doch was ich dort sah, ließ mich erstarren. Zwei Oberschwestern standen über Mrs. Russells Bett und rollten ihren steifen Körper in große Lagen von Zeitungspapier. Ich muss laut aufgeschrien haben, denn eine der Schwestern sah mich an und lachte: „Na, kleines Mädchen, du siehst ja aus, als hättest du einen Geist gesehen."

Zu allem Überfluss mischte sich noch die andere Schwester ein: „Wenn du in einem Krankenhaus arbeitest, gewöhnst du dich besser an so was. So läuft es nun mal, wenn einer stirbt."

Ich blickte auf die alte Mrs. Russell hinab, die nicht mehr lächelte. Ich schaute zu den Oberschwestern, die ihren Körper mit den Sportseiten der gestrigen Zeitung abdeckten – und dann wurde mir schlecht. Ich drehte mich um und rannte aus dem Krankenhaus. Und ich kehrte nie wieder zurück. Ich holte mir noch nicht mal den Lohnscheck ab, und so schuldet mir das Montefiore bis heute noch das Geld für sechs Tage. Das war das erste und das letzte Mal, dass ich die Stechuhr bedienen musste, doch zumindest hatte ich eine wichtige Erfahrung gemacht.

Ich fand es gar nicht so schlimm, den Job zu verlieren. Sogar mit 15 Jahren wusste ich, dass es nur eine Frage der Zeit war, bis meine Karriere als Sängerin beginnen würde. Und nach meinem Erfolg im Apollo stimmte auch Mum mir zu, dass eine Karriere vielleicht doch mehr sein konnte, als irgendein kindlicher Traum. Sie und Tante Susu erklärten sich sogar bereit, für Gesangsunterricht für Nedra, Estelle und mich zu bezahlen. Zu dem Zeitpunkt war Ira längst aus der Gruppe ausgestiegen, was auch auf Diane und Elaine zutraf. Ihre Mutter, meine Tante Hermean, gehörte zu den zutiefst religiösen Menschen und wollte nicht, dass ihre Töchter Rock'n'Roll zum Lebensunterhalt singen.

Und so meldete man uns drei – Nedra, Estelle und mich – zum Gesangsunterricht an. An zwei Nachmittagen wöchentlich nahmen wir die Subway und fuhren zum Camilucci Studio an der 57th und Broadway, wo wir bei Mr. Camilucci Harmoniegesang lernten. Dieser alte Italiener trieb uns in den Wahnsinn. Wir gingen in das Unterrichtszimmer, und er spielte einen Akkord auf dem Klavier, wonach er uns den jeweiligen Gesangsteil aufgab. Dann mussten wir wieder und wieder schmalzigen alten Kram singen wie „When the red, red robin comes bob-bob-boppin' along" – bis wir beinahe losgeschrieen hätten.

Nach einigen, sich nach diesem Muster wiederholenden Stunden, entschieden wir uns, einen Einwand vorzubringen. „Mr. Camilucci", traute sich Estelle, während er uns zum 25. Mal die Noten zuwies. „‚Red, Red Robin' ist toll, aber wir kennen das Lied schon."

„Oh?" entgegnete er und wirkte plötzlich misstrauisch. „Ihr möchtet etwas anderes lernen?"

„Yeah", zwitscherte ich froh. „Wie wäre es mit Rock'n'Roll? Können sie etwas von The Chantels?"

Ich schaute in sein Gesicht und sah plötzlich einen befremdlichen Ausdruck, als könne er sich nicht entscheiden, ob er verärgert sein oder uns einfach ignorieren solle. „Tja", begann er, und schlug dabei die erste Note von „Red, Red Robin" an, „und bitte wiederholen: ‚When the red, red robin comes bob-bob-boppin' …"

In dem Moment wussten wir, dass es unmöglich war gegen Mr. Camilucci anzukommen. Doch unsere Mütter zahlten ihm 5 Dollar für jede Stunde, was damals viel Geld bedeutete, und so gingen wir auch weiter zum Unterricht. Wenn es auch nicht viel brachte, gaben uns die Stunden bei Mr. Camilucci das Gefühl Teil des Showgeschäfts zu sein. Sein Studio lag an derselben Straße wie das legendäre Brill Building, wo all die großen Verlage und Plattenproduzenten ihre Büros unterhielten.

Wir gingen nach dem Unterricht meist in den Coffee Shop auf der gegenüberliegenden Straßenseite von Camiluccis und fantasierten davon, dass vielleicht Clyde McPhatter oder Ben E. King vorbeischaut und uns entdeckt – während wir so dasaßen. Zwar trafen wir keinen der beiden, doch wir knüpften eine Freundschaft zu einem Mann namens Phil Halikus, einen der kleinen Talentscouts, die in der Nähe des Brill Building herumlungerten. Er war ein netter, älterer Mann, der immer die Rechnung für unsere Pepsis und Sandwiches übernahm. Als er eines Nachmittags nach Talenten bei Camiluccis suchte, hörte er uns singen und mochte uns augenblicklich. Als Mum kam, um uns abzuholen, erklärte er ihr wie gut wir waren.

„Für ein frisches, junges Trio wie diese Mädchen besteht momentan eine große Nachfrage", meinte er. „Geben sie ihnen einen Namen, und ich versuche ein oder zwei Bar-Mizwas zu organisieren. Vielleicht nichts Glamouröses, aber es wird sich auszahlen."

Glamourös oder nicht – es war ein professioneller Job, und wir schwebten im siebten Himmel. Als wir das Oma erzählten, freute sie sich fast so wie wir. „Ihr werdet wie die Andrew Sisters werden", urteilte sie überschwänglich. Wir hatten in dem Moment nicht den Mut ihr zu erzählen, dass uns andere Pläne vorschwebten. Um sie glücklich zu machen, nannten wir uns bei den ersten Gigs die Darling Sisters.

Fragen Sie mich bitte nicht, wie wir auf den Namen kamen, doch ich hasste ihn vom ersten Augenblick. Für mich war das unehrlich. Schon damals wusste ich, dass in dem Business etwas aus mir wird, und ich wollte keinen an den Haaren herbeigezogenen Namen wie Darling. Nach ungefähr drei Bar-Mizwas verabschiedeten wir uns von den Darling Sisters. Von da an hießen wir Ronnie and the Relatives, ein Name, auf den Mum gekommen war.

Es fühlte sich toll an, für das Singen bezahlt zu werden, auch wenn es nur ein bescheidenes Taschengeld war. Dagegen war es frustrierend „Red, Red Robin" für eine Klasse voller 13-jähriger zu trällern. Bei den Bar-Mizwas hingegen trugen wir unsere schicken Partykleider und führten Stücke wie „Goodnight, Sweetheart, Goodnight" auf oder „When Your Lover Has Gone", also alles, was auf den vorderen Rängen der Hitparade stand. Unsere Backing-Band bestand meist aus drei oder vier Musikern, die man separat engagierte, und so wussten wir erst kurz vor dem Auftritt, mit wem wir spielten.

Im Frühling 1961 traten wir schon fast ein Jahr bei den steifen Bar-Mizwas und den Tanzveranstaltungen Sock-hops auf, was uns langsam, aber sicher nervte. Wir wollten endlich als die Stars erkannt werden, die wir nach unserer Einschätzung auch waren, und das bedeutete Platten aufzunehmen. Wann immer wir von unseren Ambitionen redeten, versuchte uns Phil Halikus zu trösten.

„Entspannt euch, Mädchen“, sagte er immer. „Ruhm braucht seine Zeit. Macht euch keine Sorgen. Ich habe viele Kontakte im Plattengeschäft. Ihr werdet schon bald eure Chance bekommen.“ Wir versuchten geduldig zu sein, doch nachdem wir sechs Monate lang nichts hörten, plagten uns Zweifel. Dann überraschte er uns.

Ich war kaum wach, als Mr. Halikus um 7 Uhr morgens bei uns anrief. „Könnt ihr heute die Schule ausfallen lassen?“ Natürlich konnten wir das. „Gut. Dann schnapp dir Nedra und Estelle, und wir treffen uns um 13.30 Uhr beim Wurlitzer Building an der 42nd Street.“

„Klar, aber was ist denn los?“

„Seid einfach da, Honey. Ihr werdet einen Mann namens Stu Phillips treffen. Und zieht euch was Hübsches an. Es könnte einen Plattenvertrag bedeuten.“

Das war es, was ich hören wollte. Ich war hellwach. Auch die anderen, nachdem ich mit dem Kreischen aufgehört hatte. „Estelle, wach auf. Wir haben einen Plattenvertrag. Wir werden Stars!“

Natürlich hatten wir nicht die leiseste Ahnung, wer denn dieser Stu Phillips war, bis wir Mr. Halikus am Nachmittag außerhalb des Wurlitzer Building trafen. „Stu Phillips ist einer der größten Produzenten von Colpix Records“, flüsterte er, während wir leise durch die Lobby gingen. „Er hat ‚Blue Moon‘ von den Marcels produziert, und das war eine Nummer 1.“

Dann geleitete uns Mr. Halikus nach oben zu den Proberäumen – eine lange Reihe von winzigen Kabuffs, jeweils mit einigen Stühlen und einem Klavier. Er musste durch die Fenster einiger Türen spähen, bis er endlich Stu Phillips entdeckte und uns hineinschob.

„Hi, Girls“, begrüßte er uns, während wir uns in den winzigen Raum quetschten. Es war ein wahres Gedrängel, denn dort gab es kaum Platz für uns, geschweige für Mr. Halikus und Stu Phillips und seinen Pianisten. Doch das Vorsingen glich eher einer Stippvisite und dauerte höchstens drei Minuten. Stu Phillips ließ uns einen Song singen – ich glaube es handelte sich um „What's So Sweet About Sweet Sixteen“ – und bevor wir fertig waren, hielt er seine Hand hoch und deutete uns an aufzuhören. „Das klingt okay“, lautete sein Urteil. „Ich gebe euch eine Chance.“

Sie haben doch bestimmt schon den Ausdruck „Auf Wolken schweben“ gehört? Tja, die nächsten zwei Wochen schwebten wir sogar auf Helium. Aus uns wurden tatsächlich Plattenstars! Bis zu dem Zeitpunkt waren wir höchstens in die Nähe eines solchen Ereignisses gekommen, denn im Geschäft gegenüber Omas Haus stand eine Maschine, die für einen Vierteldollar kleine Platten von einer Aufnahme deiner Stimme machte. Man musste drei Minuten warten, bis das Ding rauskam, und wenn man zuhause angelangte, klang das fürchterlich. Doch das hier war Colpix Records, das ganz große Ding.

Nachdem wir herausgefunden hatten, dass Colpix ein Sub-Label von Columbia Pictures war, gefiel uns die Vorstellung immer mehr. Ich hatte zwar keine Ahnung, was „Sub-Label“ bedeutete, doch dafür kannte ich den Stellenwert von Columbia Pictures – und dieser Name stand für bedeutende Filme. Natürlich waren wir überzeugt, dass uns Colpix nach den ersten Hit-Singles auch auf die große Leinwand bringen würde! Tja, wir mussten noch Einiges über das Showgeschäft lernen.

Im Juni 1961 ging es zur ersten Aufnahme-Session bei Colpix. Plötzlich standen wir in diesem riesigen Studio, das gebaut worden war, um ein ganzes Orchester unterzubringen. Wir fühlten uns unendlich klein. Zuerst lernten wir die Songs. Da niemand von uns Noten lesen konnte, nahm uns Stu Phillips mit in sein Büro und spielte uns das Demo des Songs vor, den er aufzeichnen wollte. Meist fragte er uns, ob wir ihn mochten oder nicht, doch das erwies sich eher als Formalität. Was das Material anbelangte, hatten wir so gut wie kein Mitspracherecht. Wir waren ja nur drei weitere Rock'n'Roll-Sängerinnen und darüber hinaus noch halbe Kinder. Und in jenen Tagen durfte man sich nicht allzu viel Respekt erhoffen.

Bei der ersten Session nahmen wir vier Tracks auf: „I Want A Boy“ und „What's So Sweet About Sweet Sixteen“ – die beiden Seiten unserer ersten Single – sowie „I'm Gonna Quit While I'm Ahead“ und „My Guiding Angel“, die beide letztendlich auf der zweiten Single erschienen.

Ich war zwar erst 17, aber versuchte mich im Studio so professionell wie nur möglich zu verhalten. Ich sorgte dafür, all die Texte handschriftlich auf kleine Papierbogen zu notieren, die ich sorgfältig übereinanderlegte und sie auf dem Notenständer platzierte. Estelle und Nedra standen vor einem anderen Mikro, gemeinsam mit den beiden Background-Sängerinnen, einer Schwarzen und einer Weißen. Sie sangen, als seien sie die McGuire Sisters oder so was in der Art. Schätze mal, Stu Phillips glaubte, wir bräuchten zusätzlich Unterstützung, um den Sound voluminöser zu machen. Wir waren ja nur Teenager, und keine von uns hatte eine in der Kirche trainierte volle Stimme wie so viele schwarze Sängerinnen damals. Wir kannten eigentlich nur den dreistimmigen Harmoniegesang, den uns Mr. Camilucci eingetrichtert hatte. Ungefähr sechs Monate später, zu Beginn des Jahres 1962, sangen wir eine weitere Session in dem Studio. Und dabei nahmen wir unsere Version von „Silhouettes“ auf, eigentlich schon ein Oldie, aber immer noch beliebt. Es war eine simple dreigeschichtete Harmonie, und wir hatten die Nummer schon hunderte Male bei den Sock-hops und Bar-Mizwas aufgeführt. Klasse, dachte ich. Das können wir im Schlaf. Junge, Junge, weit gefehlt.

An dem Tag lernte ich etwas über den riesigen Unterschied, einen Song bei einer Veranstaltung zu präsentieren oder ihn bis zur Perfektion in einem Studio zu singen. Wir mussten ewig an dem Stück arbeiten. Es waren vielleicht nicht mehr als zwei oder drei Stunden, doch damals spielten Produzenten drei oder vier Songs täglich ein. Für eine Nummer drei Stunden zu benötigen, war schon extravagant!

Wir sangen die Strophen wieder und wieder und immer wieder. Dann hatten wir die Mitte eines Refrains erreicht, den wir perfekt fanden, aber plötzlich hörten wir Stu Phillips Stimme über die Gegensprechanlage: „Moment mal, Girls. Eine von euch singt immer eine Note in der Modulation und verschiebt sie mitten im Akkord auf eine andere."

Wir schauten ihn verdutzt an. Dann ging es an den nächsten Refrain, bei dem er uns wieder stoppte. „Das ist besser", bekräftigte er uns. „Aber lasst uns noch einen machen."

Es hieß immer „noch einen". Der Tontechniker musste den Background-Track zurückspulen und dann setzten wir wieder mitten im Song ein. Ich wurde ganz hibbelig, einen Titel in kleinen Stücken aufzunehmen und fand schließlich den Mut, einen Vorschlag zu machen. Wir wollten den Song von Anfang bis zum Ende singen, so wie ich ihn wirklich kannte und es auch gewohnt war. „Okay, das ist jetzt der zehnte Take", meinte Stu leicht mürrisch.

In dem Moment lehnte ich mich zum Mikro und machte den Vorschlag. „Können wir nicht einen ganzen Durchlauf singen?"

„Was!?", donnerte es aus dem Kopfhörer. „Lass uns bitte einen kompletten Take aufnehmen", wiederholte ich.

„Nein, ich brauche keinen ganzen", erklärte Stu mit einer Engelsgeduld. „Wenn ihr einen ganzen Durchlauf singt, verliert ihr am Ende die Energie. Ich möchte, dass ihr für den Endteil noch frisch seid."

„Oh", antwortete ich, verwirrter als zuvor. Dann warf ich einen Blick zu Nedra und Estelle, die so verdutzt aussahen wie ich mich fühlte. Wow, dachte ich. Das ist harte Arbeit.

Wir nahmen bis zum Ende der Session noch sechs Songs auf. Neben „Silhouettes" gehörten dazu „You Bet I Would", „I'm On The Wagon", „Good Girls", „The Memory", „He Did It" und ein Stück mit dem Titel „Recipe For Love". Es waren alles Nummern, die Stu für uns ausgesucht hatte, aber hätte ich meine Meinung einbringen dürfen, glaube ich, dass ich die meisten abgelehnt hätte.

Es war nicht so, dass ich die Stücke hasste – ich liebte sie nur nicht und hatte den Eindruck, sie würden nicht zu uns passen. Meine

Güte, warum sollten drei Teenager einen Song mit dem Titel „I'm On The Wagon?" zum Besten geben? Für mich war „What's So Sweet About Sweet Sixteen" ein tolles Lied. Ich erinnere mich noch daran, wie traurig ich an meinem 16. Geburtstag war, weil ich immer noch keinen Hit hatte. Und so konnte ich eine Beziehung dazu aufbauen. Ich mochte auch „You Bet I Would", geschrieben von einer blutjungen Songwriterin namens Carole King. Damals hatten wir allerdings keine Ahnung, wer sie war.

Als „I Want A Boy" im August des Sommers auf den Markt kam, waren Estelle und ich so aufgeregt, dass wir ein Dutzend Exemplare für unsere Tanten und Onkel kauften. Ich schätze mal, es waren die einzigen zwölf Exemplare, die in New York City über den Ladentisch gingen, denn die Platte verkaufte sich nicht und wir fühlten uns wie am Boden zerstört.

Wir riefen natürlich Mr. Halikus an und fragten ihn, warum sie die Single nicht im Radio spielten, aber er riet uns geduldig zu sein. „Lieber Himmel, Mädchen. Nicht gleich aufgeben. Viele Gruppen haben erst mit der dritten oder vierten Platte ihren Durchbruch." Er erinnerte uns daran, wie wichtig es war, unsere Live-Show zu perfektionieren. Das stellte sich als ein guter Ratschlag heraus, auch wenn er uns nur aufbaute, um problemlos anzukündigen: „Hey, wir haben am Samstag wieder eine Bar-Mizwa für euch."

Wir spürten aber, dass sich die Tage der Mizwas dem Ende zuneigten. Sie mussten es, denn wir waren eine Rock'n'Roll-Gruppe, die nicht jeden Samstag bei diesen Feiern auftrat. Wir fällten eine Entscheidung. Um als „Rock'n'Roller" ernst genommen zu werden, mussten wir auch mit den Tanzveranstaltungen aufhören und uns da sehen lassen, wo sich die ganzen Rock'n'Roll-Fans tummelten. Und 1961 gab es für diese Leute in New York nur einen Ort, an dem man sein musste – die Peppermint Lounge.

Auf dem Höhepunkt des Twist-Wahnsinns war die Peppermint Lounge der angesagteste Ort in New York City. Um dort reinzukommen tauchten Celebrities aus der ganzen Welt auf und stellten sich brav in eine Schlange, die bis um den Block reichte. Es waren nicht nur Leute aus dem Show-Business, denn die Peppermint Lounge zog jeden an – vom Maler bis hin zum Präsidenten.

Da Nedra und ich noch minderjährig waren, mussten wir uns gehörig aufbrezeln, um am Türsteher vorbeizukommen. Sechs Tanten zu haben, stellte sich dabei als eine große Hilfe heraus, denn sie brachten uns all die kleinen Tricks bei, zum Beispiel wie man Eyeliner geschickt aufträgt, Rouge und Lippenstift. Es war schon witzig, denn so behütend Mum und die Tanten in vielerlei Hinsicht waren, so wenig schien es ihnen auszumachen, uns herauszuputzen, damit wir durch die Tür von New Yorks heißesten Nachtclub kamen. Ich schätze, sie spürten, dass es gut für unsere Karriere war, und sie alle hatten ja eine Schwäche für das Showgeschäft. Am Abend, an dem wir uns endlich zur Peppermint Lounge aufmachten, halfen uns Mum und ihre Schwestern beim Styling, bis sie sich sicher fühlten, dass wir für mindestens 23 Jahre durchgingen. Meine Mutter gab uns sogar Kleenex-Tücher, die wir in die BHs stopften, bevor wir uns in drei gleiche gelbe Taftkleider mit Rüschen an der Vorderseite quetschten. Danach machten wir uns an die Frisuren, die wir so hochtoupierten, dass sie fast bis an die Decke reichten. Wir wollten zur Peppermint Lounge, um gesehen zu werden, und in diesem Outfit konnte uns niemand ignorieren.

Wir nahmen die U-Bahn bis zum Club, der an der 44th zwischen der Sixth Avenue und Broadway lag und stellten uns in der Schlange an. Ab und an kam der Türsteher aus dem Laden, um zu checken, ob Celebrities draußen warteten, und als er uns entdeckte – mit den wilden Frisuren und den passenden knallgelben Kleidern – muss er wohl gedacht haben, wir gehörten zu dem wichtigeren Personenkreis. Er kehrte in den Club zurück und holte den Manager, einen älteren Typen, der eine nicht angezündete Zigarre in seiner Hand hielt. Sobald er uns sah, meckerte er: „Was macht ihr denn hier in der Schlange? Ihr seid doch schon zu spät!“

Als er wieder in den Club ging, standen wir immer noch da und starrten uns an. Doch wir brauchten nicht lange, um auf des Rätsels Lösung zu kommen. Er hatte vermutlich eine Girlgroup zum Tanzen engagiert, die aber offensichtlich nicht aufgetaucht war. Nun nahm er an, wir seien es. Und eins war sicher: Wir würden ihn auf keinen Fall eines Besseren belehren.

Schon damals waren wir klug genug, eine Chance zu ergreifen, wenn uns schon die Tür geöffnet wurde. Ich holte tief Luft und drehte mich zu Nedra und Estelle um. „Okay“, meinte ich mit Nachdruck. „Lasst uns gehen.“

Als wir reinkamen, hatten Joey Dee and the Starliters bereits mit ihrem Auftritt begonnen. Der Club war bis zum Bersten gefüllt, und so mussten wir uns zur Bühne vorkämpfen. Die Peppermint Lounge war so eingerichtet, dass man an einer langen, schmalen Bar vorbeimusste, an der die Besucher in Reihen von drei oder vier Personen warteten. Auf der anderen Seite standen kleine Tische so eng zusammen, dass man kaum da durchgelangte. Der Boss ging mit uns im Schlepptau voraus, und wir schoben uns Zentimeter für Zentimeter bis zum Bühnenaufgang.

„Okay“, meinte der Club-Manager. „Ihr seid die Tänzerinnen – also tanzt!“

Vermutlich hätten wir uns beinahe in die Höschen machen sollen, doch wir verspürten keine Angst. Der Kerl wollte, dass wir auf die Bühne kletterten und tanzten, und das konnten wir. Und so hüpften wir hoch. In dem Moment als wir oben standen, wussten wir, dass es gut laufen würde. Die Blicke im ganzen Raum waren auf uns gerichtet. Ihnen fiel direkt unser Outfit auf, und das hätte ich mir auch denken können. Da mich nun alle anstarrten, brauchte es nicht lange, bis ich zur Höchstform auflief und zu tanzen begann. Joey Dee and the Starliters lieferten einen straighten Rhythmus ab und verpassten keinen einzigen Beat. Ich schätze mal, dass ihnen sofort auffiel, dass wir keine professionellen Tänzerinnen waren, doch sie lachten nur und spielten einfach weiter.

Dann schnappte sich einer der Starliter, ein Junge namens David Brigati, das Mikro und begann „What I’d Say“ von Ray Charles zu intonieren. Auch wir hatten die Nummer im Programm, die bei den Tanzveranstaltungen und Partys immer sehr gut ankam. Als ich die ersten Töne hörte, tänzelte ich zu David rüber und schüttelte alles, was ich so hatte und brachte meinen ganzen Körper in heiße Wallungen. Als mir die Menge applaudierte, reichte er mir das Mikrofon, was eigentlich eher als Scherz gedacht war. Ich riss es aus seinen Händen und sang eine kraftvolle Version des Songs, die den Laden zum Überkochen brachte. Am Ende des Songs applaudierten uns das Publikum und die Starliters gleichermaßen.

Während der Pause setzten wir uns dann an einen Tisch, wo der Club-Manager auf uns zukam – er hielt die Zigarre immer noch in der Hand – und uns auf der Stelle einen Job anbot. Mittlerweile hatte er erfahren, dass wir nicht die engagierten Tänzerinnern waren, doch wen juckte das schon bei so einer fantastischen Resonanz? Wir sollten jeden Abend auftreten, zuerst einige Nummern mit den Starliters abziehen, wonach die „Stangenarbeit" anstand. Das bedeutete, auf den schmalen Vorsprüngen mit dem Geländer herum zu hopsen, die oberhalb der eigentlichen Tanzfläche verliefen. Die Gage betrug allabendlich zehn Dollar für jedes Mädchen, was wie ein Vermögen klang.

Und das war unser Start in der Peppermint Lounge. Wir gingen jeden Abend dorthin und twisteten bis 2 Uhr morgens, manchmal so ekstatisch, dass sich die Kleenex-Tücher in den BHs verschoben und wir schleunigst aufs Klo rannten, um alles wieder an der richtigen Stelle zu platzieren. Es machte einen unglaublichen Spaß, auf die Menge hinabzusehen und Stars wie Robert Mitchum oder Elizabeth Taylor zu entdecken. Ich konnte kaum glauben, dass ich für exakt die Celebrities tanzte, die mich in der *The Late Show* unterhielten.

Natürlich stand jeden Abend ein Programmabschnitt mit Joey Dee an, was mir immer am meisten Spaß machte. Eigentlich führte ich hier dieselben Bewegungsabläufe auf, die ich schon so oft zuhause vor dem Sofa des Wohnzimmers geprobt hatte – bis auf die Ausnahme, dass hier „reale" Menschen vor mir standen. Das war ein unglaublicher Spaß und fühlte sich nicht wie Arbeit an. Nach dem Ende um 2 oder 3 Uhr morgens, nahmen wir ein Taxi für den Heimweg.

Ich besuchte immer noch die Oberstufe der Highschool, was bedeutete, früh am Morgen frisch und „ausgeschlafen“ zu erscheinen. Aber wenn ich vom Club zurückkam, fühlte ich mich meist noch so aufgekratzt, dass an Schlaf nicht zu denken war, und so musste ich an einigen Abenden zur Entspannung ein paar Sominex-Pillen einwerfen. In jenen Tagen war ich ständig überdreht! Ich erinnere mich an einige Nachbarn, die mich Sputnik nannten, da ich immer mit Raketenantrieb durch ihren Orbit zischte.

Zu Beginn der regelmäßigen Engagements in der Peppermint Lounge, war es wichtig, wieder an eine Namensänderung zu denken. Durch die dortige Präsenz war es nur eine Frage der Zeit, bis die Leute in New York über uns sprechen würden. Und wenn das eintraf, wollten wir nicht, dass sie über Ronnie and the Relatives redeten. Meine Tanten und Onkel warfen einige Namen in den Raum, doch an einem Abend wies meine Mutter darauf hin, dass die Bobbettes und die Marvelettes beide erst kürzlich Hits gehabt hatten.

„Scheinbar gibt es gerade viele ’ettes“, stellte Mum fest. „Warum sollten wir sie nicht die Rondettes nennen?“

Plötzlich sprangen alle auf. „Yeah“, freute sich Nedras Mum, meine Tante Susu. „Das ist ein guter Name! Dort finden sich Buchstaben aller drei Mädchen.“ Kurz darauf verzichteten wir auf das „d“ und verkürzten den Bandnamen auf Ronettes – niemand kann sich mehr erinnern, warum der Buchstabe exakt gestrichen wurde – aber das war ein Wort, das hängen blieb.

Kurz nach Beginn unseres Engagements in der Peppermint Lounge tauchten dort Columbia Pictures auf, um *Hey, Let’s Twist* zu drehen, ein Tanzfilm für Teenager mit Joey Dee and the Starliters. Natürlich war das aufregend, denn es konnte der Durchbruch für uns sein. The Starliters standen total auf uns, woraufhin Joey Dee und David Brigati wollten, dass wir drei ihre Freundinnen spielen sollten. Wir machten uns sogar zum Set auf, um uns beim Verantwortlichen für das Casting vorzustellen, aber er sah nur kurz auf unsere Hautfarbe und verschwand augenblicklich.

„Wir können sie nicht nehmen“, erklärte er Joey Dee. „Sie sind zu hellhäutig, um schwarze Mädchen zu spielen und zu dunkel, um weiße darzustellen. Das Publikum käme damit nicht klar, wüsste nicht, ob sie Weiße oder Schwarze verkörpern.“

Das brach uns natürlich das Herz. Eine Chance zu verpassen, ganz groß im Film rauszukommen, war niederschmetternd – besonders nach dem Flop unserer ersten Single – und es ging uns einige Wochen sehr schlecht. Trotzdem besuchten wir die Dreharbeiten, doch es machte uns fertig, als wir die weißen Schauspielerinnen sahen, die sie für die Rollen der Freundinnen der Starliters engagiert hatten. Für uns blieb lediglich eine unbedeutende Statistenrolle übrig – die von Tänzern in einer Szene mit vielen anderen. Und dort blieben wir auch – inmitten einer Menge anderer.

Nedra, Estelle und ich sahen uns den Streifen am Premierentag an, doch das brachte überhaupt keinen Spaß. Während all die anderen Kids im Kino lachten und Popcorn aßen, saßen wir drei in der letzten Reihe auf dem Balkon und fühlten uns zutiefst deprimiert. Wahrscheinlich waren wir die einzigen Mädchen in New York, die bei der Aufführung von *Hey, Let's Twist* die ganze Zeit über heulten.

3

Mascara? Noch ein bisschen mehr!

Unsere Enttäuschung währte nicht lange. Anfang 1962 flogen wir nach Miami, um den Ableger der Peppermint Lounge in Florida zu eröffnen. Joey und die Jungs der Band wussten, wie sehr uns die Ablehnung beim Film getroffen hatte, und so boten sie uns die gemeinsamen Florida-Shows als eine Art Trost an.

Ich fand es nett, dem harschen New Yorker Winter für einige Monate zu entfliehen, aber glaube, dass unsere Mütter diesen Ausflug noch mehr genossen. Ich zählte damals erst 18 Lenze und Nedra war noch jünger, und so mussten Mum und Tanta Susu vertraglich festgeschrieben als Begleitpersonen mitkommen.

Es waren die Tage der Kämpfe der Bürgerrechtsbewegung im Süden, Auseinandersetzungen, an die wir zuvor niemals auch nur einen Augenblick gedacht hatten, da wir aus dem Norden kamen. Allerdings erhielten wir eines Nachmittags eine lebensnahe Geschichtsstunde. Sie fand in einem Hotdog-Laden von Nedick's statt. Nedra, ich und unsere Mütter schlenderten den Strand entlang, als wir uns entschieden, einen kleinen Snack zu uns zu nehmen. Mum und Tante Susu trotteten noch weit hinter uns – wie Mütter das manchmal so machen – und so gingen wir ins Nedick's und bestellten vier Hotdogs und vier Orangensäfte.

Als unsere Mütter durch die Tür kamen, wartete das Essen bereits auf sie. Nedra und ich wollten gerade herzhaft zubeißen, als der Typ hinter der Theke unsere Mütter beäugte und die schlimmen Worte sagte, durch die wir den Appetit verloren.

„Sorry, aber hier dürfen Schwarze nicht rein."

Wir legten die Hotdogs hin. „Was meinen Sie?", fragte Nedra. „Sie haben uns doch bedient!"

„Tjaaaa ...", entgegnete er und blinzelte dabei. Als er die Bestellung aufnahm, muss er wohl gedacht haben, wir seien nur stark sonnengebräunt. Egal, was der Grund gewesen war – wir wollten ihm gehörig die Meinung sagen.

„Tja", keifte ich, „diese Damen, deren Bedienung Sie gerade abgelehnt haben, sind zufälligerweise unsere Mütter."

„Oh?", lautete die verblüffte Antwort, wobei er unsere Hotdogs „einkassierte". „Schätze mal, das bedeutet eins: Ihr dürft hier auch nicht essen!"

„Wer will hier schon essen?", empörte sich Nedra beim Aufstehen. Ich war so wütend, das ich am liebsten geblieben und den Typen angeschnauzt hätte, aber mir fehlten die passenden Worte. Schließlich brach es aus mir heraus: „Sie können Ihre steinalten Hotdogs behalten. Wir würden sie noch nicht mal essen, wenn es die letzten vier Hotdogs in Florida wären." Bei der Tirade merkte ich, dass meine Beleidigung gar nicht so militant und unverschämt klang, wie beabsichtigt. Als wir wieder auf dem Gehweg standen, begannen alle herzhaft zu lachen.

Die Miami Peppermint Lounge wurde ein ähnlicher Erfolg wie das New Yorker Stammhaus. Manchmal tauchten dort so viele New Yorker im Urlaub auf, dass wir den Eindruck hatten, unsere Heimat niemals verlassen zu haben. Und darum stellte es wohl auch keine große Überraschung dar, als Murray the K zum Eröffnungsabend im Backstage-Bereich erschien. Murray „the K" Kaufman war der Discjockey, den alle in New York auf dem Sender WINS wie gebannt verfolgten. Niemand konnte eine Platte schneller auf die Nummer 1 bringen wie dieser legendäre Mann. Wenn man von ihm für eine seiner im Fox Theater in Brooklyn veranstalteten Rock'n'Roll-Shows gebucht wurde, wusste jeder, dass man es geschafft hatte. Dass er uns im Backstage besuchte, glich einer königlichen Stippvisite.

„Ihr Kids seid einfach fantastisch“, sagte er auf seine ganz bestimmte Art, mit der er seinem Gegenüber das Gefühl vermittelte, er sei der wichtigste Mensch auf dem Planeten. „Ich würde liebend gerne Mädchen wie euch für meine Shows in Brooklyn engagieren. Kommt ihr vielleicht mal durch die Stadt?“

Wir dachten, er wolle uns hochnehmen. „Machen Sie Witze?“, frotzelte ich. „Wir wohnen an der Kreuzung 149th und Saint Nicholas! Wir hören Sie jeden Abend!“ Doch es war kein Witz seitens Murray, denn er hatte wirklich noch nie etwas von uns gehört. Um entdeckt zu werden, mussten wir also die lange Strecke bis nach Miami nehmen.

Murray the Ks Rock'n'Roll-Revues zu besuchen, stellte für jeden Jugendlichen in den Sechzigern eins der Highlights dar. Für 2 Dollar und 50 Cents sah man mindestens ein halbes Dutzend Acts, die zu den ganz großen Namen im Rock'n'Roll gehörten. Es reichte von Stevie Wonder über Bobby Vee bis hin zu den Temptations, denn jeder spielte bei den Shows.

Murray verpflichtete uns erstmalig für die Springtime-Revue im Brooklyn Fox. Allerdings standen wir noch nicht auf dem Plakat, zumindest nicht als die Ronettes. Auf den Werbeplakaten listete er nur die wichtigen ersten zehn oder zwölf Interpreten/Bands und wir liefen unter „und noch viel mehr“. Bei den ersten Auftritten stellte uns Murray noch nicht mal unter dem Gruppennamen vor. Als er uns auf die Bühne bugsierte, sagte er uns als „die schönen Tänzerinnen“ an. Tja, und am Anfang waren wir auch nicht viel mehr.

Wir betraten die Bühne bei den Umbaupausen und tanzten, um die Spannung aufrecht zu halten. Die Show musste halt weiter gehen. Dann kam Murray wieder raus, um den nächsten Act anzusagen und einen Scherz mit uns zu machen. Meist war das ziemlich blödes Zeug. Einmal ging ich rückwärts von der Bühne und stieß versehentlich mit ihm zusammen. Das löste ein Gelächter im Publikum aus, was er verstärkte, indem er so tat, als würde ihm der Hut wegfliegen. Wenn so etwas geschah, flüsterte er immer: „Das lassen wir drin!“ Schon bald hatten wir eine komplette Inszenierung ausgearbeitet.

Murray setzte uns darüber hinaus als Background-Sängerinnen ein, für all die Acts, die es nicht so mit den Vocals hatten. Und nach einer Weile gestattete er uns auch ein oder zwei eigene Nummern zu singen. Wir brachten meist „Twist And Shout“ oder „What'd I Say“ – und eigentlich alle energiereichen Songs, wenn sie nur schnell genug waren, um dazu zu tanzen. Das Tanzen war der Schlüssel zum Erfolg, denn je wilder wir unsere Hintern in den knallengen Kleidern schüttelten, desto lauter klatschten die Kids.

Während dieser Shows wurde das Ronettes-Image geboren. Meine Mutter riet mir immer, nach etwas ganz Besonderem zu suchen, das uns von all den anderen Gruppen absetzte, etwas, das einen klar erkennbaren Unterschied darstellte. Tja, wir wurden als Gemischtrassige geboren, und so setzten wir uns von den anderen Gruppen allein schon durch das Äußere ab. Und wenn wir stundenlang fast ununterbrochen in der Garderobe im Brooklyn Fox hockten, ließ uns das natürlich genügend Zeit an unserem Look zu arbeiten.

Damals fand man in Garderoben lediglich Spiegel, Stühle und Make-up. Und so schlugen wir die Zeit tot, indem wir verschiedene Images ausprobierten. Estelle schnappte sich zum Beispiel einen Augenbrauenstift und danach einen Eyeliner und sagte: „Lasst uns die Eyeliner noch weiter nach außen ziehen!“. Dann gab es einen kleinen Wettbewerb zwischen uns, wer denn nun am weitesten kam, ohne dass es zu gekünstelt wirkte. Dann ging es weiter mit den Augenwimpern. Wir trugen Mascara auf, bis alles stark betont war. Danach schnappte sich Nedra einen Stielkamm und rannte zum Spiegel, dabei lebensfroh kreischend: „Los, hoch mit den Haaren!“ Sie toupierte ihre langen Haare fast 70 Zentimeter hoch. Als Nächstes versuchten Estelle und ich sie zu übertrumpfen.

Als es dann auf die Bühne ging, sahen wir ziemlich wild aus, was die Kids aber liebten. Sie klatschten, machten irgendwelche Geräusche und pfiffen, sobald sie uns erkannten. Je lauter sie applaudierten, desto mehr Mascara trugen wir das nächste Mal. Wir hatten ja keinen Hit, um sie zu beeindrucken und mussten somit durch unseren Style punkten. Nichts davon war geplant, denn wir bauten auf dem Look auf, mit dem wir geboren wurden und führten das einfach weiter.

Viele haben gesagt, dass die Ronettes asiatisch aussahen. Vielleicht ist da etwas Wahres dran, doch es war niemals beabsichtigt, denn wir versuchten niemals wie Menschen einer anderen Ethnie auszusehen. Falls wir etwas kopierten, dann den Look der puertoricanischen Mädchen, die wir auf den Straßen von Spanish Harlem sahen und die mit dick aufgetragenem Eyeliner und hochtoupiertem Haar um die Blocks zogen. Wir sahen das in unserer Jugend und so integrierten wir es in der Show. Natürlich wurde das auf der Bühne übertrieben, denn dort muss alles überzogener als im realen Leben wirken. Wenn mich Leute fragen, was das „Street-Image" der Ronettes inspirierte, antworte ich immer „die Straße".

Wir mögen vielleicht wie Mädchen von der Straße ausgesehen haben, doch ich glaube, dass das Publikum spürte, dass wir hinter all dem Make-up noch unschuldige Teenager waren. Und ich denke, sie mochten diese Kombination. Die Mädchen liebten uns, weil wir anders waren – wir zogen unseren Stil durch und gaben nichts darauf, was die Leute dachten. Und die Jungs mochten uns aus offensichtlichen Gründen. Die Ronettes waren so wie die Mädchen sein wollten und das Ideal, von dem die Jungs träumten.

Als das Publikum auf unseren „Straßen-Look" reagierte, machten wir weiter. Die von uns aufgeführten Stücke hoben sich bereits ab, denn sie waren härter. Während die Shirelles von ihrem „Soldier Boy" sangen, erklärten wir den Jungs „Turn On Your Love Light"! Wir hatten keine Angst davor, heiß und scharf zu wirken. Das war unser Gimmick, unser „Alleinstellungsmerkmal". Wir beobachteten die Shirelles, die mit weiten Partyröcken auftraten, woraufhin wir die entgegengesetzte Richtung einschlugen und uns in die engsten Kleider zwängten, die man nur finden konnte. Dann ging es auf die Bühne und wir zogen sie ein bisschen höher, um mehr Bein zu zeigen.

Nach einer Zeit wurde es aber richtig schwierig, in die Kleider zu schlüpfen, sodass wir sie seitlich aufschnitten. Das war der Look der Ronettes. Und der schlug ein.

Nach dem ersten längeren Engagement im Brooklyn Fox, bemerkte Murray die zunehmende Beliebtheit der Gruppe. Tja, wenn man keinen Hit hat, aber die Kids im Backstage-Bereich warten, um dir die Klamotten vom Leib zu reißen, dann ist es schon recht offensichtlich, dass da etwas passiert. Und dann begann Murray uns jeden Abend bei seiner Radio-Show einzusetzen.

Nach der Schule ging es direkt in sein Studio im WINS-Gebäude an der 75th Street, wo er kurze Demos und Sketche aufnahm, die er während seiner Sendung zwischen der Musik spielte. Er stellte uns zum Beispiel als seine Tänzerinnern vor, was wir mit „Ooooh, Murray. Ahhh, Murray" beantworteten. Manchmal schnitt er einen Sketch mit, in dem wir als kichernde Teenager am Strand auftraten. Die Idee bei so einem Sketch: Wir waren diese kleinen, sexy Dinger! Und er setzte jeden Abend mindestens einen vorproduzierten Sketch ein. Das war schon reichlich blöd, aber irgendwie auch süß.

Wenn man im Brooklyn Fox aufgetreten war, fühlte sich der folgende Schulbesuch ernüchternd an. Die meisten Kids der George Washington High machten ihre Hausaufgabe zu Murray the K, und so wussten sie, dass wir die Mädchen aus der Show waren, die all diese Comedy-Einlagen machten. Natürlich mochten wir die uns entgegengebrachte Aufmerksamkeit, doch es gab auch eine ganz andere Seite.

Vor all diesen Ereignissen kannte man mich als Veronica, die Cheerleaderin. Ich gehörte zu den beliebten Mädels und alle begrüßten mich mit einem „Hi", nicht mehr. Nachdem ich bekannter geworden war, grüßten mich die Kids mit einem „Hello", aber es war ein anderes „Hello". Das wirkte nicht mehr echt. Sie hätten genauso gut höhnen können: „Oh, da ist sie ja, der Star aus dem Radio." Damals fand ich heraus, dass sich einige Personen von dir abwenden, wenn du berühmt geworden bist. Du denkst natürlich, dass du noch immer derselbe Mensch bist, doch plötzlich benehmen sich die Leute um dich herum seltsam. Sie starren dich an und bleiben auf Distanz.

Wenn sie gafften, fühlte ich mich wie ein Fremder und ganz anderer Mensch. Ich fand das so schrecklich, dass ich die Schule verlassen wollte. Warum saß ich mit all diesen Schülern im Unterricht, die mich anstarrten? Man erwartete von mir, das letzte Jahr zu beenden, doch ich stand kurz davor abzubrechen.

Ich hasste Englisch, Geschichte und Mathematik, konnte nicht erkennen, wofür ich die Fächer in meiner Zukunft gebrauchen würde. Ich wurde doch ein Star, und wozu brauchte man dann Geschichte? Das schien so dämlich, als würde man acht Jahre lang Medizin studieren, wenn man eh und je nie praktizieren wollte. „Warum soll ich denn zur Schule gehen?“, fragte ich Mum. „Ich werde doch ein Star!“

„Ohne einen Highschool-Abschluss wirst du nie ein Star“, predigte sie. Und das hörte ich während meines letzten Jahres ständig. Schließlich musste ich noch die Summer-School besuchen, um all die Fächer aufzufrischen, in denen ich durchgefallen war. Im Februar 1962 – mitten im nächsten Schuljahr – bekam ich endlich das Abschlusszeugnis. Eins muss ich zugeben: Nachdem ich es in den Händen hielt, erkannte ich den Sinn, die Schule beendet zu haben. Doch ich hasste Mutter immer noch, weil sie mich gezwungen hatte, das durchzuziehen. Ich rebellierte.

Was das anbelangte, unterschied sich Estelle von mir, so wie auch viele andere. Sie war die Klassensprecherin und hockte stundenlang über die Bücher gebeugt lernend in ihrem Zimmer. Und wenn sie damit fertig war, blätterte sie im *Glamour*-Magazin und versuchte so auszusehen wie die Leute auf den Fotos. Wir waren zwei unterschiedliche Charaktere.

Doch uns verband damals auch eine ganz bestimmte Nähe. Das traf auf alle Ronettes zu. Es gab niemals Rivalität und wir stritten uns auch nicht im Backstage-Bereich, abgesehen, es handelte sich um Make-up. Wenn ich nur ein halbes Döschen Gesichtscreme hatte, tauschte ich es heimlich gegen Nedras volles. Doch das waren eher unbedeutende Dinge. Zwischen uns bestand eine Blutsverwandtschaft, die uns eine Nähe gab, mit der andere Gruppen nicht gleichziehen konnten. Wir drei waren eine Familie, für die Neid ein Fremdwort darstellte.

Wir verbrachten 1962 mit dem sehnsuchtsvollen Warten, dass eine unserer Platten endlich ein Hit wird. Und da konnten wir lange warten. Nachdem „What's So Sweet About Sweet Sixteen" auf Colpix gefloppt war, veröffentlichte Stu Phillips die beiden nächsten Scheiben auf May Records, dem Label für Rhythm'n'Blues. Doch es schien egal zu sein, auf welchem Label wir waren – niemand kaufte unsere Platten. „I'm Gonna Quit While I'm Ahead" setzte nicht mehr ab als die erste Single.

Wir verstanden nicht, warum niemand die Musik haben wollte, aber wenn ich mir die Songs heute anhöre, wird mir klar, warum es nicht funktionierte. Colpix hatten einfach keine Ahnung, was sie mit uns anstellen sollten. Stu Phillips wusste nicht, was Rock'n'Roll wirklich bedeutete. Meine Güte, er ließ im Studio zwei McGuire-Sisters-Verschnitte zur Unterstützung auflaufen! Das zeigte doch sein Unverständnis. Und dann muss man auch die eher befremdlichen Nummern bedenken, die er für uns ausgewählt hatte und die unsere Karriere ins Nichts führten.

Da bedanke ich mich mal beim lieben Gott für den Brooklyn Fox. Hit oder nicht – das dortige Publikum gab uns das Gefühl, Stars zu sein. Mittlerweile buchte uns Murray für jede seiner Shows. Unsere Gage betrug für eine Serie von zehn Tagen 200 Dollar pro Person, was wir für ein Vermögen hielten. Natürlich mussten wir Murray jedes Mal um einen Vorschuss von 50 Dollar bitten, wenn wir neue Kleider brauchten oder einige Dosen Haarspray – und da kam Einiges zusammen. Erhielten wir unsere Schecks, blieben uns meist nur 100 Dollar.

Doch das Geld spielte keine so große Rolle. Wir hätten die Shows auch ohne Gage bestritten, allein wegen der Chance inmitten all der Stars zu sein. Wenn ich mir heute die alten Karten der Veranstaltungen anschaue, verblüfft mich das Line-up. Ich besitze immer noch ein Programm von einer der Shows, die wir einige Jahre später spielten. Es war im September 1964 und unter den Künstlern fanden sich die Shangri-Las, Marvin Gaye, die Miracles, die Supremes, Martha and the Vandellas, die Contours, die Temptations, die Searchers, Jay and the Americans, die Dovells, Little Anthony and the Imperials und die Newbeats. All das und ein Film für nur 2.50 Dollar? Können Sie das glauben?

Bei all den Stars, die im Backstage herumliefen, erwartet man die schlimmsten Ego-Kämpfe, doch tatsächlich herrschte hinter den Kulissen immer eine großartige Stimmung. Jeder musste drei Shows täglich geben, und alle wussten, dass man für ungefähr zwölf Stunden am Stück dort eingepfercht war. Und so versuchte jeder, das Beste daraus zu machen. Die Garderoben befanden sich alle entlang eines Flurs und so traf man die anderen zwangsläufig. Es war ein kunterbunter Künstlermix. Zum Beispiel kam Diana Ross, um sich mal eben einen Lippenstift auszuleihen, und ich erinnere mich noch an Stevie Wonder, der uns aufzog. Er meinte: „Ihr Mädchen seht in den roten Kleidern umwerfend aus." Dabei spielte er selbstironisch auf seine Blindheit an, denn er hätte die Kleider auch nicht sehen können, wenn sie in lichterlohen Flammen aufgegangen wären.

Klar, wir kamen nicht mit jedem klar. Als die Shirelles gerade anfingen, konnte ich sie nicht ab. Sie traten als Headliner auf und wollten nichts mit den anderen Gruppen zu tun haben. Sie waren die einzige Girlgroup mit einem „Kammerdiener". Meine Güte, um einen Bediensteten zu haben, musste man schon ein Super-Super-Star sein. Und das glaubten sie auch von sich. Diese Mädchen kamen erst aus der Garderobe, wenn es zum Auftritt ging. Und dann redeten sie kaum mit den anderen. Sie stolzierten direkt zur Bühne, und ihr Diener wartete an der Seite. Die Shirelles schauten durch uns hindurch, als seien wir Luft für sie. Ich kommentierte das nur mit „Tja, einfach nur Gänse".

Dusty Springfield zählte auch zu denen, die ich niemals vergessen werde. Sie teilte sich einmal eine Garderobe mit uns, und ich habe niemals einen Künstler im Backstage erlebt, der so aufbrausend und genervt sein konnte. Sie hasste es, den ganzen Tag und Abend festzusitzen und zu warten und drückte ihre Frustration mit Geschirr aus. Die Garderoben öffneten sich alle zum Flur hin, und am Ende des Flurs war eine große Ausgangstür, die zur Bühne führte. Wenn sich Dusty Springfield also aufregte, ging sie raus und schleuderte Tassen nebst dazugehörigen Untertassen gegen ebendiese Tür. Stand der zweite Auftritt an, musste man über wahre Haufen zerbrochenen Porzellans steigen, um zur Bühne zu gelangen.

Nachdem sie das komplette Geschirr „aufgebraucht“ hatte, schickte sie ihren persönlichen Assistenten zu Lampston's Billigladen, um Nachschub zu holen. Der arme Kerl kehrte dann mit ganzen Kisten voller schneeweißer Tassen/Untertassen zurück, damit Dusty Springfield sie an der Bühnentür zerschmettern konnte. Das machte die Dame dann ungefähr fünf Minuten lang, wonach sie mit einem breiten Lächeln in die Garderobe zurückkam. Ich schätze mal, es half ihr die Anspannung loszuwerden, aber für uns hatte sie eine Schraube locker. Der Wahnsinn einiger Künstler war mir schleierhaft. Ich empfand den Rock'n'Roll als so natürlich, und konnte mir dieses ganze Gehabe und die Frustration drum herum nicht erklären.

Am härtesten traf uns die Tatsache, dass wir in Anwesenheit all dieser Stars, selbst keine waren. Die anderen im Fox auftretenden Acts hatten mindestens schon einen Hit. Doch wir hatten bei Colpix genügend Songs aufgenommen, um beinahe ein ganzes Album daraus zu machen, und die meisten wussten nichts davon. Wir wollten so dringend einen Hit, dass wir sogar in die Kirche gingen und dafür beteten. Gegenüber Omas Haus stand eine große, katholische Kirche, nahe beim City College. Wir waren zwar keine Katholiken, doch Nedra, Estelle und ich wollten alles unternehmen, damit ein Wunder geschieht. Wir zogen also in die Kirche und zündeten Kerzen für die Jungfrau Maria an, träufelten uns Weihwasser auf die Stirn und knieten uns schließlich zum Beten hin. Ich bin mir nicht sicher für was die anderen beteten, denn sie interessierten sich damals für bestimmte Jungen. Doch ich bettelte bei der Jungfrau Maria, Jesus und Gott – und wer da sonst noch zuhörte – um einen Hit.

4

Der Rattenfänger

Der richtige Produzent ist für einen Sänger genauso wichtig wie der geeignete Regisseur für einen Schauspieler. Ein guter Produzent weiß, wie man deine Stimme am besten einsetzt und wie man sie ideal auf eine Platte bringt. Er muss in der Lage sein, Songs zu schreiben, die im Kontext deines Sounds funktionieren oder so clever taktieren, die optimalen Titel auszusuchen. Anfang 1963 lautete der gute Vorsatz für das Jahr: Wir suchen uns einen neuen Produzenten. Und wir legten einen hohen Maßstab an. Als Produzenten wollten wir nämlich Phil Spector haben.

1963 war Phil bereits eine Legende. Er schrieb seinen ersten Nummer-1-Hit – „To Know Him Is To Love Him" – im Alter von 18 Jahren. Mit 21 war er bereits Millionär. Als wir ihm begegneten, war er gerade erst 22 Jahre alt, aber hatte mehr Top-10-Platten auf den Markt gebracht als die meisten älteren Hasen. Und was für tolle Scheiben! Hörte man sich zum Beispiel „Zip-A-Dee-Doo-Dah" von Bob B. Soxx and the Blue Jeans an, „Uptown", „He's A Rebel" oder irgendeine der Singles, die er mit den Crystals gemacht hatte, wusste man sofort, dass dieser Kerl Rock'n'Roll produzieren konnte.

Leider hatten wir nicht den blassesten Schimmer, wie man den Kontakt zu ihm herstellte. Wir wussten nur, dass seine Plattenfirma ein Büro an der 62nd und York Avenue unterhielt und dass er den Gerüchten nach in einem Penthouse oberhalb dieser Räumlichkeiten wohnte. Uns stand kein besserer Plan zur Verfügung, und so schnappten sich Estelle und ich den Telefonhörer und riefen einfach an.

Eines Nachmittags saßen wir in unserem Zimmer und brachten es schließlich über uns. Da Estelle die Sprecherin ihrer Klasse war, sollte sie das übernehmen. Sie nahm das große, schwarze Telefonbuch, das auf dem Nachttischchen zwischen unseren Betten lag und legte es auf ihr Kopfkissen. Dann suchte sie sich die Nummer von Philles Records heraus und wählte sie. Als die Sekretärin am Apparat war, saß Estelle plötzlich kerzengerade auf dem Bett und versuchte so erwachsen wie möglich zu klingen: „Ja, ich möchte mit Mr. Spector sprechen."

Es entstand eine Pause. In Estelles Augen zeichnete sich Panik ab. In dem Moment wusste ich, dass sie tatsächlich durchgestellt wurde. Ich hielt diese ganze Spannung nicht aus und vergrub meinen Kopf unter dem Kissen. Allerdings hielt ich ein Ohr frei, um nichts zu verpassen.

„Hello, Mr. Spector", begrüßte ihn meine Schwester. „Mein Name ist Estelle Bennett und ich bin eine der Ronettes." Ich konnte es nicht glauben – sie unterhielt sich tatsächlich mit Phil Spector. Ich zog den Kopf wieder unter dem Kissen hervor, um sie anzusehen. Wenn das hier ein Scherz war, schwor ich mir, sie dafür umzubringen. Aber es war kein Witz. Sie tat es wirklich.

„Ja, das machen wir", antwortete sie und legte eine Pause ein. Höllenqualen! „Ja", und dann eine weitere Pause. Noch schlimmere Höllenqualen! Was sagte dieser Typ denn nur? Und schließlich: „Oh, ja, wir werden da sein. Vielen Dank, Mr. Spector. Oh, ja, Phil." Sie legte den Hörer auf und sagte kein einziges Wort.

„Was?", wollte ich auf der Stelle wissen. Doch nun legte sich Estelle ein Kissen auf die Beine, vergrub ihr Gesicht darin und begann zu schreien. Ich hielt die Spannung nicht mehr aus, sprang auf ihr Bett und brüllte: „Was hat er gesagt? Estelle! Was hat er gesagt?"

Das Schreien verstummte. Langsam hob sie ihren Kopf aus dem Kissen. „Ronnie" sagte sie mit leiser Stimme. „Wir haben es geschafft!"

„Was? Was haben wir geschafft?“ Ich wurde immer aufgedrehter und unbeherrschter.

„Es!“, schrie sie triumphierend. „Wir sind bei Phil Spector durchgekommen! Er will uns treffen!“

„Wo?“, brüllte ich. „In den Mirasound Studios!“, kreischte sie. „Morgen Abend!“

Dann ging es weiter mit dem Gebrüll. Und dann begann sie wieder zu schreien. Dann vergruben wir beide unsere Köpfe in den Kissen und schrieen so laut wir nur konnten. Das dauerte ungefähr zehn Minuten. Dann schnappten wir uns das Telefon und riefen Nedra an. Wir konnten unser Glück kaum fassen, dass uns ein beschäftigter Mann wie Phil Spector anhören wollte, ohne uns vorher gesehen zu haben. Erst viel später rutschte es Phil heraus, dass er uns bereits viele Male im Brooklyn Fox gesehen hatte. Er wusste also ganz genau, wer wir waren.

Am nächsten Abend ging es um 19 Uhr zu den Mirasound Studios, die im hinteren Teil eines verwahrlosten Hauses an der West 47th Street lagen. Ich erinnere mich daran, weil ich mich wunderte, dass ein Millionär in einem solch schäbigen Gebäude Platten machte.

Natürlich wussten wir von Phils Reichtum und redeten unentwegt davon. Da wir ihn noch nie gesehen hatten, standen uns nur diese Informationen zur Verfügung. Wir waren so naiv, dass unsere Vorstellung von einem reichen Mann nur in der Fernsehsendung *The Millionaire* wurzelte. Und so verbrachten wir den ganzen Tag damit, uns gegenseitig aufzuziehen, wer denn diesen Millionär heiratet.

Als wir schließlich das Mirasound betraten, war alles in Dunkelheit gehüllt. Wir hatten erwartet, einen Raum mit Musikern vorzufinden, doch hier schienen alle ausgeflogen zu sein. Wir wollten bereits auf dem Absatz kehrt machen und gehen, als ich in eine Ecke schaute und diesen wirklich kleinen Kerl hinter einem Flügel sitzend entdeckte.

„Ihr müsst die Ronettes sein“, sagte er mit einer sanften und leisen Stimme, sodass wir uns vorbeugten, um ihn überhaupt zu hören. Nedra und Estelle schauten ihn an, als könnten sie nicht glauben, dass dieser komische kleine Mann Phil Spector war. Doch ich wusste es. Vom ersten Augenblick.

Man konnte ihn nicht als gutaussehend beschreiben, zumindest nicht nach vorherrschenden Schönheitsidealen. Er war erst 22 Jahre alt, doch man sah einen vorderen Glatzenansatz und er hatte fast kein Kinn. Doch diese fantastischen Augen! Sie schauten dich tief an, so als könnte er dich sofort durchblicken. Ich starrte ihn an und dachte, dass er unglaublich süß aussah, so wie er allein in der Dunkelheit saß, wie ein kleiner trauriger Junge, der bei seinen Klavierstunden feststeckte, währenddessen all die anderen Kids draußen spielen. Ich fand ihn hinreißend.

„Ich werde euch einige Songs singen lassen“, meinte er und stand auf, um zum anderen Ende des Studios zu gehen. Ich liebte die Art wie er durch den Raum schlenderte, mit einer Hand in der Tasche. „Aber ich möchte, dass ihr euch hierherstellt.“ Er deutete auf eine Reihe von Notenständern in einer Ecke.

Oh, nein! Er würde uns doch nicht bitten, nach Noten zu singen? Mich überkam Panik. Doch dann beruhigte er uns: „Ihr müsst nichts Besonderes machen. Singt einfach etwas, das ihr kennt.“ Ich hatte das Gefühl, als habe er meine Gedanken gelesen.

Wir gingen zu den Notenständern, räusperten uns und starteten den besten mehrstimmigen Gesang, den wir bei Mr. Camilucci gelernt hatten:

„When the red, red robin comes
bob-bob-boppin' along ...“

Phil setzte sich lächelnd hinter den Flügel. Er ließ uns zwei Strophen singen, bis er uns unterbrach. „Das ist klasse, Girls. Aber ich möchte etwas Eigenes hören. Singt mir was vor, das ihr auch zuhause macht, wenn ihr einfach rumblödelt.“

Da musste er nicht zweimal fragen. Singen – damit hatte ich niemals Schwierigkeiten. Ich begann sofort mit Frankie Lymons „Why Do Fools Fall In Love“. Ich hatte noch nicht „Why do birds sing so gay" beendet, als Phil plötzlich aufsprang und dabei den Hocker umwarf.

„Stop!", rief er. „Das ist es. Das ist es."

Ich war geschockt, denn ich hätte mir niemals vorstellen können, dass so ein Drama für Phil typisch gewesen wäre. Ich war sicher, etwas falsch gemacht zu haben, bis er sagte: „Das ist die Stimme, nach der ich gesucht habe!"

Er schrie förmlich. Was sollte ich nur tun? Weitersingen oder das Studio fluchtartig verlassen? Dann kam er auf mich zu und fragte auf eine ganz liebe Art: „Kennst du noch andere Songs?"

Tja, und dann sangen wir ihm jeden Song von Frankie Lymon vor, gefolgt von Little Anthony. Phil saß die ganze Zeit da, lächelte und klopfte den Takt mit seinen Fingern. Nach einer Zeit stieg er mit dem Klavier ein. Wir gaben zusammen ein richtiges Konzert. Ich werde diesen Abend niemals vergessen.

Nachdem wir das Vorsingen beendet hatten, deutete sich an, dass er uns nicht gehen lassen wollte.

„Hey", meinte er. „Ihr müsst doch hungrig sein." Er wartete nicht auf die Antwort, sondern sprang von seinem Hocker auf und schritt zur Tür. „Na, los", forderte er uns auf und winkte uns mitzukommen – wie der Rattenfänger aus dem Märchen. „Lasst uns ein Paar Pastrami-Sandwiches holen."

Wir folgten ihm auf die Straße, wo eine lange schwarze Limousine wartend auf dem Gehweg parkte. Er ließ sich auf die Rückbank fallen, und wir folgten ihm. Phil schien sich über unsere Gesellschaft zu freuen. Obwohl wir viel zu schüchtern waren, es offen auszusprechen, machte er uns auch an. „Lasst uns Sandwiches besorgen. Die nehmen wir mit, damit ihr noch weiter singen könnt."

Eigentlich war ja nur ein einfaches Vorsingen geplant gewesen, doch daraus entwickelte sich eine ganze Nacht. Der Chauffeur kutschierte uns zum Carnegie-Imbiss und parkte dort. Phil stieg aus dem Wagen, um das Essen zu holen, doch drehte sich dann um und fragte: „Hey, Ronnie. Würdest du bitte mit mir kommen, um die Sandwiches zu tragen?"

Ich war damals so schüchtern und brachte keine Antwort über die Lippen, ganz zu schweigen davon, ihn in den Imbiss zu begleiten. Ich schüttelte den Kopf verneinend, und er ging allein dort rein.

Zurück im Mirasound machten wir uns über die Pastrami-Sandwiches und Tomatensalat her, während Phil uns das Tonband seiner aktuellen Produktion vorspielte. Es war von Darlene Love, die „(Today I Met) The Boy I'm Gonna Marry" sang. Als das Stück endete, rannte Phil in die Regie, spulte das Band zurück und startete die Maschine erneut. Und wieder. Und wieder. Die Art wie er im Studio geschäftig herumlief – wie ein Charlie Chaplin – empfand ich als aufregend und zugleich unterhaltsam. Er wusste, dass er ein Publikum hatte und tat alles, um es zum Lachen zu bringen.

Schon vom ersten Tag an realisierte ich, dass ich ihn mochte. Und er, er mochte mich auch! Eigentlich war es bei uns beiden Liebe auf den ersten Blick, obwohl ich an diesem Abend kaum drei Worte über die Lippen brachte. Jedes Mal, wenn Phil den Song startete, fragte ich mich, ob er mir damit etwas sagen wollte. Denn es sprach mich an, erreichte mich auf eine direkte Art. An dem Tag musste ich die ganze Zeit daran denken, dass ich wirklich den Jungen getroffen hatte, den ich heiraten wollte.

Bevor sich unsere Beziehung vertiefen konnte – persönlich oder in professioneller Hinsicht – musste Phil meine Mutter der Formalien wegen treffen. Wir waren ja immer noch zu jung, um selbst Verträge unterzeichnen zu dürfen und so bedeutete die Zustimmung von Mum alles oder nichts. Wir erklärten ihm, wie beschützend sich Mum verhielt. Plante er also, uns bis in die tiefe Nacht Songs üben zu lassen, musste er sich Mutters „gute Seite" sichern – und zwar schnell.

Eine Woche später besuchte uns Phil im Apartment an der 405 West/149th Street und trug einen Blumenstrauß und eine Flasche teuren Weins bei sich. Für mich wurde es ein aufregender Abend. Nicht nur da Phil kam, sondern weil ich erstmalig ein komplettes Abendessen allein zubereitete. Ich wollte, dass sich Mum zu Phil ins Wohnzimmer setzt, während ich kochte, doch sie verbrachte fast den ganzen Abend in der Küche und nervte rum. Das ging so: „Ronnie, du wirst noch die Bohnen anbrennen lassen!“ oder „Ronnie, pass auf dass die Backwaren nicht zu sehr aufgehen!“. Sie beschwerte sich sogar, als ich das Steak zart zubereitete. „Ronnie, man serviert einem reichen Mann kein zartes Steak. Ein reicher Mann will ein Filet Mignon.“ Irgendwann hatte ich genug und warf sie aus der Küche.

Als wir uns zum Essen hinsetzten, stellte Phil seine große Flasche Wein mitten auf den Tisch und schenkte meiner Mutter ein Glas ein. Ich behielt sie die ganze Zeit über im Auge und versuchte herauszubekommen, was sie über Phil dachte. Mum war eine scharfsinnige Frau – man konnte nicht einfach hier hereinstolzieren und sie mit dem Versprechen vom Teppich hauen, aus ihrer Tochter einen Star zu machen. Phil würde seine Probleme haben, ihr Vertrauen zu gewinnen. Aber er gab sich so charmant und humorvoll, dass sie ihn vom ersten Augenblick an mochte. Später gab sie zu, dass er sie an Dad erinnert hatte, der in unserer Kindheit immer am Tisch saß, Witze vom Stapel ließ und lustige Geschichten erzählte. Phil wusste es nicht, aber er hatte Mutters schwache Stelle punktgenau getroffen.

Nach dem Dinner zogen Estelle und ich uns in die Küche zurück, um den Abwasch zu erledigen, während Mum und Phil über das Geschäftliche sprachen. Sobald er sie allein vor sich hatte, begann Phil von meiner Stimme zu schwärmen. „Mrs. Bennett, ihr Mädchen kann singen! Ich gebe ihr einen Song und sie hebt ab. Viele Sängerinnen machen sich zu viele Gedanken über den Text und versuchen ihn richtig zu interpretieren – aber Ronnie nicht. Sie springt auf den Song und packt ihn bei den Hörnern – und dabei ist es egal, ob sie textgenau singt. Das bemerkt man nicht. Wenn dieses Mädchen singen will, dann kann sie niemand aufhalten. Sie ist von der Musik besessen.“

Er hielt einige Sekunden inne. „Und ich verstehe diese Besessenheit, Mrs. Bennett. Wirklich. Denn ich bin genauso.“ Dann verstummte er, damit das Gesagte mehr Gewicht bekam. Als er wieder redete, lehnte sich Phil nach vorne, so als würde er Mum ein wichtiges Geheimnis verraten. „Es ist der Traum ihrer Tochter, eine Sängerin zu werden, Mrs. Bennett. Vertrauen Sie mir Ronnie an. Ich werde ihren Traum wahr werden lassen."

Dann lehnte er sich zurück, als müsste er noch ein wichtiges Statement verkünden: „Die anderen beiden Girls sind okay, aber es ist Ronnies Stimme, die ich haben will."

„Ich freue mich, dass Sie die Stimme meiner Tochter mögen", antwortete Mum. „Aber die Ronettes sind eine Gruppe. Wenn Sie meinen, Sie können sie auseinanderbringen, um Ronnie allein zu bekommen …" Nun nutzte Mum die Chance eine Pause einzulegen. „Tja, hmm. Dann bekommen Sie sie nicht."

Mum saß da und schüttelte den Kopf. Es war offensichtlich, dass sie keinen Spaß machte. „Nun, wenn Sie darüber reden möchten, die Ronettes als Gruppe zu engagieren … Tja, dann können wir uns darüber unterhalten." Phil widersprach nicht. Von dem Moment an war klar, dass sich alle weiteren Diskussionen um die Ronettes als Gruppe drehen würden.

Den Rest des Abends verbrachten sie mit einem weiteren heiklen Thema – unserem Vertrag mit Colpix Records. Obwohl Colpix schon lange das Interesse an uns verloren hatte, waren wir vertraglich immer noch an die Firma gebunden. Bevor sich Phil unserer Karriere also annehmen konnte, heckten er und Mum einen Plan mit dem Slogan „Die große Flucht" aus.

Phil wusste eins: Würde er Colpix das Angebot machen, uns aus dem Vertrag auszulösen, würden sie uns niemals ziehen lassen, denn wenn ein Phil Spector uns wollte, mussten wir besser sein, als sie es dachten. Doch wenn Mum bei ihnen erschien, den Managern glaubhaft erklärte, wir seien des Musikbusiness' überdrüssig, würden sie uns vermutlich ohne einen Piep ziehen lassen. Die beiden zogen das exakt so durch.

Mutter bereitete eine komplette Geschichte vor, die davon handelte, dass wir das Musikgeschäft verlassen und wieder zur Schule gehen wollten. Sie erzählte ihnen, Nedra und Estelle beabsichtigen, die Sekretärinnenschule zu besuchen und ich wolle eine Krankenschwester werden. Das lag auch gar nicht so weit von der Wahrheit entfernt, denn so wäre es auch gelaufen, hätten wir nicht Phil kennen gelernt. Die Story funktionierte und Colpix entband uns innerhalb einer Woche von allen Verpflichtungen.

Im März 1963 unterschrieben wir dann bei Phil. Und als er uns hatte, wurden wir zum Fokus seiner Besessenheit. Dennoch veröffentlichten wir fünf Monate lang keine Platte. Allerdings übte er immer abends mit uns – und das täglich. Die Proben liefen stets nach dem gleichen Muster ab. Wir trafen Phil um 18 oder 19 Uhr in einem Apartment, das Arnold Goland gehörte, einem seiner Arrangeure. Dort angekommen, verschwand Arnold meist. Phil meinte immer, wir hätten bei Arnold mehr Privatsphäre, und wir hatten keinen Grund, daran zu zweifeln.

Meist brachte uns Phil einen Song zum Lernen mit. „Why Don't They Let Us Fall In Love" von Jeff Barry und Ellie Greenwich war der erste, den wir mit ihm einstudierten. Wir arbeiteten ungefähr eine Stunde an den Harmonien und den Background-Vocals. Dann schickte Phil Nedra und Estelle nach Hause, damit er mit mir im Privaten den Lead-Gesang üben konnte. Und während dieser gemeinsamen Zeit begann unsere Romanze.

Da ich keine Noten lesen konnte, musste ich das Stück so lange singen, bis ich es auswendig draufhatte. Phil und ich saßen alleine auf der Couch und er „schrubbte" den Song auf der Gitarre, während ich den Text von einem Stück Papier ablas. Das war auf eine bestimmte Art sexy. Ich schaute in seine Augen, während er Gitarre spielte und plötzlich überkam mich das Begehren ihn zu küssen. Manchmal hörte er, wie ich einen Ton auf eine bestimmte Art sang und wurde plötzlich scharf.

Nach einigen Proben, die so abliefen, fiel es uns immer schwerer, uns zu konzentrieren. Schließlich, an einem Abend, nachdem Estelle und Nedra schon gegangen waren, stoppte er das Gitarrenspiel lange genug, um mich zu fragen: „Hättest du etwas dagegen, wenn ich dich küsse?"

Einfach so, er kam aus sich heraus und fragte. Ich kann nicht behaupten, überrascht gewesen zu sein, denn auf diese Worte hatte ich seit dem ersten Tag gewartet, an dem wir uns trafen. „Nein", erklärte ich mit leiser Stimme. „Ich habe nichts dagegen." Dann legte er die Gitarre weg – ich kann mich immer noch daran erinnern, denn er platzierte sie ganz behutsam im Koffer – beugte sich zu mir und küsste mich. Es war ein schöner Kuss, eher romantisch als sexuell aufreizend, denn so verhielt man sich damals. Doch ich merkte an Phils sanfter und vorsichtiger Art des Küssens, dass ich ihm wirklich am Herzen lag. Auch mir bedeutete das sehr viel, denn nach diesem Abend musste ich nur noch an ihn denken.

Und von da an liefen unsere Proben immer so ab. Wir übten ein wenig und dann küssten wir uns ein bisschen. Und danach übten wir noch ein wenig länger. Später brachte er mich nach Hause. Es schien auf eine bestimmte Art unglaublich romantisch und perfekt zu sein. Als wir in jenem Frühling ins Studio gingen, waren wir beide Hals über Kopf verliebt.

Phil war für die Aufnahmen von „Why Don't They Let Us Fall In Love" bereit und ließ mich und Mum nach Kalifornien zu den Sessions fliegen. Aus irgendeinem Grund folgten uns Nedra und Estelle erst einige Tage später – mit dem Auto! Sie wurden von Bobby Sheen kutschiert, dem Lead-Sänger von Bob B. Soxx and the Blue Jeans, einer anderen Band, die bei Phil unter Vertrag stand.

Sie brauchten geschlagene fünf Tage, um mit Bobbys brandneuem Chevrolet-Mehrsitzer durch das ganze Land zu fahren und fühlten sich fix und fertig, als sie in Kalifornien ankamen.

Nedra und Estelle waren fuchsteufelswild auf Bobby, denn er hatte darauf bestanden, die Wüste ohne einen Zwischenstopp bei einer Tankstelle zu durchqueren, wo sie ihr Make-up hätten auffrischen können. Als sie sich in Los Angeles aus dem Wagen quälten, lief den beiden die Mascara in langen Streifen das Gesicht hinunter, was wie schwarze Tränen aussah. Doch sie verziehen ihm recht schnell. Schließlich wohnten wir mit Bobby und seiner Familie in einem alten, dreistöckigen Haus in L.A., das ihnen gehörte. Keiner von uns war bislang so weit im Westen gewesen, doch bei diesem Trip sahen wir nicht viel von Kalifornien. Wir verbrachten die meiste Zeit in den

Gold Star Studios an der Vine Street in Hollywood und nahmen an, dass „Why Don't They Let Us Fall In Love" unsere erste Single werden würde, da wir den Titel nun mal aufnahmen. Später fanden wir heraus, dass Phil überhaupt nicht die Absicht gehabt hatte, unsere erste Platte bei der Session einzuspielen. Der wahre Zweck der Aufnahmen? Phil wollte hören, wie wir in einem Studio klangen. Nach den Sessions bei Colpix hielten wir uns für alte Hasen, doch während der ersten Tage im Gold Star fanden wir heraus, dass wir so gut wie nichts über professionelle Aufnahme-Techniken wussten.

Zum Beispiel hatten wir keine Ahnung von einer soliden und ausgeglichenen Arbeitsgeschwindigkeit. An unserem ersten Tag bat uns Phil, den Song einmal zu singen und wir legten los, als gäbe es kein Morgen. Nachdem wir fertig waren, zeigten sich alle im Studio beeindruckt, und einige applaudierten sogar. Dann kam Phils Tontechniker aus der Regie gerannt, wobei er kaum ein Grinsen verbarg. „Das war großartig, Mädchen. Aber ihr müsst nicht den ganzen Song singen – wir haben doch nur die Mikrofone ausbalanciert."

Uns war das ziemlich peinlich, aber nach einer kurzen Zeit half uns Phil aus der Patsche. „Wenn ihr das gut fandet", witzelte er in einem verhallten Sound über die Gegensprechanlage von der Regie aus, „dann wartet mal ab, wie sie klingen, wenn wir ihre Lautstärke checken – das wird ohrenbetäubend!" Alle im Studio mussten lauthals loslachen – auch wir.

Ich glaube, Phil schätzte unsere Leidenschaft, weil sie seiner eigenen glich. Mich hat es immer wieder verblüfft, wie fanatisch er war, wie er jedes noch so kleine Detail im Studio beachtete. Auch seine musikalische Ausdrucksfähigkeit beeindruckte mich. Er konnte jedes Instrument spielen. Zum Beispiel ging er in den Aufnahmeraum und zeigte dem Drummer exakt das, was er von ihm erwartete. Dann ging er zum Gitarristen rüber und brachte ihm exakt die Akkorde bei, die er hören wollte. Im Studio hatte Phil eine phänomenale Kontrollfähigkeit. Ich weiß nicht, wie es anderen Frauen erging, aber mich machte das augenblicklich an. Ich liebe Männer mit einem ausgeprägten Wissensschatz, und Phil war ein Genie. Hätte ich mich nicht schon längst in ihn verliebt, dann wäre das im Studio passiert.

Und ich liebte diesen Kerl. Schon vom ersten Augenblick an, konnte ich es kaum erwarten, mit ihm Kinder zu bekommen! Aus einer konventionellen Perspektive heraus war er nicht gutaussehend, doch diese Art Rock-Hudson-Typ hatte mich noch nie beeindruckt. Und Phil hatte einen tollen Körper und einen heißen Arsch! Er war zwar nicht groß, aber für mich passte es perfekt. So klein wie ich bin, muss ich mir immer den Hals schmerzhaft verrenken, wenn ich einen großen Mann küsse. Doch Phil war so klein, dass ich beim Spazierengehen optimal zu ihm passte. Phil und ich stellten eine perfekte Übereinstimmung dar.

5

Haare bis zur Decke

Nach der Rückkehr aus Kalifornien ging es für die Ronettes wieder direkt an die Arbeit. Obwohl alle Colpix-Singles gefloppt waren, wollten die Leute uns ständig als Live-Gruppe sehen. 1963 hatten wir alle die Highschool absolviert und traten mit Rock'n'Roll-Varietés auf wie Clay Cole's Twisterama Revue. Bei diesen Shows „ersangen" wir uns eine wahre Gefolgschaft – nicht zu vergessen, die Fans, die wir bei Murray the K's Brooklyn-Fox-Revues gewonnen hatten. Sie stellten vor dem Treffen mit Phil unsere Lebensgrundlage dar.

Noch bevor wir einen Hit landen konnten, gab es einen harten Kern von Fans, der uns von Auftritt zu Auftritt folgte, und aus irgendeinem Grund schienen dabei viele Schwule und Lesben zu sein. Ich bin mir nicht sicher, warum das so war. Vielleicht lag es an unserer uneindeutigen Ethnie, wodurch gleichgeschlechtlich Orientierte spürten, dass die Ronettes Außenseiter wie sie selbst waren. Aus welchem Grund auch immer – es gab da etwas an unserem Stil, was viele Schwule und Lesben ansprach, die auch immer für uns da waren. Sogar noch heute treffe ich Schwule, die die Ronettes im Cafe Wha? oder dem Bazaar im Village gesehen haben – und die können noch jeden einzelnen Song aufzählen, den wir vor so langer Zeit sangen.

Auf der langen Durststrecke bis zu „Be My Baby" waren die Shows die einzige Möglichkeit für unsere Fans, die Gruppe zu hören. Nachdem Phil den ersten Titel in Kalifornien aufgenommen hatte, weigerte er sich, ihn zu veröffentlichen. Als ich ihn fragte, wann denn endlich „Why Don't They Let Us Fall In Love" auf den Markt kommt, antwortete er ohne zu zögern.

„Nie!"

Ich war geschockt, denn ich fand die Aufnahme recht gut. Doch Phil schüttelte den Kopf. „Es ist ein guter Song", erklärte er mir. „Aber es ist keine Nummer-1-Platte." Damals glaubte ich fest daran, dass Phil einen Nummer-1-Hit vorhersagen kann, was ich natürlich fantastisch fand. „Ich arbeite noch an eurem ersten Millionen-Seller", zog er mich auf. „Er ist fast schon fertig. Wenn du ein ganz braves Mädchen bist, darfst du zu mir nach Hause kommen und ihn dir anhören."

Ich hatte vorher noch nie ein Penthouse betreten – weder Phils, noch das eines anderen. Als ich dort eintrat, konnte ich einem natürlichen Drang nicht widerstehen und musste in jeden Schrank schauen und meine Nase durch jede geschlossene Tür stecken. In einem Schlafzimmer entdeckte ich sechs oder sieben über den ganzen Boden verteilte Paar Damenschuhe. Als ich Phil fragte, wem sie gehörten, lief er fast pink-blau an.

„Hörst du bitte auf, da herumzuschnüffeln, wo du nichts zu suchen hast", kläffte er.

Es war das erste Mal, dass ich erlebte, wie Phil seine Beherrschung verlor.

„Okay, Honey", antwortete ich kleinlaut. „Das tut mir leid." Er muss den Schimmer der Verletzung in meinen Augen gesehen haben, da er sofort einen weicheren Ton anschlug.

„Die Schuhe gehören meiner Schwester Shirley", erklärte er. „Wenn sie in New York ist, wohnt sie manchmal hier." Dann wechselte er schnell das Thema: „Warum gehst du nicht in das andere Zimmer und schaust ein wenig Fernsehen? Jeff und Ellie werden gleich da sein, um an dem Song zu arbeiten, und wir wollen nicht gestört werden."

Zu der Zeit gab sich Phil hinsichtlich unserer Beziehung noch verschwiegen und zugeknöpft und wollte auf gar keinen Fall, dass seine Songwriting-Partner wussten, dass ich mich dort aufhielt. Ich beschwerte mich nicht, da ich mich viel zu hibbelig fühlte. Für mich war es das Größte, in einem Zimmer zu sitzen, während mein Freund meinen ersten Hit im angrenzenden Raum schrieb. Doch was wusste ich damals schon? Ich glaubte ja auch, dass die auf dem Boden überall verstreuten Schuhe seiner Schwester gehörten.

Hatte ich Zweifel, lösten sie sich schnell auf, denn ich war zu sehr damit beschäftigt, dem zu lauschen, was im anderen Zimmer vor sich ging. Ich legte ein Ohr an die Wand und versuchte herauszufinden, was Phil, Ellie Greenwich und Jeff Barry sangen. Wegen Ellies kraftvollem Klavierspiel war es schwierig den Text zu verstehen, doch als sie beim Refrain angelangten, hörte ich alle drei laut und klar. Sie sangen: „Be my, be my baby. Be my baby, now." Ich fand es eingängig und packend und stellte mir die Frage, ob eine Nummer-1-Platte so klingen würde.

Danach probten Phil und ich mehrere Wochen den Song, und erst dann ließ er mich nach Kalifornien fliegen, um ihn aufzunehmen. Als der Morgen der Abreise anbrach, konnte ich den Text vorwärts und rückwärts.

Ich stand früh auf, damit Mum und ich das Flugzeug erreichten. Da ich die Lead-Vocals einsang, brauchte Phil Estelle und Nedra noch nicht für den Background, und so blieben sie noch einige weitere Wochen in New York. Ich erinnere mich noch an den Morgen, denn Estelle schaute unter dem Bettlaken hervor und meinte: „Vergesst nicht das Formular für die Flugunfallversicherung auszufüllen, wenn ihr beim Airport seid." In meiner Familie waren Flugunfallversicherungen das ganz große Ding. Wenn mich einer meiner Onkel beim Flughafen absetzte, ging es direkt zum Versicherungsschalter.

Mutter und ich setzten uns in ein Taxi und ich sang die ganze Fahrt bis zum Idlewild Airport „Be My Baby". Ich wollte perfekt sein und konnte das Stück nicht oft genug üben. Ich nötigte Mum sogar, mir auf der Flughafentoilette Gesellschaft zu leisten, während ich noch einige Durchgänge trällerte. Allerdings blieben wir dort wohl ein bisschen zu lange, denn als wir herauskamen, war der Flieger schon abgehoben.

Dann machte Mutter etwas, was ich zuvor noch nie erlebt hatte. Sie setzte sich hin und seufzte. Dort – im Wartesaal des Flughafens – setzte sie sich einfach hin und stieß einen lauten Seufzer aus, so als sei sie all dem überdrüssig. „Ronnie, setz dich mal hierhin“, sagte sie und klopfte dabei auf das braune Kissen der Flughafencouch. „Ich glaube, du bist jetzt alt genug, um ‚Be My Baby‘ allein zu singen, und darum werde ich dieses Mal nicht mit dir nach Kalifornien reisen.“ Dann gab ich ihr einen Abschiedskuss und stieg allein in den nächsten Flieger.

Als ich in Kalifornien landete, holte mich Phil mit seiner dicken Limousine am Flughafen ab und fuhr mit mir direkt zu den Gold Star Studios. Das Studio A im Gold Star war alt und recht winzig, doch Phil mochte es, dort aufzunehmen, da er wusste, dass er in dem Raum Sounds herauskitzeln konnte, die anderswo nicht realisierbar waren. Es hatte etwas mit der Akustik zu tun. Der Raum war so klein, dass der Klang von der Wand abprallte und somit ein natürliches Echo erzeugte, das jedes dort aufgezeichnete Stück voluminöser machte.

Phil stand darauf, da er immer mit verschiedenen Techniken experimentierte, um seinen Sound so kräftig und massiv wie möglich zu machen. Zum Beispiel ließ er statt einer Rhythmusgitarre sechs einspielen. Wo ein anderer ein Klavier einsetzte, entschied sich Phil zu drei Klavieren. Er arbeitete mit zwei nacheinander eingespielten und somit gedoppelten Drum-Sets, einem Dutzend Saiteninstrumenten und einem ganzen Raum voller Background-Sängerinnen. Dann doppelte er das. Und danach wieder und wieder und wieder bis der Sound so voluminös klang, als würde ein riesiges Orchester spielen. Und exakt das meinte Phil, als er einem Reporter erklärte, dass seine Platten „kleine Symphonien für Kids“ seien.

Während ich Phil bei der Aufnahme der Background-Musik beobachtete, verstand ich, was er gemeint hatte, als er mich beim Vorsingen unterbrach und rief: „Das ist es! Das ist die Stimme nach der ich gesucht habe!“ Schon von der ersten Sekunde an erkannte er, dass meine Stimme die optimale Wahl war, um das Zentrum dieses enormen Sounds auszufüllen. Schon seit dem Beginn seiner Karriere im Musikgeschäft hatte Phil an dieser gigantischen „Wall of Sound" gearbeitet und mein Gesang war dafür der fehlende Ziegelstein.

Ich fand es immer überraschend wie oft er mich einsetzte, obwohl ihm Sängerinnen wie Fanita James und Darlene Love jederzeit zur Verfügung standen. Wenn ich ihnen beim Singen zuhörte – diesen voluminösen Gospel-Stimmen lauschte – stellte ich mir immer die Frage, was an meinen dünnen Vocals so besonders war. An dieser Stelle muss ich Phil loben und meine Anerkennung ausdrücken. Er liebte meinen Gesangsstil und wusste exakt wie man meine Stimme einsetzt. Er kannte meine tonale Bandbreite. Er kannte die ideale Tonhöhe. Er wusste sogar, welche Worte am besten zu meinen Vocals passten. Und er wusste, dass „Be My Baby" der perfekte Song für mich war, und so baute er die gesamte Platte um meine Vocals herum auf.

Wir benötigten ungefähr drei Tage, um den Gesang von „Be My Baby" aufzunehmen. Ich war so zaghaft und schüchtern, dass ich den Gesang auf der Damentoilette des Studios übte. Außerdem gefiel mir auch der dortige Klang. Die Leute reden immer noch darüber, wie großartig der Hallraum des Gold Star war, doch sie haben nie den Sound des Damenklos gehört. Ich verfeinerte dort mein Make-up, machte mir auch die Haare und sang, lebte also praktisch in dem Kabuff. Auf dem besagten Klo entstanden weitere „whoa-ohs" und „oh-oh-oh-ohs", die man auf den Platten hört.

Als es dann ins Studio ging, versteckte ich mich beim Singen hinter dem großen Notenpult, damit Phil und Larry Levine mich nicht sehen konnten, wenn ich meinen Mund komplett öffnete, um eine besonders hohe Note zu erreichen. Zusätzlich hielt ich den Textzettel direkt vors Gesicht, und wenn ich einen Take beendet hatte, spähte ich am Notenständer vorbei, und versuchte herauszufinden, ob die hinter der Scheibe sitzenden Phil und Larry es mochten. Wenn sie nach unten blickten und etwas an den Reglern veränderten, wusste ich, dass ich einen weiteren Take singen musste. Doch wenn sie lachten und „All right!“ schrieen oder „Verdammt, das kleine Mädchen kann singen!“, dann hatte ich es gepackt. Da der Ansatz zu jedem Song mir selbst überlassen blieb, war die Beobachtung der beiden das einzige Feedback, das ich erhielt.

In jenen Tagen im Gold Star aufzunehmen, glich einer riesigen Party. Phil engagierte für seine Sessions immer die besten Musiker der Stadt, Leute wie Hal Blaine, Nino Tempo, Leon Russell, Barney Kessel und Glen Campbell. Und auch die Bassistin Carol Kaye, damals eine der ersten Session-Musikerinnen, gehörte zu dem auserlesenen Kreis. Jack Nitzsche zeichnete für alle frühen Arrangements verantwortlich. Man konnte diesen Mann nur als Genie bezeichnen. Und dann war da noch der bereits erwähnte Larry Levine, Tontechniker all der Aufnahmen. Phil hatte so viele erstklassige Leute um sich geschart, dass die Arbeit eine wahre Freude war.

Doch der größte Spaß stand bei den Aufnahmen der Background-Vocals an, denn Phil lud jeden im Studio ein. Wenn man einfach dort so herumstand und einen Ton halten konnte, war man ein Background-Sänger bei Phils „Wall of Sound“. Und offensichtlich tauchte jeder Bekannte von Phil an dem Tag auf, als die Backings für „Be My Baby“ anstanden. Darlene Love war dort, Fanita James von den Blossoms, Bobby Sheen von Bob B. Soxx and the Blue Jeans, Nino Tempo, Sonny Bono – damals Phils Botenjunge – und Sonnys Freundin, ein schlaksiger Teenager namens Cher.

Um ehrlich zu sein – das erste Mal, dass ich Cher sah, dachte ich sie sei eine Prostituierte. Es war in einem Hotelzimmer, wo ich Phil zum Proben treffen sollte. Sie und Sonny hockten bereits am Piano, als ich eintrat. Als ich dieses junge Mädchen musterte – mit ihren langen, schwarzen Haaren und der extremen Mascara – stufte ich sie als Callgirl des Hotels ein. Dann stellte sie Sonny als seine Freundin vor, was mir insgeheim so peinlich war, dass ich lauthals lachen musste. Nach einigen Minuten zeigte sich, dass sie wirklich ein liebenswertes Mädchen war, und wir wurden Freundinnen.

Oft begegneten wir uns auf der Damentoilette des Gold Star, wo wir unsere Haare machten. Über dem Handwaschbecken gebeugt, teilten wir uns schwarzen Eyeliner und tuschelten über den neusten Klatsch und Tratsch. Im selben Alter und mit dem dringlichen Traum ein Star zu werden, war es auf eine bestimmte Art klar, dass es für uns beide losgehen würde. Mit Darlene, Fanita und den anderen Mädchen, die für Phil sangen, hatte ich viel Spaß, doch ich konnte mit niemanden so gut reden wie mit Cher. Vermutlich stand ich ihr so nahe wie damals keinem anderen, mal abgesehen der Familie. Im Laufe der Zeit entdeckten Cher und ich noch weitere Gemeinsamkeiten als ein über die Stirn gekämmter Pony und Make-up.

Sonny war – was Cher anbelangte – immer extrem eifersüchtig. In Kalifornien angelangt, bemerkte auch ich ein besitzergreifendes Verhalten seitens Phil. Keiner von ihnen mochte es, wenn wir allein ausgingen, doch Phil vertraute Cher und so verbrachten wir beiden Mädchen eine Menge Zeit zusammen, während er und Sonny im Studio arbeiteten. Wir shoppten oder vergnügten uns mit einem Kinobesuch. An anderen Tagen fuhren wir einfach mit Chers kleinem roten MG in der Gegend herum und schauten uns dabei all die für mich fremdartigen Sehenswürdigkeiten von Los Angeles an.

Als wir dann „Be My Baby" aufs Band gebracht hatten, flog ich direkt wieder nach New York, wo eine zweimonatige Tour mit Joey Dee and the Starliters an der Ostküste anstand. Eins der ersten Konzerte fand in Wildwood, New Jersey statt. Ich werde mich immer an die Stadt erinnern, denn dort hörte ich zum ersten Mal „Be My Baby" im Fernsehen. Es war einer dieser Augenblicke, die dein Leben für alle Zeiten ändern.

Samstagmorgen. Wir hatten die erste Show hinter uns gebracht. Nedra, Estelle und ich schliefen noch. Damals teilten sich die drei Ronettes ein großes Bett, während Mutter oder Tante Susu in dem anderen nächtigten. Als ich aufwachte, war Mum schon gegangen, um uns Frühstück zuzubereiten, und so wankte ich müde zum Fernseher, um das Programm mit *American Bandstand* einzustellen. Wie jeder andere Teenager in den USA wachten wir samstags auf und schauten uns direkt die Sendung an. Man wollte die brandneuen Scheiben auf gar keinen Fall verpassen, darum taumelte jeder schlaftrunken zum TV.

Obwohl ich kaum wach war, hörte ich Dick Clark, der darüber sprach, dass die nächste Platte garantiert der Hit des Jahrhunderts werden würde. Welche Platte meinte er nur? Ich konnte es kaum erwarten! Dann hörte ich den Drumbeat „Boom-boom-boom-tscha", mit dem „Be My Baby" startet. Obwohl ich aufrecht im Bett saß, war ich davon überzeugt, wieder eingeschlafen zu sein und zu träumen. Dick Clark, der unsere Platte bei *American Bandstand* spielte – das konnte doch nur ein Traum sein. Falls ich träumte, hatten Estelle und Nedra denselben Traum, denn sie richteten sich ruckartig auf und starrten wie ich auf den Fernseher. Danach wäre ich in dem Motelzimmer beinahe ohnmächtig geworden.

Wir saßen da ungefähr für eine Minute und sahen all den glücklichen Teenagern beim Tanzen zu. Dann rannten Nedra und ich auf die Terrasse, um das Joey Dee und den Jungs zu erzählen, die ihre Runden im Swimmingpool drehten.

„Hey, Jungs!" kreischte ich. „Raus da! Dick Clark spielt unsere Platte!"

Wir brauchten Zeugen, um das Ereignis zu verstehen. Joey und die anderen rannten die Treppe hoch und bekamen noch das Ende des Songs mit. Dann umarmten sie uns, und wir drückten sie ganz fest. Wenige Minuten später hing Phil am Telefon. Dass die Platte so abging, überraschte ihn genauso wie uns – zumindest behauptete er das. Er erklärte uns, dass die Ronettes die Tour mit Joey Dee unverzüglich abbrechen müssten, um zurück nach New York zu kommen und dort die Single zu bewerben. Natürlich freute sich Joey Dee nicht sonderlich darüber. Doch er wollte uns nicht im Weg stehen und ließ uns ziehen.

„Be My Baby" schlug in der letzten Augustwoche 1963 in den Charts ein. Danach wurde alles noch aufregender und größer. Als wir wieder zu einer Show im Brooklyn Fox antraten, sahen wir uns das Vordach an und mussten uns fast kneifen. Das war unser Name, geschrieben in einen Meter großen Buchstaben – die Ronettes! Nun war die große Zeit angebrochen, denn Murray the K stellte nicht den Namen eines x-beliebigen Künstlers ins Rampenlicht. Als wir ihn im Backstage-Bereich sahen, küsste er uns auf die Wange und sagte, wie glücklich er sei. „Vielleicht pumpt ihr Mädels mich jetzt alle zwei Tage um einen Vorschuss an!"

Auch die anderen Acts im Fox teilten unsere Freude – sogar die Shirelles. Shirley Alston ließ uns unglaublicherweise zu sich in die Garderobe rufen. Die Shirelles waren damals die bekannteste Girlgroup, womit eine Einladung der Aufforderung gleichkam, an einer Audienz bei einer Königin teilzunehmen.

Ich erinnere mich noch an unsere Neugier, endlich zu sehen, wie es in der Garderobe von Stars ausschaut. Die Shirelles verfügten über eine kleine Bar, aufgebaut in einer Ecke, mit Schnapsgläsern, einem Eiskübel und einer langen Reihe von akkurat nebeneinander gestellten Likörflaschen. Aus irgendeinem Grund schockierte es uns ungemein, Alkohol in einer Garderobe zu entdecken. Auch besaßen die Shirelles einen tragbaren Plattenspieler, und als wir durch die Tür kamen, lief gerade „Be My Baby". Shirley überraschte mich, denn sie erklärte mir gerade heraus, die Platte sehr zu mögen. „Besonders den Teil, wo du ‚Be my little bay-bee' singst." Ich wäre fast in Ohnmacht gefallen. Es war das erste Mal, dass sich eine der Shirelles nett gegenüber uns verhielt. Nun änderte sich alles grundlegend.

Wenige Wochen später erschien Phil im Backstage und erklärte, er habe eine Überraschung für uns. Er hatte einen Typen mit einem Dreiteiler im Schlepptau. Phil stellte ihn uns vor: „Das ist einer meiner Buchhalter", und fügte dann ganz beiläufig hinzu: „Oh, und ich glaube, er hat etwas für euch Mädchen." Der Buchhalter klappte den Aktenkoffer auf, zog einen Umschlag heraus und übergab ihn mir. Ich öffnete ihn und fand einen Scheck über die Summe von 14.000 Dollar. Es war der erste Honorarscheck von den Verkäufen von „Be My Baby".

„Nicht schlecht für einige Stunden Arbeit, nicht wahr?", witzelte Phil und spielte damit auf die Wochen und Monate an, die wir in die Platte gesteckt hatten. Ich hielt den Scheck in meinen Händen und starrte darauf, als sei er nicht real.

Dann übergab ich ihn meiner Mutter. Es war nicht so, dass es mich umhaute – das tat es. Auf dem Scheck stand eine Summe, die wir drei in so einer Höhe noch nie gesehen hatten. Doch Mum kümmerte sich um die Finanzen, und so war es klar, dass sie ihn direkt bekam. Erhielten wir ein Honorar, brachte sie es immer zur Bank und stellte uns danach Schecks aus, wann immer wir etwas benötigten. Schätze mal, dass wir in finanzieller Hinsicht nicht sonderlich geschickt waren, doch wir machten uns einfach nicht so viele Gedanken über das Geld. Hatten wir genügend Geld für Lippenstifte oder ein neues Kleid, empfanden wir uns als reich.

Phil empfand so viel Spaß, uns den Scheck zu überreichen, dass er kaum ruhig bleiben konnte. Was ihn anbelangte, hatte er uns mit dem Honorarscheck das größtmögliche Geschenk gemacht und er bestand darauf, das angemessen zu feiern. Nach der Show ging's für Nedra, Estelle und mich zu Phils Limousine, womit wir zu einem 24-Stunden-Coffee-Shop in der Stadt fuhren. Dort „gönnten" wir uns jeder eine Tasse Kaffee und ein Stück Pastete. Als es Zeit war, die Rechnung zu bezahlen, machte Phil wieder einen dieser für ihn so charakteristischen Jokes. Er reichte der Kellnerin einen 100-Dollarschein, wohlwissend, dass sie ihn zu dieser nächtlichen Stunde nicht wechseln konnte. Als sie ihm genau das sagte, drehte er sich zu uns um und fragte: „Habt ihr Mädchen vielleicht was Bares bei euch?" Wir kramten je einen Dollar hervor und bezahlten die Rechnung.

Das war nicht das letzte Mal, dass er die Nummer mit uns abzog, denn Phil hatte diesen merkwürdigen Spleen. Für einen Millionär war er manchmal ganz schön „billig". Oftmals mussten wir mit der Subway nach Hause fahren, da wir unser ganzes Geld zusammengeworfen hatten, damit er sich ein Taxi leisten konnte. Wenn das geschah, regte sich Mutter wahnsinnig auf. „Er ist doch der Millionär", meckerte sie. „Und ihr Mädchen kommt doch gerade erst aus der Highschool."

„Be My Baby" wurde ein Riesenhit. Der Song erreichte die Nummer 1 der Cashbox-Top-100 und Nummer 2 der Billboard-Charts. Er gehörte zu den Songs, die DJs unglaublich gerne spielten und das trifft sogar noch heute zu. Die Platte ist ein Rock'n'Roll-Klassiker. Egal, was mir später noch für schreckliche Dinge passierten – ich kann immer zurückblicken und sagen, dass ich eine Platte gemacht habe, die uns alle überdauern wird. Und das ist ein schönes Gefühl. Irgendwie unheimlich, aber trotzdem schön.

„Be My Baby“ war eine direkte, auf eine bestimmte Art harte Platte, doch mit einer wirklich süßen Seite, was auch auf die Ronettes zutraf. Es war ein Song, den die Kids auf der Straße mochten. Und das traf auf viele zu. Nach der Scheibe waren die Ronettes bei den Kids beliebter denn je. Manchmal stellten wir uns bereits die Frage, ob wir nicht schon zu bekannt geworden waren.

An einem Abend gab es vor dem Apollo fast einen Aufstand zwischen den Schwarzen und den Puertoricanern – und es ging um uns. Wir kehrten als Headliner ins Apollo zurück, direkt nachdem die große Zeit angebrochen war, und wussten nichts von dem Tumult, doch dann tauchte ein Sicherheitsmann im Backstage auf, und erzählte uns, dass die Schwarzen und die Puertoricaner in einer Gasse draußen kämpften. Um uns! Wir rannten schnell zu einem Fenster und sahen die beiden Gangs, die sich formierten. Auf jeder Seite standen ungefähr 20 Kids. Einer von der Gang der Schwarzen brüllte: „Die Ronettes sind Schwarze!“ Dann rasteten einige Puertoricaner aus und begannen ihn zu treten: „Quatsch! Die Ronettes sind Spanierinnen.“ Das verblüffte uns. Zwei Gangs stritten sich über unsere Hautfarbe! Witzigerweise hatten beide Recht. Nedra ist halb Puertoricanerin und meine Schwester und ich haben einen schwarzen Vorfahren. Allerdings trauten wir uns nicht raus, um den Streit zu schlichten.

Schließlich ging der Wachmann los und löste die Versammlung der besonderen Art auf. Als er zurückkam, meinte er, so etwas noch nicht erlebt zu haben. „Die standen kurz vor einer Massenschlägerei“, berichtete er. „Und wir haben hier noch nie eine größere Schlägerei gehabt. Lange Schlangen um ganze Blocks herum warteten bereits auf den Eintritt, und es gab auch schon Faustkämpfe und natürlich hat James Brown hier gespielt. Doch wir hatten niemals gefährliche Ausschreitungen.“ Auch ohne einen Tumult stand uns eine harte Nacht bevor, denn bei einem Auftritt im Apollo plagte uns zwangsläufig wahnsinniges Lampenfieber. Noch vor wenigen Jahren überlebten wir als Kids die Amateurnacht mit Hängen und Würgen, und nun standen wir hier – drei Mädchen mit einer helleren Hautfarbe – und mussten uns als Headliner etablieren. Was hatten wir uns nur gedacht? Nach solch etablierten Acts wie den Impressions die Bühne zu betreten, Garnet Mimms und besonders Patti LaBelle and the Bluebelles?

Patti LaBelle konnte mit ihrer voluminösen Gospelstimme den Laden zum Einsturz bringen! Und das machte sie auch! Für gewöhnlich beendete Patti ihr Set mit „You'll Never Walk Alone", immer eine sensationelle Darbietung. Und natürlich klang die Nummer exakt an dem Abend absolut spektakulär. Als Patti beim letzten Refrain angelangte, wo sie „You'll nevVerrrrrrrr" sang, muss sie den letzten Ton fast zwei Minuten lang gehalten haben. Das Publikum flippte aus, und die hochtoupierten Haare der Mädels müssen wohl bis zum Dach geschossen sein. Und nun sollten diese drei kleinen „Mischlinge" auf die Bühne raus und „Be my little bay-bee" singen? Ich war mir sicher, dass die Kids uns lauthals aus Harlem „heraus-buhen" würden und rastete aus.

Ich rannte panikerfüllt die Hintertreppe des Theaters hinunter und stoppte erst, als ich in der Lobby unten angekommen war. Ich war vollkommen hysterisch, bekam kaum Luft. Schließlich mühte ich mich zu dem dort aufgestellten Springbrunnen und kauerte da vier oder fünf Minuten nach Luft ringend.

Von dort aus hörte ich den Applaus für Patti Labelle, der in dem Theater wie dumpfer Donner widerhallte. Statt mich noch nervöser zu machen, beruhigte mich das Klatschen auf eine eigentümliche Art. Wenige Sekunden danach kam Nedra die Treppe herunter geeilt, da sie mich suchte. „Na los, Mädchen. Komm schon", drängte sie. „Wir sind dran."

Ich stand auf, ging zurück zur Treppe und wusste bei jedem Schritt, dass wir gleich auf die Bühne gehen und uns einigen Hundert harter Kids aus Harlem stellen würden. Und jeder von ihnen hatte zwei Dollar Eintritt gezahlt. Klar, dass diese Kids den Gegenwert dieser Summe bekommen würden – auf die eine oder andere Art. Als wir schließlich am Rand des Vorhangs standen, drehte ich mich zu Nedra um und fragte sie gerade heraus: „Glaubst du, dass wir für Schwarze durchgehen?"

„Es ist zu spät, sich jetzt darüber Sorgen zu machen", meinte sie lapidar und machte sich auf, in Richtung der grellen und heißen Schweinwerfer zu schreiten, die die Bühne ausleuchteten und zu einem wahren Glühofen machten. „Davon abgesehen, Ronnie – wir sind schwarz!", beruhigte sie mich mit einem Augenzwinkern. „Und Spanier. Und vielleicht noch vieles anderes, von dem wir nichts wissen. Lass uns rausgehen. Durch unsere Adern fließt so unterschiedliches Blut, mit dem wir jeden glücklich machen werden."

Ich lächelte breit, und diese Art von Grinsen war der einzige Grund, warum ich dann auf die Bühne ging. Nachdem ich mit dem Singen begonnen hatte, war der Rest ein Kinderspiel. Ich schaffte es durch „Be My Baby" und das Publikum liebte es. Wir standen dort und badeten im Applaus, doch ich fühlte mich emotional so ausgelaugt, dass ein Sauerstoffzelt recht hilfreich gewesen wäre. Wir hatten es geschafft und ernteten sogar „Standing Ovations" von den Zuschauern des Apollo, und das bedeutete schon etwas. Als uns die Straßenkids im Apollo bejubelten glich das einem Ritterschlag. Von dem Moment an wussten wir, bis in die Welt der Schwarzen vorzudringen.

6

Fools Fall In Love

Als der Herbst des Jahres 1963 begann, hatte sich unser aller Leben auf den Kopf gestellt. All das, wovon ich bisher geträumt hatte, war Realität geworden. Wir waren bei Dick Clarks *American Bandstand* aufgetreten. Reporter aus der ganzen Welt riefen an und baten um Interviews. Und was das Beste war – man konnte das Radio kaum anmachen, ohne „Be My Baby" zu hören. Ich war im Himmel. Mich ärgerte es, dass alles so wahnsinnig schnell passierte, wodurch mir kaum Zeit blieb, es zu genießen. Am liebsten hätte ich die Uhr verlangsamt und jeden einzelnen Moment ausgekostet. Aber so läuft das nun mal nicht.

Unsere Familien freuten sich natürlich für uns. Meine Oma lebte nicht lange genug, um den Durchbruch mitzufeiern, doch Mum und all die Tanten und Onkel waren stolz auf uns. Mein Onkel Charles wollte sogar eine große Party ausrichten, um den Erfolg standesgemäß zu begehen. Diese schöne Idee stand nur am Anfang, denn jemand in der Familie machte den „grandiosen" Vorschlag, Profit daraus zu schlagen, die Öffentlichkeit einzuladen und Eintritt zu nehmen.

„Wir haben die Mädchen doch großgezogen", sagte einer meiner Onkel. „Und warum sollen wir nicht alle davon profitieren, nun, da sie es geschafft haben?"

Unglücklicherweise gab es an diesem Abend keinen Profit. Die Party wurde zu einem Desaster. Meine Familie mietete einen in der

Mitte der Stadt gelegenen Saal mit dem Namen Carlton Terrace und klebte einige Plakate mit der Aufschrift: „Gala Halloween Masquerade, mit Special Guests – den Ronettes". Sie glaubten, wenn wir bei so einem Event auftauchten, würde es reichen, um genügend Leute zu ziehen. Doch da lagen sie falsch, denn niemand bekam Wind davon. Von der Familie mal abgesehen, erschienen vielleicht drei zahlende Gäste. Auf eine bestimmte Art fand ich das lustig und erinnere mich an Onkel Charles, der in seinem Piratenkostüm an der Kasse neben der Tür stand und auf Menschenmassen wartete. Es war natürlich gleichzeitig peinlich und beschämend. Erstmalig spürte ich wie unsere Berühmtheit die schlechtesten Seiten der Familie hervorbringen konnte.

Ich gewöhnte mich niemals daran, wie sehr sich meine Familie veränderte, nachdem wir groß rausgekommen waren. Das erinnerte mich an die Reaktionen der Kids in der Highschool, die sich plötzlich merkwürdig verhielten, als wir die Radioshow von Murray the K machten. Doch nun waren es unsere Cousinen, Onkel und Tanten, die uns wie andere Menschen behandelten und nicht mehr so, wie es früher gewesen war.

Dad sah die Ronettes im Herbst 1963, wenige Monate nach dem Veröffentlichungstermin von „Be My Baby". Wir traten im Rahmen einer Rock'n'Roll-Revue in Philadelphia auf und da in der Gegend viele Verwandte Dads lebten, kam er von Florida, um uns zu überraschen. Wir wussten nicht mal, dass er da war, bis Estelle ihn im Publikum ausmachte.

Meist spielten wir bei Tourneen mit diesen Rock'n'Roll-Revues nur zwei oder drei Nummern. Wir hatten gerade den zweiten Song beendet, unsere Version von „The Twist". Ich wollte mit „Be My Baby" weitermachen, als Estelle über die Bühne lief und etwas in mein Ohr flüsterte.

„Erste Reihe, siebter Sitz", hauchte sie.

Auf die Vorderreihe hinunterblickend, erkannte ich ihn. Ich war so aufgeregt, meinen Dad dort zu sehen, dass ich fast das Mikrofon fallen gelassen hätte. Er sah so glücklich aus, wie ein Junge, der in der ersten Reihe im Zirkus sitzt. Er lachte und erzählte allen um ihn herum, dass wir seine Kids seien. „Das sind meine Girls da oben", steckte er jedem, der zuhörte. „Meine beiden kleinen Mädchen."

Die Hausband spielte bereits den einleitenden Beat des Songs, doch ich gab ihnen ein Handzeichen aufzuhören. Ich musste einfach eine kleine Ansprache halten und wollte dabei nicht gestört werden.

„... äh, wir sprechen eigentlich keine Widmungen aus", begann ich mit unsicherer Stimme, dabei die Tränen unterdrückend. „Aber ... die Ronettes waren immer ihrer Familie verbunden. Und so möchten meine Schwester Estelle und ich die nächste Nummer dem besten Mann auf der ganzen Welt widmen. Er sitzt da – in der ersten Reihe."

Dann begann der Drumbeat erneut.

Boooom-boom-boom-tschaaa.

„Dieser Song ist für dich, Daddy", kündigte ich an. Der ganze Saal verfiel in Hysterie, tickte regelrecht aus. Es fühlte sich an wie reinste Magie.

Als Dad nach der Show in den Backstage kam, weinte er wie ein Kind. Er legte einen Arm um Estelle und den anderen um mich. Wir waren so glücklich ihn wiederzusehen, dass uns seine Alkoholfahne nicht störte. „Ich bin so stolz", wiederholte er immer wieder. „Ich bin so, so stolz auf euch."

„Ach was Dad", sagte ich. „Von was redest du da? Wir haben das alles von dir."

Als er das hörte, zeichnete sich auf seinem Gesicht das schönste Lächeln ab, dass ich jemals gesehen habe. Und das machte mich unendlich glücklich. Ich versuchte mich an diesem Abend noch intensiver mit ihm zu unterhalten, doch er hatte zu viel getrunken und konnte kein richtiges Gespräch führen. Schließlich umarmte ich Dad und versprach, ihn jedes Mal zu besuchen, wenn ich nach Florida käme.

Und ich hielt mich an das Versprechen. Nach der Aussöhnung in Philadelphia fuhr ich alle Jahre dort runter und besuchte ihn. Er trank leider bis zu seinem frühen Tod 1978, verursacht durch Komplikationen, ausgelöst durch übermäßigen Alkoholkonsum. Er hatte seinen Traum, Drums in einem Jazz-Club in Harlem zu spielen, niemals verwirklicht, lebte aber lange genug, um zu sehen wie seine Töchter Rock'n'Roll singen. Und das gab ihm – zumindest ein ganz kleines bisschen – einen inneren Frieden.

Wenn man einen Hit hat, ist eins sicher: Plötzlich hört man etwas von alten Freunden, die man jahrelang für verschollen glaubte. Einer dieser alten „Freunde", die mich nach „Be My Baby" aufsuchten, war Frankie Lymon, der Junge, durch den ich mit der Musik begann. Ich hatte Frankie schon lange nicht mehr gesehen, aber Geschichten über ihn gehört – dass er immer noch trank, dass er Drogen nahm, dass aus ihm ein Junkie geworden sei. Ich war gerade zuhause, als er anrief, und auf mich machte er einen ganz normalen Eindruck.

„Ronnie", fing er das Gespräch an. „Ich freue mich über deine Platte, und möchte kommen, um dir persönlich zu gratulieren."

Ich war immer noch in Frankie verliebt und meinte, er könne vorbeikommen. Meine Schwester war an dem Tag nicht da, aber Mum mit einem Typen namens Duke, ein Friseur aus der Nachbarschaft, mit dem sie manchmal ausging. Als ich ihnen von Frankies Besuch berichtete, erklärten sie sich bereit, in der Küche zu bleiben, während er bei uns war. Mum half mir sogar, vor seiner Ankunft das Wohnzimmer zu putzen.

Ich wollte einen guten Eindruck machen und stellte noch Kartoffelchips und Dip auf den Wohnzimmertisch. Meine Mutter sorgte für eine kleine Bar, mit einer zusätzlichen Flasche Canada Dry Ginger Ale und kramte ihre besten Trinkgläser hervor.

Als Frankie eine halbe Stunde später an der Tür stand, trug er eine frisch gemangelte und gestärkte schwarze Hose und ein Hemd mit einer langen Knopfleiste mit horizontalen roten, blauen und grünen Streifen. Damit betonte er einen coolen Individualismus. Ich warf einen Blick auf ihn und dachte: Mein Gott, ich liebe ihn immer noch.

Er kam rein, und wir setzten uns auf die Couch und redeten ungefähr eine halbe Stunde über die alten Zeiten. Es war alles recht nett und angenehm. Und dann beging ich den Fehler und bot ihm einen Drink an.

„Danke, Ronnie", antwortete er und streckte eine Hand nach dem J&B aus, wobei die andere sich ein hohes Glas von Mum griff. Er füllte das Glas bis zur Hälfte mit Scotch und trank es wie 7Up. Dann schenkte er nach. Und dann wieder. Wie vor den Kopf gestoßen, schaute ich ihm zu, wie eine Viertel Flasche J&B in weniger als 25 Minuten verschwand. Und ich sah keinen einzigen Tropfen davon, denn damals hätte mich Mum umgebracht, wenn ich auch nur an Alkoholischem genippt hätte.

Während ich ihm dabei zusah, wie er immer betrunkener wurde, empfand ich nur tiefes Mitleid. Hier saß Frankie Lymon, mein Idol aller Zeiten, der in drei Jahren noch nicht mal eine Platte gemacht hatte. Mit 20 Jahren war er erledigt – fix und fertig. Noch trauriger machte es mich, dass er unentwegt von meiner Stimme schwärmte.

„Ronnie, ich liebe die Art wie du auf deiner Platte singst", lallte er. Ich saß zusammengekauert in der Ecke der L-förmigen Couch und sah zu, wie sich der Held meiner Kindheit blöd soff. Er lehnte sich schwankend zu mir hinüber und wollte meinen Arm anfassen. Ich zog ihn weg, doch er wartete nur wenige Sekunden und versuchte es erneut. Nach einer Weile erkannte ich keinen Sinn darin, ihn aufzuhalten.

„Du bist der Sänger mit dem wahren Talent", erklärte ich und versuchte dabei das Gespräch wieder auf ihn zu lenken. „Ich glaube, ich werde niemals vergessen wie du ‚Why do birds sing so gay' gesungen hast."

Doch Frankie war nicht in der Stimmung über seine Karriere zu reden, und so laberte er wieder über meine Stimme. „Ich liebe deine Platte, Ronnie", wiederholte er sich erneut. Jedes Mal, wenn er das sagte, kamen die Worte undeutlicher aus seinem Mund. „Das Vibrato haut mich total um", ergänzte er. „Wo hast du das gelernt?" Das konnte ich nicht glauben! Mein Gesangsidol fragte mich, wer meinen Stil inspirierte!

„Von dir, Frankie!", erklärte ich mit Nachdruck. „Ich wäre keine Sängerin, hätte es dich und deine Platten nicht gegeben." Ich war zwischenzeitlich aufgestanden und brüllte beinahe, um zu ihm durchzudringen. „Das ist alles von dir. Die Phrasierungen, das Vibrato, einfach alles. Ich habe das alles von dir, Frankie. Von dir."

Doch er hörte einfach nicht zu. Er stand auf, schüttelte den Kopf und torkelte ins Badezimmer. Wenige Minuten später tauchte er wieder auf, wirkte noch widerlicher als zuvor. Er schnellte auf mich zu und presste mich gegen die Couch. Ohne ein Wort zu verlieren, versuchte er mit seiner kräftigen Hand, meine Bluse aufzuknöpfen. Genug! Noch bevor er beim zweiten Knopf angelangt war, zog ich die Notbremse.

„Mum!", rief ich laut genug, um in der Küche gehört zu werden. „Duke! Frankie möchte jetzt gehen."

Das war nicht mehr zum Aushalten. Ich hatte fälschlicherweise geglaubt, dass Frankie und ich einen schönen romantischen Abend verbringen würden. Okay. Ich hatte sogar fantasiert, dass sich daraus eine richtige Beziehung entwickelt. Doch Frankie wollte nur auf mich steigen und dann gehen. Und das konnte ich nicht.

Schließlich erschien Duke im Zimmer und blickte kurz auf Frankie, der mich immer noch festklammerte. Er wusste sofort, was hier vor sich ging. „Na los, Mann", sagte er und zog Frankie vorsichtig hoch. „Für dich ist es jetzt Zeit, nach Hause zu gehen."

Dann, mit der Hand auf Frankies Schulter, geleitete Duke ihn zur Eingangstür. Kurz bevor uns Frankie verließ, drehte er sich um und starrte mich mit diesem schrecklichen Gesichtsausdruck an, so als könne er nicht verstehen, warum man ihn verraten hat. „Was ist denn los, Ronnie?", wollte er wissen. „Treffen wir uns mal wieder zu einem Drink?" Er wirkte verletzt und verwirrt, doch ich konnte nichts ausrichten, ihm nicht helfen.

„Mach's gut, Frankie", erklärte Duke und schloss die Tür. „Hier wird es nie wieder etwas zu trinken geben." Und dann war er verschwunden. Ich hasste es, dass ich ihn rauswerfen musste und empfand noch viele Jahre quälende Schuldgefühle. Doch was hätte ich machen sollen?

Ich sah Frankie nie wieder. Als ich einige Jahre später in der Zeitung las, dass Frankie Lymon an einer Drogenüberdosis gestorben war, verwunderte es mich nicht. Dieser Junge war hungrig nach Liebe, doch als er diese Liebe nicht im normalen Leben fand, glaubte er, sie würde nicht existieren. Um den Schmerz zu ersticken, wendete er sich dem Alkohol und den Drogen zu. Doch der Schmerz ließ sich nicht unterdrücken. Damals verstand ich das alles nicht. Ich sollte Frankies Problem erst viele, viele Jahre später erkennen. Und dann war es schon viel zu spät, ihn zu retten. Ich verstand es glücklicherweise gerade noch rechtzeitig, um mich selbst zu retten.

Nachdem „Be My Baby" durch die Decke gegangen war, war Phil ganz heiß darauf, eine weitere Single zu produzieren. Er komponierte „Baby, I Love You" – wieder mit Ellie Greenwich und Jeff Barry – und rief mich im Herbst 1963 in New York an. „Wir haben einen neuen Hit für dich. Wie schnell kannst du in Kalifornien sein?"

Ich wäre auf der Stelle geflogen. Wäre da nicht eine Verpflichtung gewesen. Die Ronettes mussten sich am nächsten Tag zu einer Tournee mit Dick Clark and his Caravan of Stars aufmachen.

„Geh nicht", wies mich Phil an, als sei eine Tour mit Dick Clark keine große Sache. „Aber Phil", versuchte ich zu erklären. „Es ist Dick Clark. Er braucht uns für seine Tour!"

„Na und?", entgegnete er. Ich konnte an seiner Stimme hören, dass er sich sekündlich mehr und mehr aufregte. „Ich brauche dich auch. Es ist viel wichtiger, dass du einen weiteren Hit aufnimmst, als in einem klapprigen Bus mit Dick Clark durch das Land zu fahren."

„Okay", seufzte ich. Wenn Phil sich etwas in den Kopf gesetzt hatte, wurde jede Diskussion überflüssig. Ich dachte, er würde die Details irgendwie ausarbeiten, doch ich hätte niemals wissen können, dass das alles schon passiert war. „Soll ich den anderen sagen, dass die Tour ausfällt?"

„Warum? Die Ronettes können die Tour ohne dich machen. Wir werden deine Cousine Elaine als Ersatz nehmen, während du im Studio bist."

Ich musste zugeben, dass es nach einem guten Plan klang. Elaine war schon von Anfang an bei den Ronettes gewesen, damals, als wir die Amateurnacht im Apollo „bestritten". Und wenn man die Familienähnlichkeit bedachte, konnte sie schnell wie ein Mitglied der Band durchgehen. Und so einigte man sich auf diese Lösung. Elaine sprang bei den ersten Wochen der Dick-Clark-Tour ein und ich stieß zeitgenau einige Wochen später dazu.

Da Estelle und Nedra während der Recordings von „Baby, I Love You" tourten, nahmen wir den Song schließlich ohne die beiden anderen Ronettes auf. Um es auf einen Punkt zu bringen: So wie Phil arbeitete, unterschied sich die Scheibe nicht so sehr von den anderen. Ich nahm den Lead-Gesang immer allein auf, und als es an die Backgrounds der Nummer ging, schien es Phil nicht sonderlich zu stören, dass Nedra und Estelle nicht da waren. Was ihn anbelangte, waren die beiden ganz normale Background-Sängerinnen, von denen er bereits viele hatte. Und genau so lief es mit allen Ronettes-Platten – waren Nedra und Estelle verfügbar, nutzte er ihren Gesang für den Endmix. Waren sie nicht da, übernahmen Darlene Love und Cher die Backgrounds mit irgendwelchen anderen Sängerinnen. Ich habe das noch niemanden erzählt, aber es stimmt – auf einigen Platten, auf denen der Bandname stand, waren Nedra und Estelle nicht zu hören.

Damals dachten wir nicht lange über solche Arrangements nach. So lange Nedra und Estelle die Auftritte machten, genannt wurden und das Honorar erhielten, bestand kein Grund zur Beschwerde. Mir kam es nie in den Sinn, dass das alles eine Art Finte von Phil war, um mich von Nedra und Estelle zu trennen und allein für sich zu haben. Doch dieser Gedanke ging mir in den nächsten Jahren oft durch den Kopf.

Auf einer Platte waren alle drei Ronettes zu hören – und beinahe jeder, der für Phil arbeitete – Phils Weihnachtsalbum *A Christmas Gift For You*. Phil war Jude, doch aus irgendeinem Grund liebte er Weihnachten. Jedes Jahr verbrachte er Wochen mit dem Design seiner Weihnachtskarte, die er jedem im Business zuschicken ließ. 1963 lebte er diese Marotte noch weiter aus und nahm ein komplettes Album mit Weihnachtsmusik auf, mit Beiträgen aller Künstler des

Philles-Labels. Alle Gruppen nahmen drei oder vier Titel auf. Die Ronettes nahmen sich „I Saw Mommy Kissing Santa Claus“ vor, „Sleigh Ride“ und „Frosty The Snowman“.

Wir arbeiteten unendlich lange an den Songs. Phil startete im Sommer mit den Aufnahmen und blieb geschlagene zwei Monate ununterbrochen im Studio. Wir begannen die Recordings am frühen Abend und arbeiteten bis tief in die Nacht. Und jeder sang bei den Songs der anderen, womit Phils Acts auf der Platte wie eine große, glückliche Familie klingen. Während der Sessions erzählte er jedem, dass das Weihnachtsalbum das Meisterwerk seiner Karriere werden würde. Und das glaubte er auch. Wir wussten alle, wie wichtig das Projekt für Phil war, als er am letzten Abend ins Studio kam und bekannt gab, selbst etwas aufzunehmen. Der letzte „Song“ des Albums ist eine gesprochene Botschaft Phils, bei der er sich bei allen Käufern bedankt und jedem eine frohe Weihnacht wünscht, während wir im Hintergrund „Silent Night“ singen. Viele fanden das unerträglich schmalzig, aber wenn man Phil so gut kannte wie ich, wirkte das sehr berührend.

Aber ich hatte schon immer eine Schwäche für seine Stimme. An seiner Phrasierung und Betonung war etwas, dass mich ganz verrückt machte. Es wirkte so cool, so besänftigend, so gelassen. Phil war kein Vokalist, aber wenn er sprach, regte er in mir den Zauber des Verliebtseins an, so wie es kein Sänger konnte. Niemand anders wäre in der Lage gewesen, mich allein durch den Klang seiner Stimme zum Orgasmus zu bringen.

Natürlich war von so etwas damals noch nicht die Rede. Noch nicht! Phil und ich ließen uns damals noch als zaghafte Verliebte beschreiben. Wir verbrachten viel Zeit miteinander, empfanden romantische Gefühle, aber hatten noch nicht miteinander geschlafen. Vielleicht war es aus dem Grund so romantisch?

A Christmas Gift For You erschien im November 1963. Trotz all der Arbeit, die wir da reingesteckt hatten, wurde es Phils größter Flop. In den frühen Siebzigern brachte man es mit dem Titel *The Phil Spector Christmas Album* erneut auf den Markt, und heute reden die Laute darüber, als sei es eins der größten Alben der Rock'n'Roll-Geschichte. Doch als es rauskam, kaufte es niemand.

Präsident Kennedy war nur wenige Tage vor der Veröffentlichung erschossen worden, wonach die Menschen viel zu deprimiert waren, sich eine Rock'n'Roll-Scheibe überhaupt anzusehen. Und sie blieben auch so niedergeschlagen – bis zum Beginn des Jahres 1964 als – ich danke Gott dafür – vier langhaarige englische Typen sie wieder in die Plattenläden lockten.

7

John, George, Ringo und Mum

Als wir im Januar 1964 zu unserer ersten England-Tournee aufbrachen, erwarteten wir nicht viel. Die Rolling Stones spielten als unsere Vorband, doch sie standen gerade erst am Anfang, wodurch wir keine Vorstellung hatten, welche und wie viele Zuschauer wir erwarten konnten. Tatsächlich hatten wir sogar ein wenig Bammel, was die englischen Kids von uns halten würden – von drei Girls aus Spanish Harlem. Doch wie sich zeigte, hätten wir uns keine Sorgen machen müssen, denn glücklicherweise wurden wir bei allen Auftritten mit „Standing Ovations" gefeiert. Die britischen Fans mochten unsere Musik sogar noch mehr als die Kids zuhause.

Ich erinnere mich immer noch daran, auf einer Bank des Heathrow Airport gesessen zu haben, mit Mum und den anderen Ronettes, darauf wartend, dass der Vertreter der englischen Plattenfirma uns abholt. Die Gruppe muss ganz schön lustig ausgesehen haben – drei schwarze, amerikanische Mädels, die alle ein Bein über das andere geschlagen hatten – natürlich in dieselbe Richtung deutend und wippend – mit identischen Frisuren, bei denen das Haar mehr als 30 Zentimeter hochtoupiert war.

Als unser „Kindermädchen" schließlich auftauchte, lächelte er über das ganze Gesicht.

„Ich hatte schon Bedenken, euch nicht zu erkennen“, meinte er humorvoll, als er auf uns zuschritt. „Aber irgendein Gefühl sagte mir, dass ihr die Ronettes seid.“ Er stellte sich als Tony King vor und erklärte uns daraufhin, dass Decca Records – unser britisches Label – ihn damit beauftrage hatte, bei unserem London-Aufenthalt auf uns aufzupassen. „Mein Job“, erklärte er, „besteht darin, euch den Aufenthalt so angenehm und spannend wie möglich zu machen.“ Später fanden wir heraus, dass der Typ seinen Job wirklich ernstnahm.

An einem der ersten Abende führte er uns zu einer Party, auf der wir die Beatles trafen. Sie fand in dem Haus von Tony Hall in Mayfair statt. Tony Hall war ein bedeutender Promoter für die Decca und kannte jeden im Geschäft. Und somit hörten auch die Beatles, dass er eine Party für die Ronettes „schmiss“, woraufhin drei von ihnen alles unternahmen, um uns kennenzulernen. Als wir dort erschienen, waren George, John und Ringo bereits angekommen. Die Beatles waren damals noch nicht in den USA eingeschlagen, und so kannten wir ihre Musik auch nicht. Doch wir kannten sie. Warum? Jeder, aber auch wirklich jeder in England sprach über diese Band. Als sie an uns herantraten und sich als Fans unserer Musik vorstellten, kam das einem Schock gleich.

„Du hast die wunderschönste Stimme“, schmeichelte mir George. „Wir haben sie direkt geliebt, als wir euch das erste Mal hörten.“ Die Jungs hatten uns in einer englischen TV-Show gesehen und hörten mit dem Schwärmen gar nicht mehr auf. „Ihr wart fantastisch“, meinte John Lennon zu mir. „Einfach verdammt, verflucht fantastisch.“

Natürlich harmonierten wir vom ersten Augenblick an. Es war offensichtlich, dass sich diese Typen viele Platten anhörten, denn sie wussten so viel über amerikanische Musik wie wir. Oder sogar noch mehr. Die Beatles standen auf alle Girlgroups und kannten jede veröffentlichte Motown-Single. Sie sagten uns, wie sehr sie unsere langen schwarzen Haare liebten und wie unser Look sie umhaute. Mit uns einen Abend zu verbringen – das machte sie offensichtlich an. Tja, und eine schlechte Zeit hatten wir sicherlich auch nicht.

Dann legte jemand Platten auf, und die Beatles baten uns, ihnen die aktuellen amerikanischen Tänze zu zeigen. Und so erklärten wir ihnen den Pony, den Jerk und den Nitty-Gritty. Jedes Mal, wenn wir zu tanzen anfingen, kam John zu mir rüber und sagte: „Ich weiß nicht, ob ich den jetzt schon kann. Vielleicht brauche ich ein wenig Nachhilfe." Nachdem Estelle ähnliche Signale seitens George erhielt, trafen wir uns erstmal zur Einschätzung der Gesamtlage auf der Damentoilette.

„Estelle", erklärte ich. „Ich glaube George steht auf dich."

„Ich weiß", antwortete sie „Und John ist ganz verrückt nach dir. Ist das nicht toll?" Estelle hatte einen Freund, der in New York auf sie wartete, und ich traf mich zu der Zeit bereits mit Phil. Doch wir waren jung und hielten uns in einem fremden Land auf, woraufhin wir uns entschieden, unsere Freunde mal in den USA zu lassen und ein bisschen Spaß zu haben.

Als wir aus der Toilette kamen, bot uns Tony Halls Frau Mafalda eine Führung durch ihr Haus an. Die Halls besaßen ein wunderschönes Haus– dort standen in jedem Raum antike Vasen und erlesene Kunstgegenstände. Ich versuchte das ganz brav wertzuschätzen, doch jedes Mal wenn mir Mafalda ein Gemälde oder eine Skulptur zeigte, rannte John dazwischen und machte einen Witz, der mich augenblicklich zum Lachen oder Kichern brachte. Schließlich riss Mafalda ihre Arme in die Höhe und lachte: „Klar, wenn dieser Typ hier ständig umherschleicht, werde ich nicht weit kommen. Warum machst du mit der Tour nicht weiter, John?"

„Danke, Liebes", sagte er. Das war genau der Anstoß, den er gebraucht hatte. John nahm mich am Arm und kündigte an: „Na los! Es geht auf Entdeckungsreise." Bevor ich mich versah, zog er mich nach oben zu einem langen Flur, von dem einige Schlafzimmer und andere Räume abgingen. Dann schlenderte er dort entlang und rüttelte an allen Türknäufen, hoffend, ein leeres Zimmer zu finden.

Schließlich öffnete er eine Tür, und wir schlichen beide hinein. In der Dunkelheit konnte man erkennen, dass es sich um ein Schlafzimmer handelte, aber es war so finster, dass wir nicht merkten, dass dort bereits George und Estelle auf dem Bett hockten.

„Oops! Sorry, Leute“, entschuldigte ich mich. Dann machte ich auf dem Absatz kehrt, doch John war schon wieder im Flur und rüttelte an weiteren Türknäufen. Am Ende des Ganges fanden wir endlich ein leeres Schlafzimmer, einen großzügig geschnittenen Raum mit einem süßen, kleinen Fenster, durch das man das Lichterspiel Londons sah. Es war atemberaubend. Ich ging vorsichtig in das dunkle Zimmer, setzte mich hin und starrte auf diese Märchenwelt von Lichtern und Türmen, die sich bis in die Unendlichkeit zu erstrecken schien. „Oh“, seufzte ich. „Das ist so schön.“

John kuschelte sich an mich. „Weißt du“, begann ich, „hätte mir jemand vor einem Jahr prophezeit, dass ich heute hier sitze und über ganz London hinwegsehe, hätte ich vermutlich geantwortet: ‚Du spinnst doch.‘“ John antwortete: „Aber nun sind wir hier, nicht?“

Ich mochte es, mich mit ihm zu unterhalten. Er war der erste Mann, der wusste, wie befremdlich es war, wenn man übernacht von einem Nobody zur größten Attraktion des Landes wird.

„Wie empfindest du das alles?“, wollte ich wissen.

„Tja, hier zieht’s und bei diesem Logenplatz auf der Fensterbank frier ich mir den Arsch ab“, witzelte er. Dann verstellte er seine Stimme und klang wie einer dieser überzogenen Romantiker aus einer Spätshow. „Ah, aber diese Aussicht ist beeindruckend“, schwärmte er gekünstelt und sah mich direkt an.

„Das habe ich nicht gemeint“, fuhr ich fort, dabei versuchend seine Frotzelei zu ignorieren. „Ich meine berühmt zu sein.“

„Oh, ich verstehe. Ein ernstes Gespräch.“ Er stand auf und schnappte sich einen Aschenbecher von einem Nachttisch. „Dabei muss ich aber eine rauchen.“

Er nahm den Aschenbecher mit zum Fenster. Wir saßen dort lange, rauchten und unterhielten uns. Er erzählte mir von der Zeit, bevor sie es geschafft hatten, davon wie er mit den anderen Beatles in Coffee-Shops abhing, während ihr Manager versuchte, ihnen einen Plattenvertrag zu organisieren. „Wir saßen da mit unserem Marmeladenbrot und Tee und malten uns aus: ‚Wenn wir unseren Plattenvertrag bekommen, wird sich alles ändern. Dann haben wir

Limousinen und Chauffeure und müssen nie mehr ein Marmeladenbrot essen – so lange wir leben!' Dann hatten wir den Plattenvertrag, und was passierte wohl?"

„Gar nichts änderte sich", antwortete ich mit meiner 20-jährigen Weisheit.

„Nein. Wir hatten Recht gehabt, denn wirklich alles wandelte sich. Wir bekamen unsere Limousinen und Fahrer, und nun konnten wir auch endlich den Marmeladenbrot-Entzug machen. Wenn ich manchmal an die Dinger denke, kommt es mir hoch." Er lachte, und ich hatte sein Argument verstanden. Alles verändert sich, wenn man berühmt wird, und es lässt sich nichts dagegen unternehmen. Dennoch hätte keiner von uns die Uhr zurückgestellt, um wieder das alte Leben zu führen – um Nichts in der Welt.

In diesem Moment fühlte ich mich John sehr nahe, denn er erklärte mir alles, was ich damals wissen wollte. Mir war klar, dass er einer dieser Denker und Grübler war, wie auch Phil. Und ich erkannte, dass er nicht nur meine Stimme mochte. Als er sich herüberlehnte und mich zu küssen begann, vergaß ich Phil für einige lange Sekunden. Das muss ich zugeben. Aber nur einige. Wir küssten uns mehrmals auf der Fensterbank, und für mich war das damals schon eine ganz große Sache. Aus heutiger Sicht scheint das kaum mehr verständlich, aber bis zu dem Zeitpunkt hatte ich einem Mann höchstens einen Kuss auf die Lippen gegeben, und das beinhaltete auch Phil. Die Romantik war alles und Sex immer noch ein Mysterium. Aber wie sich das alles auf der Fensterbank entwickelte, sah es ganz danach aus, dass sich das ändern würde.

Wir küssten uns intensiv, und John begann – wie ich auch – immer schneller zu atmen. Nicht lange, und wir fanden einen gemeinsamen Rhythmus und es fühlte sich fantastisch an. Dann berührte er Stellen meines Körpers, von denen ich gar nicht gewusst hatte, dass es sie gab. Ich wehrte mich nicht, als er seine Hände zu meiner Taille hinuntergleiten ließ und mich von der Fensterbank hochzog. Doch als ich sah, wohin er mich bugsierte, überkam mich augenblicklich Panik. Wir standen nur noch wenige Zentimeter vor Tony Halls großem, ausladendem Luxusbett. Wenn ich nicht bald etwas unternahm, würde es kein Zurück mehr geben. Und dann kam mir Phil in den Sinn. Ich war ihm bislang treu geblieben, was auch so bleiben sollte. John war ein fantastischer Typ, doch ich liebte Phil und damit erübrigte sich alles andere. John versuchte mich immer noch zum Bett zu ziehen, doch dann stemmte ich meine Füße in den Teppich und hielt inne. Vermutlich überraschte ich ihn damit, denn er verlor die Balance und plumpste aufs Bett.

„Meinst du, wir können wieder zur Party gehen?", fragte ich mit leiser Stimme. Das klang dümmlich, doch in dem Moment fiel mir nichts Besseres ein. John schien das nicht viel auszumachen, denn wieder unten angekommen, tanzten wir gemeinsam und verbrachten eine wunderschöne Zeit miteinander.

Bevor wir London verließen, trafen Estelle und ich uns noch einige Male mit den beiden. Sie führten uns aus, in diese unglaublich romantischen Restaurants mit den schneeweißen Leinendecken, doch dort angekommen, wollten die beiden nur über amerikanischen Rock'n'Roll reden.

„Erzähl uns doch was von den Temptations", fragte George zum Beispiel. Dann wollte John wissen: „Wie ist Ben E. King im wahren Leben?" Und so arbeiteten wir eine Liste ab, und erzählten ihnen alles über die Acts, mit denen wir im Brooklyn Fox gearbeitet hatten. Und während wir redeten hockten uns John und George wie hypnotisiert gegenüber.

Wir gingen noch ein letztes Mal aus, doch Mum begleitete uns an diesem Abend. Es wurde ein Desaster. Was geschah: Bevor wir das Hotel verließen, unterhielten sich John und George ein wenig mit Mutter. Höflichkeits-Konversation. Dann, aus reinem Anstand, lud John sie zum Mitkommen ein, wobei er niemals davon geträumt hätte, dass sie auf das Angebot eingehen würde. Estelle und ich kamen rechtzeitig ins Zimmer, um das Ende des Gesprächs zu hören. „Dinner? Das hört sich nach einem spaßigen Abend an. Ich muss schnell noch mein Portmonee holen." Das reichte uns, um den halben Abend lang die Zähne zusammenzubeißen.

Da saßen wir nun – in einem schicken, und mit Kerzen erleuchteten Restaurant in London – mit John Lennon, George Harrison und – meiner Mutter! Es war fürchterlich. Wie kann man nur ein Wort über die Lippen bringen, wenn die eigene Mutter daneben sitzt? Was am schlimmsten war – sie sagte die ganze Zeit über gar nichts! Während des Essens starrte sie uns ständig an.

Als wir das Restaurant verließen, stieg ich mit John in seine Limousine und Estelle kletterte in den kleinen zweisitzigen Sportwagen von George. Meine arme Mutter wusste gar nicht, wem sie folgen sollte. Plötzlich dämmerte es ihr, dass es – trotz aller Liebe – Zeiten gab, wo wir sie nicht dabeihaben wollten.

Erst als ich mit der Niederschrift dieses Buches begann, gestand mir Mum, was sie an diesem Abend durchmachen musste. „Ich war es gewohnt, dich als kleines Mädchen zu sehen. Ich mochte den Gedanken nicht, dass diese beiden erwachsenen Männer meine kleinen Mädchen mögen. Dann stand ich auf dem Parkplatz und wusste nicht, in welchen Wagen ich mich setzen sollte. Ich sah da diesen erwachsenen Mann, der sich an Estelle schmiegte und einen anderen erwachsenen Mann, der den Arm um dich legte. In dem Moment dachte ich: ‚Tja, wie wird mein Leben von nun an aussehen?' Das war die schmerzvollste Nacht, die ich je erlebte."

Mum stand ungefähr eine halbe Minute auf dem Parkplatz, bevor sie mit den Schultern zuckte und zu einem Londoner Taxi ging. „Taximann", befahl sie dem Fahrer. „Bringen sie mich zum Strand Hotel."

Am 6. Januar 1964 verließen wir London und fuhren direkt nach Harrow, wo die Tour mit den Rolling Stones startete, die uns im Zickzack-Kurs durch das ganze Land führte. Wir fuhren im selben Bus wie die Stones, doch gegensätzlich zu den Beatles, brauchten wir einige Zeit, um mit diesen Typen warm zu werden. Vielleicht sollte ich besser sagen, bis sie mit uns warm wurden, denn wir versuchten alles, um so freundlich wie möglich zu ihnen zu sein. Aber egal, was wir auch anstellten – wir brachten diese Kerle nicht dazu, dass sie mit uns sprachen. Es war reichlich bizarr. Wir spielten einen Auftritt, wonach wir uns nach ihnen umschauten, doch sie waren schon allein fortgezogen. Warum vermieden sie uns? Nach drei Tagen dieses Theaters ging ich zu ihrem Manager Andrew Loog Oldham und fragte, warum uns die Jungs ignorieren. „Hey, ich weiß, dass das hier England ist", sagte ich. „Und ich habe gehört, dass die Leute ziemlich kühl im Umgang sein sollen. Aber ihr Typen könntet doch manchmal wenigstens ein ‚Hello' über die Lippen bringen."

Andrew sah mich mit einem verlegenen Lächeln an. Offenbar musste er sich noch entscheiden, ob er eine ehrliche Antwort geben solle oder nicht. Schließlich hörte ich sein Geständnis: „Darling, die Jungs sind eure größten Fans. Wir würden uns alle liebend gerne mit euch unterhalten. Doch wir haben vor der Tour ein Telegramm erhalten, das uns untersagt, uns näher mit euch anzufreunden."

„Ein Telegramm? Von wem?", fragte ich erbost. Doch in Wahrheit hatte ich schon eine Idee, wer der Absender war.

„Von Phil, Darling", erklärte Andrew. „Er gab detaillierte Anweisungen. Uns wird nicht gestattet, vor oder nach einer Show mit euch zu reden. Sonst hätten wir schlimme Konsequenzen zu befürchten."

„Andrew", unterbrach ich ihn. „Das mag Phil so sehen, aber er ist nicht hier. Sag den Rolling Stones, wenn sie nicht endlich mit uns sprechen, müssten sie sich auf wirklich schlimme Konsequenzen einstellen – von uns!"

Andrew lachte in sich hinein und zog seines Weges. Wie so viele Leute, die wir in England trafen, bewunderte er einen Phil Spector. Doch er hatte die Botschaft verstanden, denn an diesem Abend tauchten die Stones in unserer Garderobe auf – mit einer kleinen Geburtstagstorte für Nedra. Es ist immer schwierig, einen solchen Tag zu feiern, wenn man auf Tour ist, und Nedra war besonders traurig, dass sie ihren 18. Geburtstag so weit von zuhause entfernt verbringen musste. Doch sie wird niemals den Abend vergessen, an dem die Stones vorbeischneiten und für sie „Happy Birthday" sangen. Es war der Beginn einer Freundschaft, die viele Jahre überdauerte.

Bevor es nach der Tour wieder in die Staaten ging, hatten wir einige freie Tage in London, und natürlich wollten wir die Zeit nutzen, um so viele Nachtclubs wie möglich zu besuchen. Nach so vielen Jahren, in denen mir Mum oder Oma sagten, was ich zu tun oder zu lassen hatte, war es ein großartiges Gefühl, in einen Nachtclub zu gehen und dort so lange zu bleiben, bis ich müde wurde. Und das geschah nie vor Tagesanbruch! An einem Abend lud Tony King, unser „Kindermädchen", Estelle und mich in einen an der Jermyn Street gelegenen Nachtclub namens Crazy Elephant zu einem Treffen mit George Harrison ein. Wir hatten in dieser Nacht einen unglaublichen Spaß. Ich erinnere mich an den Song „Mockingbird" von Charlie und Inez Foxx, der gerade rausgekommen war, und den der DJ pausenlos spielte. George und ich sangen mit und wechselten uns bei den Strophen ab, exakt wie es Charlie und Inez auf der Platte machten. Als der Schuppen morgens dicht machte, torkelten wir vier zu Georges Wohnung zum Frühstück.

Was wurde das für eine Schlemmerei! George hatte weder Eier oder Toast, noch irgendetwas Normales in seiner Küche, doch in seinem Küchenschrank stapelten sich Reihen von Dosen – Erbsen und Dosenfleisch und alle nur erdenklichen Suppen. Wir öffneten jede einzelne und bereiteten ein Riesen-Frühstück zu. Und dann konnten wir nicht mit dem Lachen aufhören, beim Versuch diese verrückte Morgenkost, bestehend aus Dosenschinken, Gurken, Mais und Truthahnnudelsuppe zu verputzen. An diesem Morgen hinterließen wir eine unglaubliche Unordnung, doch es war einer der schönsten Tage meines Lebens.

Als sich Phil Ende Januar in London zeigte, war ich glücklich, ihn zu sehen. Doch ich fühlte mich auch ein wenig traurig, denn mit ihm würden wir bestimmt nicht mehr so viel Spaß haben. Er hasste Club-Besuche, und ohne ihn auszugehen stand außer Frage. Doch wie sich herausstellte, hatten wir auch mit Phil eine angenehme Zeit, die sich aber vom ausgelassenen Spaß mit den anderen unterschied. Er hatte einen brandneuen Song mit nach England gebracht, und wir verbrachten kreative und lustige Stunden in unserer Suite im Strand, um ihn auszuarbeiten.

Wenn Phil einen Titel so sehr liebte wie „(The Best Part Of) Breakin' Up" werkelte er tagelang daran, ohne müde zu werden. Er investierte Stunden, um mit Nedra und Estelle an den Harmonien zu arbeiten und sprang immer begeistert auf, wenn er etwas hörte, das ihm gefiel.

Als wir uns an den Lead-Gesang machten, befand sich Mutter im Raum. Phil erklärte ihr, er wolle, dass die Platte ähnlich wie Ella Johnson klingt, eine Blues-Sängerin aus Mums Zeit. Jedes Mal, wenn ich eine Strophe sang, drehte er sich zu Mum und fragte: „Wie ist das, Mrs. Bennett? Hätte das Ella so gesungen?" Als mir der Teil mit dem „Oowee, baby ... come on, baby" einfiel, mochte er ihn so sehr, dass er auf dem Bett auf- und absprang und sich wie auf einem Trampolin abprallen ließ.

„Ja, ja!", schrie er. „Und dann kommt das vorgetäuschte Ende. Das ist perfekt."

Nach einigen Stunden dieses Tohuwabohus rief die Rezeption an, mit der höflichen Bitte, ob wir nicht etwas leiser sein könnten. Phil empfand es als eine so unglaubliche Beleidigung, dass es jemand wagte, seinen kreativen Prozess zu unterbrechen, dass er mir den Hörer aus der Hand riss. „Wer hat sich da beschwert?" wollte er wissen. „Zufälligerweise übe ich hier gerade mit den Ronettes ihren nächsten Hit ein. Ich verlange, dem Beschwerdesteller direkt ins Gesicht zu sehen. Also, wer hat sich aufgeregt?"

Natürlich verweigerte der Rezeptionist die Herausgabe des Namens, woraufhin Phil den Hörer auf die Gabel knallte. Sicherlich hätte Phil jetzt den ganzen Tag über eine unerträglich schlechte Laune, doch er überraschte andere oft. „Schätze mal, die Probe ist zu Ende", meinte er lächelnd. „Lasst uns etwas essen gehen."

Phil sagte es niemals frei heraus, doch ich spürte, dass ihm die Vorstellung nicht gefiel, dass wir zu viel Zeit mit den Beatles verbrachten. Vermutlich widersprach diese Art des Konkurrenzkampfes zwischen ihm und anderen seinem Ego. Die Beatles bereiteten sich auf den Start ihrer ersten USA-Tournee vor, der in wenigen Tagen stattfinden sollte, und so fragte mich John, ob wir mit ihnen im eigens gecharterten Jet fliegen wollten. Ich brachte nicht den Mut auf, Phil um seine Einwilligung zu bitten, und überließ Mum den Vorschlag.

„Wissen Sie, Phil", meinte sie zu ihm. „Wenn die Mädchen zusammen mit den Beatles in deren Jet zurückfliegen, wäre es möglicherweise eine sehr gute Publicity.

„Nein", verweigerte er augenblicklich. „Ich habe bereits die Tickets gekauft." Und mehr sagte er nicht. Am nächsten Tag saßen Nedra, Estelle, Mum und ich im Flieger zurück nach New York.

Als die Fab Four am 7. Februar 1964 auf dem JFK landeten – nur wenige Tage nachdem wir aus England zurückgekehrt waren – schlug die Beatlemania wie eine Bombe in den USA ein. Mum und ich schauten uns das im Fernsehen an. Wir waren verblüfft wie viele schreiende Kids am Flughafen auftauchten, die alle Plakate und Spruchbänder hochhielten. Doch was mich noch mehr überraschte und verstörte, war das, was nach der Landung geschah.

Der Jet war bereits auf der Landebahn ausgerollt und die Kameras zoomten zur Passagiertür, die sich schon bald öffnen sollte und Amerika einen flüchtigen Eindruck von den Fab Four geben würde. Doch als die Luke aufging – wen erkannte ich da wohl? Als ich auf den Bildschirm sah, wäre ich beinahe in Ohnmacht gefallen, denn Phil Spector latschte mit den Beatles die Gangway runter.

Ich wollte ihn erwürgen. Wir durften nicht mit der Band zurückfliegen, doch da stand er nun, vor all den Kameras, nachdem die Beatles ausgestiegen waren. Phil hatte einen Weg gefunden, sich in das Rampenlicht der Beatles zu drängeln und das Erlebnis wollte er mit niemanden teilen – auch nicht mit uns. In dem Augenblick spürte ich, wie dringlich Phil selbst ein Star sein wollte.

Die Beatlemania war in den Staaten noch viel verrückter als in England. Ich habe erst vor kurzem einige alte Clips gesehen, von einer wahren Meute, die sich außerhalb des Hotels der Beatles drängelte, doch diese Kurzeindrücke können das phänomenale Ereignis kaum wiedergeben. Die Menschenmassen standen praktisch am ganzen Weg vom JFK zum Plaza Hotel. Wahnsinn!

Am Tag nach der Landung der Beatles hing Murray the K an der Strippe und versuchte herauszufinden, ob wir einen Kontakt herstellen könnten. „Du musst mich ins Plaza bringen, Honey“, drängelte er – und mir wäre beinahe der Hörer aus der Hand gefallen. Der Top-Discjockey in New York rief mich an, und bat, ihn einzuschleusen. Murray war ein cleverer Typ. John Lennon hatte bei der Rezeption Anweisungen hinterlegt, uns durchzulassen. Und so durfte Murray zusammen mit Estelle, Nedra und mir die Hotel-Security passieren. Wir nahmen auch Nedras Freund Scott Ross mit, der mit Murray bei WINS-Radio arbeitete.

Die sich uns in der Beatles-Suite bietende Szene haute mich um. Die Jungs hatten eine ganze Etage zu ihrer Verfügung und soweit das Auge blicken konnte, stand Essen herum – gigantische Teller mit Sandwiches, riesige Tabletts mit Alkohol, Fruchtsäften, Coca-Cola und wirklich allem, was trinkbar war. Als wir hereinkamen, ließ John hinsichtlich des Essens einen Witz vom Stapel: „Wir sind hier Strafgefangene“, erklärte er grinsend. „Und so müssen sie uns gut füttern.“

Bedenkt man die das Hotel von allen Seiten einschließenden Menschenmassen, ließen sich die Beatles tatsächlich als Gefangene beschreiben. Sie konnten das Hotel nicht ohne stundenlange Vorbereitungen verlassen und so musste dafür gesorgt werden, dass sie zumindest all die Annehmlichkeiten wie zuhause hatten. Und daran war gedacht worden. In jedem Zimmer standen tragbare Plattenspieler, und Singles lagen verstreut auf dem ganzen Boden. Natürlich hatte jeder seinen Fernseher, doch die liefen mit geringer Lautstärke, da die Fab Four verschiedene Sender schauten. Das alles glich einem Zirkus, denn zu allem Überfluss rannten noch verschiedenste Leute überall herum: Roadies, Manager und Assistenz-Manager und ein Haufen anderer wie zum Beispiel Murray the K, die alle versuchten, einen Hauch der Beatles einzufangen.

Wir hatten kaum eine Chance George und John zu begrüßen, denn Murray war auf Hochtouren und wollte seine Nummer abziehen. Er stellte den Rekorder an, begann dumme Fragen zu stellen und machte bescheuerte Bemerkungen zu ihren Haaren. Danach prahlte er davon, der Einzige gewesen zu sein, dem man Einlass gewährt hatte, wonach er sich zu allem Überfluss auch noch als der fünfte Beatle selbst ernannte.

Die Beatles dachten wohl: „Klar, Murray, laber mal weiter." Letztendlich ließen sie es nur über sich ergehen, da er ein bedeutender DJ in New York war und wir mit ihm gearbeitet hatten. Doch sie fanden es dämlich, dass er sich als der fünfte Beatle hervorzuheben versuchte und konnten es kaum erwarten, ihn loszuwerden. Murray „pestete" die Jungs, bis mir George einen Blick zuwarf, als wolle er sagen: „Lass uns noch ein paar Fotos mit dem Kerl machen, und dann raus mit ihm."

„Ich glaube, es ist Zeit zu gehen, Murray", forderte ich ihn auf. Wir machten einige Schnappschüsse, wie er um die Beatles herumschwänzelte, wonach er ging. Danach lief alles viel lockerer ab. Estelle und ich hockten uns mit John und George auf den Boden, hörten uns Platten an und unterhielten uns den ganzen Nachmittag. Die Beatles hatten scheinbar jede nur erhältliche Platte und sogar einige, die noch nicht in den Läden waren.

„Wo habt ihr die denn alle her?", wollte ich wissen.

„Die Leute haben sie uns gegeben", antwortete John, so als könne er es selbst nicht fassen. „Ich liebe Amerika. Die Leute bringen dir hier alles, was du haben willst."

Wir saßen dort noch mit den beiden bis es draußen dunkel wurde. Und dann begann sich alles zu verändern. Viele der noch am Nachmittag Anwesenden hatten die Suite verlassen, und als ich mich umschaute, bemerkte ich hier deutlich mehr junge Mädchen, verglichen mit den Pressevertretern von einigen Stunden zuvor. Man musste nun wirklich kein Genie sein, um sich auszumalen, dass sich eine andere Szene bildete.

John gab Mal Evans, dem Roadmanager der Beatles ein Zeichen, der durch die Räumlichkeiten ging und jeden rauswarf, der nicht dorthin gehörte. Als er bei unserem Freund Scott Ross angelangte, setzte ich mich für ihn ein.

„Keine Sorge, Malcolm", erklärte ich. „Er ist mit uns gekommen."

John warf mir einen durchdringenden Blick zu. „Wir kennen ihn nicht, Ronnie. Er muss gehen."

„Hey, kein Problem", meinte Scott. „Ich wollte sowieso schon los."

Nedra und Estelle standen mit ihm auf und Estelle kam zu mir rüber. „Ich denke, wir gehen jetzt besser, Ronnie", flüsterte sie mit kaum verständlicher Stimme. Sie spürte, dass etwas Unangenehmes, Befremdliches in der Luft lag und sie wollte nicht bleiben, um herauszufinden, um was es sich exakt handelte. Ich hingegen war schon immer ein bisschen mutiger. Wenn da was Schräges abging, wollte ich das nicht verpassen. „Ich will bleiben", erwiderte ich.

„Bist du dir da sicher?", wollte Estelle wissen.

„Klar", lautete meine knappe Antwort. Was kann denn schon Schlimmes passieren?"

Nachdem Nedra, Scott und Estelle die Suite verlassen hatten, bemerkte ich, dass die Leute alle in ein bestimmtes Schlafzimmer drängten. Das wirkte komisch, doch ich hatte kaum Zeit, lange darüber nachzudenken, denn John ging auf mich zu und nahm meine Hand. „Na, los", forderte er mich auf. „Willst du nicht sehen, was da so interessant ist?"

Natürlich wollte ich das sehen. Ich starb förmlich, einen Blick auf das zu werfen, was die Beatles Fremden vorenthielten.

Als ich das Schlafzimmer betrat, bemerkte ich wie voll es war. Dort standen so viele Leute, dass ich zuerst nicht sah, was da vor sich ging. Jemand stand auf einem Stuhl und schoss Fotos, doch ich erkannte nicht, was er vor seiner Linse hatte. Als die Leute merkten, dass ich mit John den Raum betrat, machten sie uns Platz, und dann sah ich das nackte Mädchen auf dem Bett. Ich ging ein wenig näher. Nie zuvor hatte mich ein Anblick so umgehauen. Das Mädchen lag auf dem Bett und einer der Typen der Beatles-Entourage hatte Sex mit ihr – vor allen Leuten.

Sie sah noch sehr jung aus und konnte kaum älter als ich sein. Und ich war gerade erst 20. Sie war süß und hatte dunkelbraune Haare. Von ihrem Gesichtsausdruck zu urteilen, schien es ihr nichts auszumachen bei einer Beatles-Party zum Entertainment zu gehören, obwohl keiner der Fab Four mitmachte. Sie tat mir leid. Schätze mal, es reichte ihr aus, in derselben Hotelsuite wie sie zu sein – als wäre das etwas, von dem man seinen Enkeln erzählen könnte. Es wäre mir nie in den Sinn gekommen, so etwas für andere zu machen – egal wie berühmt sie auch waren.

Die beiden machten weiter, hatten Sex auf jede nur erdenkliche Art und zogen für den Fotografen alle Stellungen durch, der munter weiter knipste. Ich muss zugeben, dass mich das alles faszinierte. Als Jungfrau empfand ich es als eine Art Unterricht. Ich wusste natürlich über den „normalen" Sex Bescheid – also den Geschlechtsverkehr – hatte aber keine Ahnung von 69 oder den anderen Stellungen, die beide vorführten. Das war ja noch im Jahr 1964, in dem man nur unter größten Mühen an Filme mit solchem Inhalt kam – und hier hatte ein „richtiges" Mädchen Sex in verschiedensten Positionen. Das war ein Anblick, den ich nie vergessen werde.

Ich starrte mit weit aufgerissenen Augen und offenem Mund auf die sich abspielende Szene – wie ein Kind, das ich noch war. Meine Güte, ich behielt doch immer noch meine Unterwäsche an, wenn ich zu Bett ging. Mache ich übrigens immer noch! Jedes Mal, wenn das Mädchen eine neue Stellung einnahm, fiel mein Kiefer weiter hinab und ich hauchte zunehmend lauter: „Woh … oh, oh!"

Meine „tierisch" artikulierten Kommentare müssen wohl viel lauter gewesen sein als gedacht, denn John wurde es zunehmend peinlich. Dann, als ich ein besonders lautes „Oh, mein Gott" ausstieß, lehnte sich John zu mir hinüber und flüsterte: „Äh, Ronnie. Könntest du das bitte etwas leiser machen?"

John hatte auf seinem großen Polstersessel Platz genommen, die einzige Sitzmöglichkeit im Zimmer. Dann zog er mich auf seinen Schoß, und ich sah mir die Show vom Logenplatz aus weiter an. In dem Moment spürte ich, wie sehr das John erregte. Na ja, das konnte er nicht gut verbergen, da ich auf seinem Schoß saß. Ich mag damals wohl noch naiv und unwissend gewesen sein, wusste aber, wenn die Zeit zum Aufstehen gekommen war. Und das machte ich auch.

Dann schlich ich aus dem Zimmer, John knapp hinter mir.

„Lass uns etwas trinken", lud er mich ein. Ich fühlte mich zwar schon zum Gehen bereit, doch hatte aus irgendeinem Grund auch nichts dagegen, noch länger zu bleiben. So bizarr die Situation auch gewesen sein mochte, fühlte ich mich in Johns Anwesenheit niemals nervös, sondern eher sicher. Außerdem wusste ich, problemlos gehen zu können, wenn alles aus dem Ruder laufen würde. Was nicht passierte. Zumindest in dem Moment nicht.

Wir zogen uns in Johns privates Schlafzimmer zurück. Ich merkte sofort, dass er die gemeinsam in London erlebte Atmosphäre erneut kreieren wollte. Er deutete auf ein großes Fenster, durch das man den Central Park überblicken konnte. „Erinnerst du dich an das Fenster in London?", fragte er mich.

Hier war es dunkel, und so schritt ich zum Fenster und setzte mich auf einen Stuhl. In der Entfernung erkannte ich das Lichterspiel der Fifth Avenue, was ich John mit dem Finger zu zeigen versuchte. Von hier oben sah die Stadt wunderschön aus. Einfach da zu sitzen und aus dem Fenster zu schauen wäre perfekt für mich gewesen, doch ich spürte, dass John schon viel zu erregt für einen einfachen Ausblick auf die Stadt war. Er stand hinter meinem Stuhl und ließ die Hände meinen Nacken hinabgleiten. Das fühlte sich so gut und berauschend an, dass ich mich erinnern musste, nicht weiter gehen zu dürfen. „John", sagte ich, dabei verzweifelt versuchend, möglichst sachlich zu klingen. „Ich muss dir etwas sagen."

„Nicht jetzt, Liebes", flüsterte er, wobei seine Hand sich vorsichtig unter den Kragen meines Kleides vortastete.

„Nein", unterstrich ich. „Ich erzähle es dir besser jetzt."

„Ich weiß alles über dich und Phil", unterbrach er mich. „Aber ich dachte, dass es zwischen uns beiden auch etwas gibt." Er redete weiter, sprach davon, was für eine großartige Beziehung wir haben könnten, aber ich hörte kaum zu. Mein Blick schweifte über das extragroße Bett, das nur einen Meter entfernt stand. Meine Güte, ich hatte eine Mutter, die mich immer vor solchen Situationen gewarnt hatte.

Um ehrlich zu sein, hatte ich längst erkannt, dass meine Gefühle für John nicht sexueller Natur waren. Ich liebte seinen Sinn für Humor und die Art, wie er eine ganze Nacht lang redete. Aber ich war Hals über Kopf in Phil verschossen und wusste, dass es solche Gefühle niemals zwischen John und mir geben würde.

Ich stand auf, und Johns Hand fiel auf die Stuhllehne.

„John", erklärte ich ihm. „Ich denke, wir haben eine tolle Freundschaft. Ich liebe es, dir Geschichten über all die Bands zu erzählen und liebe es auch, alles über deine Musik zu erfahren. Doch manchmal ist ein Junge eher ein Bruder und weniger ein Partner. Und so denke ich über dich."

Nachdem ich ihm das gesagt hatte, stand er einfach da und sah mich mit einer ausdruckslosen Miene an. „Ich bewundere dich, John. Das tue ich wirklich. Aber nicht so, wie du es dir wünschst." Dann blinzelte ich ihm zu und sagte: „Wir sehen uns." Danach ging ich.

Ich war bereits im Hotelflur, als ich hörte, wie John die Tür zuknallte. Ich erschauderte so sehr, dass ich mich nicht umdrehte, als ich das Gebäude verließ. Ich war einfach nur froh, aus der Suite raus zu sein.

Am nächsten Tag rief er mich zuhause an und tat so, als sei nichts geschehen. „Wir haben für heute eine Flucht geplant und möchten echtes New Yorker Essen testen. Wohin sollen wir gehen?" Ich wusste, dass es seine Art einer Entschuldigung war und ließ mich darauf ein.

„Ich weiß da was", erklärte ich ihm. „Wenn es dir nichts ausmacht, nach Harlem zu kommen."

„Wir werden da sein."

An diesem Abend holten John und George Estelle und mich zu einem Festschmaus ab, bestehend aus Rippchen und Hühnchen in Sherman's Barbecue an der 151st und Amsterdam in Harlem. Sie liebten es. Heute ist Sherman's nur noch ein kleiner Imbiss mit Essen zum Mitnehmen, doch 1964 fand ich es dort fantastisch. Neben zahlreichen Tischen stand eine große Jukebox im hinteren Teil des Grills. Die Beatles schätzten am meisten die Tatsache, dass sie in Ruhe essen konnten. Beim Plaza wurden sie natürlich bedrängt, aber nur wenigen Fans wäre es in den Sinn gekommen, sie bis nach Harlem zu verfolgen.

In Harlem bedeuteten die Beatles damals kaum etwas, denn die Leute im Sherman's zählten nicht zu den Fans von Murray the K. Sie schauten sich kurz die beiden schrägen Vögel an, mit den für damalige Verhältnisse langen Haaren und lustigen Klamotten, wonach sie sich wieder an ihre Rippchen machten. Falls sie sich etwas dabei gedacht haben, dann vermutlich, dass die beiden Beatles absolute Trottel wären. Doch Sie können darauf wetten, dass Sherman diesen Tag nie vergessen wird. Wenn ich mir manchmal etwas bei ihm besorge, kommt er aus der Küche und schwärmt: „Ich erinnere mich an dich." (Das sagt er immer.) „Du bist das kleine Mädchen, das die Beatles mitgebracht hat."

Meine letzte Erfahrung mit der Beatlemania fand 1965 statt, als die Jungs im Shea Stadium auftraten – und das hätte mich fast umgebracht. Wortwörtlich. Ich besuchte das Konzert mit Nedra, ihrem Freund Scott Ross und einem Typen namens Jerry Schatzberg, damals ein populärer Modefotograf, den wir in allen Nachtclubs trafen. Jerry wurde später ein erfolgreicher Regisseur in Hollywood, doch er legte schon zu der Zeit großen Wert auf Stil und fuhr einen dicken Bentley, in dem er uns mit zum Shea Stadium nahm.

Nach der Show wirkte der Parkplatz wie der Schauplatz eines Tumults, denn überall hingen die Kids ab, die versuchten, einen flüchtigen Blick auf ihre Idole zu werfen. Die Beatles waren nirgendwo zu sehen, doch als wir in Jerrys Bentley stiegen, erkannten einige der Jugendlichen Nedra und mich, was reichte, um das Chaos anzufachen. Die Fans wussten natürlich, dass die Ronettes mit den Beatles befreundet waren, und als sie sahen, wie wir in eine große englische Limousine einstiegen, nahmen sie an, dass die Beatles bei uns seien. Keinem von ihnen schien aufzufallen, dass Jerry und Scott weder John, Paul, George noch Ringo ähnelten.

Ein Jugendlicher brüllte: „Sie sind es!" Wir hatten gerade noch genug Zeit, um die Türen zuzuschlagen, bevor schreiende und kreischende Teenager auf die Limo kletterten und das Gefährt vor und zurückrissen. Innerhalb weniger Sekunden bedeckten Teenager jeden Zentimeter des Bentleys – sie hingen an den Kotflügeln, der Motorhaube und lagen sogar auf dem Dach! Der reine Wahnsinn! Mindestens einhundert Teenager kreischten außerhalb der Limousine, und jeder von ihnen war fest entschlossen, alles zu unternehmen, um uns an der Abfahrt zu hindern. Uns hatten so viele Kids eingekesselt, dass keiner von ihnen in den Wagen schauen konnte. Doch das hielt sie nicht vom Versuch ab, die Fenster zu zerschlagen, um etwas zu sehen.

Sie hämmerten mit den Fäusten auf die Scheiben und die auf dem Bentley Stehenden traten mit den Absätzen auf das Dach. In einem Auto gefangen zu sein, während ein aufgebrachter Mob versucht, da rein zu kommen, ist eins der schrecklichsten Erlebnisse, das man sich vorstellen kann. Angsterfüllt schauten wir aus dem Fenster und sahen nur Fäuste und Füße. Das erinnert mich an die Szene in Hitchcocks *Die Vögel*, bei der der kleine Spatz wieder und wieder gegen die Tür fliegt.

Mittlerweile ermüdeten schon einige von ihnen, als andere den Versuch unternahmen, den Wagen hin und her zu stoßen. Wir hatten fürchterliche Angst, dass sie die Limo umwerfen würden. Vermutlich wäre das auch geschehen, wäre es kein Bentley gewesen. Jerry drückte auf das Gaspedal und versuchte uns hier so schnell wie möglich rauszubringen, doch der Wagen kam keinen Zentimeter vorwärts, da sich all die Kids dagegenstemmten.

„Jerry“, schrie ich. „Bleib auf dem Gaspedal! Bring uns da durch.“

„Das will ich doch, glaub mir“, antwortete er mit verkrampfter Stimme. Er gab Gas und wir kamen schließlich mit einem überdrehenden Motor ungefähr 15 Zentimeter weiter. Das reichte, um einige der Kids abzuschütteln, was dem Bentley mehr Schub verlieh. Jerry ließ nicht locker, und wir rollten wie in Zeitlupe durch die Menge, wobei der Motor unter der Belastung ächzte. Endlich hatten wir uns den Weg vom Parkplatz aus auf die Straße gebahnt, wo auch die letzten Kids aufgaben und zurückfielen. Vielleicht hatten sie eine andere Limousine erspäht, die so aussah, als säßen dort die Beatles drin? Das konnte ich aber nicht mit Sicherheit sagen, denn nachdem wir uns vom Parkplatz gemüht hatten, ging es so schnell wie möglich und zielstrebig in Richtung Stadt. Nur weg vom Shea Stadium.

Wer auch immer auf den Begriff Beatlemania kam, wusste wovon er sprach. Die Jugendlichen, die die Beatles verfolgten, führten sich tatsächlich wie ein Haufen Wahnsinniger auf. Nach diesem Tag hatte ich eine klitzekleine Vorstellung, wie die Beatles sich wohl gefühlt haben mögen. Und es war unglaublich beängstigend.

8

Die Schöne und das Biest

Nachdem die Ronettes aus England zurückgekehrt waren, intensivierte sich die Beziehung zwischen Phil und mir. Anfang 1964 merkte ich jedoch schon, dass er nicht perfekt war. Klar, er hatte seine Launen und konnte im Beisein anderer Männer eifersüchtig werden. Doch ich glaubte fest daran, ihn bereits von seiner schlechtesten Seite erlebt zu haben, und dass alles gar nicht so schlimm war. Davon abgesehen, kannte ich Phils sensible Seite, etwas, das die meisten Menschen nie zu Gesicht bekamen.

Um seine romantische Ader zu verstehen, muss man sich nur die Songtitel anschauen, die er für mich schrieb: „Be My Baby", „Baby, I Love You" und „Born To Be Together". Obwohl er sie mit anderen Songwritern komponierte wie Jeff und Ellie, Barry Mann und Cynthia Weil und Vini Poncia und Pete Andreoli, hätten sie nicht persönlicher sein können als ein tatsächlicher Liebesbrief. Und das waren sie auch.

Ich war so verliebt! Mit 21 Jahren erklärte mir mein Freund die Intensität seiner Liebe durch das Schreiben von Songs, die ich dann wiederum für ihn sang. Die Leute fragen mich oft, warum die mit Phil produzierten Stücke eine so unverfälschte Sinnlichkeit ausdrücken. Tja, es ist nicht schwierig sexy zu klingen, wenn der Mann, den man liebt, nur ungefähr einen Meter vom Mikrofon entfernt steht.

Meine Liebe zu Phil lebt in diesen Aufnahmen. Tatsächlich kann man sogar die ganze Beziehung an den zusammen gemachten Songs nachverfolgen. Bei den Proben zu „Be My Baby“ machte er mir den Hof, wir verliebten uns bei der Aufnahme von „Baby, I Love You“ und wir liebten uns zum ersten Mal, nachdem wir uns „Do I Love You“ angehört hatten.

Es war im Juni 1964. Phil hatte gerade die Testpressung von „Do I Love You“ erhalten und er wollte zu uns kommen, um sie mir vorzuspielen. Ich versprach, ein Dinner zuzubereiten und bat danach Mum und meine Schwester sich an dem Abend aus dem Staub zu machen, was sie auch taten. Sie wussten beide, wie viel mir Phil bedeutete, und er war einer der Männer, denen Mum vollkommen vertraute.

Nach dem Essen gingen Phil und ich in mein Zimmer, um die neue Platte zu spielen. Ich setzte mich aufs Bett, während er meinen kleinen tragbaren Plattenspieler aufbaute. Dann kam er und setzte sich schwungvoll neben mich. Er wartete auf die Nadel, die sich ihren Weg zum Song bahnte und war so aufgeregt, dass ich spürte wie er freudig auf der Matratze wippte. Und als die langsame Bläsereinleitung erklang, drückten wir uns voller Erwartungshaltung nahe aneinander. Nach den Bläsern hörte man den treibenden Drum-Beat – ein langsamer, pulsierender Sound, der bei mir Hitzewellen auslöste. Dann kam meine Stimme, die tief und schläfrig klang, als sei ich von einer langen Nacht des Erwachsenen-Sex aufgewacht.

„Do I want you for my baby?“, fragte die Stimme auf der Platte. „Do I want you by my side?“ Heute erscheinen mir die Worte nicht so romantisch, doch in dieser Nacht klangen sie anders! Ich schaute zu Phil rüber, der auf dem Bett saß, seinen Kopf zum Lautsprecher geneigt und seine Hände verschränkt über die Knie gelegt hatte. Ich sah, wie sich eine Träne in seinem Augenwinkel formte und streckte meinen Arm aus, um sie abzuwischen. Das überraschte ihn, und er drehte sich verblüfft zu mir, als würde er aus einer Trance aufwachen. Dann lächelte er kurz, als sei es ihm peinlich, dass ihn jemand beim Weinen gesehen hatte. Ich konnte nicht anders und musste ihn küssen. Es war ein „richtiger Kuss", großartig, lang und die Vereinigung von Speichel, Schweiß und salzigen Tränen.

Danach wartete er eine Minute, als wäre er sich nicht sicher, was als Nächstes geschehen würde. Dann übernahm ich die Kontrolle. Ich presste mich auf ihn und wir ließen uns auf die Matratze fallen, so als wären wir eins. Ich hatte nicht den blassesten Schimmer wie es weitergehen sollte und überließ meinem Körper die Führung, der sich zum Rhythmus des Beats der Platte bewegte. Ich wusste nur eins – ich wollte keine Jungfrau mehr sein.

Phil und ich liebten uns zum ersten Mal zur Musik dieses Songs. Alle zwei Minuten und 50 Sekunden streckte er seinen Arm aus, um die Nadel wieder am Anfang aufzusetzen. Wir müssen den Song wohl fünfzig Mal gehört haben, denn wir liebten uns bis tief in die Nacht.

Als wir eine Pause einlegten, waren Mum und Estelle immer noch nicht zuhause, woraufhin Phil aufstand und in die Küche ging. Er kam mit zwei Gläsern Wein zurück. „Auf uns", sagte er. Stillschweigend stießen wir an und hörten dabei wieder die Platte. Es war das erste Mal, dass ich Wein trank, und mir gefiel der Geschmack überhaupt nicht. Ich dachte mir aber, dass es für alles ein erstes Mal geben muss.

Einige Minuten später hörte ich Mum und Estelle in die Wohnung kommen und ging ins Wohnzimmer, damit Phil die Gelegenheit hatte, sich zurecht zu machen. Vermutlich war ich durch den Wein ein wenig beschwipst, denn ich stolperte, als ich durch die Tür eintrat.

Vielleicht lag es auch am Wein, dass ich so emotional wurde, als ich Mum sah. „Oh, Mum", sagte ich unter Tränen. „Ich liebe ihn. So sehr."

Sie muss wohl ziemlich verdutzt ausgesehen haben, denn Phil erschien kurz danach und versuchte mich zu entschuldigen. „Oh, Mrs. Bennett", lenkte er ein. „Ich glaube, Ronnie hat heute Abend ein bisschen zu viel Wein getrunken."

„Nein", fiel ich ihm ins Wort. „Es liegt nicht am Wein. Ich liebe dich. Wirklich."

„Nun, Ronnie", versuchte Mum mir eine Nachhilfelektion zu erteilen. „Mach nicht immer alles so schnell. Du hast noch gar nichts angefangen und liebst diesen Mann schon über alles." Ich wollte widersprechen, doch sagte lieber nichts. Phil lächelte nur. Ich bin mir ziemlich sicher, dass er diese Szene genoss.

Wenige Minuten später brachten Estelle und ich Phil zur 149th, damit er sich ein Taxi suchen konnte. Meine Schwester und ich begleiteten ihn immer auf die Straße, denn er hatte Angst allein in der Dunkelheit zu warten, besonders so spät am Abend. Als wir endlich eine Fahrgelegenheit fanden, wich Estelle einen Schritt zurück, während Phil und ich uns einen Abschiedskuss gaben. Als er einstieg, bemerkte ich, dass er die Testpressung von „Do I Love You" bei sich trug.

Er schaute auf die Platte und dann zu mir. „Ich glaube, das ist ein Hit", meinte er sanft.

„Ich auch", flüsterte ich. Und dann sah ich dem Taxi nach, das in der Nacht verschwand. Nach dieser Nacht war Sex in unserer Beziehung allgegenwärtig. Phil und ich gingen in ein Hotel und probten einige Stunden, wonach ich Mum anrief und ihr erklärte, wir müssten noch länger arbeiten. Dann schliefen wir miteinander. In jenen Tagen war Sex mit Phil das Allergrößte. Ich hatte es ja vorher noch nie erlebt und zu allem Überfluss liebten wir uns in erstklassigen Hotels mit Zimmerservice und keinen Eltern in Sichtweite. Und Phil war sehr gut im Bett. Exzellent. Manchmal kam ich erst um 6 Uhr morgens nach Hause.

Gottseidank schaute meine Mutter immer in die andere Richtung. Ich denke, sie wusste, dass zwischen Phil und mir etwas Ernstes lief. Davon abgesehen, hätte sie mich auch nicht aufhalten können. Ich war ja fast 21 und Mutter wusste, dass es sinnlos war, mich davon abzuhalten, einen Menschen so zu begehren, wie ich Phil begehrte.

Erst nachdem Phil und ich miteinander schliefen, fand ich heraus wie unsicher er eigentlich war. Zu dieser Zeit begann er über sein Aussehen zu witzeln, sagte, wie wir beide ihn an die Schöne und das Biest erinnerten. Ich habe Phil nie als Biest gesehen und erklärte ihm ständig, wie gutaussehend ich ihn fand. Doch er hörte niemals zu. Und dieses Verhalten lag in seinem frühzeitigen Haarausfall begründet.

Das begann ungefähr zu der Zeit, in der wir uns kennenlernten. Es existiert ein Foto, auf dem wir beim Vertragsabschluss im März 1963 zu sehen sind, exakt der erste Tag, an dem ich ihn ein Toupet tragen sah. Wenn man ihn kannte, fiel das direkt ins Auge, doch er versuchte um alles in der Welt die Tatsache zu verbergen, dass er Perücken trug, manchmal sogar beim Sex.

Nach dem Vorspiel stieg er aus dem Bett und versicherte sich, dass alle Lampen aus waren. Somit konnte ich nicht sehen, dass er sein Toupet abnahm. Dann stolperte er aus dem Badezimmer in die Dunkelheit, und reinigte seine Kopfhaut mit Aceton-Lösungsmittel. Das Zeug stank eklig, kaum vergleichbar mit etwas anderem, aber es gab kein effektiveres Mittel, um den Perückenkleber abzubekommen. Als er dann wieder unter die Decke kroch, verbreitete das Aceton einen Gestank, der sogar ein ausgewachsenes Pferd getötet hätte. Phil versuchte es zu ignorieren. Allerdings war das so gut wie unmöglich, ähnlich Reinigungsalkohol oder Marihuana, Gerüche, die kaum verschwinden.

Das Spielchen mit dem Verbergen der Perücke gehörte zu den Themen, mit denen ich in unserer Beziehung Probleme haben würde – das wusste ich. Ich erinnere mich an eine Nacht, in der ich darüber nachdachte, dass ich vor der Ehe ein langes Gespräch darüber führen wollte. Doch wir kamen nie dazu. Während der damaligen Zeit bestand Phil darauf, unsere Beziehung geheim zu halten, wenn wir in ein Hotel eincheckten. Ich fand das reichlich albern. Er war doch mein Produzent und Freund. Was gab es denn da zu verstecken? Aber so war Phil nun mal – und das durfte man auf keinen Fall hinterfragen. Durch diese ganze verdammte Geheimniskrämerei wäre ich einmal fast verhaftet worden.

An einem Nachmittag hatten wir Sex im Delmonico Hotel, als man Phil von seinem Büro aus anrief. Dort gab es etwas Dringliches zu klären, und er musste schleunigst persönlich zur Stelle sein. Und so sprang er in seine Klamotten und ich nahm erstmal eine Dusche. Wenige Minuten später verließ ich das Zimmer, doch als ich durch die Lobby ging, tauchten zwei gutgekleidete Männer von links und rechts auf und packten meine Arme.

„Stimmt was nicht?“, fragte ich.

„Bitte verstehen Sie, dass wir das so schnell wie möglich hinter uns bringen wollen. Das ist auch in Ihrem Sinne“, meinte einer von ihnen. „Wenn Sie uns also ruhig zum Büro begleiten, gibt es kein großes Aufsehen.“

„Hat Phil vergessen, die Rechnung zu bezahlen?“, wollte ich wissen. Sie schauten mich an, als sei ich vollkommen übergeschnappt.

Als wir in dem Büro angelangten, erklärten sie, ich solle meinen Rechtsanwalt verständigen. Ich fragte die beiden nach dem Grund, woraufhin sie ziemlich wütend wurden. „Wir haben bereits das New York Police Department verständigt. Sie werden wegen Prostitution festgehalten.“ Natürlich fühlte ich mich wie vor den Kopf gestoßen. Allerdings konnte ich diesen Typen für die gezogenen Schlussfolgerungen auch nicht die Schuld in die Schuhe schieben, bedenkt man wie geheimniskrämerisch Phil und ich durch das Hotel flitzten. Meine Güte, in der einen Minute rennt Phil aus dem Zimmer und fünf Minuten später tauche ich auf, mit dem dicken Ronettes-Make-up und das mitten am Nachmittag. Was hätten die Haus-Detektive sonst wohl denken sollen?

Ich versuchte zu erklären, wer ich war und bot sogar an, Phil anzurufen, um die Geschichte zu bestätigen. Endlich hatte ich ihn an der Strippe und er bestand darauf, mit einem der Detektive zu sprechen. Ich empfand augenblicklich Mitleid für den Kerl, da ich wusste, was ihm blühte. Und so war es auch. Gerade als der Detektiv den Hörer an sein Ohr legte, konnte man Phils schreiende Stimme im ganzen Raum hören.

„Sie dämlicher, inkompetenter Bastard!“, wütete er.

„Machen Sie mal halblang, Mr. Spector“, versuchte der Typ zu beschwichtigen. „So etwas muss ich mir nicht anhören! Wenn es ein Missverständnis gegeben hat …“

„Wenn es ein Missverständnis gegeben hat?", unterbrach Phil den Detektiv. „Das ist meine Frau, die da vor Ihnen sitzt. Und wenn Sie sie noch einmal mit Ihren schmierigen Händen berühren, werde ich Sie verklagen, das Delmonico Hotel und den Branchenverband der New Yorker Hotels. Und dann werde ich persönlich dafür sorgen, dass man Sie um die Ecke bringt."

Dann legte Phil auf. Der Detektiv war sprachlos. Sein Partner murmelte einige Entschuldigungen, und ich war in weniger als 30 Sekunden aus der Tür. Ich nahm eine Limousine für den ganzen Weg nach Spanish Harlem, die mich keinen Cent kostete. Das Delmonico beglich die Rechnung.

In diesem Sommer zogen Mum, meine Schwester und ich in einen Vorort. Wir mieteten ein großes Haus in der Gegend von Long Island, bekannt als die Flushing Estates. Allerdings gefiel uns das ruhige Leben dort nicht, woraufhin es einige Monate später wieder nach New York ging. Doch ich werde das Haus nie vergessen, denn während wir dort wohnten, tauchten die Rolling Stones zu einigen Portionen Rührei auf.

Es war im Juni 1964, während des ersten USA-Trips der Band. Sie hatten damals noch nicht mal „Satisfaction" aufgenommen, stellten hier also eine große Unbekannte dar. Doch Phil hatte sie schon immer gemocht und so ließ er sie bei ihrem ersten New-York-Besuch in den Büroräumen von Philles Records an der York Avenue übernachten. Es gab nur ein Problem: Phils Sekretärin warf sie raus, wenn sie die Räumlichkeiten tagtäglich am Morgen öffnete. Da sie niemanden in New York kannten, standen sie meist bei uns auf der Matte.

Meine Mutter verhielt sich immer nett zu unseren Rock'n'Roll-Freunden, besonders den Rolling Stones, die meist so aussahen, als täte ihnen eine ordentliche Mahlzeit ganz gut. Wenn also Mick und Keith vorbeischauten, sagte sie: „Kommt rein, Jungs und setzt euch hin. Soll ich euch ein paar Eier machen?"

Ihre Antwort war immer die gleiche: „Ja gerne, Mrs. Bennett. Wenn es Ihnen nichts ausmacht."

Dann erschienen Tante Helen und Tante Susu, die dabei halfen, ihnen ein herzhaftes Frühstück zuzubereiten. Sie hielten sich so weit weg von zuhause auf, dass sie manchmal vermutlich eine Art Familie brauchten. Meist hingen sie den ganzen Tag mit uns ab, und wir hörten uns Platten an und schauten gemeinsam Fernsehen. Und am Abend nahmen wir sie mit nach Manhattan, zu einem unserer Auftritte.

Eine der größten Sensationen für Keith und Mick stellte eine Begegnung mit James Brown dar. Mick Jagger war der größte James-Brown-Fan, der mir je begegnete. Bei unserer Tour in England hielt er uns die halbe Nacht lang wach und stellte unentwegt Fragen zu seinem Idol. Wie gab er sich hinter der Bühne? Wo lernte er das Tanzen? Wie oft und wie lange probte er? Schließlich musste ich Mick sagen: „Langsam reicht's. Ich kenne ihn nicht mal richtig. Ich bin eine Ronette, oder?"

Schließlich trafen Keith und Mick ihren Helden, als ich sie eines Abends mit in den Backstage-Bereich des Apollo nahm, wo er als Headliner auftrat. James Brown ging an ihnen auf dem Weg zur Garderobe vorbei, und die beiden standen dort angewurzelt wie verängstigte Teenager. Sie stellten sich vor, schüttelten ihm kurz die Hand und das war's auch schon. Ich glaube nicht, dass James Brown wusste, um wen es sich bei diesen schrägen englischen Teenagern handelte. Doch Mick und Keith zitterten wie Espenlaub.

Wir verbrachten damals viel Zeit im Ondine. Das Ondine war ein exklusiver Club in der East Side, an der 59th. Bob Dylan tauchte dort regelmäßig auf, und all die englischen Gruppen ließen sich dort sehen, wenn sie sich in der Stadt aufhielten. Die Hausband wurde von einem unbekannten Gitarristen namens Jimi Hendrix aus Seattle geleitet, und ich stand häufig auf, um mit ihm zu singen. Wir hatten im Ondine so viel Spaß, dass wir den Laden meist erst in der Morgendämmerung verließen.

Im Grunde genommen war das auch der Stein des Anstoßes, wieder zurück in die Stadt zu ziehen. Wir verbrachten so viel Zeit im Ondine, dass es unsinnig erschien, jeden Morgen ein Taxi bis weit in die Vororte zu nehmen. Ich brach also mein Erspartes und mit den Ronettes verdientes Geld an, um ein Apartment am 173 Riverside Drive, an der 89th zu mieten. Es war eine wunderschöne Wohnung, groß genug für Estelle, meine Mutter und mich.

An dem Abend, an dem wir einzogen, schaute ich aus dem Fenster und ließ meinen Blick über den Riverside Drive schweifen. Als ich die vorbeizischenden Autos sah, führten mich meine Gedanken zurück zu jenen heißen Sommerabenden, an denen Dad mit uns zur Abkühlung den Drive hinunterfuhr. Ich erinnerte mich an die in den Himmel ragenden Gebäude und daran, wie ich mich fragte, wer denn wohl in diesen Apartments da oben wohne. In dem Moment öffnete ich das Fenster und winkte den Fahrzeugen zu. Vielleicht klingt das albern, aber ich glaubte daran, dass dort unten möglicherweise eine Zehnjährige auf dem Rücksitz des Autos ihres Vaters saß und hierhin schaute. Und falls das so war, wollte ich ihr zeigen, dass wir uns hier oben nicht von den anderen Menschen unterschieden.

9

Gewitter

Das Jahr 1964 war für den Rock'n'Roll fantastisch – wenn man aus Großbritannien kam. Es lief gut, trug man den Bandnamen Beatles, Dave Clark Five oder Herman's Hermits. War man Amerikaner, konnte man keine Engagements ergattern. Die British Invasion machte über Nacht aus den meisten der tollen Rock'n'Roll-Acts aus dem Brooklyn Fox einstige Größen. Es war sehr traurig. Zählte man in den frühen Sechzigern zu den amerikanischen Musikern, verwandelte man sich zu einem Drogenabhängigen, brachte sich um oder wartete eine ganze Dekade lang, um in den Siebzigern wieder als Oldie-Act zu touren.

Doch die Ronettes hatten Glück, denn 1964 wurde eindeutig unser bestes Jahr. Im Januar war „Baby, I Love You" immer noch in den Charts und wir konnten drei weitere Songs in die Top 40 „hieven": „(The Best Part Of) Breakin' Up", „Do I Love You" und „Walking In The Rain". Wir absolvierten 1964 vermutlich mehr Auftritte als jede andere Girlgroup, ausgenommen eventuell die Supremes. Auch traten wir in zahlreichen TV-Sendungen mit Rock-Acts auf wie *Shindig!* und *Hullabaloo* sowie in England bei *Ready, Steady, Go!*. Und ich genoss jede einzelne Minute.

Dennoch merkte ich, wie sich der Druck bei Nedra und Estelle zunehmend auswirkte. Sie liebten es, die Ronettes zu sein, doch es war bei ihnen anders als bei mir. Die beiden hatten feste Freunde, und sie sprachen darüber, sesshaft zu werden und Familien zu gründen. Auch ich wünschte mir Kinder, aber das Showbusiness stand an erster Stelle.

Man muss auch bedenken, dass Nedra und Estelle im Hintergrund standen, während ich mich im Rampenlicht sonnte. Ich war es, die nach Kalifornien flog und den Lead-Gesang auf allen Platten übernahm. Ich war es, mit der sich die Discjockeys unterhalten wollten. Und ich war diejenige, in die sich der Produzent verliebt hatte, was eine bevorzugte Behandlung bei allen erdenklichen Anlässen mit sich brachte. Das machte die beiden verrückt.

Wenn Phil uns etwas zu essen besorgte, sagte er ihnen immer, dass der untere Karton für mich bestimmt sei, da er am längsten warm bliebe. Ich wusste, dass es Phils Art war, mir Aufwartungen zu machen, doch sie empfanden es als hart, besonders Estelle. Während unserer gesamten Kindheit behandelte man sie immer wie die kleine Prinzessin, doch nun übernahm ich plötzlich diese Rolle bei Phil. Sich damit abzufinden, fiel ihr sicherlich nicht leicht, doch ich muss zugeben, dass ich es liebte.

Nach einer Weile wirkte sich der Druck, eine der Ronettes zu sein, bei Nedra und Estelle negativ aus. Vermutlich war es unvermeidbar, dass sich im Backstage Eifersüchteleien abspielten. „Ronnie", sprach mich Estelle nach einem Auftritt an, „könntest du den Rock auf der Bühne nicht noch ein bisschen höher ziehen? Die Typen in den ersten drei Reihen haben mehr Zeit damit verbracht, sich dein Höschen anzusehen, als Nedra und mich."

Das musste ich Estelle lassen – sie wusste exakt, wie man mich auf die Palme brachte. Sie hatte erlebt, dass ich besonders stolz darauf war, mit dem Publikum so weit wie möglich zu gehen. Das trifft heute noch zu. Wenn ich im Rampenlicht stehe, gibt es nur noch mich und das Publikum. Dann geschieht etwas mit mir, und ich lasse diesem Gefühl freien Lauf. Wenn das eine sexy Bewegung mit sich bringt oder das leichte Hochziehen meines Kleides – na und? Rock'n'Roll wird nicht umsonst Rock'n'Roll genannt. Doch das stellte ein Thema dar, bei dem Nedra und Estelle dachten, sie könnten mir zusetzen. Einmal schleiften sie sogar Estelles Freund zu unserem Apartment, um ihnen bei diesem Punkt zu helfen. Er hieß Joe Dong und nervte mich an diesem Tag total.

„Ich muss Estelle zustimmen“, begann Joe und redete wie ein Experte. „Ich denke, ihr Mädchen solltet mehr Klasse haben. Schaut euch doch nur die Supremes an.“

„Aber so machen wir es nicht“, griff ich ihn an, dabei mein Temperament zügelnd. „Sie haben ihren eigenen Stil, und es ist kein Rock'n'Roll. Rock'n'Roll ist immer überzogen – größer als das reale Leben. Und darum bezahlen die Kids auch drei Dollar, um sich das anzusehen.“

„Aber sie bezahlen doch keine drei Dollar, um sich anzugucken wie du dir dein Kleid hochziehst“, erwiderte er. „Das ist doch vulgär.“

„Vulgär?“, schrie ich. Es ging mit mir durch. „Joe Dong, du hast überhaupt keine Ahnung, wie es ist, dort draußen auf der Bühne zu stehen! Wie kannst du es wagen, in mein Haus zu kommen und mich zu beleidigen? Raus hier!“

Estelle sprang ihm zur Seite. „Ronnie, Joey wollte nur ein wenig konstruktive Kritik anbringen.“

„Und wie? Indem er uns mit den Supremes vergleicht?“ Jetzt hatten sie mich auf 180 gebracht. „Die Supremes tragen lange, enge Ballkleider und singen in quietschenden Stimmen wohin-sich-ihr-verdammter-Liebster-verzogen-hat! Das ist nicht sexy. Das ist Las Vegas!“

„Nun“, setzte Joe wieder an. „Wäre es nicht besser, eine Show aufzuziehen, bei der sich die Leute eure Musik anhören, statt sich vorzustellen wie ihr im Bett seid?“

„Und was soll daran falsch sein, sich so etwas vorzustellen?“, brüllte ich. „Wenn die Leute kommen, um sich den Auftritt anzusehen, wollen wir, dass sie etwas fühlen. Sie sollen sich in uns verlieben. Kapierst du das nicht? Das ist Rock'n'Roll! Wenn sie sich vorstellen, mit uns Sex zu haben – ist das großartig! Ich weiß eins ganz sicher: Wenn ich vor einem Publikum stehe, habe ich Sex mit den Leuten!“

Das brachte sie dazu, die Klappe zu halten, was ich auch gewollt hatte. Nedra und Estelle sahen ziemlich verlegen aus und Joey sagt nur: „Hm, ich denke, dass ich jetzt gehe." Der Streit war vorbei, aber ich werde Nedra und Estelle wahrscheinlich niemals verzeihen, dass sie an dem Tag zu ihm hielten.

Obwohl sich mittlerweile Risse im Gefüge zeigten, wurde aus den Familienstreitigkeiten nie eine große Sache. Das lag vermutlich auch daran, dass ich die Ronettes kaum mehr sah, nachdem Phil mit den Produktionen der Band begonnen hatte. Ich war die Lead-Sängerin, und Phil war nicht sonderlich scharf darauf, mich mit anderen zu teilen, noch nicht mal mit meiner Familie.

Aus irgendeinem Grund schien seine Eifersucht in Kalifornien noch schlimmer zu werden. Einmal ging ich mit Phil und Herb Alpert zum Lunch. Herb war das „A" bei „A&M"-Records – ein Label, das er mit Jerry Moss und seiner Band Herb Alpert and the Tijuana Brass gegründet hatte, einem der größten Musik-Acts der Sixties. Auch konnte man ihn als hochattraktiven Typen beschreiben. Wir setzten uns an den Tisch, wobei Phil peinlich genau darauf achtete, sich zwischen mir und Herb zu platzieren. Jedes Mal, wenn ich etwas sagte, beugte sich Phil vor, damit Herb Alpert nicht die geringste Chance hatte, mich anzusehen. Herb war immer der perfekte Gentleman, aber das schien Phil egal zu sein, denn für ihn stellte jeder Mann eine Bedrohung dar.

Das fand ich heraus, als ich mit Sonny Bono Hamburger kaufte. Ich befand mich eines Abends mit Nedra im Gold Star Studio und war fast am Verhungern. Meist machte sich Sonny auf den Weg und besorgte etwas zu essen – zum Beispiel eine Tüte Fritos und einige Pepsi-Cola. An diesem Abend war Phil mit einer Abmischung beschäftigt. Da gar nichts Anderes auf dem Programm stand, sprang ich mit Nedra und Sonny in den Wagen, um einige Hamburger bei Stan's, einem Drive-in, zu besorgen.

Wir waren vielleicht nur eine halbe Stunde unterwegs gewesen, doch bei der Rückkehr ins Gold Star sah es dort so aus, als habe ein Erdbeben gewütet. Im ganzen Studio war keine einzige Seele zu finden. Alle Notenständer lagen umgeworfen am Boden und überall lagen verstreut Glassplitter. Ein langer, dünner Streifen Aufnahmebandes zeichnete sich am Boden quer durch den Raum ab, ähnlich wie ein Stück glänzenden, braunen Konfettis, und wenn wir über den Teppich gingen, hinterließen unsere Schritte an einigen Stellen ein patschendes Geräusch, denn er war immer noch nass. Phil hatte nämlich einen Kaffeebecher, vermutlich sogar eine Kaffeekanne, darüber ausgeschüttet, bevor er sie durchs Studio schleuderte. Und es muss Phil gewesen sein, denn wer hätte sonst in so einem kurzen Zeitraum eine solche Verwüstung anrichten können?

Cher war die erste, der wir begegneten. „Passt bloß auf, Leute", warnte sie uns. „Phillip rastet aus." Doch es war schon zu spät, sich aus dem Staub zu machen, denn er wartete bereits im Flur auf uns.

„Wo zur Hölle wart ihr, Mädchen?", schrie Phil. Nedra und ich standen wie angewurzelt da und sahen seine heftig pulsierenden Halsschlagadern. Wir hatten so große Angst, dass wir kein Wort über die Lippen brachten.

„Es war meine Schuld, Phil", entschuldigte sich Sonny. „Ich hab die Mädchen zum Essenholen mitgenommen."

„Da hast du verdammt Recht, dass es deine verdammte Schuld war", brüllte er ihn an. „Das hättest du wissen müssen!" Dann drehte er sich zu mir. „Und du solltest wissen, dass man hier nicht einfach so abhaut, ohne es mir zu sagen!"

„Aber ich bin doch nur mit Sonny gefahren", stotterte ich. Das machte Phil nur noch wütender. Er packte mich am Arm und zog mich ins Studio, wo er mich „im Privaten" anschreien konnte.

„Einfach abzuhauen und mit Sonny Hamburger zu kaufen. Hast du gedacht, dass das in Ordnung ist?", zischte er. „Du erstaunst mich, Veronica. Zum Teufel, du erstaunst mich." Dann drehte er sich um und ging weg. Er sagte nichts mehr zu dem Vorfall, doch ich wusste, dass er die nächsten Tage überkochen würde.

Phil war nicht nur auf Männer eifersüchtig. Er wollte mich mit niemanden teilen, auch nicht mit Cher. Einmal besuchte sie mich, als ich in einem Hotelzimmer hockte und auf Phils Rückkehr aus dem Studio wartete. „Honey, ich weiß, dass du ihn liebst", meinte sie einfühlsam. „Aber niemand kann dich dafür anmachen, wenn du ab und an mal ein bisschen Spaß haben willst. Komm, lass uns ausgehen."

„Aber Phil mag es, wenn ich hier bin, wenn er aus dem Studio kommt", versuchte ich ihr zu erklären. Das war schon von Anfang an zum Scheitern verurteilt. Mit Cher Diskussionen zu führen, ist einfach unmöglich. Sie bedrängte mich weiter. „Ich gehe zum Tanzen ins Purple Onion. Du kommst doch mit?" Schließlich ließ ich mich überreden.

Wir fuhren also ins Purple Onion, einem großen Club am Sunset Strip, der tatsächlich purpurfarben angestrichen war und schon ging's auf die Tanzfläche. Beim Reinkommen trafen wir direkt Darlene Love, und wir drei ließen es hoch hergehen. Wir tanzten stundenlang, hatten Spaß und alberten rum. Und es war toll. Bis mich Phil fand.

Phil war so angefressen, weil er selbst zum Purple Onion kommen musste, dass er direkt auf die Tanzfläche ging und mich dort runterzerrte. Tja, dachte ich mir, das machte Spaß, solange es gut ging.

Sie mögen sich wahrscheinlich die Frage stellen, warum ich bei einem Freund blieb, der mich so behandelte. Doch Phil war nicht immer so. Es gab andere Zeiten, in denen ich wusste, dass er mich absolut vergötterte. Manchmal, wenn wir eine Session beendet hatten, nahm er mich mit zu einer Mondlichtfahrt vom Laurel Canyon in die Hollywood Hills. Wir parkten den Wagen beim Mulholland Drive und liebten uns hoch über der Stadt, mit den Lichtern Hollywoods, die sich zu unseren Füßen wie ein glänzender Teppich ausbreiteten. „Du bist ein kleines Nugget puren Goldes", flüsterte er. „Meine unschätzbare Quelle wertvoller Musik."

Er konnte so lieb sein, wenn wir allein waren, sodass ich all seine schrecklichen Launen vergaß. Ich schloss die Augen und dachte an all die guten Dinge, die passiert waren, seit ich ihm begegnet war. Er entdeckte mich noch in meinen Teenagerjahren und verwirklichte all meine Träume – einen nach dem anderen. Und das geschah immer noch an jedem einzelnen Tag. Wenn ich dafür ein bisschen Verrücktheit in Kauf nehmen musste, konnte ich damit leben.

Allerdings hätte ich mir nie träumen lassen, wie verrückt er wirklich sein konnte. Doch dann verriet mir Darlene Love sein am besten gehütetes Geheimnis. Das geschah im Frühjahr 1964, und es wurde vermutlich der schlimmste Tag meines Lebens.

Am Nachmittag des besagten Tages nahm ich zusammen mit Darlene und einigen anderen Sängerinnen im Gold Star Background-Vocals auf. Zufälligerweise schaute Phils Mum zu einer Stippvisite vorbei. Bertha Spector war eine winzige Frau – eine jüdische Mutter, so wie man sie sich vorstellt – und sehr fürsorglich gegenüber ihrem Sohn. Sie ging einfach ins Studio, egal, was dort gerade geschah. An einigen Tagen brachte sie sogar einen Topf Hühnersuppe für Phil mit, was er absolut hasste. Schließlich kam Phil auf einen Plan, um ihr einen Strich durch die Rechnung zu machen.

Wir hatten gerade eine Aufnahmepause eingelegt, als der Wachmann des Studios Phil über das Intercom warnte, dass seine Mutter mit dem gefürchteten Suppentopf im Anmarsch war. Phil ließ unverzüglich die Studiotür von Sonny verriegeln und schaltete das rote Licht ein, damit sie nicht reinkommen konnte.

Ungefähr zehn Minuten später ließ Phil Sonny einen Blick durch die Tür werfen, doch Mrs. Spector verharrte immer noch im Flur, mit dem Suppentopf in beiden Händen. „Okay, lasst sie rein", gab sich Phil geschlagen. „Ich bin ein verdammter Millionär und meine Mutter bringt mir immer noch hausgemachte Suppe."

Darlene und ich beobachteten das alles von einer Ecke des Studios aus, und wir lachten uns schlapp. Ich fragte Darlene, ob sie glaube, dass Phil süß und niedlich aussah, als ihn seine Mum mit dem Suppenlöffel fütterte. „Du meinst wirklich, dass Phil süß ist?"

„Yeah", antwortete ich. „Du etwa nicht?"

„Nicht so, wie du es siehst, Mädchen", antwortete sie. „Du bist total in den Typen verschossen, oder?"

„Verschossen?", wiederholte ich. Ich brauchte einige Zeit, um ihr meine geheimsten Fantasien zu enthüllen. „Ich bin nicht nur verschossen. Ich bin richtig verliebt. Und eines Tages werde ich diesen Mann heiraten."

Darlene schüttelte den Kopf und sagte bestimmt: „Das glaube ich aber nicht!"

„Und warum nicht?", wollte ich wissen.

„Hmm", seufzte sie. „Irgendwann musst du es ja wissen."

Sie schaute sich nach einer Ecke um, um sich dort zurückzuziehen. Die gab es aber nicht in den Gold Star Studios. Dann deutete sie in Richtung der Damentoiletten. „Los", forderte sie mich auf. „Da rein."

Ich werde niemals – niemals – die nächsten fünf Minuten vergessen. Wir gingen auf die Toilette und ich stellte mich an meinem Lieblingsplatz vor dem Waschbecken auf, direkt vor dem großen Spiegel. Dann platzte es aus Darlene raus.

„Honey, der Mann ist verheiratet."

Steckt man bei einem Unfall in einem Autowrack fest, läuft nach Aussage von Opfern alles in Zeitlupe ab. Und exakt das geschieht, wenn dir jemand mitteilt, dass der Mann, den du liebst, verheiratet ist. Ich starrte wie gebannt in den Spiegel und versuchte mir darauf einen Reim zu machen. Ich musste an all die Träume denken, die in diesem Raum Realität wurden – wie ich hier all meine Hits übte, wie ich mich zum ersten Mal herausputzte, als Phil mich zum Essen in ein Restaurant am Sunset Strip ausführte, wie ich meinen Auftritt bei *American Bandstand* übte und dabei in exakt denselben Spiegel schaute. Als ich jetzt in den Spiegel starrte, sah ich dieses fremde Mädchen, das dort stand und dem die Tränen die Wangen herunterliefen – ein Häufchen Elend.

Ich lehnte mich vor, musste mich übergeben und hatte das Gefühl, als würde ich sämtliche Eingeweide herauskotzen. Alles kam raus, alles, was in mir steckte, verschwand in dem Waschbecken. Darlene konnte nicht ahnen, warum mich ihre Enthüllung so traf, aber ich stand unter Schock.

Sie drehte den Wasserhahn auf und spritzte mir Wasser ins Gesicht, versuchte mich so gut wie möglich zu benetzen, ohne mich dabei zu berühren, denn ich war vollkommen aufgelöst. Ich stand da, sah wie das Erbrochene und das Wasser in einem Strudel in den Abfluss verschwanden und dachte, dass mein Leben denselben Weg nimmt.

Verheiratet?

Ich klammerte mich am Handwaschbecken fest, bis ich das Gefühl hatte, mich wieder ganz aufzurichten und gehen zu können. Dann erklang das Wort erneut in meinem inneren Ohr, und ich sank zusammen und musste mich wieder am Becken festhalten.

Verheiratet!

Ich verdeutlichte mir das Wort immer und immer wieder, hoffend, dass es weniger schmerzhaft werden würde, dass ich eine neue, weniger quälende Bedeutung erkennen würde, an die ich zuvor niemals gedacht hatte. Doch egal, wie oft ich es wiederholte – ich hatte das Gefühl, man würde mich mit einem dicken, durchnässten Tau peitschen, wenn ich es aussprach.

Verheiratet. Verheiratet. Verheiratet!

Darlene versuchte ihr Möglichstes, mich zu trösten, doch was konnte sie schon ausrichten? „Wer ist es?", fragte ich sie. „Nenn mir einen Namen. Zeig mir ein Gesicht." Ich verstand nicht, wie es dieser Frau die ganze Zeit über gelungen war, mir aus dem Weg zu gehen. „Ich habe sie noch nie getroffen."

„Das haben nur wenige", klärte mich Darlene auf. „Sie heißt Annette, doch Phil redet niemals über sie. Ich glaube nicht, dass er sie überhaupt noch sieht. Sie lebt dort in diesem Penthouse, welches er in New York besitzt."

Die Schuhe. Plötzlich musste ich nur an die zahlreichen Schuhe denken, die ich bei Phil gesehen hatte und die angeblich seiner Schwester gehörten. Das waren ihre Schuhe. Die seiner Frau. Es stimmte also.

Phil hatte es gut geheim gehalten, doch mir war klar, dass jeder, der für ihn arbeitete, davon gewusst haben musste. Nino Tempo und Sonny. Und Larry Levine, unser Tontechniker. Aber niemand von denen hatte es für nötig gehalten, mir davon zu berichten. Ich fühlte mich verraten und allein gelassen.

„Ich muss hier raus", meinte ich in einem dringlichen Ton zu Darlene.

„Und was soll ich Phil sagen?"

„Sag ihm, dass ich mich schlecht fühle", antwortete ich. „Dass ich meine Periode habe. Sag ihm, was du willst. Aber ich muss jetzt weg."

„Okay, Sweetie", meinte sie einfühlsam. „Aber ich will, dass du mich anrufst, wenn du etwas brauchst. Egal, was es ist, okay?" Ich nickte schweigend und ging aus dem Studio, ganz auf mich allein gestellt. Dann fuhr ich ins Hotel, schloss mich ein und weinte sieben Stunden lang ununterbrochen. Ich habe niemals mit Phil darüber gesprochen. Soweit ich weiß, hatte er nicht den blassesten Schimmer, dass ich davon Wind bekam.

Tagelang peinigte mich das Gefühl, als sei jemand gestorben. Meine Strategie, die Trauer hinter mich zu lassen, bestand darin, einfach so zu tun, als wäre nichts geschehen. Ich war wütend und verletzt, aber damals hatte ich keine Ahnung, wie man solche Emotionen zeigt. Ich wusste einfach nicht wie man ein „Verarsch mich hier nicht!" sagte. Davon abgesehen, konnte Phil nicht damit umgehen, konfrontiert zu werden, ähnlich wie ich, die es nicht draufhatte, sich jemandem entgegen zu stellen.

Auch musste ich an meine Karriere denken. Phil war nicht nur ein untreuer Partner, sondern gleichzeitig auch mein Produzent. Hätte ich einen Strich unter unsere partnerschaftliche Beziehung gezogen, hätte er mich nie wieder produziert. Das wäre ein großes Problem gewesen, denn in den Sechzigern stellten Produzenten für eine weibliche Sängerin eine Art Rettungsanker dar. Ohne Phil hätte es für die Ronettes zurück zu Colpix geheißen. Oder noch schlimmer. Ein Abschied von Phil wäre einem Ende meiner Karriere gleichgekommen. Und ich hatte eine Schwester, eine Cousine und viele andere Verwandte, deren Lebensunterhalt von mir abhing.

So wie ich es sah, gab es nur zwei simple Möglichkeiten. Entweder hielt ich die Klappe und hielt an meiner Karriere fest, meiner Beziehung und meiner Familie. Oder ich konfrontierte Phil augenblicklich damit und warf somit alles weg. Und ich war sicherlich kein Narr, woraufhin ich vortäuschte, nie etwas von Phils Frau gehört zu haben. Ich täuschte mich sogar selbst. Und ich war gut darin, denn nach einigen Tagen hatte ich mich selbst davon überzeugt, dass sich zwischen mir und Phil nichts verändert hatte. Zu der Zeit war der schlimmste Schmerz bereits verschwunden.

Von all den Platten, die ich mit Phil produzierte, ist „Walking In The Rain“ immer noch mein Lieblingssong. Es war zugleich der einzige Song, für den ich nur einen Take benötigte. Meist lief es so ab: Ich erschien zu Beginn einer Session und sang die Nummer ein Mal, um den Musikern ein Gefühl dafür zu geben. Dann verließ ich das Studio, während sie den Backing-Track einspielten. Wenige Tage darauf ließ mich Phil wieder kommen, um die Vocals einzusingen, was wir meist spät in der Nacht machten. Im Gegensatz zu den anderen Sängern nahm ich immer allein auf. Phil mochte es, sich total auf meine Stimme zu konzentrieren, und so waren fast immer nur Phil und Larry Levine anwesend.

In der Nacht der Aufnahme von „Walking In The Rain“ gesellten sich jedoch Barry Mann und Cynthia Weil zu uns. Sie hatten den Song mit Phil geschrieben und arbeiteten bis kurz vor dem Recording noch am Text. Sie wollten unbedingt eine bessere und sich reimende Zeile für „Johnny, no, no, he'll never do“ finden, denn „Bobby, no it isn't him, too“ fand jeder miserabel. Doch niemandem fiel etwas Besseres ein und so ließen sie es einfach.

Kurz vor der Aufnahme meinte Phil zu mir: „Geh doch ins Studio, ich habe eine Überraschung für dich.“ Ich machte mich auf zu meinem Lieblingsplatz direkt hinter dem Notenpult. „Okay, Ronnie, hör dir das einfach an.“ Ich setzte die Kopfhörer auf, während Phil den Arm ausstreckte, um die Bandmaschine anzustellen.

Zuerst war alles ruhig. Dann hörte ich plötzlich ein leises Grummeln, das wie ein Donner aus jeder Ecke des Raums zu rumoren schien. Es war das Intro zu dem Song! Larry und Phil hatten die Geräuschkulisse eines Gewitters zu dieser schönen Melodie gemischt. Absolut perfekt. Ich schloss meine Augen und fand mich in einer anderen Welt wieder.

Dann begann ich mit den Vocals auf dem Downbeat und wollte erstmal eine Zeile probieren, um ein Gefühl für den Song zu entwickeln. Doch ich war schon drin und zog den Gesang bis zum Ende durch. Als ich fertig war, öffnete ich die Augen und fand mich in völliger Dunkelheit wieder.

„Was ist passiert?“, wollte ich wissen. Ich konnte weder Phil, noch einen der anderen hinter der Scheibe der Regie sehen und fragte mich, ob sie den Probe-Take überhaupt gehört hatten. Dann erklang Phils Stimme über den Lautsprecher.

„Das ist es“, sagte Phil. „Jetzt können wir nach Hause.“

„Du hast es aufgenommen?“, fragte ich. Dann ging ich ein bisschen verwirrt schnurstracks in die Regie. „Das war doch nur ein Test. Lass es mich noch mal versuchen. Ich weiß, dass ich jetzt das Gefühl dafür habe.“

„Hey, das hattest du schon“, urteilte Phil. „Hör es dir selbst an. Spiel es zurück, Larry.“ Als ich das Stück über die Lautsprecher hörte, musste ich Phil zustimmen. Es war ein perfekter Take. Und es ist der Take, den man heute noch auf der Platte hört.

Dann schaute ich ins dunkle Studio. „Was ist denn mit der Beleuchtung passiert?“

„Das war Phils Idee“, meinte Larry. „Er hat sie ausgeschaltet, damit du besser in die Stimmung kommst. Und das klappte auch, oder?“

Ich schaute Phil und Larry an, dann Barry und Cynthia. Sie alle hatten so ein breites Grinsen aufgesetzt, dass ich befürchtete, ihre Gesichter würden sich verziehen. Ich brachte es nicht übers Herz, ihnen zu erzählen, dass meine Augen die ganze Zeit über geschlossen waren, sodass ich die Dunkelheit gar nicht bemerkte.

Danach wurde es zu einer Art Tradition für Phil, mich immer im Dunkeln singen zu lassen. Doch in Wahrheit wusste ich niemals, ob die Studiobeleuchtung an oder aus war. Das trifft auch heute noch zu. Wenn ich die Kopfhörer aufsetze, verschwindet alles um mich herum.

„Ich bin es leid, immer die Hotelmiete zu bezahlen“, gab Phil eines nachmittags bekannt, als wir nach einer Session in den Gold Star Studios in den Rolls Royce stiegen. „Vielleicht sollten wir uns ein Haus anschaffen.“

Ich dachte, er mache einen Witz. „Das wäre toll. Wann beginnen wir mit der Suche?"

„Warum nicht gleich heute?", fragte er mit einem kleinen Lächeln. Dann lehnte er sich vor und wies seinen Chauffeur George Brand an: „Lass uns mal sehen, ob wir ein Haus finden, George."

Phil hatte das ganz offensichtlich schon vorher eingefädelt, denn George wusste genau, wohin er fahren sollte. Er steuerte die schwere Limousine durch Hollywood über den Sunset Strip in die Hollywood Hills. Wir fuhren die sich schlängelnden Straßen rauf und runter, vorbei an gigantischen Anwesen mit Vorgärten in der Größe von Golfplätzen, bis wir schließlich eine schmale Straße mit dem Namen La Collina Drive erreichten. George steuerte den kleinen Hügel rauf und parkte vor einem großen Haus mit einer Fontäne im Vordergrund.

„Soweit ich weiß, ist das hier zu erwerben", erklärte Phil beim Aussteigen. „Lass es uns mal ansehen."

Mittlerweile wusste ich mit Sicherheit, dass Phil alles vorbereitet hatte, und so überraschte es mich auch nicht, als die Dame, die uns das Haus zeigte, direkt aus der Auffahrt kam und uns hereinbat. Es fällt mir schwer, das Gefühl eines kleinen Mädchens aus Spanish Harlem zu beschreiben, das ihr erstes Anwesen sieht, aber es ist sicherlich kein schlechtes Gefühl. Das Haus glich einem Palast. Es hatte 23 Zimmer und war wie ein großes Schloss ausgestattet, mit vielen alten Gemälden in riesigen Holzrahmen. Überall befanden sich uralte Möbel und Antiquitäten und in allen Schlafzimmern standen massive Himmelbetten. Sogar die Decken beeindruckten mich, mit Installationen von Malereien aus dem Europa des 15. Jahrhunderts, wie uns die Maklerin erklärte. Ich hatte so etwas noch nie gesehen.

„Was meinst du?", fragte mich Phil, als wir zurück zur Limo gingen. „Könntest du in so einem Haus glücklich sein?"

„Ja", erklärte ich geradeheraus. „Tatsächlich könnte ich das."

Ich versuchte die Coole zu spielen, doch in meinem Inneren spürte ich eine berauschende Silvesterstimmung. Meine Güte, es kommt nicht jeden Tag vor, dass dich die Liebe deines Lebens fragt, ob du mit ihm sesshaft werden willst. Und wenn Phil schon mit mir zusammenleben wollte, konnte eine Hochzeit doch nicht mehr so weit entfernt sein. Natürlich hatten wir uns nie über eine Scheidung unterhalten, doch sein Umzug nach Kalifornien bedeutete, alle Verbindungen zur New Yorker Vergangenheit zu kappen. Was mich anbelangte, war das Anwesen in Beverly Hills der benötigte Beweis, dass Phil mir gehörte. Und nur mir.

Wir stiegen ein und fuhren die breite, mit Bäumen gesäumte Straße aus den Hills hinab. Ich starrte aus dem Fenster des Rolls auf die pinken Stuck-Paläste mit ihren langen Auffahrten und perfekt gepflegten Rasenflächen. „Wow", dachte ich. „Hier möchte ich sterben."

10

Voll im roten Bereich

1965 befanden wir uns schon auf dem absteigenden Ast. Mit „Born To Be Together“ und „Is This What I Get For Loving You?“ hatten wir nur zwei Songs, die es zumindest in die Top 100 schafften. Der schwerwiegendste Grund für dieses Absacken lag bei Phil, der bereits im Frühjahr 1964 das Interesse an uns verloren hatte, als er die Single-Veröffentlichung von „Chapel Of Love“ verweigerte. Wir hielten den Song für ein so großartiges Stück, dass wir ihn anbettelten, es doch bitte auf den Markt zu bringen.

„Nein“, speiste er uns ab. „Das klingt nicht wie ein Hit. Vergesst das mal.“ Dann erschien die Fassung der Dixie Cups, die ein Smasher wurde! Ich fand das unglaublich deprimierend.

Doch so war Phil drauf. Er produzierte ständig Songs, deren Veröffentlichung er später verweigerte. Zwischen Mitte 1965 und Ende 1966 nahmen wir eine Reihe von unveröffentlichten Nummern auf, darunter „Paradise“ und „I Wish I Never Saw The Sunshine“, zwei der fantastischsten Titel, die wir je einsangen. Sie wären auch kommerziell erfolgreich gewesen, hätte Phil sie nur auf den Markt gebracht. Doch er weigerte sich, und diese beiden tollen Nummern ruhten jahrelang im Archiv, während sich die Karriere der Ronettes in Nichts auflöste. Schließlich veröffentlichte Phil einige dieser Nummern auf irgendwelchen Oldies-Alben, doch das brachte den Ronettes im Jahr 1965 rein gar nichts.

Wenn Phil einen unserer Songs zurückhielt, hatte er immer eine Entschuldigung parat. Zum Beispiel sagte er: „Der Background stimmt nicht“, oder „Das Fade-Out muss noch überarbeitet werden“. Dann packte er das Band in einen Karton und wir sahen oder hörten nichts mehr davon. Die Gruppe nahm an, dass Phil einfach ein Perfektionist war, doch nun habe ich erkannt, dass hinter dem Fallenlassen der Ronettes andere, viel dunklere Absichten steckten.

Zuallererst wollte Phil nicht erleben, dass ich zu bekannt werde. Als ich ihn traf, war ich das kleine Mädchen aus Harlem, doch er wusste schon damals, dass aus mir ein Star werden würde. Und so unternahm er alles in seiner Macht, um das zu realisieren. Und es funktionierte. Dann verliebte er sich in mich, und das war sein fataler Fehler.

Nachdem ich es geschafft hatte, zeigte sich Phils Unsicherheit, denn er wollte mich nicht wachsen lassen, aus Angst davor, eines Tages überstrahlt zu werden. Und so versuchte er den ganzen Ablauf umzukehren und alles zu verlangsamen, damit ich wieder das abhängige Kind aus Spanish Harlem wurde. Und ich ließ ihm dabei freie Hand. Ich ließ es zu! Ich fand es nicht falsch, mich zurückzulehnen und von meinem Millionärs-Liebhaber jeden nur erdenklichen Wunsch erfüllt zu bekommen. Ich dachte nicht, dass ich erwachsen werden müsse. Nie. Und das war mein fataler Fehler.

Sogar nach dem Beginn des Abstiegs der Ronettes machte ich mir keine allzu großen Sorgen. Phil hatte gerade den kolossalsten Hit seiner Karriere eingefahren: „You've Lost That Lovin' Feelin'“ von den Righteous Brothers. Was die Arbeit anbelangte, war er immer noch so heiß wie früher. Ich malte mir aus, dass es nur eine Frage der Zeit sei, wenn er seine Aufmerksamkeit wieder auf meine Karriere richten würde.

Es war ja nicht so, dass er mich ignorieren konnte. Seit er in das Anwesen in La Collina gezogen war, lebte ich praktisch bei ihm. Das bedeutete – wenn ich mich in Kalifornien aufhielt. 1965 zeigte ich mich dort eher selten, denn die Ronettes machten während des kompletten Jahres noch zahlreiche Auftritte.

Da ich mit der Gruppe immer so viel Spaß auf der Bühne hatte, blieb mir kaum Zeit, mir Sorgen über die versandende Karriere im Tonträgergeschäft zu machen. Ich stand ja immer noch vor einem Publikum und konnte an ihrem Applaus merken, dass sie auf mich standen. Doch es sollte nicht mehr lange dauern, bis Phil auch auf sie eifersüchtig wurde.

Ende November absolvierten wir eine unserer größten Shows, denn Phil ließ uns in „The Big T.N.T. Show" auftreten, ein von ihm in Hollywood produziertes Konzert, das aufgezeichnet wurde und als Film erscheinen sollte. Phil nahm natürlich die Rolle des Orchester-Leiters auf und konnte sich über ein Line-up freuen mit den größten Namen der Rockmusik, darunter Ray Charles, die Byrds und die Ike & Tina Turner Revue. Wie nicht anders zu erwarten, verlangte Phil die komplette Kontrolle über diese Produktion wie auch bei all seinen vorhergehenden Arbeiten.

Die Techniker baten uns während der Vorbereitungen um einen Probedurchlauf unseres anvisierten Auftritts, damit sich die Kamera-leute eine Vorstellung davon machen konnten. Allerdings führten wir nicht die gesamte Performance auf, die wir uns für das Konzert vorbehalten wollten. Da Phil die gesamte Verantwortung hatte, wollte er auch, dass es jeder – wirklich jeder – wusste. Und so stoppte er uns mitten bei der Probe und begann uns mit Befehlen anzuschreien, als wären wir billige Revue-Girls.

„Moment mal, Mädchen", kommandierte er. „Ihr spult das nur ab. Noch mal anfangen, aber ich will, dass ihr dieses Mal so auftretet, als sei es heute Abend."

Das war lächerlich. Seit unserer Zeit im Brooklyn Fox führten wir einige grundsätzliche Tanzschritte auf, was sich aber an jedem Abend ein wenig änderte, abhängig von der Resonanz des Publikums. Eins war aber immer sicher: Niemals gaben wir eine exakt identische Show. Doch Phil bestand darauf, und so machten wir weiter und zogen den kompletten Auftritt vor leeren Sitzreihen durch.

„Das war doch jetzt nicht so schwierig, oder?", rief er lauthals nach der Probe. „Genau so macht ihr es heute Abend!"

An dem Abend zogen wir unsere Show wie immer durch – einfach ein bisschen verrückt. Ich zog den Shimmy auf der Bühne ab und tanzte dorthin, wohin mich mein Gefühl lenkte. Die Menge tobte und hätte mich am liebsten angegrabbelt. Ich schätze, das war zu viel für Phil.

Der Regisseur und alle Kameramänner berichteten uns, wie aufregend alles gewesen sei. Auch die anderen Künstler zeigten sich begeistert und sagten nette Dinge. Phil hasste das. Er kam nach der Show zu mir und kochte beinahe über. „Was hast du dir da draußen gedacht?", keifte er. Ich hasste es, wenn Phil so durchdrehte, wusste aber, dass nur Humor half, bis sich seine Stimmung wieder normalisiert hatte.

„Was stimmt nicht?", wollte ich wissen. „War etwas am Show-Ablauf falsch?"

„Es war alles falsch", schnauzte er. „Heute Abend sah das vollkommen anders aus, als heute Nachmittag."

„Da gab es auch kein Publikum", erklärte ich. „Du weißt, dass ich die Leute immer begeistern will."

„Die Leute begeistern?", wurde er immer lauter. „Du hast denen allen den Kopf verdreht. Alles bei dir lief aus dem Ruder!" Für Phil war das eine ganz große Sache, denn wenn ich vor den Zuschauern ganz aus mir herauskam, bedeutete das gleichzeitig, dass er sie nicht mehr kontrollieren konnte.

„Und was dem Ganzen noch die Krone aufsetzt – du hast schief gesungen!" Das war ein wunder Punkt bei mir. Da ich keine Noten lesen konnte, war es für ihn leicht, mich wegen gesangstechnischer Gründe fertigzumachen, denn dagegen fand ich keine Argumente. „Mach dir bloß keine Mühe zur Aftershow-Party zu kommen", befahl er. „Ich will dich da nicht sehen."

Ich fuhr direkt zum Hotel und heulte mir die Seele aus dem Leib. Ich schätze mal, dass der Partybesuch kein Problem gewesen wäre, doch ich dachte erst gar nicht daran. In jenen Tagen konnte ich nichts gegen Phils Wünsche unternehmen und ordnete mich immer wieder unter. Phil konnte nicht kontrollieren, was ich auf der Bühne machte, aber dieses Problem bestand für ihn nicht in unserem Privatleben.

Natürlich dominierte er mich auch im Studio. Nach dem „Hamburger-Zwischenfall“ mit Sonny wusste ich, dass Phil es nicht wollte, dass ich mich mit den anderen Sängern und Musikern im Gold Star zu sehr anfreundete. Er sprach das zwar niemals direkt an, aber das musste er auch nicht. Er fand charmantere Wege, damit ich das machte, was er wollte.

Einmal sang ich im Gold Star die Backgrounds mit einigen Leuten ein, wobei mich eine Sängerin namens Olla zum Lachen brachte. Sie sagte immer etwas, durch das ich direkt losprusten musste. Doch dieses Mal konnte ich mich vor Lachen kaum mehr halten, als ich zufällig einen Blick auf Phil warf, der hinter der Glasscheibe der Regie saß und lächelte. „Ronnie“, forderte er mich auf. „Komm doch mal rüber.“

Als ich in die Regie eintrat, zog Phil einen alten Holzstuhl zu sich und gab mir ein Zeichen, mich hinzusetzen. Danach beschäftigte er sich wieder mit der Arbeit am Mischpult. „Äh, Phil?“, sprach ich ihn an. „Was war es, was du wolltest?“

„Nichts Besonderes“, gab er zu und wirkte dabei ein wenig verlegen. „Ich hatte das Gefühl, ich könnte hier ein wenig Inspiration gebrauchen.“

Das auszusprechen war süß und auch so schmeichelhaft. Bis zu dem Zeitpunkt hatte Phil immer den Anschein aufrecht gehalten, dass unsere Beziehung rein professionell war. Indem er mich zu sich in die Regie bat, gab er gegenüber allen zu, dass ich für ihn etwas Besonderes darstellte. Ich setzte mich gerade hin – auf diesem wackeligen Stuhl – und fühlte mich wie eine Königin.

Von der Zeit an saß ich immer gemeinsam mit Phil in der Regie. Er schien es wirklich zu genießen, mich bei sich zu haben, und ich fühlte mich wie eine der Privilegierten. Phil riss immer Witze über diejenigen Musiker, die gerade hinter der Glasscheibe im Aufnahmeraum standen, die natürlich lustig waren, da bis auf mich und Larry Levine niemand etwas davon erfuhr.

Außerdem hatte ich dort die Chance, Phil bei der Arbeit zuzuschauen, was ganz schön aufregend war. Er saß in der Regie und hatte die Abhörmonitore so laut eingestellt, dass ich befürchtete, er würde taub. Doch dann hörte er etwas im Mix, was kein anderer entdecken konnte und gab daraufhin Larry ein Zeichen, die Bandmaschine zu stoppen. Einmal erlebte ich ihn dabei, wie er auf den letzten Geiger in einer Reihe von zehn Streichern deutete und sagte: „Du. Es klingt, als ob du unter der Stimmung liegst. Check die A-Saite." Der Mann überprüfte es, und Phil hatte Recht gehabt. Ich fand das erstaunlich.

Viele haben mich gefragt, wie Phil seine „Wall of Sound" kreierte, aber um Phils Sound zu verstehen, muss man ihn selbst verstehen. Die „Wall of Sound" war ein Spiegelbild seiner Persönlichkeit, die sich von den meisten anderen abhob. Wenn Phil eine Platte produzierte, begann er mit denselben Basic-Tracks wie auch die anderen – Schlagzeug, Gitarre, Bass und dem Gesang. Doch dann fügte er noch mehr Klangquellen dazu, weil er einen möglichst extravaganten Sound anstrebte. Für ihn bedeutete eine Platte nichts, wenn diese nicht alles andere überragte – und mindestens zehn Mal so voluminös war. Phil war einer der Menschen, die daran glaubten, dass mehr immer besser bedeutet.

Wenn er in ein Studio ging, suchte er sofort eine Regel, die er brechen konnte. Er hatte einfach keine Angst davor, etwas Neues auszuprobieren. Ich erinnere mich an dieses Anzeigemodul an der Bandmaschine das die Lautstärke anzeigte. Wenn die Nadel in den roten Bereich ausschlug, war der Sound zu laut und begann zu verzerren. Jeder im Plattengeschäft hatte geradezu Angst davor, dass der rote Bereich angesteuert wurde – aber nicht Phil. Manchmal glaube ich, dass er nur glücklich sein konnte, wenn er sich in einer roten Zone aufhielt.

Wenn man mit Phil einige Zeit im Studio verbrachte, wurde man zwangsläufig in den ganzen Wahnsinn verwickelt. Das passierte allen, die mit ihm arbeiteten. Mit Phil als unserer Inspirationsquelle versuchten wir so viel aus uns herauszuholen wie er es selbst tat. Wenn ich zum Beispiel einen Text sang, schloss ich meine Augen, um das passendste Gefühl für den Song zu finden. Und ich holte alles aus mir heraus, bis es mir schließlich gelang. Dann ergänzte Phil diesen Klang mit den Sounds all der anderen Sänger und Musiker sowie des Tontechnikers. Das resultierte in einer wundervollen Kombination von Texturen, Persönlichkeiten und Genies, die die Leute als „Wall of Sound“ bezeichneten. Man kann über Phil Spector sagen, was man will, aber niemand, der sich bei den Produktionen in den Gold Star Studios aufhielt, wird jemals die dort gemachte Musik vergessen. Niemand hatte so einen Sound zuvor gehört und niemand wird etwas Vergleichbares in der Zukunft hören. So sehr ich das Abhängen mit Phil in der Regie auch mochte, dauerte es nicht lange, bis ich das Zusammensein mit den Musikern im Aufnahmeraum vermisste. Doch als ich das erste Mal den Versuch unternahm, mich wieder zu den Leuten zu gesellen, machte mir Phil unmissverständlich klar, dass ich bei ihm zu bleiben habe und nur bei ihm.

„Wohin gehst du, Ronnie?“, fragte er mich, als ich vom Stuhl aufstand.

„Ich will mit den Leuten einige der Backgrounds singen.“

„Nein, nein, nein“, fuhr er mir dazwischen. „Ich will nicht, dass du das weiterhin machst.“

„Aber Phil“, versuchte ich zu erklären. „Alle singen die Backgrounds.“

„Aber nicht du, Ronnie“, meinte er energisch. „Deine Stimme ist zu charakteristisch. Sie sticht hervor.“

„Hm“, versuchte ich einen Kompromiss. „Vielleicht könnte ich einfach die sehr tiefen ‚oooh‘-Passagen versuchen?“ Doch Phil ließ sich nicht von seiner Meinung abbringen. Während also alle lachten, Witze machten und rauchten, hockte ich in der Stille hinter einer gläsernen Wand.

Wenn man 1965 als zähes Jahr für die Plattenkarriere der Ronettes bezeichnen möchte, glich 1966 dem Tod. Wir veröffentlichten in dem Jahr mit „I Can Hear Music“ nur eine einzige Platte, und die schaffte es mit einem Platz 100 so gerade eben in die Billboard-Charts. Und dort blieb sie exakt eine ganze Woche. Ich empfand das als zutiefst demoralisierend.

Doch ich gab die Hoffnung niemals auf. Phil holte mich alle paar Monate ins Studio für einen neuen Ronettes-Song, manchmal allein und manchmal mit Nedra und Estelle. Doch dann stellte er das Band zu den anderen unveröffentlichten Aufnahmen. Nach einer Weile fragte ich mich, warum er sich damit abmühte, uns überhaupt ins Studio zu holen.

Und es waren nicht nur die Ronettes, denen er Schaden zufügte. Anfang 1966 ruinierte Phils Perfektionismus jeden Künstler seines Labels. Jedes Mal, wenn er etwas produziert hatte, fand er einen Fehler, den niemand außer ihm hörte, woraufhin er eine Veröffentlichung verweigerte. Und wenn er einen Song auf den Markt brachte, der es nicht in die Charts schaffte, war er monatelang deprimiert. Manchmal sogar noch länger. Schließlich machte er eine Platte, die so schlecht lief, dass er sich in den vorgezogenen Ruhestand begab.

„River Deep – Mountain High" war ein Stück, das Phil mit Tina Turner im März 1966 aufnahm, und es klang einfach nur fantastisch. Phil fing den rauen Charakter von Tinas Stimme perfekt ein und integrierte ihn in seine „Wall of Sound". Daraus resultierte eine Platte, die „riesengroß" klang. Es hätte eigentlich einer von Phils größten Hits werden müssen. Aus heutiger Sicht kann man es fast nicht glauben, aber damals war es Phils erster bedeutender Single-Flop.

Er unternahm alles, um „River Deep – Mountain High" zu pushen, doch die amerikanischen DJ's spielten die Nummer nicht. Ich schätze, sie glaubten alle, dass er damit – also aufgrund der sexuellen Anspielungen – einen Schritt zu weit gegangen war. Es war ein großer Hit in England, doch hier erreichte der Song kaum die Charts.

Phil fühlte sich wie am Boden zerstört. Er war so deprimiert, dass er monatelang nicht mal in die Nähe eines Studios ging. Voller Trübsal schlich er in seinem Anwesen herum und spielte den ganzen Tag Pool. In jenen Tagen verbrachte ich viel Zeit mit ihm, doch ich konnte nichts machen, um ihn aufzumuntern. Ich hasste es, Phil so deprimiert zu sehen, glaubte aber, dass er nach einiger Zeit wieder inspirierter agieren würde. Und ich war fest entschlossen, zu ihm zu halten, bis sich diese düstere Stimmung aufgelöst hatte.

Glücklicherweise hatte ich noch die Auftritte mit den Ronettes, um mich von seiner Depression abzulenken. Auch ohne einen aktuellen Hit waren wir immer noch beliebt genug, um ein Engagement in Manhattans Basin Street East zu ergattern, einem erstklassigen Nachtclub, der damit begann Rock'n'Roll-Acts zu buchen. Wir absolvierten unser Eröffnungskonzert im Juli 1966. Ich werde diesen Abend nie vergessen. Wir lieferten eine tolle Show ab und das Publikum feierte uns. Aber nicht das, was auf der Bühne geschah, blieb in meiner Erinnerung haften.

Ich saß in unserer Garderobe im Backstage-Bereich, als ein Kellner erschien und mir sagte, dass eine Dame vorne auf mich warten würde. Ich fragte ihn, wer sie denn sei. „Das sagte sie nicht", antwortete er. „Sie meinte nur, ich solle Ihnen sagen, sie sei eine gute Freundin Phils."

Ich war natürlich so neugierig, dass ich dem Kellner zu einem Tisch folgte, wo diese hübsche junge Blondine mit einem Typen im Anzug saß. Der Kellner zog einen Stuhl zurück, damit ich Platz nehmen konnte, und die Frau stand auf und streckte mir die Hand entgegen.

„Ich bin Annette Spector", meinte sie, mir dabei die Hand schüttelnd. „Ich habe schon so viel von Ihnen gehört."

Zuerst realisierte ich nicht, wer sie war. Annette Spector? Ich hatte den Namen aus meinen Gedanken gestrichen, nachdem ich ihn das erste Mal gehört hatte. Und so nahm ich an, es handele sich um eine von Phils Cousinen. Dann sagte sie: „Ich wollte mich vorstellen, um Sie wissen zu lassen, dass ich Ihnen nicht böse bin!" Und dann wurde mir alles klar.

Annette war seit sechs Monaten von Phil geschieden – wie ich es hintenrum gehört hatte – und so fand ich es nett, dass sie sich die Mühe gab, mich zu treffen. Doch als ich mich an Annettes Tisch setzte, fiel mir nichts ein, was ich ihr sagen sollte. Das war wirklich sehr schade, denn zurückblickend hätte das nach meiner Einschätzung ein brisantes Gespräch werden können.

Ich denke, dass Annette merkte, dass ich trotz aller Bemühungen kaum ein Wort über die Lippen brachte, woraufhin sie mir ihren Begleiter vorstellte – er war Rechtsanwalt oder so etwas in der Art – und mir einen Drink anbot. Ich war froh, dass sie es tat, denn das gab mir die Gelegenheit, wenigstens etwas zu sagen.

„Oh, nein, vielen Dank. Ich muss jetzt gehen“, stotterte ich. „Und ich trinke niemals etwas vor einer Show.“ Oh, nein, dachte ich. Jetzt denkt sie wohl, dass ich eine Säuferin bin, die es nicht erwarten kann, sich nach dem Auftritt volllaufen zu lassen. „Eigentlich“, ergänzte ich, „trinke ich auch nie nach der Show.“ Das klang immer noch nicht richtig und so sagte ich: „In Wahrheit trinke ich überhaupt nicht.“

An dem Punkt angelangt, lächelten Annette und ihr Freund beide verlegen, was mich dazu brachte, ein kurzes „Goodbye“ zu sagen und so blitzschnell wie möglich zu verschwinden. Doch als ich mich auf den Weg in die Garderobe machte, drehte ich mich zu einem letzten Blick um. „Annette“, platzte es aus mir heraus. Mit einem Flüstern ergänzte ich: „Danke.“

Richard Pryor trat an diesem Abend vor uns auf, doch er gehörte noch zu den jungen Unbekannten, und ich kann ehrlich sagen, dass ich mich nicht mehr an die Show erinnere. Schätze mal, ich war glücklich, den Abend zu überstehen.

Aber es gab noch einen weiteren erinnerungswürdigen Abend im Basin East Street. Es geschah einige Tage später. Wir hatten gerade unseren Auftritt beendet, als unser Tourmanager, ein netter, alter Mann namens Val Irving uns eine wichtige Nachricht mitteilte. „Setzt euch mal hin, Mädchen“, sagte er. „Ich habe heute ein Telegramm erhalten. Ich wollte es euch aber erst nach der Show erzählen, denn sonst hätte es euch womöglich aus der Bahn geworfen.“

„Ein Telegramm?“, erkundigte sich Estelle.

Nedra fragte: „Sind es gute oder schlechte Nachrichten?“

„Es ist von dem Manager der Beatles und das bedeutet gute Neuigkeiten, schätze ich mal.“ Als ich das hörte, musste ich mich hinsetzen.

Wenn es von den Beatles kam, war es bestimmt etwas Großes. „Die Beatles spielen nächsten Monat eine USA-Tournee“, erklärte Val. „und sie wollen wissen – …“

Dann brach er plötzlich ab und tat so, als würde er gähnen. Er wollte uns bloß in den Wahnsinn treiben. Und das klappte auch.

„Val!“, schrie Estelle, als ich mich zu ihm aufmachte, um ihn zu erwürgen.

„Okay, okay,“, beschwichtigte er uns lachend. Dann „spuckte“ er den Rest in einem Höllentempo aus. „Die Beatles wollen nur wissen, ob die Ronettes als Vorgruppe für ihre US-Tour zur Verfügung stehen.“

Man hat wohl niemals in der Geschichte der Menschheit drei Mädchen so laut schreien gehört. Wir kreischten, kicherten und tanzten in der Gegend herum, bis der Krach den Manager des Basin Street alarmierte, der schließlich kommen musste und meinte, wir sollen die Klappe halten.

„Bitte, Mädchen“, ermahnte er uns. „Vorne sitzen immer noch Gäste.“

„Oh … das tut uns leid“, entschuldigte ich mich. „Wir feierten gerade, denn wir wurden zu einer Tour mit den Beatles eingeladen.“ Ich versuchte mich zu bremsen, aber direkt nachdem ich die Worte ausgesprochen hatte, begannen Nedra und Estelle wieder zu kreischen. Schließlich gab ich auf und kreischte mit.

Als Vorband für die Beatles zu spielen, war in den Sixties das Größte, was einer Band passieren konnte. Und das brachte die Ronettes endlich auf das Cover des *Ebony*-Magazins. Ich hielt es kaum aus, Phil davon zu berichten, und so rief ich ihn an, als ich in der Nacht nach Hause kam. Ich dachte, das sei die bedeutendste Nachricht auf der ganzen Welt, doch alles, was er über die Lippen brachte war ein „Hmmm“.

„Stimmt was nicht, Phil?“, wollte ich wissen.

„Alles in Ordnung“, antwortete er. Doch offensichtlich schien ihm etwas durch den Kopf zu gehen. „Wir können uns näher darüber unterhalten, wenn du wieder hier bist.“

„Aber Phil! Es sind die Beatles!“

Ich erwartete wenigstens irgendeinen Streit, doch Phil beendete das Gespräch mit einer Aussage, die mich wirklich verwirrte. „Ronnie“, sagte er langsam. „Wir müssen auf deine Karriere achten.“

„Okay, Phil. Ich sehe dich dann nächste Woche.“

Dann dachte ich nicht mehr weiter darüber nach. Man konnte Phils Reaktion niemals vorhersehen, und so hatte ich schon lange aufgegeben, ihn zu hinterfragen. Zurück in Kalifornien sprach ich das Thema der Tour gar nicht erst an. Tatsächlich redete keiner von uns darüber, bis Phil mich ins Gold Star mitnahm. Und das stellte eine Überraschung dar, denn ich wusste, dass er seit Monaten nicht mehr im Studio gewesen war.

Ich folgte Phil in den Lagerraum und beobachtete ihn, wie er damit begann, einige alte Kisten mit Tonbändern zu durchwühlen. Er hatte immer noch kein Wort gesagt, als Larry Levine seinen Kopf durch die Tür streckte, um uns zu begrüßen. Sie unterhielten sich aber nur über unbedeutende Dinge. Langsam wurde es mir langweilig, doch dann zeigte mir Phil unverhohlen die Absicht seines Spielchens, den Grund, warum er mich in die Gold Star Studios geschleppt hatte. „Ach, Larry“, meinte er in einem beiläufigen Ton. „Kannst du bitte dafür sorgen, uns einige Studiozeit im August zu buchen? Ich möchte mit Ronnies nächster Platte anfangen.“

Larry meinte, dass er nachschauen wolle und ging dann.

Dann musste ich endlich etwas dazu sagen: „Aber, Phil“, widersprach ich. „Ich soll im August mit den Beatles auf Tour sein.“

„Ronnie“, unterbrach er mich und griff in einen anderen Karton mit alten Bändern. „Du musst dir selbst die Frage stellen, ob du auf eine weitere Tour gehen oder zurück ins Studio und einen anderen Hit produzieren willst.“ Phil versuchte das so beiläufig wie nur möglich zu sagen, wodurch ich erkannte wie wichtig es ihm eigentlich war.

„Aber Phil, das ist nicht nur irgendeine Tour. Es sind die Beatles.“

„Das ist ein weiterer Grund, es sein zu lassen. Niemand kommt zu den Shows, um dich zu sehen. Diese Konzerte sind doch nichts anderes als eine Freak-Show. Frag doch die Beatles. Es sind die ersten, die es zugeben werden. Aber mach, was du willst. Es ist deine

Karriere.“ Ich beobachtete Phil, der denselben Karton zum dritten Mal durchwühlte. Und dann sah ich, dass seine Hände zitterten. Offensichtlich warf ihn irgendetwas im Zusammenhang mit der Tour aus der Bahn. Und ich hatte eine ganz gute Vorstellung, was es war. Oder besser gesagt, wer es war.

Sein Name: John Lennon.

Natürlich hatte ich Phil niemals etwas über meine kleinen „Begegnungen“ mit John erzählt, doch mich beschlich das Gefühl, dass er es wusste. Keine Ahnung, wie er darauf kommen konnte, doch Phil hatte immer eine Art Radar für diese Art subtiler Beziehungen. Aber es gab ja auch nichts abzustreiten, denn er beschuldigte mich nie. Doch ich hatte immer noch das Gefühl, auf die Probe gestellt zu werden.

„Und ich werde dir noch was sagen“, fuhr er in energischerem Ton fort, wobei er mir direkt in die Augen sah. „Ich werde hier nicht tatenlos herumsitzen und dabei zusehen, wie du deine Karriere für einige Auftritte wegwirfst, denn damit hätte sich alles erledigt. Wenn du Platten machen willst – okay! Ich bin für dich da. Wenn nicht, ist das auch in Ordnung. Aber erwarte nichts anderes von mir.“

Als er die letzten Sätze aussprach, klang seine Stimme brüchig. Und daran merkte ich, welch eine Angst er davor hatte, dass ich mit den Beatles weggehe und ihn zurücklasse. Er versuchte alles, um vorzutäuschen, dass es ihm nichts ausmacht, doch er hatte eine Höllenangst davor, allein gelassen zu werden. Und ich kannte das Gefühl, denn manchmal verspürte ich es auch.

Phil stellte mich also vor eine Entscheidung – „sie oder ich“.

Das mag für andere harsch geklungen haben, doch für mich war es ein unumstößlicher Beweis seiner Liebe. Dieser Kerl wollte mich – um alles in der Welt – und er würde sich nicht mit Kompromissen zufriedengeben. In dem Moment wurde mir klar, dass mir John Lennon nichts bedeutete. Das traf auch auf die Beatles zu. Ich musste mich entscheiden: Auf Tour zu gehen und das Gekreische von Millionen von Menschen zu hören, denen ich egal war, oder zuhause zu bleiben und von dem Mann vergöttert zu werden, der mir mehr Liebe gab, als es eine Million Menschen je gekonnt hätten.

Ich sah darin keinen Wettbewerb, keine Konkurrenzsituation.

Schließlich gingen die Ronettes mit den Beatles auf Tour, wobei meine Cousine Elaine meinen Platz einnahm, so wie sie es bereits bei der „Dick Clark and his Caravan of Stars“-Tournee gemacht hatte. Die Konzertreise wurde zu so einem Zirkus, dass niemandem die Umbesetzung auffiel. Außer den Beatles. Und die waren reichlich angefressen, was mir zumindest Mum berichtete. „Wir flogen mit ihnen im Beatles-Jet“, erklärte sie Phil und mir, als sie die Tour ins Dodger Stadium in Los Angeles führte. Phil hatte sie zum Dinner auf dem Anwesen eingeladen, was er recht schnell bereute, denn als Mum dort erschien, hörte sie nicht auf von den Beatles zu schwärmen. „Oh, Ronnie, John ist ja so süß“, meinte sie mit Bewunderung. „Und er fragt mich ständig nach dir. ‚Wo ist Ronnie?‘, will er wissen. ‚Wo ist die Stimme?‘“

Phil warf meiner Mutter einen Blick zu, der unmissverständlich ausdrückte: „Jetzt reicht's aber!“ Doch Mum ignorierte Phils Signale, vermutlich, weil sie es genoss, ihn ein wenig zu piesacken. „Ronnie“, legte sie nach. „Wusstest du, dass die Beatles eigens für dich Monitore in der Garderobe aufgebaut hatten? Sie wollten dich beim Singen hören, beim Auftritt. Und als du nicht kamst, sagte John: ‚Das ist so schade. Ich liebe diese Stimme. Ich würde diese Stimme liebend gerne im Jenseits hören, mit ihr sterben.‘“

Das zu hören, wurde Phil zu viel. Er schleuderte die Serviette auf den Tisch und stampfte wütend aus dem Esszimmer, ohne ein weiteres Wort zu verlieren. Nun war es an mir, Mum einen bösen Blick zuzuwerfen. „Meine Güte, Mum. Vielen Dank auch.“ Phil machte sich Sorgen, dass ich es bedauere die Tour nicht mitzumachen, doch er wusste nicht, dass ich längst mit Nedra telefoniert hatte. Und von dem, was sie mir berichtete, war ich froh, nicht dabei zu sein. „Das macht keinen Spaß, Ronnie“ stöhnte Nedra. „Die Kids, die kommen, um die Beatles zu sehen, sind einfach nur durchgedreht. Sie kreischen die ganze Show über und hören sich nichts an. Du hättest es gehasst.“

Während Nedra mir die Tour auf diese Art beschrieb, musste ich an den Albtraum auf dem Parkplatz des Shea Stadiums denken, als uns die Beatles-Fans in Jerry Schatzbergs Bentley beinahe umgebracht hätten. Plötzlich stellte ich mir die Frage, ob Phil mir nicht den größten Gefallen erwiesen hatte, indem er mich hierbehielt.

11

Widerliche Fotos

Der August 1966 war wahrscheinlich der dunkelste Monat meines Lebens. Egal, wie schlecht es mir mit den Beatles ergangen wäre, nichts hätte schlimmer sein können, als den Monat mit Phil in seiner Villa zu verbringen. Ihm setzte der Misserfolg von „River Deep – Mountain High“ immer noch immens zu, und ich erlebte, dass es geradezu höllisch war, Phil in tiefer depressiver Stimmung in der Nähe zu wissen. Er schloss sich tagelang in seinem Arbeitszimmer im zweiten Stock ein, und kam nur zum Schlafen oder Essen raus.

Ich wusste nie, was genau er den ganzen Tag über dort machte. Manchmal hörte ich ihn beim Telefonieren, wobei es sich um geschäftliche Angelegenheiten handelte. Gelegentlich saß er auch nur da und hörte sich im Dunkeln seine Platten an. Bei Phil entwickelte sich definitiv eine schwere Depression.

Doch ein Ereignis ließ ihn noch tiefer fallen: Die Nachricht, dass sein bester Freund Lenny Bruce aufgrund einer Überdosis gestorben war. Phil liebte Lennys deftigen Sinn für Humor, und die beiden hingen ständig zusammen. Sogar nachdem Lennys Karriere den Bach runtergegangen war, blieb Phil an seiner Seite, was ich toll fand. Aber es gab auch immer eine dunkle Seite in der Art wie er Lenny idealisierte.

Phil vergötterte den Typen, auch schon zu Lebzeiten. Er hängte sich ein Riesenposter von Lenny neben unser Bett. Ich rede hier nicht von einem Standard-Poster, denn es war ein gigantisches, extrem vergrößertes Bild von Lenny Bruce, der mit dicken Tränensäcken unter den Augen wirkte, als habe er einen Kater. Zu seiner Blütezeit sah Lenny gar nicht so schlecht aus, doch das Foto wurde lange danach geschossen. Phil schlief immer eher ein, und so lag ich im Bett und sah einen Lenny Bruce, der mich von der Wand aus anstarrte. Das erleichterte das Einschlafen sicherlich nicht.

Phil hatte mir nie von Lennys Tod erzählt. Ich fand das in einer ruhelosen Nacht heraus. Phil hatte sich fast den gesamten Abend in seinem Arbeitszimmer eingeschlossen, und ich ging gerade vorbei, als er endlich die Tür öffnete. Ich schaute zu ihm und bemerkte die rot schimmernden Augen, so als habe er geweint.

„Stimmt was nicht, Phil?“ fragte ich ihn.

„Alles okay“, meinte er, dabei versuchend so normal wie möglich zu klingen. „Warum bist du noch auf?“

„Ich weiß nicht. Ich konnte nicht schlafen.“

„Geh wieder ins Bett“, kommandierte er mich. Dann veränderte sich seine Stimmung und er redete sanfter. „Ich bringe dir einen Snack.“ Phil stand darauf, mir mitten in der Nacht geröstete Käse-und-Tomaten-Sandwiches zu machen, seine Spezialität.

„Danke, Honey“, entgegnete ich, während er sich umdrehte und nach unten in die Küche ging. Ich bemerkte, dass Phil die Tür zu seinem Arbeitszimmer einen Spalt weit offengelassen hatte und konnte nicht widerstehen und schlich mich auf Zehenspitzen dorthin, um einen Blick hineinzuwerfen. Eigentlich durfte ich da nicht rein, doch ich wollte nur kurz hineinschlüpfen und mir etwas zum Lesen zu besorgen. Phil missbilligte es, Magazine im Haus aufzubewahren, doch vielleicht konnte ich eine herumliegende Ausgabe von *Cashbox* stibitzen, um sie vor dem Schlafen zu lesen.

Ich entdeckte keine Magazine, woraufhin ich die oberste Schublade des antiken Mahagoni-Schreibtischs öffnete. Dort lag nur ein Stapel von schwarz-weiß-Fotos. Neugierig nahm ich mir eins, was ich aber sofort bereute, als ich es sah.

Es waren Fotos von Lenny Bruce – tot. Er lag nackt vor einer Toilette. Lenny war ziemlich fett geworden und sein Bauch wirkte stark aufgedunsen. Ich dachte zuerst, dass es sich um Fälschungen handeln würde, eine Art kranken Witzes, den sich Phil und Lenny ausgedacht hatten. Dann bemerkte ich die Injektionsnadel, die neben Lennys Leiche auf dem Boden lag. Er war tot – eindeutig.

Es waren widerliche Bilder, doch ich muss zugeben, dass ich wie gefesselt darauf starrte. Auf Phils Stuhl sitzend, schaute ich mir jedes Foto genau an. Ich saß dort immer noch wie gebannt, als ich etwas Kleines und Dünnes an meinem Kopf vorbeizischen hörte. Keine Ahnung, was das war, aber es erschreckte mich. Es klatschte von der Wand ab und fiel zu Boden. Erst dann erkannte ich, dass es sich um das Käse-und-Tomaten-Sandwich handelte. Angsterfüllt sah ich hoch. Phil stand in der Tür. Er sagte kein Wort. Als er mich mit seinem versteinerten Gesicht anstarrte, kam es mir in den Sinn, dass er ein wenig Buster Keaton ähnelte. Beinahe hätte ich gekichert. Beinahe!

Er stand kurz davor, mich mit der anderen Hälfte des Sandwiches zu bewerfen, doch er schleuderte sie mit dem Teller auf den Boden. Als Phil langsam auf mich zuschritt, verkrampfte sich mein ganzer Körper wie der einer Katze. Er sah so wütend und verärgert aus, dass ich mir sicher war, er würde ausrasten und mich schlagen. Doch er riss mir stattdessen die Fotos aus der Hand. Mich übermannte die Angst, und ich duckte mich weg. Dann kehrte er mir den Rücken zu und warf die Fotos in die Schublade, in der ich sie gefunden hatte.

Ich zitterte immer noch am ganzen Körper, als ich endlich den Mut fand, etwas zu sagen. „Phil, du hast mir nie etwas über Lenny erzählt. Was ist denn bloß geschehen?"

Dann begann das Gebrüll. „Verdammte Scheiße – das glaube ich nicht. Du brichst in meinen Privatbereich ein. Du schnüffelst in zutiefst persönlichen Sachen herum. Und dann hast du noch die Nerven, mich etwas zu fragen, was dich überhaupt nichts angeht!"

Wenn Phil mit dem Schreien anfing, gab es keine Möglichkeit mit ihm zu kommunizieren, woraufhin ich in das Badezimmer rannte. Ich verriegelte die Tür hinter mir, was sich aber als unnötig herausstellte, da Phil sich wieder in sein Arbeitszimmer einschloss. In der Nacht sah ich ihn nicht mehr. Ich saß lange Zeit auf dem Klo, darauf wartend, dass das Zittern aufhörte.

Als ich wieder etwas spürte, gingen die Emotionen mit mir durch. Ich begann zu weinen. Und dann konnte ich nicht mehr aufhören. Ich blieb einige Stunden im Bad, und als ich endlich ins Bett ging, zog ich mir die Decke über den Kopf, damit Lenny Bruce mich nicht beim Schlafen fixierte.

Phil erwähnte nie wieder Lenny oder die Fotos, doch ich hätte alles in der Welt dafür gegeben, herauszufinden, was er damit wollte. Später hörte ich eine Story, dass es sich um Polizeifotos handele, die Phil von der Polizeiwache für 5.000 Dollar gekauft habe. Und da ich Phil kannte, wusste ich, dass es sicherlich auch stimmte.

Im Herbst 1966 begannen die Ronettes eine Tournee, die sich bis in das nächste Jahr erstreckte. Dabei handelte es sich um eine Reihe von Konzerten in US-Kasernen in Deutschland. Nach dem schrecklichen Monat mit Phil war ich froh über die sich bietende Chance, wieder eine Weile unterwegs zu sein. Ich wollte eigentlich nicht weg von ihm, sondern brauchte eher eine Pause von einer Existenz, eingesperrt in diesem Haus. Ich hing damals immer noch so sehr an Phil, dass ich den Gedanken hasste, auch nur einen Tag zu verbringen, ohne etwas von ihm zu hören.

Das geschah so gut wie nie. Trotz seines ganzen Wahnsinns war Phil ein aufmerksamer Freund. Wenn ich mich in meinem Apartment in der 89th and Riverside aufhielt, schrieb er mir lange Briefe. Und wenn er nicht schrieb, telefonierten wir.

Wenn ich auf Tour ging, stellte sich Phil als wahrer Zauberer heraus, denn er verfolgte mich überall hin. Er wusste exakt, wo er mich zu jeder Tages- und Nachtzeit erreichen konnte. Egal, wo ich mich aufhielt – und egal, um was für eine Zeitzone es sich handelte – hörte ich das Telefon schrillen, wissend, dass es Phil am anderen Ende der Leitung war. Meine Mutter dachte immer, dass er einen großen Aktienanteil an der Telefongesellschaft besäße.

Wenn die Ronettes in ein Hotel in Deutschland eincheckten, wartete dort immer eine Botschaft von Phil auf mich. Dann rannte ich zu meinem Zimmer, rief ihn an und wir redeten einige Stunden, bis ich schläfrig wurde. Manchmal wollte er sogar, dass ich den Hörer die ganze Nacht über neben der Gabel liegen lasse. Am Morgen schnappte ich ihn mir und hörte am anderen Ende der Leitung einen gähnenden Phil, der sagte: „Guten Morgen, Baby. Hast du gut geschlafen?“ Es wirkte so, als hätten wir die Nacht gemeinsam verbracht, abgesehen von der Tatsache, dass ich mich mitten in Europa aufhielt und er in Beverly Hills.

Estelle hasste es geradezu, wie wir uns durch das Telefon „anketteten“ und erteilte mir ständig Lektionen. „Ronnie, merkst du nicht, dass Phil nur versucht dich an die kurze Leine zu legen, damit du bloß nicht die Nacht mit einem anderen verbringst?“

„Und wenn schon?“, verteidigte ich ihn. „Ich will mit keinem anderen schlafen. Du bist doch nur neidisch, weil du deinem Freund so wenig bedeutest, dass er die Ferngespräche scheut.“ Und so empfand ich die Situation tatsächlich. Es kam mir niemals in den Sinn Phils Obsession zu hinterfragen, oder meine Bereitschaft zu analysieren, das Spielchen mitzuspielen. Hätte ich mir ernsthafte Gedanken gemacht, wäre mir klar geworden, wie brisant das alles wurde.

Die GIs in Deutschland liebten uns. Wir waren so angesagt, dass in einer Kaserne in Gelnhausen ein wahrer Tumult entstand, der sich schnell zu einem Desaster wandelte. Die Armee ließ uns in einem Speisesaal auftreten, der zu klein für all die Männer war, die uns sehen wollten, woraufhin sie eine zweite Show für die Offiziere in einem Laden namens Moonlight Lounge organisierten. Bei der ersten Show im Speisesaal standen die Männer so eng zusammen wie Fritten in einer Schale lagen. Doch ihnen gefiel es. Unser Tanzen machte die Jungs immer ein bisschen an, doch wir hatten nicht den blassesten Schimmer, was für eine Wirkung das auf einen Raum voller Männer haben konnte, die lange keinen Sex hatten.

Einer der Typen hatte tatsächlich einen Orgasmus vor der Bühne. Das geschah während „What I'd Say“, unserer Zugabe, bei der wir noch mal alles gaben, voll aus uns herausgingen. Ich schüttelte mich ganz ordentlich durch, als ich von der Bühne runter sah und einen auf dem Boden liegenden Soldaten entdeckte, der sich durch die Armeehose rieb. Dann schwenkte ich meinen Hintern, seinen Körper durchzuckten Wallungen und auf seinem Gesicht zeigte sich ein glückseliger Ausdruck. Oh, mein Gott, dachte ich, er ist gekommen. Noch nie zuvor hatte ich solch eine Reaktion auf unsere Show erlebt. Das war schon was!

Die Jungs schrieen mittlerweile nach einer zweiten Zugabe, doch im Backstage trafen wir fünf Soldaten der Militärpolizei, die uns zur nächsten Show im Offiziersclub geleiteten. Wir sahen uns die stämmigen Kerle an, mit ihren großen Pistolen im Halfter und brachen in Lachen aus. „Das ist das erste Mal, dass wir eine bewaffnete Wache brauchen, um von der Bühne zu kommen“, witzelte ich. Doch keiner von ihnen lachte mit.

„Wenn Sie glauben, dass diese Kerle hier wild sind“, klärte mich einer der Männer auf, „dann warten sie mal ab, bis Sie sehen, was sich für eine Situation drüben im Offiziersclub entwickelt hat.“

Als uns die Militärpolizei in ihren Jeeps zur Moonlight Lounge fuhr, sahen wir, wovon sie geredet hatten. Vor dem Gebäude drängten sich 30 oder 40 Soldaten, die ausflippten. Es waren die Jungs, die für unsere erste Show keine Plätze mehr bekommen hatten und nun verdammt sauer wurden, weil die MPs ihnen unmissverständlich erklärten, dass es sich um eine geschlossene Gesellschaft handelte. Als wir ankamen, warteten die meisten Offiziere schon drinnen, doch die Meute draußen weigerte sich wegzugehen. Sie brüllten und stießen sich gegenseitig an, und schon nach kurzer Zeit flog ein wahrer Hagel aus Steinen und Bierflaschen auf die Lounge. Und dann hieß es für die MPs: Action!

„Mädchen, ich glaube ihr geht jetzt mal besser rein und macht euren Auftritt“, riet uns einer von ihnen. „Und wenn ich in eurer Lage wäre, würde ich ihn so schnell wie möglich hinter mich bringen.“

In dieser Nacht gaben die Ronettes eins der schlechtesten Konzerte ihrer gesamten Karriere. Es war die Hölle. Die Offiziere saßen wie angewurzelt auf ihren Stühlen und taten so, als würde draußen gar nichts geschehen. Aber wir konnten uns bei dem Lärm der Steine und Bierflaschen, die gegen die Gebäudevorderseite knallten, kaum selbst hören. Wir versuchten das so professionell wie möglich durchzuziehen, doch ich hatte so eine Angst, dass mir nur unter Mühen der Text von „Baby, I Love You" einfiel. Wir hatten gerade erst drei Songs gesungen, als uns einer der MPs das Signal gab, schleunigst zu verschwinden. „Vielen Dank auch", verabschiedete ich mich mit undeutlichen Worten nuschelnd. Und dann rannten wir los!

Die MPs warteten bereits mit einem großen Truck am hinteren Bühnenausgang. „Habt keine Angst", beruhigte uns einer der Soldaten. „Der ist kugelsicher." Er hatte keinen Witz gemacht. Als wir um das Gebäude herumfuhren, sahen wir eine ganze Horde von ankommenden MPs, die den Tumult mit Schutzschilden, Schlagstöcken und Maschinengewehren auflösen wollten. Ich war immer noch zu verstört und ängstlich, um etwas zu sagen, doch dann brachte uns Nedra zum Lachen, als sie aus dem Fenster blickte. „Und wir dachten immer, das Apollo sei hart gewesen."

Die Deutschlandtour war die letzte für die Ronettes. Es gab nie einen Plan, sich aufzulösen, doch nachdem wir in die Staaten zurückgekehrt waren, schien das eine logische Konsequenz zu sein. Phil hatte uns seit Monaten nicht mehr aufgenommen, und die beiden anderen Ronettes waren es leid noch länger zu warten. Nach der Rückkehr schmiedete Nedra sofort Pläne für eine Hochzeit mit Scott Ross und die Gründung einer Familie und Estelle hatte es auch ziemlich eilig, sich mit ihrem Freund Joe Dong niederzulassen.

Phil und ich waren noch nicht verheiratet, doch 1967 verbrachte ich mehr Zeit im Anwesen als in meiner New Yorker Wohnung. Mum glaubte immer noch, dass ich bei den Kalifornien-Aufenthalten in Hotels wohnen würde – das sagte sie zumindest und hinterfragte es nie. Doch ich wusste, dass sie nicht von gestern war. Es handelte sich nur um eine Frage der Zeit, bis sie sich alles etwas genauer ansehen würde.

Eines Abends nach dem Dinner erwähnte ich das gegenüber Phil. Wir saßen in der Küche, wo wir meist aßen. „Ich kann mich gar nicht mehr an das letzte Gespräch mit Mum erinnern."

„So?", erkundigte er sich. „Schnapp dir das Telefon und ruf sie an.

„Ich hab ein bisschen Angst davor", erklärte ich. „Wenn ich es mache, wird sie mich sicherlich fragen, wo ich gerade bin. Und ich kann sie nicht mehr belügen. Aber falls ich ihr die Wahrheit sage, wird sie diese bestimmt nicht mögen."

„Mach dir mal keine Sorgen", sagte Phil und holte das Telefon von der Ablage. „Du musst ihr lediglich erzählen, dass wir letztes Wochenende geheiratet haben."

„Du kennst meine Mutter nicht, Phil", lenkte ich ein. „Sie wird die Geschichte niemals glauben."

„Tja, dann ...", antwortete er, dabei Mums Nummer wählend, „müssen wir sie davon überzeugen." Als Mum den Anruf entgegennahm, begrüßte Phil sie kurz und versuchte mir dann den Hörer in die Hand zu drücken. „Na los, mach schon", flüsterte er, dabei den Hörer abdeckend. „Sag es ihr." Doch ich wollte das Telefon um Nichts in der Welt berühren.

„Ich kann es nicht", widersprach ich.

„Okay", sagte er, die Initiative ergreifend. „Wenn du es nicht machst, dann werde ich es tun." Er drehte sich um und sprach direkt in die Muschel. „Ich habe großartige Neuigkeiten, Mrs. Bennett. Ihre Tochter und ich haben letzte Woche geheiratet."

Es entstand eine lange Pause und mir war klar, dass sie es ihm nicht abkaufte.

Sie begann ihm alle nur erdenklichen Fragen zu stellen und je mehr Antworten er ihr gab, desto unglaublicher wurde seine Story. „Die Zeremonie wurde von zwei praktizierenden Rabbis vollzogen", sagte er. „Es gab keine Trauzeugen. Ja, da haben Sie Recht. Es war eine kaum mehr bekannte hebräische Zeremonie. Sehr alt."

Nachdem sie das gehört hatte, bestand Mum darauf, ein Wörtchen mit mir zu reden. „Hi, Mum" begrüßte ich sie, dabei versuchend überglücklich zu klingen.

„Was ist das für eine Geschichte, die mir Phil über zwei steinalte Hebräer erzählen will?"

Ich wollte meine Mutter nicht belügen, aber das war alles so schräg. Ich stand hier neben der Vorratskammer mit Phil zu meiner Linken – rechts neben mir ein großer Topf Mayonnaise – und Mutter, die mir direkt ins Ohr quasselte. Ich wusste mir nicht zu helfen, und erzählte ihr schließlich: „Mum. Phil und ich haben letzte Woche geheiratet."

„Hast du das wirklich?", meinte sie skeptisch. „Tja, ich schätze, dass ich da mal selbst vorbeischauen und mir die Ehe anschauen muss. Und hoffentlich stimmt das auch alles, denn wenn das nicht der Fall ist, werde ich dich eigenhändig mit nach New York schleppen. Ich habe ja keine Tochter großgezogen, damit sie mit einem Mann in wilder Ehe lebt."

Es war mehr als offensichtlich, dass sie kein Wort geglaubt hatte, doch Phil stand dort und grinste wie ein Clown, als ich den Hörer auflegte. „Ich weiß nicht, was daran so lustig sein soll, Phil. Sie kommt, um hier alles zu überprüfen."

„Ich weiß", antwortete er. „Und ich werde ihr das Flugticket bezahlen. Erste Klasse. Sie wird mit der Limousine abgeholt. Danach wird sie direkt zu einem Anwesen mit 23 Zimmern befördert. Wenn sie sich erstmal dieses Gebäude genau angesehen hat – und nicht wie bei dem einen Dinner nur oberflächlich – wird deine Mutter keine Fragen mehr stellen."

„Meine Mutter ist da anders", unterstrich ich. „Wenn sie herausfindet, dass wir nicht verheiratet sind, bringt sie uns beide um."

Für Phil war das Ganze nur ein großes Spiel. „Okay, dann lass uns wetten. 100 Dollar, dass es deiner Mutter scheißegal ist, ob du verheiratet bist oder nicht, wenn sie das hier erstmal sieht." Ich nahm die Wette an. Und damit beließen wir es, bis Mum am folgenden Wochenende mit dem Flieger in Los Angeles aufsetzte.

Als sie aus der Limousine kletterte, merkte ich schon in der ersten Sekunde, dass Unheil im Anmarsch war. Sie wartete nicht, dass George Brand ihr höflich die Tür öffnete, sie schoss wie eine Rakete aus der Limo und stampfte direkt ins Haus.

Als erstes stellte sie mir eine Frage: „Wo ist der Ring?" Sie musste mir nur kurz in die Augen schauen, um zu erkennen, dass ich die ganze Zeit über gelogen hatte.

In dem Moment kam Phil gerade die Treppe hinunter. „Hello, Mrs. Bennett", begrüßte er sie freundlich. „Ich sehe keinen Ring am Finger meiner Tochter, Phil!"

„Wir lassen uns eigens einen Ring designen", versuchte er sie weiter in die Irre zu führen, doch Mum hörte schon längst nicht mehr zu.

„Bring mich zu den Schränken, Ronnie!"

Ich hatte keine Ahnung, was sie dort wollte, wusste aber, dass Gegenwehr zwecklos war. Wir gingen in mein Zimmer, während Phil unten wartete. Beim Schrank angekommen, schob Mum die Tür auf, warf einen Blick hinein und knallte sie zu.

„Es sind dieselben Klamotten, die du aus New York mitgebracht hast. Wenn du diesen Mann angeblich geheiratet hast, wie kommt es, dass er dir kein einziges Kleid gekauft hat?" Ich wollte mir schnellstmöglich eine Erklärung einfallen lassen, doch sie ließ mir keine Zeit. „Versuch es nicht erst, Ronnie. Du bist nicht mit diesem Mann verheiratet, und ich weiß es." Dann packte sie mich am Handgelenk und zog mich nach unten. Ich glaube nicht, dass ich sie jemals so wütend erlebt hatte. „Los, Mädchen", sagte sie mit energischer Stimme. „Ich bringe dich jetzt nach Hause." Sogar Phil zeigte sich überrascht, als Mum mich die Stufen hinunterzog. Er versuchte etwas zu sagen, doch sie hörte erst gar nicht zu. „Du hast überhaupt kein Recht!", erklärte sie mit lauter Stimme. „Du hast kein Recht dazu, meine Tochter in diesem Haus zu behalten!"

„Aber wir sind doch verheiratet ...", versuchte Phil einzulenken.

„Hör auf mit deinen verfluchten Lügen, Phil", herrschte sie ihn an. Sie hatte zwischenzeitlich mein Handgelenk losgelassen und stand direkt vor Phils Gesicht. „Ronnie und du seid nicht verheiratet. Und schon gar nicht von zwei Hebräern getraut geworden. Du benutzt sie nur! Und du weißt, dass du das nicht darfst! Geh mir jetzt aus dem Weg, denn ich werde meine Tochter heute noch hier rausholen."

„Und was ist mit ihren Kleidern?", versuchte Phil sein Möglichstes, um sie irgendwie aufzuhalten.

„Wirf sie aus den verdammten Fenstern", schmetterte ihn Mum ab. Ich war schockiert. Das hier war eine Frau, die so gut wie nie fluchte. Dann drehte sie sich zu mir. „Geh nach oben und nimm dir die nötigste Kleidung mit, denn ich rufe jetzt ein Taxi."

Ich hatte so viel Angst, dass ich exakt das machte, was sie von mir verlangte. Ich versuchte mir etwas für den Flug anzuziehen, doch zitterte so stark, dass ich mein Kleid nicht vom Bügel nehmen konnte. Als ich wieder runterkam, schrie Mutter Phil immer noch an.

„Warum hast du sie überhaupt hierhergeholt?", wollte sie wissen. „Du machst doch keine Platten mehr mit ihr!"

„Wir haben geprobt", versuchte Phil sich zu entschuldigen.

„Proben? Ganze drei Monate?" Dann stoppte sie ihre Tirade lange genug, um Phil direkt in die Augen zu sehen. „Versuchen Sie mich hier nicht zu verarschen, Mister! Ich weiß es besser."

Als Mum mich auf der Treppe sah, packte sie mich am Arm und begann mich zur Tür zu ziehen. „Lass uns gehen, Ronnie!"

Ich blickte zu Phil zurück, der mit verzerrtem und verzweifeltem Gesicht neben der Treppe stand. „Ronnie!", rief er mir nach. „Geh nicht!"

Ich hasste es, ihn so zu verlassen, doch es gab keine andere Möglichkeit. Es war meine Mutter, und ich musste mit ihr gehen. Mal davon abgesehen, war mir klar, dass Phil – egal wie verletzt er sich in dem Moment fühlte – eine solche Szene aufgrund der Dramatik auf eine bestimmte Art gefiel. Und darum wusste ich, dass er nicht aufgeben würde, auch nicht als das Taxi die Einfahrt hochfuhr. Und das tat er nicht. Als Mum mich zum Taxi zerrte, rannte Phil an uns vorbei und versperrte den Weg. Doch sie ließ sich nicht aufhalten, woraufhin er in seine Tasche griff und ein dickes Bündel 500-Dollarscheine rauszog. „Ich habe Geld, Mrs. Bennett!", schrie er und verstreute die Banknoten um ihre Beine. „Nehmen Sie es! Es gehört Ihnen. Nur lassen Sie meine Frau hier!"

Mutter schritt einfach über das Geld und stieg ein. Sie kannte Phil lange genug, um so eine Kapriole zu erkennen, und sie zeigte sich überhaupt nicht beeindruckt. Doch Phil war schon viel zu weit gegangen, um jetzt aufzuhören. Er ließ sich auf die Knie fallen, direkt in den Haufen Geld und weinte: „Lassen Sie mir meine Frau. Nehmen Sie doch das Geld, aber lassen Sie mir meine Frau."

„Bringen Sie uns zum Flughafen", instruierte Mutter den Fahrer. Während wir die Einfahrt runterfuhren, starrte Mutter ungerührt nach vorne und ignorierte Phils bemitleidenswertes Weinen. Ich zitterte immer noch wie Espenlaub, als ich einen verstohlenen Blick durch die Heckscheibe warf und Phil kurz sah, der die Geldscheine sorgfältig einsammelte, bevor der Wind sie im ganzen Vorgarten verteilte. Mum sagte bis zu unserer Ankunft in New York kein einziges Wort mehr, und das traf auch auf mich zu. Ich wollte Phil nicht verlassen, verstand jedoch Mutters Standpunkt. Er würde mich vielleicht nie heiraten, so wie sich in der letzten Zeit alles entwickelt hatte. Ich wusste, dass er mich liebte, aber nach dem Desaster seiner ersten Ehe, empfand er vermutlich Angst, es ein weiteres Mal zu versuchen. Somit nahm er eine neutrale Position ein. Indem mich Mum mitgenommen hatte, schickte sie ihm ein deutliches Signal, Stellung zu beziehen oder mich aufzugeben.

„Phil muss ungefähr hundert Mal angerufen haben", berichtete uns Estelle, als wir unser Apartment in New York betraten. „Er kündigte an, direkt loszufliegen, um dich zurückzuholen."

Mum hatte das natürlich geahnt, und so entschied sie, mich in verschiedenen Häusern unserer Verwandten zu verstecken. Der Plan dahinter: Wenn ich ständig hin und her „hüpfte", wäre Phil niemals in der Lage mich zu finden. Doch nach einigen Tagen dieses Spielchens wurde ich fast wahnsinnig. Ich war es gewohnt in einer Villa mit 23 Zimmern in Beverly Hills zu wohnen und plötzlich übernachtete ich auf Sofas in verschiedenen Apartments. Das glich dem Erlebnis, Urlaub in der Hölle zu machen.

In keiner der Wohnungen gab es etwas für mich zu tun. Natürlich traf das auch auf Kalifornien zu. Doch die Zeit beschäftigungslos in Beverly Hills zu verbringen, unterscheidet sich natürlich davon, in Spanish Harlem abzuhängen. Es war das erste Mal, dass mir meine Abhängigkeit von Phil klar wurde. Nun, da er nicht in meiner Nähe war, konnte ich keinen Sinn mehr in meinem Leben erkennen. Ich verbrachte den Tag im Haus meiner Tante, indem ich mir Soap Operas anschaute oder *Let's Make A Deal.* Viele meiner Cousins und Verwandten waren Trinker, und nach einiger Zeit begann auch ich zu trinken.

Zuerst fand ich das seltsam. Meine Cousine Diane schüttete sich Drinks aus einer großen Flasche Gin ein und fragte mich, ob ich einen wolle. Ich war so sehr gelangweilt, den ganzen Tag über nur in dem Haus rumzusitzen, dass ich mit „Warum nicht?“ antwortete. Ich hatte mir schon immer die Frage gestellt, wie harter Alkohol schmeckte und nun schien die Zeit zum Probieren gekommen zu sein. Und so nahm ich einen Drink.

Er war viel stärker, als ich mir je vorgestellt hätte und brachte meinen Mund zum Brennen. Ich hasste den Geschmack. Doch nach einem ganzen Glas Gin fühlte ich mich besser und ertrug das Gefühl, nur so dazusitzen und auf Nichts zu warten. Nach zwei Glas fand ich plötzlich die Seifenoper *All My Children* sehenswert. Und vier Gläser brachten mich zum Schlafen, was für mich das Beste war.

Nachdem ich mit dem Trinken angefangen hatte, kümmerte ich mich nicht mehr um mein Aussehen. Ich trug Tag für Tag dieselben Kleider und kämmte meine Haare nicht mehr. Keiner der Verwandten bemerkte das. Um es mal klarzustellen: Sie behandelten mich eh und je wie einen Freak – wie eine komische Angehörige aus Beverly Hills. Sie wollten nur eins: Darüber prahlen, wie sie mir dabei halfen, einen Millionär zu angeln, indem sie mich verstecken, bis er mich endlich heiratete. Nicht ein einziges Mal sprach jemand von Phil, ohne im selben Atemzug Geld zu erwähnen.

Mum und Estelle waren da nicht besser. Die Ronettes generierten keine Einkünfte mehr, und so war das die letzte Chance der Familie.

„Ich hoffe, dass Phil wieder zur Besinnung kommt und dich wieder zum Singen bringt“, meinte Mutter eines Tages. „Das, oder er heiratet dich. Doch wenn er weder das eine noch das andere macht, müssen wir dieses nette, große Apartment loswerden.“ Das war das erste Mal, dass ich realisierte, welch eine Bedeutung Geld in der Beziehung zu meiner Familie angenommen hatte.

Das Verhältnis zu meinen Verwandten verschlechterte sich zunehmend und so dankte ich Gott, dass Phil endlich kam, um mich zu retten. Er tauchte in Spanish Harlem auf, auf der Rückbank einer großen, schwarzen Limousine sitzend. Das Gefährt stoppte zuerst beim Apartment von Mum an der 89th und Riverside, doch als er mich dort nicht auffand, ließ er sich zu einem meiner alten Aufenthaltsorte kutschieren und parkte vor dem Haus von Tante Hermean. Als die Limo am Bordstein hielt, rannten alle Kids aus der Nachbarschaft zu diesem Spektakulum, um einen Blick in so eine Luxus-Karosse zu werfen. Phil kurbelte das Fenster runter und erkannte plötzlich meinen Cousin Ira, der mit uns sang, als wir bei der Nacht der Amateure im Apollo auftraten. Nun war er bereits 19.

„Komm mal her, Ira", forderte Phil ihn freundlich auf. „Ich versuche Ronnie zu finden."

„Ich soll Ihnen nicht sagen, wo sie sich aufhält", entgegnete Ira.

„Aber ich weiß, dass mich Ronnie sehen will", lenkte er ein. „Ich habe einen Unfall gehabt." Dann öffnete er die Seitentür mit einem Schwung und deutete auf sein Bein, das in einem Gips steckte, der vom Knie bis zu den Zehen reichte. „Ich habe große Schmerzen und ich muss sie wirklich sehen. Bitte."

Schließlich gab Ira nach. Ich schlief gerade im Bett meiner Cousine Elaine, als er Phil zur Haustür geleitete. Tante Hermean weigerte sich aber Phil ins Haus zu lassen. Ich hörte sein Geschrei bis zum Schlafzimmer.

„Ronnie!", brüllte er. „Bist du da?"

Ich taumelte aus dem Schlafzimmer, nicht sicher, ob ich träumte oder wach war. Doch als ich Phil im Türrahmen sah, hoffte ich, dass es real war. In meinem zerknitterten Hemd fühlte ich mich wie ein Wrack, nicht zu vergessen die ungekämmten Haare, die nach allen Seiten abstanden. Doch Phil glotze mich an, als sei ich Jackie Kennedy. „Baby!", meinte er erleichtert. „Ich habe dich so vermisst." In diesem Moment verliebte ich mich wieder.

Ich rannte auf Phil zu, um ihn zu umarmen, aber dann bemerkte ich den Gips an seinem Bein. „Phil" stockte ich, denn mir blieb die Luft weg. „Was ist denn mit dir passiert?"

„Ich hatte einen Unfall, Ronnie", antwortete er. „Ich wäre beinahe bei einem Autounfall ums Leben gekommen." Ich musterte ihn, wie er mit seinem Stock und den Bandagen vor mir stand und erkannte plötzlich seine Zerbrechlichkeit. Dann ging ich mit ihm zur Wohnzimmercouch und legte meine Arme um seinen Hals. „Phil", begann ich zu erklären. „Es tut mir so leid. Ich werde dich nie wieder verlassen. Niemals." Diese Nacht verbrachte ich mit Phil im Navarro Hotel, wo er nun immer wohnte, da er in New York kein Apartment mehr besaß. An dem Abend genoss ich das längste Schaumband meines Lebens. Während ich mir die Beine rasierte, meine Haare wusch und mich hübsch machte, dachte ich darüber nach, wie schön es doch war, wieder gepflegt zu sein. Ich entschied mich dazu, dass die letzten drei Wochen nie geschehen waren und interpretierte sie als einen ganz schlechten Traum. Beim Auspacken meiner Reisetasche fand ich eine der halbleeren Ginflaschen, die mir dabei halfen, den Tag zu überstehen. So ein Souvenir musste ich nicht aufheben. Ich schleuderte sie unters Bett, hoffend, dass das Zimmermädchen sie am nächsten Morgen entfernt.

Mir erschien es wichtig, Mum noch vor der Abreise zu sehen, und so ließ ich Phil am nächsten Morgen auf dem Weg zum Flughafen vor unserem Apartment anhalten. „Ich bin in einer Minute wieder da", meinte ich zu ihm, woraufhin er mit George Brand in der Limo wartete.

Als ich hereinkam stand Mum in der Küche und machte Rührei. „Ich komme, um noch Goodbye zu sagen", gab ich bekannt. Sie schaute hoch, schien aber nicht überrascht zu sein, mich hier zu sehen.

„Hmm", artikulierte Mum. „Ich hoffe nur, der Mann hat auch die Absicht dich zu heiraten."

„Das hat er, Mum", beruhigte ich sie. „Da bin ich mir ganz sicher."

„Gut, das ist in Ordnung", meinte sie mit sanfter Stimme. „Du bist jetzt erwachsen. Ich schätze mal, dass du weißt, was du willst."

Das ließ sie verstummen. Ich stand da und sah zu, wie sie eine Gabel nahm und die in der Pfanne brutzelnden Eier verrührte. Ich hatte das seit meiner Kindheit schon tausend Mal gesehen, doch aus irgendeinem Grund brachte es mich jetzt zum Weinen.

„Mum“, sagte ich, die Tränen unterdrückend. Doch ich konnte sie nicht zurückhalten und ließ meinen Gefühlen freien Lauf. Ich streckte die Arme aus, drückte sie ganz fest und wischte mir die laufende Nase an ihrer Schulter ab, hoffend, dass sie es nicht bemerkte. Aber auch wenn, wäre es ihr egal gewesen. „Ich liebe dich, Mum.“

Sie hielt mich lange in ihren Armen und sagte dann mit leiser Stimme: „Okay, Ronnie. Du musst jetzt gehen, weitergehen in deinem Leben. Phil wird dort unten nicht ewig auf dich warten.“ Dann drehte sie sich um und beschäftigte sich wieder mit den Rühreiern.

„Goodbye, Mum“, sagte ich. Und dann schloss ich die Tür.

12

Dunkelheit

Es gab eine bestimmte Marotte Phils, die ich nie verstand. Wie konnte ein Mann, der Kalifornien so sehr liebte, so viel Angst vor der Sonne haben? Er hasste sie förmlich und achtete immer darauf, dass es im Haus dunkel und düster war. Egal, was man auch machte, es war geradezu unmöglich, einen Strahl Sonnenschein hineinzulassen. Öffnete man ein Fenster, erschien fünf Minuten später einer seiner Angestellten und schloss es. Phil hatte seine Leute gut „abgerichtet".

Ich kam mit den meisten im Anwesen arbeitenden Bediensteten gut klar. Doch ich mochte George Johnson ganz besonders, seines Zeichens Koch. Er war ein stämmiger, liebenswerter und süßer Schwarzer. Bei einem seiner Augen war das Lid halb geschlossen und so schaute er dich immer mit seitwärts geneigtem Kopf an. Phil hielt George in der Küche auf Trab, doch er war niemals zu beschäftigt für ein nettes Wort oder eine Story.

George Johnson hatte früher als Humphrey Bogarts persönlicher Koch gearbeitet, und er liebte das Erzählen von Geschichten über das alte Hollywood, und ich hörte sie mir sehr gerne an. Ich saß zum Beispiel bei meinem Morgenkaffee, während George mir alles über Lauren Bacall und Dick Powell verklickerte und natürlich auch anderen Persönlichkeiten, die ich nur aus dem TV-Nachtprogramm kannte.

Phil trank keinen Kaffee und so blieb er meist oben, während ich Georges Redeschwall genoss. Eines Morgens war er mitten in einer

Geschichte über Humphrey Bogart angelangt, als ich bemerkte wie uns Phil belauschte. „Phil", sagte ich verwundert, als ich ihn dabei erwischte wie er im Flur stand, ein Ohr gegen die Tür gepresst. „Was machst du hier?"

„Nur zuhören", antwortete er kurz und knapp. Ich spürte wieder eine seiner Stimmungsschwankungen, aber er sagte nichts mehr, ging einfach zum Frühstücken in die Küche. Ich verstand erst am nächsten Morgen, wie sehr ihn diese unbedeutende Episode aufgeregt hatte, denn George weigerte sich mir weitere Storys zu erzählen.

„Ich habe keine Storys mehr, Miss Veronica", erklärte er. Es war offensichtlich, dass ihm Phil verboten hatte, sich so viel mit mir zu unterhalten. Doch ich konnte mir nicht erklären, was ihn daran so störte.

„Was ist denn los, George?", fragte ich. „Ich mag deine Geschichten."

Er sagte nichts, aber ging dann zum Spülbecken und drehte beide Wasserhähne auf, damit ihn niemand hörte. Dann beugte er sich zu mir und flüsterte: „Einige mögen es nicht, wenn man anderen Geschichten erzählt, in denen zu viel Freude vorkommt."

Ich nickte, während George wieder zum Becken ging, um die Hähne abzustellen. Er mag zwar ein schlechtes Auge gehabt haben, doch oft überkam mich der Eindruck, dass George Johnson die Dinge im Haus besser erkannte als jeder andere.

Tatsächlich bezog er manchmal den Beobachtungsposten für mich. Phil hasste es, wenn ich Geld für Kleidung ausgab, doch manchmal schlich ich mich mit meinen Kreditkarten aus dem Haus und erwarb eine neue Bluse oder nette Unterwäsche. Dann half mir George immer dabei, die Kleidung durch den Dienstboteneingang ins Haus zu schmuggeln. Wir hatten uns dafür eigens ein Signalsystem ausgedacht.

George hielt immer beim Küchenfenster Wache, wenn ich von einem Einkaufsbummel zurückkehrte. Falls Phil da war, zog er die Gardinen zu, und ich blieb kurz im Wagen und versteckte die Sachen unter dem Sitz. Aber wenn die Luft rein war, zog er die „Verdunklung" hoch, woraufhin ich so schnell wie möglich ins Anwesen rannte.

So sehr es Phil widerstrebte, wenn ich mein Geld für Klamotten ausgab, so sehr gefiel es ihm, wenn ich ein Schnäppchen machte. Einmal fand ich bei Ohrbach's einen Hosenanzug für nur 16,95 Dollar. Er war im Stil der Sixties geschnitten, mit breiten Kragenaufschlägen, und ich führte ihn Phil vor, sobald ich zuhause angelangt war. Er stand total da drauf, besonders als ich ihm den Preis verriet.

„Wow", meinte er verblüfft. „Du musst da noch mal hin und einen für mich kaufen."

„Aber, Phil", versuchte ich ihm zu erklären. „Du kannst so was nicht tragen. Das ist ein Frauenanzug."

„Für 16,95 Dollar versuche ich es mal", antwortete er. „Fahr wieder zu Ohrbach's und kauf einen zweiten. Wenn ich den trage, wird jeder denken, er koste 500 Dollar."

Das machte ich auch, und kaufte einen identischen für Phil. Am Ende des Jahres verschickten wir Weihnachtskarten mit einem Foto von uns beiden. George Brand posierte als Santa Claus und Phil und ich standen an jeder Seite von ihm mit exakt identischen Hosenanzügen – dieselben Modelle, die ich bei Ohrbach's für 16,95 Dollar gekauft hatte.

Als Phil die ersten Mauern baute, die mich zu einer Gefangenen in seinem Haus machten, hinterfragte ich das nicht. Ich kapierte erst, was vor sich ging, als alles viel zu spät war. Darum dachte ich mir nichts dabei, als er ein Intercom zwischen unserem Schlafzimmer und seinem Arbeitszimmer verlegen ließ. Ich wusste, dass es seine Art war, mich so im Auge zu behalten, aber empfand es als nicht so dramatisch. Für mich war Phils Besitzdenken ein direkter Ausdruck seiner Liebe, uns so ließ ich ihm seine kleinen Spielchen.

Gibt man jedoch einen Teil seiner Unabhängigkeit für einen anderen auf, ist es später unglücklicherweise sehr schwierig, eine Grenze zu ziehen. Ich lernte diese Lektion, als ich das erste Mal nicht antwortete, als er mich anpiepte. Ich ließ das Wasser im Badezimmer laufen und hörte das Intercom von dort aus nicht. Ich lag schon bis zu den Schultern versunken in der Badewanne, als Phil schreiend hereinplatzte.

„Warum meldest du dich nicht zurück?"

„Ich habe es nicht gehört, Phil,", entschuldigte ich mich. „Das Wasser war an."

„Oh", meinte er nur, als er endlich sah, dass ich nackt war und bis zum Hals in einem Schaumbad steckte. Danach murmelte er ein „Okay" und zog sich wieder in sein Arbeitszimmer zurück. Wenige Tage darauf kamen Elektriker, die in jedem Raum der Villa einen Intercom-Lautsprecher installierten, sogar in den Badezimmern.

Anfang 1968 verließ Phil das Anwesen gar nicht mehr. Und ich wurde einsamer, je krasser er sich zurückzog. Die meisten seiner Freunde arbeiteten im Musikgeschäft, aber da wir keine Platten mehr produzierten, sahen wir sogar sie nicht mehr.

Bobbie Golson, eine wahre Lady und verheiratet mit dem Jazz-Musiker Benny Golson, war die einzige Freundin, die ich hatte. Ich war gern mit ihr zusammen, auch weil sie eine kleine Tochter hatte, mit der ich die ganze Zeit spielte.

Die einzige andere Frau von außerhalb, die ich zu Gesicht bekam, war Phils Sekretärin Gloria Dimino. Phil ging nicht mehr in sein Büro am Sunset Boulevard und so stellte Gloria den einzigen Kontakt zur Außenwelt dar. Jeden Nachmittag fuhr sie vom Büro zum Anwesen und brachte ihm Nachrichten, Verträge oder Schecks zum Unterzeichnen. Ich war noch nie im Büro gewesen, doch natürlich immer neugierig, was dort vor sich ging. Eines Tages bot mir Gloria an, einen kleinen Blick in die Räume zu werfen, und ich bekam regelrecht Stielaugen, von dem, was ich dort sah.

Gloria und ich kamen von einem kleinen Shopping-Trip zurück und fuhren am Gebäude Phil Spector Productions am 9130 Sunset vorbei. Zufällig erwähnte ich, noch nie dort gewesen zu sein, was Gloria verblüffte. „Und warum zum Himmel nicht?", fragte sie. „Phil sollte nichts vor dir verstecken."

„Yeah, aber du kennst ihn ja", erklärte ich. „Er mag seine Privatsphäre."

Ich sah einen argwöhnischen Ausdruck in Glorias Gesicht, woraufhin sie auf den Parkplatz steuerte. „Hey, wenn du dir die Büros jetzt ansehen willst", meinte sie und ließ den Schlüssel vor meiner Nase baumeln, „dann lass uns gehen."

Es war schon 18 Uhr, aber sie schlich zuerst ins Büro, um zu checken, ob noch jemand da war. Dann kam sie zur Vordertür und winkte, dass ich kommen sollte. „Na los", kicherte sie. „Die Luft ist rein." Gloria huschte in ihr eigenes Büro, um noch einiges an Arbeit zu erledigen und ließ mir genügend Zeit, mich umzuschauen. Ich schlenderte am Empfangsbereich vorbei und machte das Licht in Phils Privatbüro an. Ein kurzer Blick genügte, um sofort zu wissen, warum er mich hier noch nie hereingelassen hatte. Ich blickte mich voller Erstaunen in dem Raum um. Nahezu jeder Zentimeter der Wand war mit *Bildern von mir* zugekleistert.

Dort hingen kleine Schwarz-Weiß-Fotos und große, Poster-ähnliche Vergrößerungen vom Boden bis an die Decke. Fotos von mir beim Schlafen, Fotos von mir, während ich lachte und sogar Fotos, die mich beim Essen zeigten. Ich entdeckte Aufnahmen, die nur mich allein zeigten, mit den Ronettes und einige von mir und Phil. Natürlich empfand ich das als zutiefst schmeichelhaft. Doch ich konnte mich nicht des Gedankens erwehren, wie traurig es gleichzeitig wirkte – denn es glich einem bizarren Schrein.

Ich stand regungslos da, schaute mir das Mädchen auf diesen Fotos an und hatte das Gefühl, dass sie aus einer anderen Zeit stammten, vor vielen, vielen Jahren aufgenommen wurden.

Was war mit diesem glücklichen, energiereichen kleinen Mädchen geschehen, das all ihre Zeit mit dem Singen verbrachte, Spaß hatte. Ich war das nicht – auf gar keinen Fall. Mich beschlich der Eindruck, dass es gestorben sei. Anstelle dieses Mädchens stand nun ich dort – eine reiche, gelangweilte Hausfrau aus Beverly Hills. Und aus juristischer Sicht war ich nicht mal das.

Das fühlte sich so deprimierend an, dass ich zu schluchzen begann. Ich steigerte mich in einen Weinkrampf, so laut, dass Gloria hereingerannt kam, um nach dem Rechten zu sehen. Doch Gloria reichte ein Blick, um zu verstehen wie ich mich fühlte – dort, vor all den Fotos aus meiner Vergangenheit. Sie ließ sich auf einen Stuhl fallen, und ich ging zu ihr und setzte mich auf ihren Schoß. Wie ein kleines Kind. Dann heulte ich wie ein Baby, fast eine halbe Stunde lang und empfand eine immense Erleichterung.

Als Gloria mich an dem Abend bei der Villa absetzte, betrat ich den Hausflur – natürlich dunkel wie immer – und fühlte mich so einsam, dass ich kurz vor einem erneuten Weinanfall stand. Phil begrüßte mich nicht an der Tür, aber ich wusste, dass er zuhause war, denn ich hörte den Klang von Opernmusik, die sich an den Wänden seines verschlossenen Arbeitszimmers brach und bis hier herunter schallte. Es war Wagners „Walkürenritt", den er gerne spielen ließ. Ich hörte dieses gespenstische „Da-da-da--DAA-DA", was für mich wie die perfekte Background-Musik erschien, während ich die knackenden Holzstufen zu unserem Schlafzimmer hochging. Etwas sagte mir, dass ich lange Zeit keinen Schlaf bekäme. Und ich hatte Recht.

Ich zerkrümelte zwei Sominex in ein Glas Coca-Cola, doch auch die halfen nicht schnell genug. Ich schloss die Augen und versuchte schnell einzuschlafen, doch jedes Mal sah ich dieses Foto von mir beim Singen und wie ich Spaß hatte. Und dann war ich wieder hellwach, schaute hoch und sah zu allem Überfluss den auf mich hinabstarrenden Lenny Bruce und musste daraufhin wieder weinen.

Nach ungefähr einer Stunde stellte Phil die Musik ab und kam ins Bett. Er hatte sein Toupet abgenommen und folgerichtig war es stockfinster, als er zu mir rutschte und damit begann, meine Schulter zu massieren. Ich hatte keine Lust auf Sex. Mein ganzer Körper erstarrte, und ich wollte nicht nachgeben. Das verwirrte ihn völlig, woraufhin er sich in übertriebener Frustration auf seine Seite des Bettes warf.

Wir lagen ungefähr zwei oder drei Minuten stumm nebeneinander, als ich es endlich über mich brachte, etwas zu sagen. Mich beschlich das Gefühl, dass es sich um ein „Jetzt-oder-nie" handelte und darum sprach ich es direkt an: „Phil", erklärte ich, „ich will wieder zurück nach New York."

„Aus was für einem Grund?", fragt er mürrisch und verärgert. „Wir haben deine Heimreise doch für den nächsten Monat geplant.

„Ich rede hier von keinem Besuch. Ich meine einen Umzug, denn ich vermisse meine Familie." Ich sprach mit einer solchen Überzeugungskraft, dass es ihn vermutlich überraschte. Ich muss ihn wohl total unvorbereitet getroffen haben, denn er versuchte mich kein einziges Mal zu unterbrechen.

„Ich liebe dich Phil", fuhr ich fort. „Das weißt du. Aber ich kann so nicht mehr weitermachen. Ich bin ein Familienmensch. Ich liebe Menschen und besonders Kinder. Aber hier ist alles immer so still. Manchmal bin ich so einsam, dass ich das Gefühl habe, ich würde wahnsinnig. Ich brauche diese Geräuschkulisse, Phil. Ich muss Teil einer Familie sein."

Danach sagte Phil kein Wort mehr, und ich setzte ihn auch nicht unter Druck. Schließlich drehte er sich um und war wenige Minuten danach eingeschlafen. Doch auch das kümmerte mich nicht. Ich hatte bei einem Phil Spector das letzte Wort behalten, und das geschah so gut wie nie.

Ich empfand den nächsten Tag wie die Hölle. Phil stand auf und eilte direkt in sein Arbeitszimmer. Vermutlich hatte ich ihn diesmal total angewidert, woraufhin ich die Nerven verlor, und ganz aus dem Häuschen war. Phil wollte wahrscheinlich nichts mehr von mir wissen und das löste Panik bei mir aus. Ich sorgte mich, dass er von mir verlangte, Farbe zu bekennen und mich dann zurück zu meiner Familie verfrachtet. Und was sollte ich dann tun? Damals hatte ich zwei Jahre lang weder eine Platte aufgenommen, noch veröffentlicht. Die Karriere? Die gab es nicht mehr. Ich hatte nur noch Phil. Der Gedanke, ihn zu verlieren, brachte mich dazu, mich noch fester an ihn zu klammern, fester, als an alles andere in der Welt.

Ich setzte mich auf den Treppenabsatz und wartete, dass er endlich aus seinem Zimmer kam. Ich war bereit für eine Entschuldigung und ihm das Versprechen zu geben, ihn niemals zu verlassen, würde er mich doch nur zurücknehmen. Schließlich – die verstrichene Zeit kam mir wie Stunden vor – öffnete er die Tür und sah mich dort wie ein Schoßhündchen sitzend. „Wie spät ist es in New York?“, erkundigte er sich.

In Kalifornien musste es wohl 14 oder 15 Uhr nachmittags gewesen sein, also drei Stunden früher als in New York. „Ungefähr 17 Uhr, warum?“

„Glaubst du, dass deine Mutter zuhause ist?“

„Schätze mal. Warum?

Er machte sich in Richtung Küche auf. „Wir werden sie anrufen. Ich möchte sie hier zur Hochzeit einladen.“

„Wessen Hochzeit?“, fragte ich, als wüsste ich nicht, wovon er redet. Aber mein Herz klopfte so laut in meiner Brust, dass es George sicherlich noch in der Küche hörte. Es ist schon bemerkenswert, wie schnell sich Gefühle ändern können. Einen Tag zuvor – verdammt, noch vor fünf Minuten – hatte ich alle Hoffnung aufgegeben. Doch das war bevor Phil fünf Worte sagte, die mein ganzes Leben verändern sollten.

„Unsere Hochzeit. Deine und meine.“

13

Honeymoon

Phil hatte es endlich über die Lippen gebracht, und ich fühlte mich geradezu ekstatisch. Ich war natürlich überzeugt, dass sich alles ändern würde, wenn aus uns eine richtige Familie geworden war. Ich baute mir ein ganzes Fantasiegebäude auf, wie wunderschön das neue Leben aussähe. Zuerst würde ich wieder ein Star, denn Phil wäre von der Ehe so inspiriert, dass er aus seinem Loch klettern und direkt ein halbes Dutzend Songs für mich schreiben würde. Und natürlich wäre jeder davon ein noch größerer Hit als „Be My Baby".

Wieder zurück an der Spitze, wären wir König und Königin des Rock'n'Roll und unser Leben gliche einer nie endenden Party. Natürlich kämen auch Elvis, die Beatles und die ganzen Stars aus den Late-Night-Shows vorbei, nur um mit uns Zeit in der Villa zu verbringen. Phil würde niemals eifersüchtig sein, wenn John Lennon oder Mick Jagger zu Besuch kämen, denn er wüsste ganz genau, dass ich seine Frau wäre, ihm auf immer und ewig anvertraut.

Waren die Gäste wieder gegangen, wäre das Anwesen erfüllt vom Lachen unserer kleinen Kinder – zwei Mädchen und ein Junge. Vielleicht sogar mehr. In meiner Fantasieehe hatte ich die wunderbarste Familie, die mich liebt, die sich um mich kümmert und mich nie wieder allein lässt. Das war meine idealisierte Wunschvorstellung.

Die Realität glich diesem Bilde nicht im Entferntesten. Das ist ja meist so. Nach dem Ende der Flitterwochen, erkennen die meisten

Verheirateten, dass sie sich mit viel weniger zufriedengegeben haben, als mit ihren Träumen. Ich musste nicht bis zum Ende der Flitterwochen warten. Für mich wurde alles schon eine Woche vor der Hochzeit schräg und bizarr.

Phil und ich planten die Feierlichkeiten im Rahmen einer kleinen Zeremonie am 14. April 1968 in Beverly Hills. Doch zehn Tage vor diesem Datum wurde Martin Luther King in Memphis erschossen, und bis kurz vor der Hochzeit sah man Phil so gut wie gar nicht mehr.

Phil empfand immer eine große Zuneigung gegenüber den Schwarzen. Er setzte schwarze Sänger bei seinen Platten ein und liebte alle Stile, die von Schwarzen stammten, was vom Blues über den Jazz bis hin zum Gospel reichte. Manchmal dachte ich, er wünschte sich selbst ein Schwarzer zu sein.

Als Phil von der Ermordung Dr. Kings erfuhr, setzte ihm das mehr zu als allen anderen, die ich kannte. Er zog sich direkt in sein Arbeitszimmer zurück und verschloss die Tür hinter sich. Und er verharrte dort, eingeschlossen mit einer Platte von Martin Luther Kings Reden, die er so laut abspielte wie es nur ging – wieder und wieder. Tagelang ertönte seine Stimme hinter der Tür. Ich hörte „I had a dream“ so oft, dass ich schon befürchtete, wahnsinnig zu werden.

Nach einigen Tagen dieser Tortur, stellte ich mir die Frage, wie lange das Phil noch aushalten könne. Doch wie befremdlich Phils Stimmungen auch werden konnten – sie verschwanden meist so schnell wie sie auch kamen. Und so wartete ich ab. Wie sich herausstellte, schritt Phil drei Tage vor der Hochzeit ruhig und entspannt aus dem Arbeitszimmer.

Meine Mutter kam schließlich einen Tag vor der Hochzeit an. Im Anwesen gab es ein kleines Gästezimmer, das ich die letzten Stunden vor Mums Ankunft eigens für sie herrichtete. Ich telefonierte zwar jede Woche mir ihr, hatte sie aber seitdem ich mit Phil New York verlassen hatte nicht mehr gesehen. Ich vermisste sie sehr. Als sie endlich eintraf, hätte ich sie vor Freude beinahe umgeworfen. „Mum“, schrie ich. „Ich freue mich so sehr, dich zu sehen!“

Und das tat ich auch. Mum um mich zu wissen, führte mich zurück zu glücklicheren Zeiten. Ich hatte schon immer eine starke Verbindung zu ihr, merkte aber erst bei der Hochzeit, wie intensiv es tatsächlich war. Nachdem sie sich in ihrem kleinen Zimmer eingerichtet hatte, suchte ich sie auf und erklärte ihr meine Gefühle: „Mum, manchmal vermisse ich dich so sehr, dass ich es kaum verstehen kann."

„Das ist nur natürlich, Ronnie", antwortete sie. „Egal wie alt du auch wirst, deine Mum wird dir immer ein paar Jahre voraus sein."

„Und wie fühle ich mich nach der Hochzeit?"

„Auch dein Mann kann dir viel Liebe geben.", erklärte sie. „Aber nicht so wie eine Familie. Die Liebe einer Familie wird immer Bestand haben, und ich werde dir immer beistehen – das verspreche ich." In den darauffolgenden Jahren fragte ich mich oft, ob das ein Segen oder ein Fluch war, doch Mutter hielt ihr Versprechen – bis zu ihrem letzten Tag.

Nach dem kurzen Gespräch nahm ich Mum in den Arm und drückte sie ganz fest. Doch meine Mutter war noch nie jemand, der Körperlichkeit mochte, woraufhin sie sich nach wenigen Sekunden aus meiner Umklammerung löste. „Jetzt ist es aber gut, Ronnie" meinte sie mit einem Lächeln. „Ich weiß, dass du glücklich bist, aber du musst mich nicht direkt zerbrechen."

Phil und ich verbrachten den Rest des Tages vor der Hochzeit mit der Erledigung des ganzen Papierkrams in der Beverly Hills City Hall. Nachdem wir das hinter uns gebracht hatten, führte er mich zu einem großen Dinner bei Chasen's. Das Essen sah großartig aus, doch ich war so hibbelig, dass ich den Teller nicht anrührte.

Ich hatte den ganzen Tag Schmetterlinge im Bauch, doch momentan – aus welchem Grund auch immer – verwandelten sie sich in die schlimmsten Magenschmerzen.

Natürlich sorgte sich Phil. „Es ist doch alles in Ordnung, oder?"

„Ja, ja", versuchte ich zu erklären. „Ich bin nur nervös. Glaube, es sind Magenschmerzen."

Der arme Phil sah untröstlich aus. „Wegen morgen? Du hast es dir doch nicht anders überlegt?" Ich sah, dass er so ein Nervenwrack war wie auch ich und gab ihm einen dicken Kuss.

„Nein, keine Zweifel", versicherte ich ihm. „Ich kann nur nicht glauben, dass es tatsächlich geschieht."

„Ja", antwortete er und wirkte selbst ein wenig überrascht. „Ich auch nicht."

Dann folgte die wohl romantischste Geste, die ich mir vorstellen konnte. Wie ein schüchterner Teenager berührte er meine Hand unter dem Tisch. Das war so süß, dass ich fast die Magenkrämpfe vergessen hätte. Ich saß lange dort, hielt Händchen mit der einen Hand und drückte auf meinen Magen mit der anderen. Und die ganze Zeit über träumte ich wie großartig mein Leben als Mrs. Spector werden würde.

Wir heirateten am nächsten Tag, doch die Trauung wurde nicht sonderlich spektakulär. Um ungefähr 16 Uhr holte uns Mac Mashourian mit der Limo zur Zeremonie in der City Hall ab. Mac war ein weiterer Fahrer Phils, und als Phil ungefähr ein Jahr später die Rolle des Drogendealers in *Easy Rider* spielte, war er es, der den Rolls Royce steuerte. Phil riss mit Mac ständig irgendwelche Witze, wobei mir oft nicht klar war, ob er nun scherzte oder nicht. Und mein Hochzeitstag stellte keine Ausnahme dar.

„So, und wer ist nun der Trauzeuge?", erkundigte sich Mac, während wir hinten im Rolls Platz nahmen.

„Keine Ahnung", antwortete Phil. „Warum machst du das nicht?"

„Nee", entgegnete er. „Ich muss die Limo im Auge behalten. Vielleicht George Johnson?"

„Nein", meinte Phil, dabei grübelnd. „Dem habe ich schon frei gegeben. Wie sieht es mit deinem Bruder Serge aus? Was macht der denn heute so?"

„Das weiß ich nicht genau", antwortete Mac. „Soll ich auf dem Weg zur Hochzeit mal bei seinem Haus vorbeifahren?"

Mutter und ich konnten es nicht fassen! Phil und sein Chauffeur suchten den Trauzeugen für unsere Hochzeit mit der Unbekümmertheit aus, mit der Kids die Seiten bei einer Runde Stickball wählten. Mum hatte es komplett die Sprache verschlagen – sie saß einfach nur da und musterte Phil, als käme er von einem anderen Planeten.

Schließlich konnte er sich nicht mehr halten und brach in Lachen aus.

„Reingelegt, Mrs. Bennett", meinte Phil. „Da haben wir Sie ja richtig aufgezogen, nicht wahr?"

„Das haben Sie", musste Mum eingestehen. „Aber sagen Sie mir bitte doch, wer als Trauzeuge zur Verfügung steht."

„Serge macht das", antwortete Phil. „Das war kein Witz. Wir haben uns nur einen Spaß gemacht, als wir erzählten, bei ihm vorbeizufahren und ihn zu überraschen. Er weiß davon bereits seit …" Phil drehte sich zu Mac. „Wann haben wir es ihm gesagt?"

Mac konnte das Kichern kaum unterdrücken, als er sich mit dem Rolls in den Verkehr einfädelte. „Gestern."

„Gestern", wiederholte Phil für Mum. Und dann brachen er und Mac wieder in lautes Lachen aus. Schließlich musste auch ich herzhaft mitlachen, doch meine Mutter erkannte nicht die humorvolle Seite. Sie schaute aus dem Fenster und schüttelte den Kopf, während wir nach Hollywood kutschierten, um den Bruder des Chauffeurs und seine Frau Terry abzuholen. Serge war der Trauzeuge und seine Frau Terry die Trauzeugin.

Ich kann mich kaum mehr an die Zeremonie erinnern. Sie fand in einem Büro der Beverly Hills City Hall statt. Phil hatte die Beamten auf irgendeine Art davon überzeugt, für uns auch am Sonntag zu öffnen. Ein Friedensrichter traute uns, doch ich weiß gar nichts mehr, bis auf die paar Sekunden, in denen wir uns das Ja-Wort gaben, wonach wir Mann und Frau waren.

Die Feier des Hochzeitabends fand bei einem Mahalia-Jackson-Konzert statt. Und wessen Idee war das wohl? Phil hatte Karten für die Hochzeitsgäste gekauft, und er schwebte die ganze Zeit über im siebten Himmel. Ich konnte es nicht ab. Ich behaupte nicht, etwas gegen Mahalia Jackson zu haben, doch es gab so viel, was ich an meinem Hochzeitsabend lieber gemacht hätte, als mit meiner Mutter, Phil, seinem Chauffeur und seiner Familie bei einer Gospel-Show auf einem Stuhl zu hocken. Aber ich wollte kein großes Aufheben machen, besonders weil Phil sich so gut fühlte.

Doch etwas Mysteriöses schien Phils Hochgefühl nach Verlassen des Konzerts zu verfinstern. Wir schlenderten zum Parkplatz, und ich bemerkte wie still er geworden war, als würde etwas Düsteres seine Gedanken überschatten.

Wir stiegen in den Rolls Royce, und Phil fragte mich, ob ich Mum ohne ihn nach Haus bringen könne. „Ich werde mich von Serge zum Haus meiner Mutter bringen lassen." Ich hatte das Gefühl, eine Biene stäche mich. Es war meine Hochzeitsnacht, und mein Mann war auf dem Weg zum Haus seiner Mutter?

„Hey, Phil", fragte ich ihn. „Warum ist es für dich so wichtig, gerade heute Abend dort hinzugehen?"

„Weil", gestand er, „ich ihr noch nichts von der Hochzeit erzählt habe."

Ich wusste wie sehr Phils Mutter ihn an sich binden wollte, doch seit exakt 16.30 Uhr waren wir ein verheiratetes Paar und dagegen konnte sie nichts ausrichten. „Dann mal schnell nach Hause, mein lieber Ehemann", sagte ich mit sarkastischem Unterton. Danach machte er sich in Serges Wagen mit Mac aus dem Staub, und ich setzte mich auf den Fahrersitz des Rolls Royce und fuhr mit Mutter zum Anwesen.

Auf dem ganzen Weg wiederholte ich ständig: „Ich bin jetzt Mrs. Ronnie Spector." Als ich den schweren Wagen über die sich schlängelnden Straßen steuerte, warf ich einen kurzen Blick zu Mum, die lächelte. Ich wusste, dass sie stolz war. Schwungvoll bog ich in den La Collina Drive ein und sauste direkt zu der Villa, die nun Mr. und Mrs. Spector gehörte.

Dort angekommen, gab ich Mum einen Gutenachtkuss, ging nach oben ins Schlafzimmer und bereitete mich auf die Hochzeitsnacht vor. Meist lag ich „bis oben hin zugeknöpft" im Bett. Nachdem Phil und ich Sex gehabt hatten, zog ich mir immer wieder das T-Shirt und mein Höschen an. Diese Angewohnheit stammte noch aus meinen Kindheitstagen, denn Mum wollte immer, dass wir Unterwäsche für den Fall trugen, dass einer unserer Onkel spät abends noch mal ins Zimmer schaute, ob wir auch schliefen.

Doch heute standen Unterhöschen und ein T-Shirt nicht auf dem Programm. Für meine Hochzeitsnacht hatte ich mich für ein durchsichtiges und knapp geschnittenes Nachthemd entschieden, das ich eigens für diesen Anlass gekauft hatte. Sehr sexy! Ich war so gespannt auf Phils Reaktion, dass ich es kaum erwarten konnte. Aber warten musste ich.

Mehr als zwei Stunden waren vergangen, als Phil endlich vom Haus seiner Mutter zurückkam und die Tür hinter sich zuknallte. Damals war ich schon so lange mit Phil zusammen, dass ich seine exakte Stimmung am Türknallen einschätzen konnte. Als ich diesen lauten Donner hörte, „beschlich" mich das Gefühl, heute keinen Sex mehr zu haben.

Ich hatte Recht. Als er das Zimmer betrat, wurde augenblicklich klar, dass mein Körper das Letzte war, für das er sich heute noch interessierte. Er war ein ganz anderer Mann, als der, den ich beim Konzert drei Stunden früher erlebt hatte.

„Du Schlampe!", schnauzte er mich an. Er sah wie ein Wahnsinniger aus, schlimmer als ich ihn jemals erlebt hatte. Er tickte vollkommen aus, brüllte so laut, dass seine Halsschlagadern sich blau verfärbten.

„Ich habe dein Spiel durchschaut, Veronica", krakeelte er. „Du willst nur mein Geld. Das ist es doch, oder?"

Mich überkam Panik und ich floh aus dem Schlafzimmer, direkt in den Flur. Wenn Phil mich umbringen wollte, dann wollte ich Zeugen in meiner Nähe wissen. „Was ist denn mit dir los, Phil? Was hat dir deine Mutter erzählt?"

„Die Wahrheit", keuchte er atemlos. „Dass diese ganze Hochzeit sich nur um eins dreht – mein Geld!" Er steigerte sich immer stärker in den Wahnsinn hinein und bekam kaum mehr Luft. So verängstigt wie ich auch war, musste ich doch auf die wie wild pulsierende Ader an seiner Schläfe starren. „Jeder riet mir dazu, einen Ehevertrag mir dir abzuschließen – aber ich tat es nicht! Und weißt du, wieso?"

„Nein Phil, warum?" Ich fühlte mich vollkommen verloren. Einen Ehevertrag? Ich wusste gar nicht, was das war.

„Weil ich ein Romantiker bin!", schrie er. Mittlerweile rannte er den Flur auf und ab, und seine Wut legte sich ein wenig. Dann ließ er sich in einen der antiken französischen Sessel fallen, in den sich sonst niemand setzte. „Ein verdammter hoffnungsloser Romantiker!"

Nach dem letzten Aufbäumen fiel er in sich zusammen, als sei er tot. Ich vergrub meine Finger in den Putz der gegenüberliegenden Wand wie eins der Mädchen in diesen Vampirfilmen. Dann sah ich Mum, die am anderen Ende des Flurs stand. Sie hielt die Arme verschränkt vor ihrer Brust und schüttelte den Kopf wie eine strenge Lehrerin.

Ich stieß einen unterdrückten Schrei aus und rannte zu ihr. Als Phil meine Mutter entdeckte, riss er den Kopf wie ein Eichhörnchen hoch, sprang aus dem Stuhl und rannte in sein Arbeitszimmer. Mum schüttelte immer noch den Kopf und sah mich an. „Wir gehen mal besser runter. Ich glaube, der Junge ist auf Dope."

In dem Punkt stimmten wir nicht überein, was ich ihr auch sagte, nachdem wir in das Gästezimmer gerannt waren und die Tür hinter uns verschlossen hatten. „Ich wüsste es, wenn Phil Drogen nähme. Oder etwa nicht?"

„Nicht, wenn er sich Kokain zieht. Wenn jemand diesen Stoff nimmt, kann man es weder sehen noch riechen." Ich war verblüfft, wie viel Mum über diese Substanzen wusste und wollte sie weiter ausfragen. Doch meine Lektion hinsichtlich des Drogenmissbrauchs wurde jäh abgeschnitten, als Phil wenige Sekunden später die Treppe hinunterrannte und an die Tür hämmerte.

„Öffnen Sie die Tür, Mrs. Bennett!", rief er.

„Erst, wenn Sie sich wie ein erwachsener Mann verhalten, Phil", lautete die ruhige Antwort.

„Zur Hölle mit dir!", schrie er. Und dann war er auch schon wieder weg.

Mum und ich gingen zur Couch, und in dem Moment merkte ich plötzlich, dass ich nur mein durchsichtiges Negligee anhatte. Mir war es ungeheuer peinlich, dass Mum mich so sah und so verschränkte ich die Arme, um meine Brüste zu verdecken. Wir hockten uns einige Minuten auf die Couch, und ich versuchte wieder zu Atem zu kommen. Als ich mich gerade zu entspannen begann, hörte ich von draußen das helle Rasseln von Schlüsseln.

„Schlüssel!", schreckte ich hoch. „Phil hat Schlüssel!"

Gottseidank musste er erst einige ausprobieren, bis er den richtigen fand, was uns genügend Zeit verschaffte, uns im Bad einzusperren. Doch sogar dort hörten wir Phil an der Außentür, denn er fluchte jedes Mal, wenn er einen falschen Schlüssel erwischt hatte. Schließlich war es so weit und wir hörten das Gebrüll innerhalb des Gästezimmers durch die Badezimmertür.

„Lassen Sie den Scheiß, Mrs. Bennett – Sie haben meine Frau dort drin. Und ich habe ein Recht sie zu sehen!"

„Sie war meine Tochter, lange bevor sie Ihre Frau wurde", giftete Mum zurück. „Und so haben Sie überhaupt keine Rechte."

Dazu fiel ihm nichts mehr ein. Stattdessen hämmerte er in einem steten Rhythmus auf die Tür.

Wham. Wham. Wham.

Ich schätze mal, dass er uns damit mürbe machen wollte, was ihm aber nicht gelang. Meine Mutter setzte sich in aller Seelenruhe auf den Toilettensitz, während ich zitternd auf dem Boden kauerte, das befürchtend, was geschehen könnte, falls sich die Tür öffnet.

Phil hörte mit dem Brüllen auf, doch diese ganze Schreierei jagte mir keine Angst ein, denn ich hatte es schon tausend Mal gehört. Doch ich hatte ihn niemals so wahnsinnig erlebt, mit Speichel, der aus seinen Mundwinkeln herabrann, mit Augen, die wie die eines Coyoten hervorstachen. Er sah exakt wie ein Typ aus einem Film über eine Irrenanstalt aus. Und das löste bei mir Panikanfälle aus.

Ich war froh, dass es in dem Badezimmer wenigstens einen Teppich gab, denn mich quälte ein Gefühl, dort die Nacht verbringen zu müssen. Und ich hatte Recht. Meine Mutter und ich lagen über eine Stunde auf diesem blassblauen Teppich, bis sich Phil endlich verausgabt hatte und ins Bett ging.

Dann überkam uns die Müdigkeit. Ich glitt in den Schlaf und hörte Mum seufzen: „Ronnie, Ronnie, Ronnie. ‚Was' hast du da geheiratet?"

Ich rutschte näher zu ihr und begann zu weinen. „Das ist doch was“, schniefte ich. „Es ist meine Hochzeitsnacht und ich verbringe sie zusammengekauert mit meiner Mutter auf dem Badezimmerboden.“

Das laut auszusprechen, verwandelte die Situation vom Beängstigenden zum Lächerlichen und ich musste losprusten. Als Mum hörte wie ich mich nicht mehr halten konnte, bewahrte auch sie kein ernstes Gesicht mehr. Und so lagen wir eine ganze Zeit kichernd auf dem Badezimmerboden, bis endlich der Schlaf kam und uns bis in die frühen Morgenstunden in seiner Geborgenheit einhüllte.

14

Der aufblasbare Phil

Am Morgen nach meiner Hochzeitsnacht schreckte ich vom Lärm eines Presslufthammers im Vorgarten auf. Ich hatte das Gefühl aus einem bösen Traum zu erwachen.

Auf dem Badezimmerboden liegend, fühlte sich mein Rücken wie ein Brett an, und ich konnte mich nicht erinnern, wo ich überhaupt war. Dann hörte ich Bauarbeiter, die unentwegt auf etwas klopften. Ich schaute mich nach Mum um, die bereits aufgestanden war.

Das stampfende Geräusch draußen nahm an Lautstärke zu, und so ging ich zum Fenster und blinzelte durch den Vorhang. Ich sah ein halbes Dutzend Männer, die an allen Ecken des Vorgartens drei Meter hohe Pfähle in den Boden rammten. Es war schwer vorzustellen, was genau sie da machten. Ich war so groggy, dass ich vermutete, sie würden Befestigungen für Basketballkörbe bauen.

Dann warf ich einen Blick auf ihren Truck, wo sechs weitere Arbeiter ungefähr 100 Meter Stacheldraht und Eisenketten abrollten. Ganz offensichtlich bauten sie eine Art Zaun, doch der Grund dafür lag außerhalb meines momentanen Vorstellungsvermögens.

Ich versuchte immer noch herauszufinden, was dort vor sich ging, als ich einen der Kerle sah, der direkt zum Fenster herüberstarrte und mich fixierte. Men Gott, ich trug ja immer noch das neckische Negligee vom Vorabend. Erschreckt wich ich zurück und zog den

Vorhang zu. Dann schnappte ich mir den Bademantel und rannte hoch ins Schlafzimmer, betend, dass sich Phil dort nicht aufhält.

Ich hätte mir keine Sorgen machen müssen, da niemand im Zimmer war. Allerdings lag dort ein Dutzend roter Rosen auf meinem Kopfkissen und daneben eine Karte. Ich nahm sie und las eine Entschuldigung, geschrieben in Phils krakeliger Schrift.

Für immer dein, okay? – Phil

Ich setzte mich auf die Bettkante und stieß einen Erleichterungsseufzer aus. „Gottseidank, der Albtraum ist vorbei." Eigentlich hätte ich mich immer noch verängstigt fühlen müssen, doch das war nicht so. Als ich in die Küche ging, bereitete George Johnson schon ein Frühstück für Phil und Mum zu. Phil stand auf und zog den Stuhl unter dem Tisch vor, als sei ich seine kleine Königin. Das war doch alles verrückt. Nun verhielt er sich wie der perfekte Gentleman und wenige Stunden zuvor tickte er noch wie ein Wahnsinniger aus. Noch durchgeknallter war jedoch meine Bereitschaft, ihm zu verzeihen und zu vergessen.

Die Wahrheit? Ich konnte es Phil nicht übelnehmen, wenn er so ausrastete. Dieses ganze Ausflippen begründete sich in seinen Unsicherheiten. Vermutlich hasste er sich selbst dafür und brauchte nicht jemanden wie mich, der seine Probleme in solchen Situationen noch verstärkte. Wenn ich nur lange genug seine liebende und geduldige Frau wäre, würde er sich schließlich in einen sanften und fürsorglichen Ehegatten verwandeln. Zumindest sah das so in meiner Fantasie aus. Und ich war fest entschlossen, dass es wahr werden würde. Letztendlich würde ich mein „Ozzie and Harriet"-Leben führen, auch wenn ich dafür zuerst durch die Hölle musste.

Was die Ehe anbelangte, hatte ich große Hoffnungen, doch schon bald erfuhr ich, dass das Leben einer Millionärsgattin sich nicht sonderlich davon unterschied, mit einem Millionär in wilder Ehe zusammen zu leben. Das traf zumindest auf eine Ehe mit Phil Spector zu.

Nach der Hochzeit schien Phil keineswegs interessierter zu sein, wieder im Studio zu arbeiten. Da hatte sich nichts geändert, verglichen mit der Zeit davor. Doch damals war das fast schon egal. Ich hatte schon so lange keine Plattenaufnahmen mehr gemacht, sodass mein Selbstvertrauen stark angeknackst war. Ich war schon immer ein wenig unsicher gewesen, da ich keine durch den Gospel trainierte Stimme wie Patti LaBelle hatte, doch nachdem mein eigener Mann mir den Rücken zukehrte, stellte ich mir die grundsätzliche Frage, ob ich jemals gut gewesen war. Dann fand ich mich damit ab, weg vom Fenster zu sein, einfach zum alten Eisen zu gehören.

„Vergiss das Singen", trichterte ich mir ein. „Deine Stimme ist nicht mehr angesagt. Das ist abgeschlossen. Versuche einfach eine gute Frau zu sein. Das ist jetzt dein Leben."

Die Schwierigkeit bestand allerdings darin, dass ich gar nicht wusste, wie man eine gute Ehefrau ist, da es nichts „Ehefrauliches" zu tun gab. Ich stand morgens auf, und eine Angestellte machte die Betten. Dann ging ich runter und traf auf ein anderes Dienstmädchen, das die Teppiche saugte. Es gab sogar einen Typen, der zwei Mal die Woche kam, um sie gründlich auszuklopfen.

Ich war noch nicht mal in meiner Küche willkommen. Das fand ich auf die harte Tour heraus, nachdem ich mir in einer Nacht ein Sandwich mit Eiern und Salat gemacht hatte. George konnte am folgenden Tag seinen Messbecher nicht finden, und ich bekam dafür eine höllische Standpauke. Phil ließ mich nicht in Ruhe, egal, wie sehr ich abstritt, den Messbecher angefasst zu haben.

„Das tut nichts zur Sache", schrie Phil. „Du warst in der Küche und dort sollst du nicht sein. Ich bezahle George gutes Geld, damit er für uns das Essen zubereitet, und so bleib verdammt noch mal aus der Küche und lass ihn seinen Job machen."

Ich blickte verstohlen zu George rüber, hoffend, dass er mich verteidigt, doch er schnitt scheinbar ungerührt seine Zwiebeln. Nachdem Phil gegangen war, schaute er mitleidsvoll hoch und sagte. „Das ist nicht mein Streit, Miss Veronica. Sie wissen das."

Meine einzige Aufgabe als Hausfrau bestand darin, am Morgen mit Phil und George das Abendessen zu besprechen. Danach ging ich zum Pool und sah Phil zu, wie er seine Bahnen zog. Ich hatte das

Schwimmen nie gelernt und musste mich damit abfinden, im flachen Bereich ein bisschen herumzuplantschen. Dann trödelte ich wieder ins Haus zurück und sah anderen Leuten dabei zu, wie sie meine Hausarbeit erledigten. Ich empfand eine unglaubliche Langeweile und fühlte mich so nutzlos, dass ich nach einiger Zeit im Fernsehraum verschwand und mir alle Bette-Davis-Filme reinzog. Und die munterten mich erst recht nicht auf.

Bette schien ständig einen Grund zu finden, über etwas zu weinen. Oder sich zu betrinken. Nachdem ich mir einige dieser Streifen angesehen hatte, bemerkte ich, dass Bette Davis oder Joan Crawford – wenn sie sich deprimiert fühlten – immer zur Bar gingen und sich einen Drink genehmigten. Nach einiger Zeit folgte ich ihrem Beispiel.

Phil hatte in seinem unten gelegenen Spielraum eine Bar mit Hochprozentigem. Sie war hinter einer Wand neben dem Kamin versteckt, doch ich fand sie zufällig in einer Nacht, während er im Pool schwamm. Ich durchstöberte den Spielraum – zu Tode gelangweilt wie immer – als ich diesen kleinen Schalter entdeckte, versteckt an der Rückseite eines dicken Pfeilers aus Holz. Natürlich drückte ich dort drauf. Wie aus dem Nichts öffnete sich schwungvoll eine alte Bar, was einer Szene aus einem dieser alten Krimis oder Abenteuerfilme ähnelte. Ich schüttete mir Scotch in einen großen Becher ein. Niemand hatte mir den Umgang mit hartem Alkohol beigebracht, und so trank ich das Zeug wie Sprudel. Natürlich war es schwieriger, den Scotch runterzuspülen, da er nicht so gut schmeckte. Eigentlich hasste ich den Geschmack harten Alkoholika. Doch ich wusste eins: Ich musste nur genügend trinken, um mich schnell beschwipst zu fühlen, und so hielt ich mir die Nase zu und kippte den Scotch runter.

Nachdem ich Phils magische Bar entdeckt hatte, schlich ich mich immer dorthin, wenn er mich nachts allein ließ und bereitete mir einen Drink zu. Ich nahm ihn dann mit nach oben ins Fernsehzimmer und setzte mich hin – in der einen Hand eine Kippe, in der anderen das Glas, ganz wie Bette Davis. Wenn der Film traurig war – und alle Filme stimmten mich traurig, sogar die Komödien – rannte ich ins Bad, um zu weinen. Danach wurde ich ungemein müde und musste schnell schlafen. Und das war immer das Beste am Alkohol – dass er mich zum Schlafen brachte.

Von all den Dingen, die im ersten Ehejahr schiefliefen, deprimierte mich am meisten die Tatsache, dass ich nicht schwanger wurde. Ich wollte unbedingt Kinder – mehr als alles andere! Meine Wunschvorstellung einer Ehe war geprägt von Kindern, einem liebenden Ehemann und einer großartigen Karriere. Nach sechs Monaten mit Phil war ich bereit, mich lediglich mit den Kindern zufrieden zu geben. Doch nicht mal das ließ sich realisieren. Egal, was wir auch unternahmen, ich wurde nicht schwanger. Und wir versuchten wirklich alles. Neben unserem Bett lag ein Thermometer auf dem Nachtschränkchen, womit wir die empfangsbereiten Tage feststellten, um genau dann Sex zu haben. Wir hatten Sex in allen nur erdenklichen Stellungen und zu allen Tages- und Nachtzeiten. Ich unterzog mich sogar einer künstlichen Befruchtung, nahm Phils Sperma mit in die Arztpraxis um mich künstlich befruchten zu lassen. Aber sogar das funktionierte nicht.

Dann suchte ich verschiedene Ärzte in den USA auf und sogar Spezialisten in England und Europa. Und jeder sagte mir dasselbe: „Sie sind gesund. Entspannen Sie sich einfach und lassen der Natur ihren Lauf." Doch als die Natur ihren Lauf nicht nahm, sah ich die Ursache für das Versagen allein bei mir. Und nachdem ich die Schuld auf mich geladen hatte, litt ich unter Selbsthass und machte mich selbst fertig, putzte mich regelrecht runter.

Ich brachte es nicht als Sängerin, war ein Versager als Ehegattin und fand nun heraus, dass ich auch als Frau nichts taugte! Und dann dauerte es nicht mehr lange, bis ich mir ernsthaft die Frage stellte, ob ich ein schlechter Mensch war.

Mir kam es damals nie in den Sinn, dass das Problem mit Phil zusammenhing. Natürlich wollte er keine medizinische Untersuchung über sich ergehen lassen. Seine größte Leistung bestand darin, in das Badezimmer zu gehen und in ein Döschen abzuspritzen, das ich dann zur künstlichen Befruchtung mitnahm. Auch keiner der Ärzte dachte daran, dass es möglicherweise an einer geringen Spermienzahl liegen könne. „Entspannen Sie sich einfach", lautete ihr Ratschlag. „Sie werden ihr Baby schon noch bekommen." Ich überzeugte mich jedoch, dass sie logen.

Nicht in der Lage zu sein, Kinder zu haben, hatte zudem einen schalen Beigeschmack. Es war nämlich das einzige Thema, in dem Phil und ich komplett übereinstimmten. Er sehnte sich nach Kindern genau so sehr wie ich, und wir sprachen nur noch darüber. Ich schätze mal, die Gründung einer Familie hing mit der Tatsache zusammen, dass unsere beiden Karrieren einfach nicht stattfanden.

Der Sex wurde durch den Druck unbedingt ein Kind zu bekommen manchmal ein wenig gequält und anstrengend, doch wir ließen uns nicht davon abbringen. Bis zu dem Zeitpunkt konnten wir uns über ein schönes und intensives Sexleben freuen. Manchmal trug er einen Hut im Bett – wegen dieser Macke, eine Glatze zu haben – doch davon mal abgesehen, konnte ich mich nicht beschweren. Egal, ob guter oder schlechter Sex – wir bekamen einfach keine Kinder.

Phil verbrachte in diesen Tagen viel Zeit in seinem Arbeitszimmer. Dort, oder beim Billardspielen in seinem Spielraum. Phils Billard-Begeisterung begann 1966, als er sich zur vorzeitigen Ruhe setzte, doch nach der Heirat verwandelte es sich in eine regelrechte Obsession. Er bezahlte sogar Schwergewichte der Billard-Gilde wie zum Beispiel Minnesota Fats und Willie Mosconi, um in die Villa zu kommen und gegen ihn zu spielen. Wenn diese Asse zu Phils allnächtlichen Turnieren auftauchten, musste ich immer runter, damit er mich den Männern vorführen konnte.

„Das ist meine Frau, Veronica", gab er bekannt. Und dann wurden Fotos geschossen. „Hey, Fats", sagte Phil zum Beispiel. „Möchtest du ein Foto mit meiner Frau machen? Komm schon, Veronica, stell dich mit Fats mal hierhin." Von der Art, wie sie mich anschauten, war klar ersichtlich, dass die Typen dachten, ich sei ziemlich scharf. Phil bemerkte das auch, und so achtete er darauf, mich wieder „zu verpacken“ und nach oben zu schicken, wenn die Kameras nicht mehr klickten.

Dann folgte er mir, gab mir einen Gutenachtkuss, wonach er wieder zu seinen Pool-Freunden ging. Ich hatte meist so viel Zeit, um mich einzukuscheln, bevor er erneut kam, mit einem Tablett gegrillter Käse-Sandwiches in der einen und meiner Lieblingspuppe in der anderen Hand. Dann stellte er das Tablett auf das Nachtschränkchen und legte mir die Puppe sanft in die Hand. „Gute Nacht, Darling“, sagte er, dabei meine Wange mit den Außenseiten der Finger streichelnd. „Ich sehe dich morgen früh.“ Als Nächstes legte er eine Platte von Tony Bennett oder Frank Sinatra auf und schaltete das Licht aus. Und schon war er gegangen. Auch wenn er mich verließ, um mit einem Haufen Billardspieler abzuhängen, gab er mir das Gefühl, ich sei das einzige Mädchen auf der ganzen Welt.

Für Phil war ich es auch, und das zeigte er mir immer wieder. Ich hatte gehofft, dass sich seine Eifersucht nach der Hochzeit legt, doch es wurde noch viel schlimmer. Einmal kam ich nur mit einem Bikini bekleidet zum Swimmingpool, woraufhin er beinahe vom Sprungbrett gefallen wäre, auf dem er sich sonnte.

„Bis du wahnsinnig?“, fragte er. „Los, zurück ins Haus, bevor dich jemand sieht.“

„Ach, Phil“, antwortete ich, dabei versuchend, alles nicht so ernst zu nehmen. „Wer soll mich doch schon in unserem eigenen Garten sehen?“

„Die männlichen Angestellten“, flüsterte er, als sei ich ein Trottel, nicht eher daran gedacht zu haben. Also ging ich wieder nach oben, um mich umzuziehen.

Ich konnte mich nie an das Leben eines Einsiedlers gewöhnen, denn ich wuchs in New York auf, wo man immer zum Laden an der Ecke lief, egal ob es regnete, glatt war oder schneite. Doch in Beverly Hills gab es keine Ecklädchen. Und wo ich lebte, hatte man Glück, überhaupt eine Ecke zu finden. Für mich existierte nur eine einzige Möglichkeit mal rauszukommen. Phil beauftragte George Brand oder einen der anderen Angestellten mich zum Haus meiner Freundin Bobbie Golson zu fahren, aber sogar bei solch unbedeutenden Anlässen wartete der Fahrer draußen in der Limo, damit er mich nach einer Stunde wieder zurückbringen konnte. Mittlerweile fühlte ich mich wie eine Gefangene in meinem eigenen Haus, was mir sehr zusetzte.

Phil muss wohl gespürt haben, dass ich unter dieser Belastung immer stärker litt, denn er überraschte mich 1968 zu meinem 25. Geburtstag mit einem eigenen Auto. Es war ein Camaro in orange und weiß, der mich wirklich umwarf, als ich ihn das erste Mal in der Auffahrt sah – eingepackt in einer riesigen weißen Schleife.

Ein brandneues Auto! Glänzend und unberührt. Und es gehörte mir, mir ganz allein. Phil hatte meine Initialen an 23 Stellen anbringen lassen. Wo man auch hinschaute – auf den Türen, an der Motorhaube, sogar am Handschuhfach – waren die Buchstaben V.S. für Veronica Spector zu sehen.

Zurückblickend finde ich es interessant, dass er exakt diese Buchstaben auswählte. Phil nannte mich immer Veronica und niemals mehr Ronnie. Es schien so, als sähe er zwei unterschiedliche Personen in mir – Ronnie, die fröhliche, sexy Rock'n'Roll-Sängerin, die ich vor der Ehe gewesen war und Veronica, die unterwürfige und gehorsame Frau aus Beverly Hills, die er haben wollte.

Nachdem Phil sich vorzeitig aus dem Musikgeschäft zurückgezogen hatte, symbolisierte meine Vergangenheit im Rock'n'Roll eine schmerzvolle Erinnerung an seine Errungenschaften, denen er nun nicht mehr gerecht werden konnte. Und so strich er Ronnie aus seiner Gedankenwelt. Anstelle dieser Frau versuchte er nun Veronica zu kreieren, eine loyale und stille Gattin, die sich damit zufriedengab, die Zeit mit ihm in den düsteren Ecken seiner muffigen alten Villa zu verschwenden. Er mag sich dessen vielleicht nur teilweise bewusst gewesen sein, doch Phil unterzog mich jeden Tag unserer Ehe einer Gehirnwäsche.

Und er war der geborene Experte in Sachen Gedankenkontrolle. Der mit meinen Initialen geschmückte Camaro war ein exzellentes Beispiel dafür. Er wusste, dass es für mich nur eine einzige Gelegenheit gab, allein zu sein – beim Autofahren. Aus genau diesem Grund hatte er die Initialen anbringen lassen: Sie übermittelten eine glasklare Botschaft! „Du magst zwar allein im Auto sein, aber du bist nicht frei. Du bist nun ‚V.S.' – Mrs. Veronica Spector – und vergiss das bloß nicht. Die kleine Ronnie Bennett ist tot."

Es mag weit hergeholt erscheinen, dass ein Mensch so viel Energie in die Kontrolle des Lebens eines anderen investierte, aber so war Phil. Man muss sich immer daran erinnern, dass er ein wahres Genie war. Nachdem er sich aus der Welt des Rock'n'Roll zurückgezogen hatte, wusste er mit seinem Leben nichts Besseres anzufangen. Mich in die perfekte Frau zu verwandeln wurde sein Hauptprojekt, ähnlich wie sein früheres Ziel (vor fünf Jahren), mich zu einer Nummer-1-Sängerin zu machen.

Die Initialen auf dem Auto stellten lediglich den Anfang dar. Das war nichts verglichen mit dem eigens für mich hergestellten aufblasbaren Phil! Ich erhielt ihn am selben Tag wie den Camaro. Ich schwärmte von der Edelkarosse und bewunderte den Wagen, als Phil zum Kofferraum ging und die Haube öffnete.

„Da gibt es noch mehr", machte er mich neugierig. „Warte mal, bis du das siehst." In all den Jahren, in denen ich Phil kannte, gab es keinen Moment, der mich so umhaute wie diese Aktion. Er bückte sich und zog – aus dem Kofferraum meines neuen Wagens – eine lebensgroße, aufblasbare Plastikpuppe.

„Was hältst du davon?", wollte er wissen und hielt das Ding hoch wie eine gigantische Trophäe. Ich wusste nicht, was ich sagen sollte. Das Plastikding war genauso groß wie er, war mit seinen besten Hosen angezogen und einem frisch gebügelten Hemd. Ja, die Puppe ähnelte Phil in jeder Hinsicht, abgesehen von den Knien, die in einer Sitzstellung abgeknickt waren.

„Hm", erwiderte ich. „Das bist du, oder?"

Er nickte. „Na los", drängte er mich. „Sie ist doch perfekt?"

„Yeah. Sie … ist … wirklich", pausierte ich und zerbrach mir den Kopf nach einer passenden Antwort. „Perfekt. Aber Phil. Was soll das denn?"

„Das werde ich dir zeigen.“ Völlig verwirrt, beobachtete ich ihn wie er zur Beifahrertür ging, sie öffnete und den aufblasbaren Phil hinsetzte. Dann legte er den Sicherheitsgurt über den Schoß der Puppe, rückte den Hemdkragen zurecht und justierte die Schirmmütze auf dem pinken Plastikkopf. „Das ist es“, meinte er, dabei einen Schritt zurückgehend, um sich sein Werk anzusehen. „Ach, warte“, sagte er hastig. „Ich hätte beinahe noch den letzten Schliff vergessen.“ Dann rannte er wieder zum aufblasbaren Mann, zog eine Zigarette aus seinem Etui, und steckte sie in den Mund dieses Dings. Schließlich warf er die Tür mit Schwung zu und stellte sich stolz vor sein Werk. „Tah-daah!“, imitierte er einen Tusch und sah mich mit einem hinterhältigen, aber kaum erkennbaren Lächeln an. „Was denkst du?“

„Das ist großartig, Phil“, antwortete ich, wobei ich nicht lügen musste. Der dort sitzende Plastik-Typ ähnelte der realen Vorlage zum Verwechseln. „Aber ich kapier's noch immer nicht. Warum soll es so wirken, als säße jemand mit mir im Wagen, wenn niemand dort ist?“

„Verstehst du es wirklich nicht?“, meinte er in einem Stimmfall, der mir das Gefühl vermitteln sollte, ich hätte etwas verpasst. „Das ist für dich, wenn du allein fährst.“ Ich muss wohl immer noch völlig verständnislos ausgesehen haben, woraufhin er es mir weiter erklärte. „Niemand wird dich anmachen, wenn du allein fährst.“

Darum ging es also. Phil hatte tatsächlich all die Mühe auf sich genommen, einen Dummy von sich fertigen zu lassen, der immer auf mich aufpasste, wenn er selbst nicht in der Nähe war. Ich fragte mich, ob er nun vollkommen übergeschnappt sei, während ich dabei zusah, wie er noch etwas an der Mütze des Plastik-Phils zurechtrückte. Er war tatsächlich stolz auf sein Meisterwerk.

„Phil“, sagte ich ihm mit einem Hauch von Mitleid und küsste ihn dann. „Manchmal treibst du alles auf die Spitze.“

Aufblasbar oder nicht – ich liebte es, ein eigenes Auto zu besitzen. Mit dem Camaro genoss ich die totale Freiheit, dorthin zu fahren, wo es mir gefiel. Nun brauchte ich nur noch einen Zielort.

Ich fuhr zum Haus meiner Freundin Bobbie Golson, aber das war es auch schon. Sie war meine einzige Freundin hier, und mir kam kein anderer Ort in den Sinn, zu dem ich mich auf den Weg machen konnte. Vermutlich hätte ich ins Kino oder zum Essen fahren sollen, doch mich an öffentlichen Plätzen sehen zu lassen, hatte mir noch nie gelegen, auch nicht mit Phil. Als Kind ging ich so gut wie gar nicht alleine raus, sondern immer nur in Begleitung von Mum oder meiner Tante, die ein Auge auf mich warfen. Und nachdem ich mein Zuhause verlassen hatte, war Phil ständig in der Nähe. Dadurch wurde es nie zu meiner Angewohnheit, eigene „Forschungsreisen" zu starten.

Für mich bedeutete ein großes Abenteuer eine Fahrt hinter dem Steuer des Camaro durch Beverly Hills. Und das machte ich häufig. Ich fuhr die mit Bäumen gesäumten Straßen auf und ab, schaute mir die prachtvollen Häuser an und fragte mich, wer denn dort wohnen würde. Doch auf eine bestimmte Art wirkte Beverly Hills wie eine Geisterstadt, denn ich sah niemals einen Spaziergänger, lediglich Menschen hinter den Zäunen. Manchmal war es so menschenleer, dass ich dachte, es handele sich um eine völlig verlassene Stadt, was mich noch einsamer machte, wenn ich zuhause ankam.

Einmal traf ich zufällig Cher. Ich wartete an einer Ampel am Sunset Boulevard – den Plastik-Phil an meiner Seite – als ich einen flüchtigen Blick in die Limo neben mir warf und Cher sah. Sie wurde erst auf mich aufmerksam, als ich auf die Hupe drückte und konnte sich vor Freude kaum mehr halten. „Ronnie!", schrie sie. „Fahr mal an die Seite!"

Wir parkten die Autos am Bordstein und fielen uns in die Arme. Ich hatte sie nicht mehr gesehen, seitdem Sonny Phil verließ, um eigene Hits zu produzieren. In dieser Zeit stiegen die beiden zu Superstars auf.

„Ich bin so stolz auf dich, Cher", freute ich mich für sie. „Wenn ich dich im Radio höre, muss ich immer damit prahlen, wie du als eine meiner Background-Sängerinnen gestartet bist."

„Oh, Gott", antwortete sie mit einem Hauch von Nostalgie in der Stimme. „Ich vermisse diese Zeit! Ronnie, kannst du es glauben, dass es gerade erst drei Jahre her ist?"

„Manchmal wirkt es wie ein anderes Leben", stimmte ich ihr zu.

Wir unterhielten uns einige Minuten über belanglose Dinge, aber dann führte uns das Gespräch zu Phil. „Und? Wie läuft es mit euch beiden?“, wollte sie wissen.

„Tja, du weißt schon. Phil ist verrückt wie eh und je“, antwortete ich. „Vielleicht noch durchgeknallter. Aber ich liebe ihn. Was kann man da schon machen?“

Cher lachte laut. „Ich weiß, was du meinst. Du hast gerade mich und Sonny beschrieben.“

Ich wusste, dass ich nicht lange wegbleiben durfte, ohne Phils Zorn auf mich zu ziehen und auch Cher musste zurück zu Sonny. Doch es machte so viel Spaß, sie wiederzusehen, dass wir uns mehr als eineinhalb Stunden hinsetzten und quatschten. Das muss ein interessanter Anblick gewesen sein – ein Paar 25-jährige Rock'n'Roll-Queens, die am Bordstein in Beverly Hills von den alten Zeiten schwärmten.

Dann standen wir auf, tauschten die Telefonnummern aus und versprachen uns gegenseitig anzurufen. Doch schon damals wusste ich, dass das nie geschehen würde. Phil machte es mir so gut wie unmöglich, von der Villa heraus Anrufe zu tätigen. Und falls Cher mich anzurufen versuchte, würde sie niemals zu mir durchdringen. Niemandem gelang das.

Und so setzten wir uns in die Autos und bereiteten uns darauf vor, getrennte Wege zu fahren. Doch bevor die Ampel umschlug, sah mich Cher noch einmal intensiv an. Dann kurbelte sie das Fenster runter. „Hey, Ronnie!“, brüllte sie. „Du passt doch auf dich auf, okay?“

In der Art wie sie das sagte, gab es etwas, was mich aufrüttelte. Auf der ganzen Heimfahrt bekam ich die Worte nicht mehr aus dem Kopf. „Du passt doch auf dich auf“, hatte sie gesagt. Das klang beinahe wie eine Warnung. Wie sich herausstellte war es ein guter Ratschlag, vielleicht der beste, den mir jemand nur geben konnte. Tragisch, dass ich noch nicht bereit war, ihn anzunehmen. Noch nicht! Abgesehen von den Spritztouren verließ ich das Haus nur für kleine Spaziergänge auf dem Gelände des Anwesens. Nachdem Phil es seinen Hunden überlassen hatte, wurde mir auch dieser Bewegungsfreiraum genommen.

Phils „Hunde-Phase“ begann mit Grishka, diesem großen russischen Wolfshund – Sie wissen ja, diese Hunde mit den langen Nasen. Es war ein unglaublich großes Tier, und ich hatte eine Höllenangst vor ihm. Aber Phil liebte den Hund so sehr, dass er sogar George Johnson beauftragte, ihm täglich ein Abendessen zuzubereiten. Und diese Töle fraß kein Alpo-Hundefutter – Grishka ließ sich ein Steak schmecken.

Wenn Phil sich in etwas vernarrt hatte, war es nur noch eine Frage der Zeit, bis er mehr davon haben wollte. Wenige Monate nachdem er sich Grishka angeschafft hatte, brachte er diese riesigen Borsois mit nach Hause. Danach schaffte er sich zwei Deutsche Schäferhunde an. Schon bald sah es in unserem Garten wie in einer Hundepension aus, da fünf Viecher Tag und Nacht bellend und kläffend auf dem Gelände herumstreunten.

Der einzige Grund, warum Phil die Tiere überhaupt hielt, lag darin, sein Image aufzupolieren. Er wollte, dass ihn alle als exzentrisches Genie sahen, und wenn ein Reporter zu einem Interview bei uns auftauchte, versicherte er sich, dass Grishka und die gigantischen Borsois auf dem Sofa des Wohnzimmers lagen. Der Reporter warf dann einen verstohlenen Blick auf die mageren Kläffer, dachte Phil habe eine Schraube locker und schrieb es in seinem Artikel. Phil stand total da drauf. Er glaubte, dass ihn sowieso alle für durchgeknallt hielten und versuchte daraufhin, diese Rolle perfekt zu spielen. Doch es gab ein Problem! Phil verfing sich in seinem eigenen Wahnsinn und konnte nach einer bestimmten Zeit selbst nicht mehr sagen, wo die Schauspielerei begann und wo sie endete.

Am liebsten wäre er der Orson Welles in *Citizen Kane* gewesen. Es war sein Lieblingsfilm und er zeigte den Streifen wieder und wieder. In Kalifornien gibt es nicht viel zu tun, nachdem man das Abendessen geplant hat, und so baute Phil den Projektor auf und wir schauten uns Filme an. Meist war es besagter *Citizen Kane*, der von einem reichen Mann handelt und einem Mädchen, das singen will, aber nicht das nötige Talent hat.

Diesen Film zu sehen, wirkte sich auf mein Selbstbewusstsein sicherlich nicht positiv aus. Meine Güte, der Typ war so verschossen in diese Frau, dass er ihr Kutschen und Häuser kaufte und ihr sogar ein Opernhaus errichten ließ. Doch auch nach alledem, konnte er sie nicht zu einer guten Sängerin machen. Manchmal führte mir Phil den Streifen Abend für Abend vor, woraufhin ich mir die Frage stellte, ob er mir damit etwas sagen wolle.

Langsam begann ich mich wie Susan Alexander zu fühlen, das Mädchen in dem Film. Wenn ich sie dabei beobachtete, wie sie in ihrem Haus saß und nichts zu tun hatte, außer ein Puzzle zusammen zu fügen, lief mir ein Schauder den Rücken hinunter. Jedes Mal, wenn ich den Film sah, musste ich das Schicksal dieses Mädchens beweinen. Doch Phil vergoss während dieser Passage keine Träne, erst als sie Rosebud verbrannten und das war – meine Güte – ein verdammter Schlitten. Zurückblickend ist die Erkenntnis nicht schwierig, dass Phil sein ganzes Leben auf diesem bescheuerten Film aufbaute. Charles Foster Kane verwandelte sein Xanadu in ein Fort mit starken Mauern, und exakt das machte Phil auch mit seinem Anwesen.

Er hatte an allen Seiten des Grundstücks einen drei Meter hohen elektrischen Zaun installieren lassen, nicht zu vergessen die wilden deutschen Schäferhunde, die überall auf dem Gelände herumliefen. Aber je mehr Mauern er baute, desto mehr brauchte er. Schließlich gab es so viele Verriegelungen und zusätzliche Schlösser an den Türen und Fenstern, dass das Haus wie ein Hochsicherheitsgefängnis aussah. Und so fühlte ich mich auch im Innern des Gebäudes. So schwer das Eindringen in die Villa auch war, es erwies sich als nahezu unmöglich, dort rauszukommen. Die Türen waren immer abgeschlossen, und ich musste mich an George Brand oder George Johnson wenden, wenn ich irgendwo hinwollte. Und den beiden war es nicht gestattet, eigenmächtig eine einzige Tür zu öffnen, sondern nur nach Absprache mit Phil. Wenn Phil nicht davon überzeugt war, dass ich einen triftigen Grund für das Verlassen der Villa hatte, schrie er mich so lange an, bis ich schließlich in mein Zimmer verschwand. Er machte es mir so schwer, das Gebäude zu verlassen, dass ich es irgendwann gar nicht mehr versuchte. Ich fragte ihn einmal, warum er so viele Zäune und Gitter errichtet hatte. „Warum jemand ein Tor anbringen lässt?“, erwiderte er, als sei ich ein kleines Dummerchen. „Damit die Leute draußen bleiben!“

Oder drinnen!

Während des Tages kam ich meist durch den Dienstboteneingang in der Küche in den Garten. Doch wenn unsere Angestellten nach Hause gingen, wurden die Türen verriegelt und die elektrischen Zäune in Betrieb genommen. Wenn der Allerletzte verschwand, bedeutete das, für die Nacht eingeschlossen zu sein.

Wollte Phil an den Abenden keine Filme sehen, schloss er sich in seinem Arbeitszimmer ein. Hatte er die Tür verriegelt, huschte ich nach unten und goss mir ein Glas Scotch ein. Dann schlich ich verstohlen in das Fernsehzimmer, wo ich gemeinsam mit Bette Davis bei der allerletzten Abendshow trank. Machte ich mir Sorgen, dass Phil mich erwischen könnte? Nein, denn er kam nie dort rein, außer *Kobra, übernehmen Sie* lief gerade.

Ich machte mich ungefähr alle drei bis vier Wochen zu diesen kleinen Sauftouren auf, und glaubte, dass Phil den wenigen fehlenden Alkohol niemals bemerken würde. Da lag ich aber falsch. Eines Nachmittags war ich mit George Johnson in der Küche, als Phil dort hereinstürmte, in der Hand eine halbleere Flasche Scotch.

„George!“, brüllte er und stellte die Flasche mit einem lauten Knall auf die Anrichte. Ich erkannte sie augenblicklich. „Sieht so aus, als hätte dein Kumpel Bill meine Bar gefunden.“ Bill war ein Gelegenheitsarbeiter, der zwei Mal die Woche zum Staubwischen kam. Phil wusste, dass der Kerl mit einem Alkoholproblem kämpfte, hatte ihn aber eingestellt, weil er ein Freund von George war.

„Ich glaube nicht, dass Bill Ihren Schnaps trinken würde“, lenkte George ein. „Aber wenn Sie wollen, dass ich ihm absage, dann werde ich es tun.“

Ich fühlte mich schrecklich. Georges Freund sollte seine Arbeit allein wegen mir verlieren? Das durfte ich nicht zulassen! Davon abgesehen wusste ich, dass es nur eine Frage der Zeit war, bis Phil etwas über mein Trinken erführe und so platzte es aus mir heraus. „Bill hat das Zeug nicht getrunken. Ich war es.“

Noch vor wenigen Sekunden tobte Phil wie ein Wahnsinniger, doch jetzt war er vom Gehörten so geschockt, dass er kurzfristig wie vom Blitz getroffen wie angewurzelt auf der Stelle stand. Ich muss zugeben, dass es mir richtig gefiel, ihm so die Sprache zu verschlagen. Das glich solch einer teuflischen Freude, dass es mir egal war, was als Nächstes geschehen würde.

Doch wie sich zeigte, passierte gar nichts. Ich glaube, Phil war so überrascht, dass er nicht wusste, wie er sich verhalten sollte. Und so sagte er gar nichts. Am nächsten Morgen ging er ins Spielzimmer und befestigte ein großes, schweres Vorhängeschloss an dem Türchen.

Doch man hält niemanden vom Trinken ab, indem man ihm einfach den Alk wegsperrt. Das verstärkt nur die Tendenz, sich noch cleverere Beschaffungsmöglichkeiten einfallen zu lassen. Und das machte ich. Ich heckte einen Plan aus, mich lange genug vom Haus zu entfernen, um mir eigenen Alk zu kaufen, den ich dann reinschmuggelte und in meinem privaten Bad versteckte. Ich zog diese Nummer alle paar Wochen ab und täuschte dabei einen Heißhunger auf etwas vor, das nicht im Haus war wie zum Beispiel harte Pfirsiche.

„Pfirsiche?“, fragte Phil entgeistert. „Haben wir keine Pfirsiche mehr in der Küche?“

„Keine harten“, erklärte ich. „Unsere sind zu reif, und ich möchte frische, harte Pfirsiche.“

Nachdem ich ihn überzeugt hatte, dass dieses spezielle Obst tatsächlich fehlte – oder Steaks aus New York oder Aprikosensaft oder nach was mir auch immer war – ließ Phil locker, und ich durfte zum Einkaufen runter zu Carl's Market an der Kreuzung Santa Monica/Doheny fahren. Dort angekommen, stellte ich mich in der Zeitschriftenabteilung eine halbe Stunde vor die Auslage und stöberte in allen Magazinen, die ich zuhause nicht lesen durfte. Dann ging es zu den alkoholischen Getränken, wo ich versuchte, mir eine Flasche Hochprozentiges auszusuchen.

Ich hatte so wenig Ahnung von Alkohol, dass ich mir zuerst eine Flasche Manischewitz, einen Kiddusch-Wein kaufte, da ich sie schon mal auf dem Tisch im Haus von Phils Mutter gesehen hatte. Das war wohl das schlimmste Gesöff, das man sich die Kehle runterkippen konnte, doch der Fusel hatte einen Vorteil. Zum Öffnen der Flasche benötigte man keinen Korkenzieher, ein wichtiges Detail für jemanden, der meist um 1 Uhr in der Nacht im Badezimmer trank.

Wieder in der Villa angekommen, nahm ich den Manischewitz mit in mein Badezimmer und versteckte ihn im Spülkasten der Toilette. Wenn ich mich dann deprimiert fühlte, ging ich dort rein und zog die Flasche des eklig süßen Weins aus dem eiskalten Wasser. Er schmeckte fürchterlich, war aber wenigstens gekühlt.

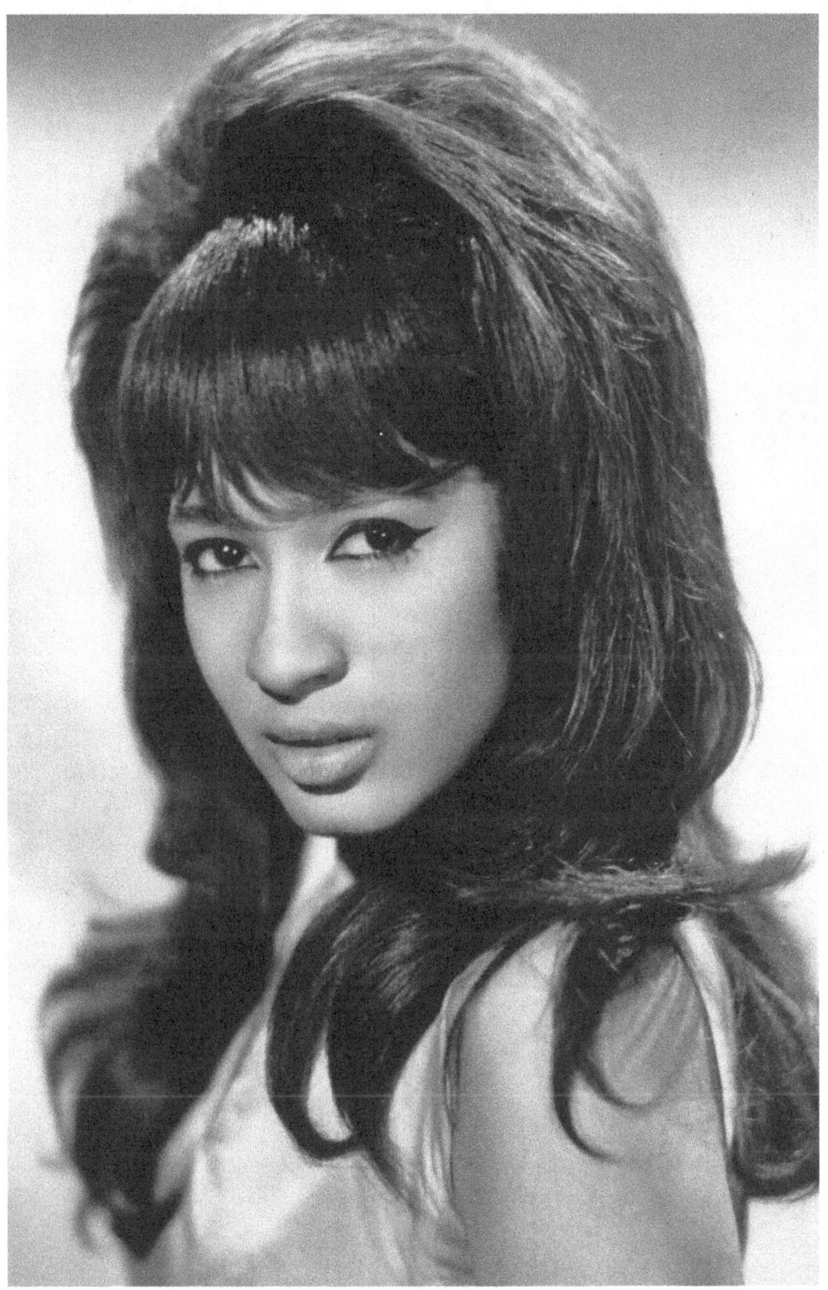

Vor dem ersten Hit mussten wir durch unseren Stil beeindrucken. Nedra, Estelle und ich richteten im Backstage-Bereich wahre Wettbewerbe aus, wer den Eyeliner am extremsten auftrug. Wenn wir die Bühne betraten, rasteten die Kids aus. Je wilder und lauter sie applaudierten, desto mehr Eyeliner benutzten wir beim nächsten Mal. [Foto von James Kriegsman]

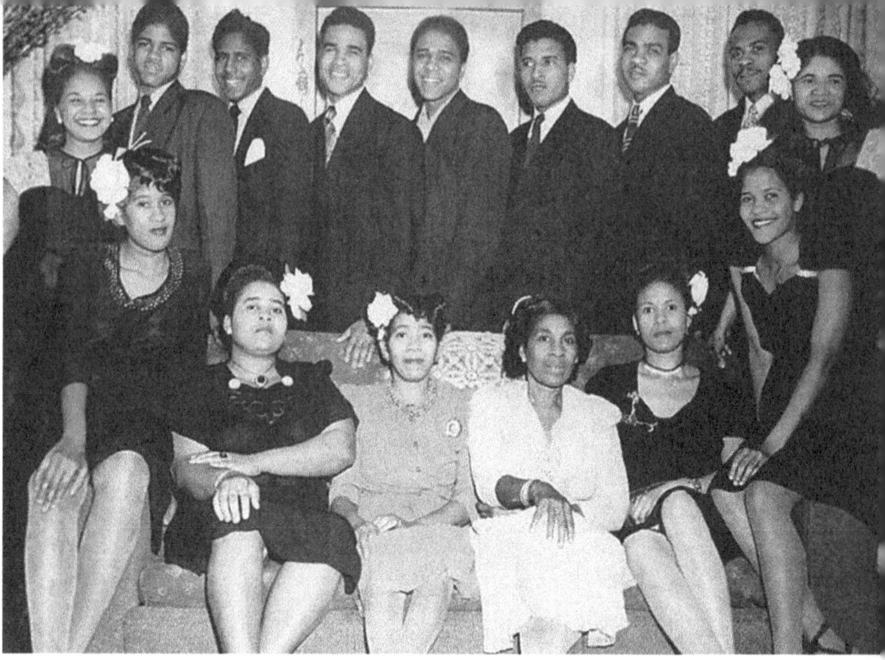

Mum und ihre 13 Geschwister. Meine Mutter ist oben rechts zu sehen. Sie steht hinter Tante Susu, Nedras Mutter. Meine Großmutter (in einem weißen Kleid) sitzt auf der Couch. [Mit freundlicher Genehmigung von Beatrice Bennett]

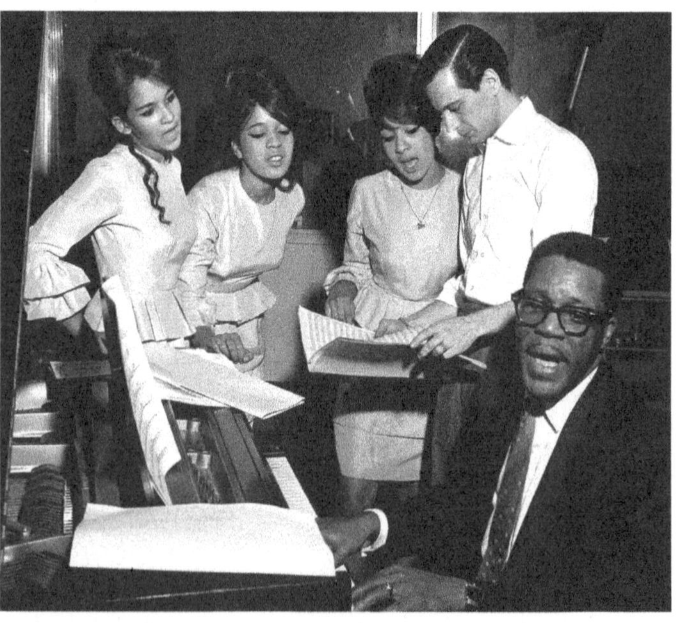

Nedra, Estelle und ich bei einer der frühsten Aufnahme-Sessions. Neben uns steht unser erster Produzent Stu Phillips, und am Klavier sitzt Bert Keyes, der Arrangeur. [Foto von Popsie, © Michael Randolph]

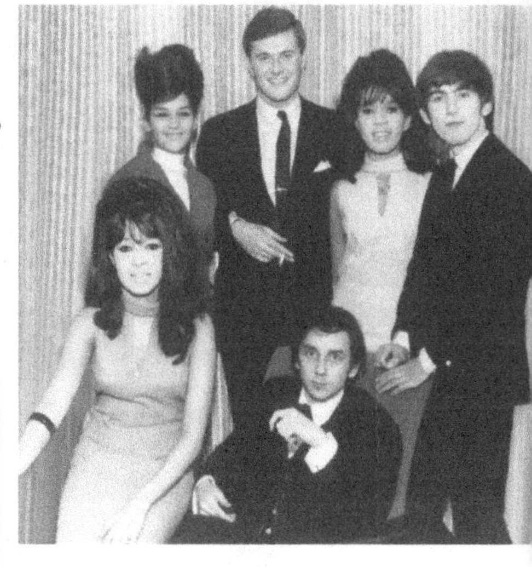

Ich, Nedra, der Pressesprecher Tony King, Estelle, George Harrison und Phil Spector bei Decca Records, London, 1964.

[Aus der Sammlung der Autorin]

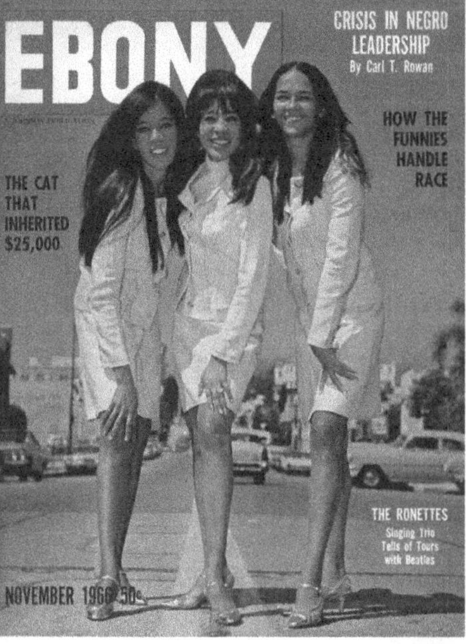

Nachdem die Ronettes 1966 als Vorband für die Beatles aufgetreten waren, schafften wir es endlich auf das Cover der *Ebony*.

[Mit freundlicher Genehmigung von Kevin Dilworth]

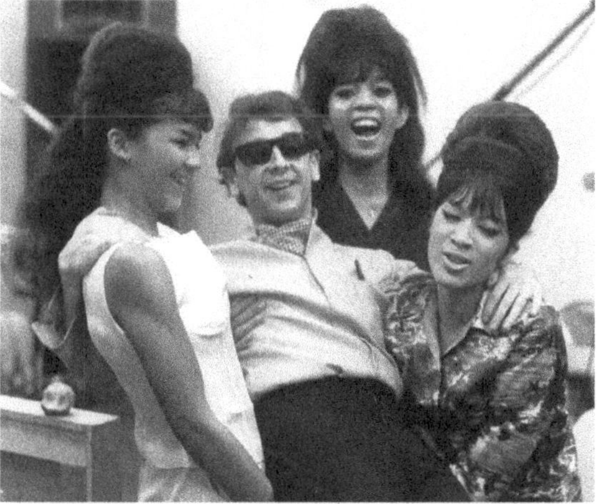

Ich glaube, dass Phil die Ronettes so sehr mochte, weil sie seinen hohen Energiepegel widerspiegelten.

[Foto von Ray Avery/Michael Ochs Archive]

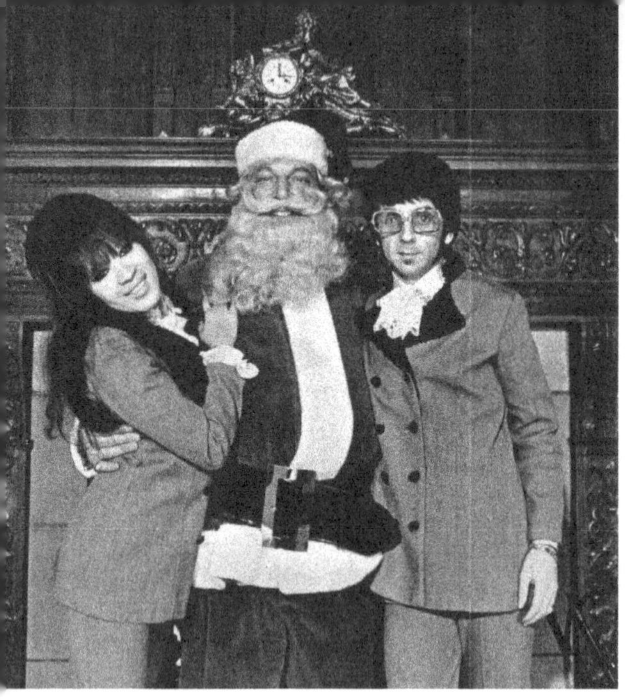

Phil und ich trugen für das Foto der Weihnachtskarte 1968 zueinander passende edwardianische Anzüge, dieselben, die ich für 16,95 US-Dollar bei Ohrbach's ergattert hatte. [Aus der Sammlung der Autorin]

PRESENTING
THE SMASH HIT PRODUCTION
OF

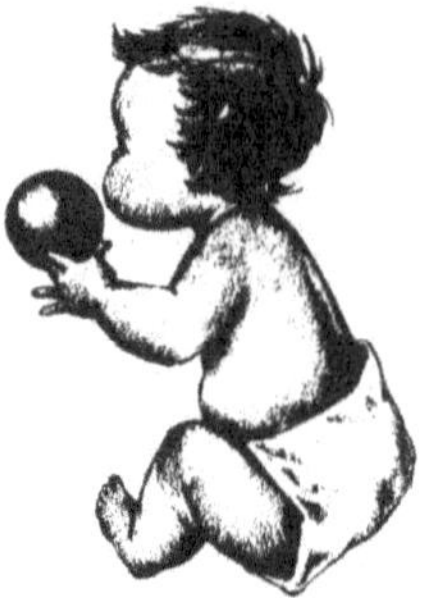

DONTÉ PHILLIP SPECTOR

ACT ONE:
SCENE:
Hospital . . . March 23, 1969
ACTION:
Little baby boy born prematurely . . . Mother fine . . .
Baby's outcome ambiguous . . .
Parents go home nervous . . . Baby remains in hospital.

ACT TWO:
SCENE
Four weeks-later in hospital.
ACTION:
Baby doing fine . . . Named Donté Phillip.
Parents thrilled but still reluctant to admit success of it.
Can't believe it!

ACT THREE:
SCENE:
Ten weeks later.
ACTION:
Baby going home with mom and pop.
Baby's weight 11 pounds. Parents believe it!
Ordeal Over . . . Happy Ending.

The above is a
Veronica and Phil Spector Production

Obwohl Donté adoptiert worden war, wollte Phil, dass jeder glaubte, es sei unser eigenes Kind. Er wollte sogar, dass ich mir bei Besuchen von Freunden ein Kissen unter die Bluse steckte. [Mit freundlicher Genehmigung von Keith Beach]

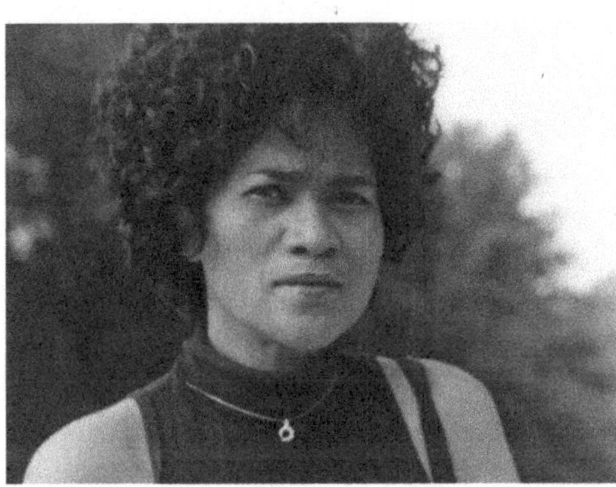

Meine Mutter Beatrice Bennett im Jahr 1973, kurz nachdem sie mir bei meiner Flucht – barfuß (!) - aus Phils Anwesen geholfen hatte. [© Kevin Dilworth]

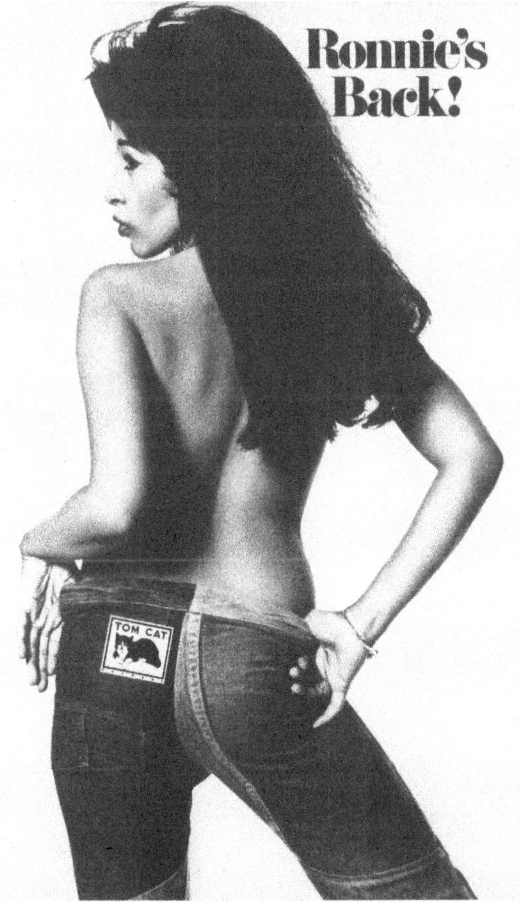

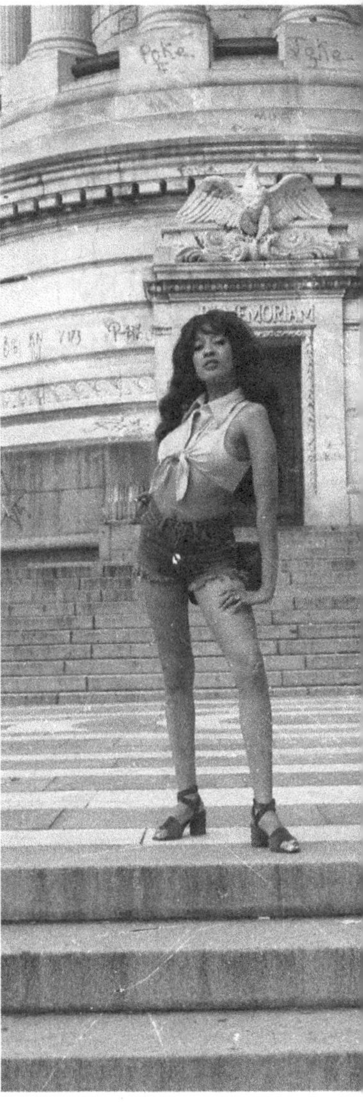

Nach vier Jahren Ehe mit Phil konnte ich es kaum erwarten nach New York City zurückzukehren.
[© Kevin Dilworth]

Nach der Scheidung musste ich meine Karriere wieder ganz von vorne beginnen. Ich kämpfte hart, damit die Leute wussten, dass ich mehr war als ein „Oldie, aber ein Goodie“.
[Aus der Sammlung der Autorin]

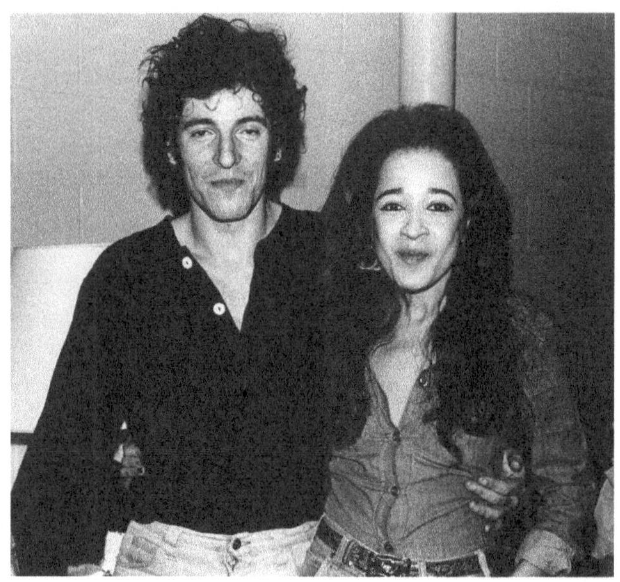

Im Backstage mit Bruce Springsteen, der einen seiner Songs als Duett für mich und Southside Johnny umschrieb. Danach lud er uns als Vorband zu seiner Tournee ein.

[© Janet Macoska]

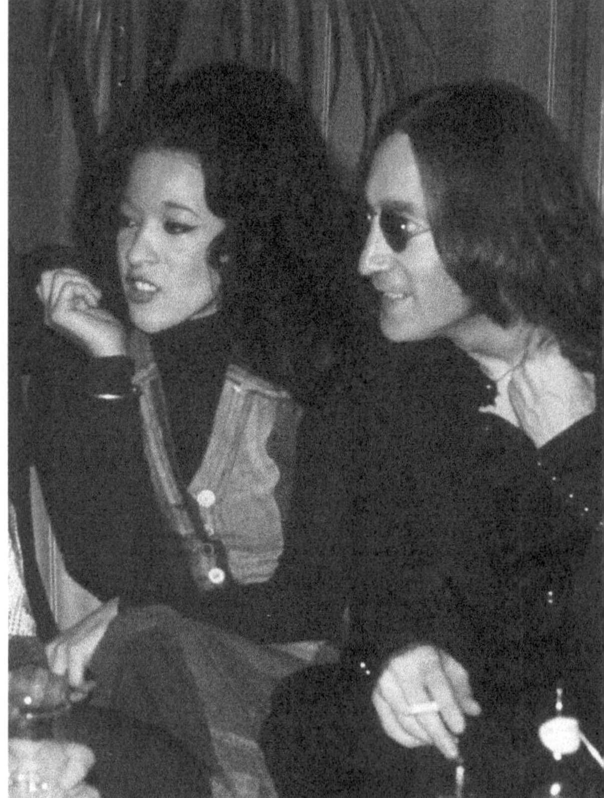

Das letzte Mal, als ich John Lennon sah, erklärte er mir, nie zufriedener gewesen zu sein. Ich fühlte mich überglücklich, dass er endlich den Frieden gefunden hatte, nachdem er so lange suchte.

[© Bob Gruen]

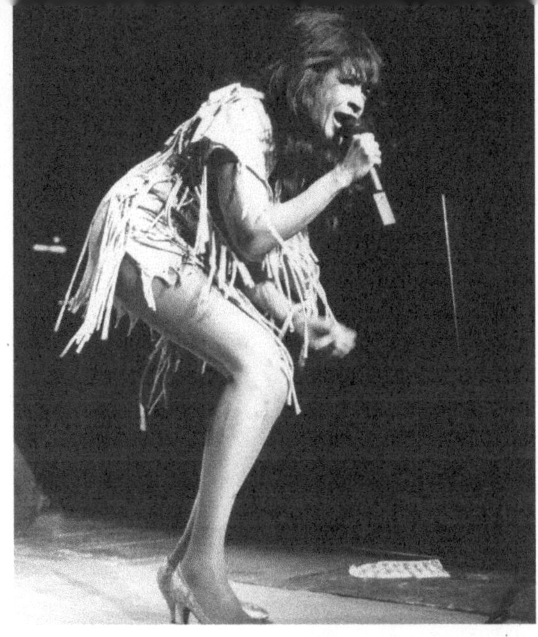

Nach mehr als 60 Jahren des Singens, kann ich mir ein Leben ohne die Musik nicht mehr vorstellen. Wenn ich auf der Bühne bin, ist in meiner Welt alles an der richtigen Stelle.

[Foto © Richard Bonenfant]

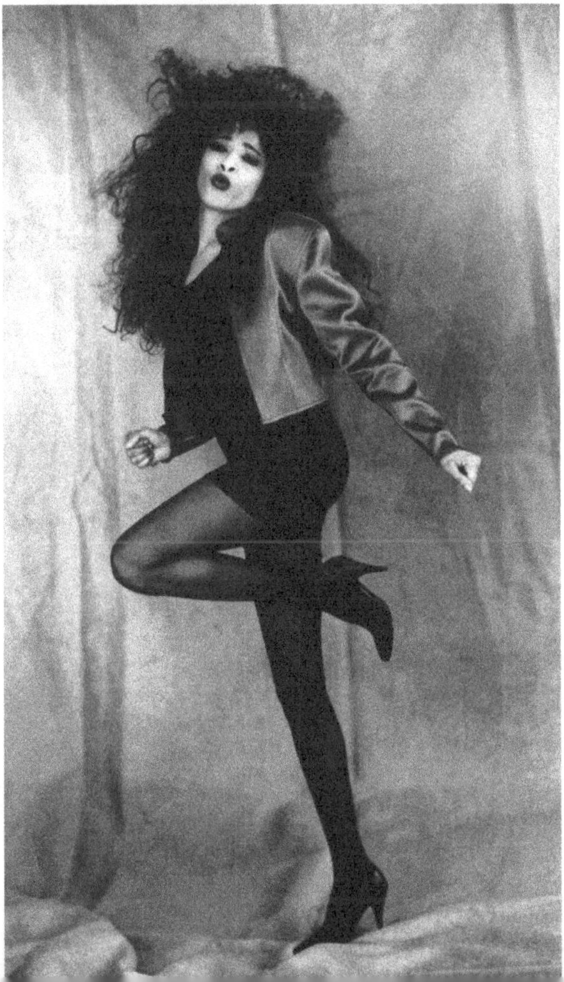

Ich machte gerade den Abwasch, als Eddie Money anrief und mich bat mit ihm „Take Me Home Tonight" zu singen. Die Platte lief so gut, dass mir Columbia Records einen Vertrag für *Unfinished Business* anbot, mein erstes Soloalbum in sieben Jahren.

[Foto von Sante D'Orazion, aus der Sammlung der Autorin.]

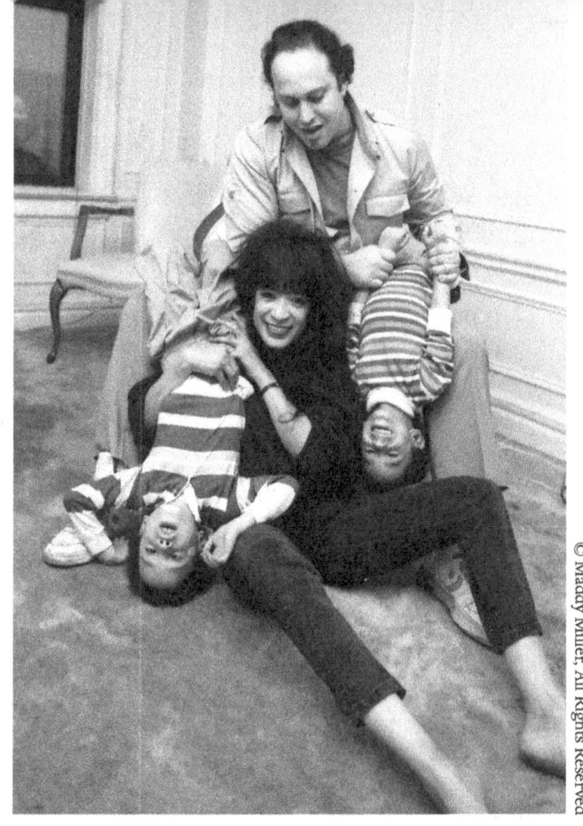

Jon und ich mit unseren „kleinen" Jungs. Nun sind sie in ihren Dreißigern, während Jon und ich beinahe 40 Jahre verheiratet sind. Erinnere ich mich an die Jugend, hätte ich damals nie geglaubt, noch in diesem Alter am Leben zu sein, ganz zu schweigen davon, meinen Traum zu verwirklichen.

[Foto © Maddy Miller, Alle Rechte vorbehalten.]

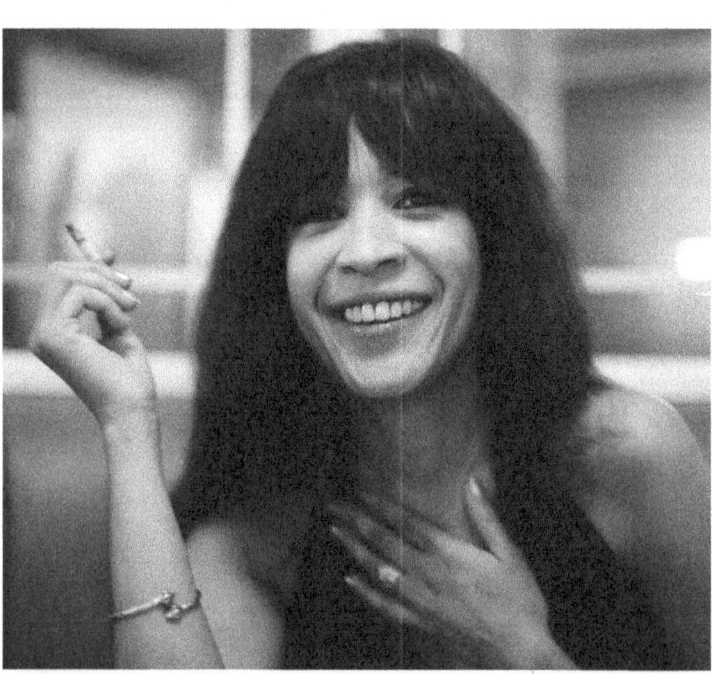

15

Krampfanfall

Höre ich einige der Geschichten, die über meine Ehe mit Phil die Runde machen, bin ich immer wieder verblüfft. Fast jeder nimmt an, dass er mich ständig verprügelte, damit ich bei ihm im Anwesen blieb. Aber er erhob niemals die Hand gegen mich. Körperlicher Missbrauch – das war nicht sein Stil. Seine Spezialität lag bei der psychischen Folter – Beleidigungen, Rumbrüllen, Fluchen, die ganze Palette der Verbalattacken. Und eins darf ich Ihnen verraten – manchmal gab es Zeiten, in denen er so viel rumschrie, dass ich mir fast wünschte, er würde die Grenze überschreiten und mich schlagen.

Einmal zog ich mir allerdings Blessuren zu – als ich vor ihm fliehen wollte. Das geschah am Tag, bevor er sich zu einer Geschäftsreise nach Philadelphia aufmachen wollte. Ich hatte Pläne geschmiedet, während seiner Abwesenheit meine Familie in New York zu besuchen. Phil ließ mich meist alle paar Monate für ungefähr eine Woche in meine Heimatstadt ziehen, doch aus irgendeinem Grund wollte er diesmal, dass ich in der Stadt blieb. Ich stand oben an der Treppe, während er mir seinen „Grund" erklärte. „Du musst hierbleiben und auf alles aufpassen, wenn ich weg bin", meinte er. „Wenn ich zurückkomme, lasse ich dich nach New York fliegen."

Das war das Ende der Diskussion. Zumindest dachte er das. Doch ich brauchte viel zu dringend eine Pause vom Leben in Kalifornien, um jetzt klein beizugeben. „Warum kann George nicht auf alles aufpassen, wenn ich weg bin?", wollte ich wissen. Phil hatte einen schwierigen Charakterzug, denn er diskutierte nur eine bestimmte Zeit, wonach man sehr vorsichtig sein musste. Wenn er mal wieder puterrot anlief, wusste ich, dass ich zu weit gegangen war.

„Warum musst du dich mir immer widersetzen!", schrie er. „Hast du insgeheim den brennenden Wunsch, mich zu verletzen?" In dem Moment krakeelte er direkt vor meinem Gesicht. Ich bekam Angst, wich einen Schritt zurück, aber fand keinen Halt und verlor das Gleichgewicht und stürzte die Treppe hinunter.

Ich sah wie ich mit der Hand versuchte, das Geländer zu greifen, es aber knapp verfehlte. Dann erblickte ich den Teppich auf dem ersten Absatz, der näher und näher kam, bis ich mit einem Knall aufschlug. Als ich mich aufraffte, spürte ich diesen stechenden Schmerz am ganzen Körper. Mein Knöchel fühlte sich an, als würde dort ein Messer reingerammt worden sein.

„Nein, nein, nein!", schrie Phil, während er die Treppen hinunterrannte. „Tritt nicht auf. Vielleicht ist was gebrochen!"

„Glaube nicht", erwiderte ich. Ich fand es so dumm, die eigene Treppe hinunterzufallen, dass ich die Angelegenheit so schnell wie möglich vergessen wollte. Doch Phil bestand darauf, auf dem schnellsten Weg einen Arzt aufzusuchen.

Der Doktor gab mir Recht, dass es sich vermutlich nur um eine minimale Stauchung handele. Doch dann geschah etwas Komisches. Er ging in das andere Behandlungszimmer, um kurz mit Phil zu sprechen. Zwei Minuten später kam er zurück und gab bekannt, den ganzen Fuß einzugipsen. „Nur um auf der sicheren Seite zu sein", meinte er.

Am nächsten Tag reiste Phil nach Philadelphia, doch vor der Abfahrt rief er noch einen Pflegedienst an und engagierte eine Krankenschwester, die während seiner Abwesenheit auf mich aufpassen sollte. Bei all den Angestellten, die wir hatten, sah ich keinerlei Sinn darin, auch noch Pflegepersonal einzustellen. „Kann sich George nicht um mich kümmern?", fragte ich.

„Du denkst nicht nach, Veronica“, meinte Phil belehrend. „Was würde George denn bei einem Notfall machen?“ Da hatte er Recht wie ich eingestehen musste. Davon abgesehen, schaute ich mal einen Bette-Davis-Film, in dem sie eine Kranke spielte, und so fand ich die Vorstellung einer Ganztagsbetreuung ganz witzig.

Weit gefehlt. Sie war ein Albtraum! Dieses Weib setzte mich in einen Rollstuhl und behielt mich Tag und Nacht im Auge. Sie war sogar noch schlimmer als Phil. Zu allem Überfluss brachte sie mir noch alle paar Stunden diese roten Pillen und ein Glas Wasser.

„Wofür sind die?“, wollte ich wissen, als die Hexe sie mir das erste Mal verabreichte.

„Sie sind gegen die Schmerzen“, antwortete sie. „Los, Mund auf!“

Ich nahm sie, doch von den Dingern wurde ich nur müde. Eines Tages – ich wollte unbedingt wissen, wofür die Tabletten waren – humpelte ich in ihr Zimmer, während sie unter der Dusche stand und warf einen kurzen Blick in die Medizintasche. Das Ding war bis oben hin voll mit Pillen – rote, blaue und gelbe! Das sah so aus, als würde ein Regenbogen erstrahlen. Plötzlich hörte ich, wie sie aus der Dusche kam, schnappte mir impulsiv eine Handvoll, steckte sie in den Morgenmantel und hüpfte wieder zum Rollstuhl. Sie sprach mich niemals auf die fehlenden Tabletten an, die ich nach wenigen Stunden selbst vergessen hatte.

Da Phil nicht in der Stadt war, gab es einen höchst willkommenen Vorteil, denn ich konnte endlich meine Freunde zu mir einladen. Vielleicht sollte ich lieber eine Freundin sagen, denn in jenen Tagen konnte ich mich nur auf Bobbie Golson verlassen. Wie die meisten, die mich kannten, hatte Bobbie nicht viel für Phil übrig, und sie wusste, dass es ihm mit ihr ähnlich ging. Natürlich zeigte sie sich überrascht über meinen Telefonanruf und die Einladung zum Dinner. „Phil erlaubt dir Gesellschaft im Anwesen?“, fragte sie ungläubig. Als ich erklärte, dass er weg sei, musste sie lauthals lachen. „Tja, ich wusste sofort, dass irgendetwas ‚Unheimliches‘ vor sich geht.“

Mir gefiel die Vorstellung, die Rolle einer Gastgeberin zu spielen, der ich augenblicklich gerecht wurde. Ich warf mir den mit

Rüschen besetzten Morgenmantel über und „führte" Bobbie mit dem Rollstuhl durch das ganze Haus. Niemand sollte jemals den ersten Stock betreten, doch ich nahm sie mit hoch. Vermutlich war sie bis auf die Angestellten der einzige Mensch, der jemals unsere beiden Badezimmer sah. Nach dem Rundgang machten wir es uns am Pool gemütlich, wo George den Lunch servierte.

Als sich Bobbie nach meinem „gebrochenen Bein" erkundigte, erzählte ich ihr die ganze lächerliche Geschichte des Arztes, der mir den dicken Gips verpasste und von Phil, der eine Krankenschwester einstellte, die sich während seiner Abwesenheit um mich kümmerte. Ich hatte die Story erst halb erzählt, als ich den ernsten Gesichtsausdruck von Bobbie bemerkte, die mir konzentriert zuhörte. Und je länger ich die Geschichte ausführte, desto besorgter wirkte sie. Als ich ihr von den Tabletten berichtete, die mir die Krankenschwester verabreichte, unterbrach sie mich sofort.

„Was für Tabletten?"

„Rote, meistens. Manchmal auch grüne." Dann erinnerte ich mich an die Pillen, die immer noch im Morgenmantel steckten. „Wie diese."

Ich streckte meinen Arm aus, um sie ihr zu zeigen, doch sie berührte sie nicht. Bobbie starrte auf die Dinger und schüttelte den Kopf. „Du solltest mit dem Zeug vorsichtig sein, Ronnie!" Dann lehnte sie sich im Pool-Stuhl zurück. „Mein Gott. Ich hatte überhaupt keine Vorstellung, wie schlimm das alles geworden ist."

„Was meinst du?"

„Mit Phil!" Sie ließ den Blick durch den Garten schweifen, um sicherzugehen, dass sich auch wirklich niemand in unserer Nähe aufhielt. „Merkst du das nicht selbst? Ein Komplettgips, der Rollstuhl, die Krankenschwester? Phil hat sich das alles ausgedacht, damit du eine Gefangene in seinem Haus bleibst, auch wenn er 3.000 Meilen weit weg ist."

Ich musste daran denken, wie Phil den Arzt beiseite nahm, kurz bevor dieser sich dazu entschied, mir den Gips zu verpassen. Und eigentlich hatte ich mich auch schon gewundert, ob es wirklich ein

Zufall war, dass diese neugierige, herumschnüffelnde Krankenschwester mich mit ihren Argusaugen ständig im Blick behielt. Hatte Phil möglicherweise so einen Plan ausgearbeitet? Allerdings konnte ich mir nicht sicher sein, und so entschied ich mich zu seinen Gunsten zu zweifeln.

„Phil wollte doch nur sichergehen, dass ich eine anständige medizinische Versorgung habe", versuchte ich als Erklärung einzuwenden. „Er macht sich halt Sorgen."

„Ronnie! Was stimmt nicht mit dir?", meine Bobbie energisch. „Die hier herumschleichende Dame ist nicht mehr als eine 24-Stunden-Gefängnisaufseherin."

„So? Und wenn sie es auch ist – was soll ich denn dagegen machen?", fragte ich.

„Ich bringe dich zu jemanden, der dir helfen kann."

„Nein", meinte ich widerstrebend. Tief in meinem Herzen wusste ich, dass Bobbie Recht hatte – natürlich! Doch ich fand immer noch, dass es eine Angelegenheit nur zwischen mir und Phil war. „Ich kann mich selbst darum kümmern", warf ich ein. „Ich kann es – das weiß ich."

Bobbie war sich da nicht so sicher. Sie saß mit gerunzelter Stirn auf ihrem Stuhl, dabei den Kopf schüttelnd. „Ja, Phil hat seine Probleme", fuhr ich fort. „Doch er war nicht immer so. Das ist nur eine Phase."

Dann fiel sie mir ins Wort. „Und wie viele Jahre willst du mit dem Warten verschwenden, dass er aus dieser Phase kommt?"

„So viele Jahre wie nötig", sagte ich trotzig. „Ich liebe Phil. Er ist mein Mann. Niemand empfindet für ihn so wie ich. Verstehst du das nicht? Ohne mich wäre er verloren." Ich versuchte mit fester Stimme zu sprechen, doch sie wurde immer undeutlicher, als mir die Tränen kamen. „Ich bin das Einzige, was er hat."

Bobbie streckte ihren Arm über den Glastisch aus und nahm tröstend meine Hand. „Und er ist das Einzige, was ich habe." Sie hielt meine Hand, während ich dort saß und wie ein kleines Kind weinte. Mir tat Phil leid, aber gleichzeitig empfand ich noch mehr Mitleid für mich selbst. Wenige Minuten darauf kam die Krankenschwester nach draußen, um zu sehen, was vor sich ging.

„Na, na", sagte sie mit einem gespielt fürsorglichen Unterton. „Wir dürfen es doch nicht zulassen, dass meine geschätzte Patientin sich an so einem schönen Tag aufregt, nicht wahr?" Dann öffnete sie die Hand, in der sie eine rote Pille hielt. „Hier, nehmen Sie diese. Die wird Sie beruhigen."

Das war mehr als Bobbie ertragen konnte. „Moment mal", herrschte sie die Frau an, dabei direkt in ihr Gesicht starrend. „Wenn Sie Ronnie nicht sofort in Ruhe lassen, werde ich Sie in den Rollstuhl stecken und dann können sie die Pille selber schlucken! Und wenn Sie nicht ganz vorsichtig sind, entscheide ich mich vielleicht dazu, ihren Arsch zum Pool zu schleifen und Sie dort zu versenken." Die Krankenschwester sah Bobbie an, als sei diese wahnsinnig geworden. Und dann war sie auch schon verschwunden, und wir beendeten unseren Lunch.

Nachdem Bobbie wieder gefahren war, musste ich unentwegt über das Gesagte nachdenken. Vielleicht hatte sie Recht? Vielleicht war die Krankenschwester nichts weiter als eine bezahlte Wächterin? Doch wenn das so war, würde ich nicht mitspielen und ihr den Job noch leichter machen.

George Brand war zusammen mit Phil gereist, und so bat ich George Johnson, mir den Wagen zu bringen. „Ich werde ein wenig rausfahren", erklärte ich. „Alleine."

George nickte nur und ging raus, um den Wagen zu holen, doch die Hexe von Krankenschwester ließ nicht locker. „Da bin ich mir aber nicht so sicher, mein Liebes", meinte sie. „Klappt das mit Krücken?"

„Klar", lautete meine kurz angebundene Antwort. Für das Autofahren brauche ich sie eh und je nicht. Ich komme schon zurecht."

Sie verzog ihr Gesicht, doch konnte letztendlich nichts dagegen unternehmen. George kam dann und rollte mich zum Auto, und wir warfen die Krücken auf die hintere Sitzbank. „Endlich frei", sang ich, während ich den Wagen durch das vordere Tor steuerte. „Endlich frei. Danke dir Gott, ich bin endlich frei."

Natürlich hatte ich keine Idee, wohin es gehen sollte, und so fuhr ich einfach los. Von der Doheny ging es zum Sunset und dann den Sunset runter nach La Cienega, wo ich langsam an den großen Restaurants vorbeifuhr, wo all die glücklichen Menschen saßen. Schließlich gelangte ich zum Santa Monica Boulevard, wo ich Vini Poncia sah. Vini war einer meiner ältesten Songwriter. Er hatte gemeinsam mit Phil und Pete Andreoli „(The Best Part Of) Breakin' Up" geschrieben. Er schlenderte auf dem Gehweg entlang und so drückte ich auf die Hupe und fuhr an den Straßenrand.

Vini und seine Frau wohnten im Tropicana, einem Motel, ganz in der Nähe. Als er mich zu einem Drink einlud, meinte ich „Was soll's schon?" und humpelte auf meinen Krücken mit ihm. Ich hielt mich dort ungefähr eine halbe Stunde auf, lange genug, um ein wenig Smalltalk zu machen und einige Drinks zu schlürfen. Dann verabschiedete ich mich und humpelte zurück zum Wagen.

Ich hatte nur einige Drinks genommen, fühlte aber plötzlich einen starken Schwindel. Ich wusste damals noch nicht, dass man Tabletten und Alkohol nicht miteinander mixen sollte. Als die Drinks auf drei Tage Pillen trafen, war das einfach zu viel. An der Straße angelangt, konnte ich mich kaum mehr auf den Beinen halten. Ich ließ die Krücken fallen und legte mich auf den Gehsteig. Das war beängstigend! Ich war nicht betrunken, denn ich hatte mir schon oft genug einen hinter die Binde gekippt, um das Gefühl zu kennen. Das hier war anders. Und dann überkam mich die Panik.

Ganz langsam begann mein Körper zu zittern. Auf einmal hatte ich das Gefühl, dass ich meine Arme nicht mehr kontrollieren konnte. Dann nahmen sie ein Eigenleben an und zuckten wild durch die Gegend. Ich konnte nichts dagegen machen. Wenige Sekunden später krümmte sich mein ganzer Körper und verdrehte sich regelrecht. Diese Schmerzen! Keine Chance, dass ich mich unter Kontrolle brachte. Schließlich verdrehte ich die Augen und fiel in Ohnmacht – direkt auf dem Santa Monica Boulevard.

Ich hatte gerade meinen ersten Entzugsanfall erlebt.

Ich weiß nicht, wie lange ich bewusstlos war, doch als ich wieder zu Sinnen kam, sah ich mein Portemonnaie auf dem Weg und überall das verschmierte Make-up auf dem Pflaster. Ich lag am Boden, doch hatte keine Ahnung wie ich dorthin gekommen war. Niemand hatte mich gesehen, denn in Kalifornien gehen abends nur noch wenige spazieren. Schließlich schnappte ich die Krücken und zog mich hoch, doch blieb weitere 15 Minuten vollkommen orientierungslos. Ich brauchte noch eine halbe Stunde, bis ich endlich wusste, wo ich mich aufhielt.

Ich schleppte mich zum Wagen und fuhr nach Hause. Diese Erfahrung hatte mich zu Tode geängstigt, aber ich entschied mich dazu, niemanden etwas davon zu erzählen. Phil war ja immer noch weg. Und was er nicht wusste, konnte mich nicht verletzen.

16

Eine ungewöhnliche Geburt

Nach all dem Scheiß, der 1968 abging, musste das neue Jahr besser werden. Das traf auch zu. Im Januar „verkündete" Phil, dass wir wieder ins Studio gehen würden, um meine erste Platte in beinahe drei Jahren aufzunehmen.

Ich konnte es nicht fassen! Eines Morgens schwamm er im Pool und zog seine Bahnen wie auch an jedem anderen Tag. Von einer Minute auf die andere trocknete er sich mit einem großen Handtuch mit Blumenmuster ab und sagte: „Ich glaube, ich gehe heute ins Studio. Willst du mitkommen?"

„Phil?", fragte ich ungläubig. „Soll das ein Witz sein?"

„Veronica", seufzte er. „Warum sollte ich einen Witz über so was machen?"

Er ahnte, dass er mich mit seiner beiläufigen Art auf die Folter spannte, glaubte aber, dass er daraus keine große Sache machen wollte, für den Fall eines Flops. Doch das war mir egal. Ich wusste immer, dass Phil das Zeug für ein Comeback in sich hatte. Plattenaufnahmen stellten quasi eine Art gemeinsame Sucht dar, für die es keine Therapie gab. Man muss einfach zurück und es wieder versuchen – versuchen, neue Hits zu produzieren. Und exakt das würden Phil und ich machen. Da war ich mir ganz sicher.

Phil hatte sogar einen neuen Song für mich – „You Came, You Saw, You Conquered" – den er zusammen mit Toni Wine und Irwin

Levine komponierte. Ich glaubte, im Studio würde alles so wie in alten Zeiten werden. Philles Records war jedoch seit 1966 nicht mehr im Geschäft und in drei Jahren verändert sich sehr viel – besonders im Musikbusiness.

Zum Beispiel nahmen wir in einem brandneuen Studio auf. Phil hatte einen Vertrag abgeschlossen, seine Neuproduktionen über Herb Alperts A&M-Label zu veröffentlichen. Und so erschienen wir in diesem fantastischen hochmodernen Studio zur Arbeit, das Herb besaß. Phil war es gewohnt, mit dem antiquierten Equipment im Gold Star zu arbeiten, und ich glaube, dass er sich von diesen Space-Age-Bandmaschinen und modernen Mikrofonen eingeschüchtert fühlte. Statt zuzugeben, dass er noch „von gestern" war, versuchte er unglücklicherweise seine Unwissenheit durch ein übermäßig tyrannisches Gebaren zu überspielen. Und das richtete sich besonders gegen mich.

An unserem ersten Tag begrüßte ich alle Musiker und Tontechniker, wie ich es früher im Gold Star immer getan hatte. Doch Phil mochte das nicht und ließ es mich auch wissen. „Veronica, was glaubst du wohl, wohin du gehst?", schrie er über die Studiomonitore. „Bleib beim Mikrofon, verdammt noch mal! Wir versuchen es gerade einzupegeln."

Wenn er mich nicht wie festgewurzelt auf einer Stelle stehen ließ, musste ich bei ihm in der Regie sitzen – wie eine Gefangene. Ich hatte gehofft, dass Phil jetzt, da wir verheiratet waren, mir gegenüber mehr Respekt erweisen würde, doch das exakte Gegenteil stellte sich ein. Es wurde alles so schlimm, dass ich den Umgang miteinander im Gold Star vermisste. Wenigstens konnte ich mich dort in der Damentoilette verstecken.

Ich glaube, dass auch Phil das Gold Star vermisste. Damals ertrugen alle den Scheiß, den er abzog. Doch die Jobs der Leute bei A&M hingen nicht mehr von Phils Launen ab, woraufhin sie ihn wie den Durchgeknallten behandelten, der er auch war. Die besaßen sogar ein Foto von ihm, das sie zur Zielscheibe beim Darts machten. Ich ging mit Phil eines Tages durch die Angestellten-Lounge, als ich es sah. Ich war mir sicher, dass er austickt, doch Phil schlenderte mit einem breiten Lächeln zum Foto.

„Lässt du es abnehmen?", fragte ich.

„Nicht in einer Million Jahren", antwortete er eitel. „Das Dart-Board ist eine größere Ehre als ein Grammy!"

„Warum?"

„Die Leute werfen nur Darts auf eine Person, von der sie sich bedroht fühlen", erklärte er. „Die Typen, die das aufgehängt haben, wissen, dass ich bereits mehr in meiner Karriere erreicht habe, als es ihnen je möglich sein wird. Sie können es nicht ertragen, und so werfen sie die Darts auf mich. Geh und zähle die Löcher. Ich will, dass man mehr Darts auf mein Gesicht wirft, als bei jedem anderen Produzenten in der Geschichte der Musikindustrie."

Ich hatte meinen Gesang nach einigen Tagen beendet, woraufhin Phil mich nach Hause schickte. Doch so wie er sich benommen hatte, war ich nur froh da raus zu sein. Das war das Letzte, was ich von meinem Comeback hörte und auch das letzte Mal, dass ich „You Came, You Saw, You Conquered" hörte. Die Platte erschien im März 1969, doch wurde ein so schlimmer Flop, dass Phil sie auch zusammen mit den anderen unveröffentlichten Aufnahmen im Archiv hätte lassen können.

Obwohl sie sich im Nichts auflöste, war ich nicht enttäuscht, was mich befremdete. Mittlerweile hatte mein Selbstvertrauen so einen Tiefpunkt erreicht, dass ich den Misserfolg als einen weiteren Beweis sah, dass ich keine Sängerin mehr war. Zurückschauend stelle ich mir die Frage, ob Phil das alles beabsichtigte. Warum sollte er wohl sonst einen Song mit dem Titel „You Came, You Saw, You Conquered" schreiben, wenn es sich um keine Botschaft handelte? Er kam, er sah und ich – musste mich mit diesem Song geschlagen geben.

Nachdem ich meinen Traum jemals wieder zu singen, aufgegeben hatte, gab es nur noch eine Richtung – nach unten. Ich saß den ganzen Tag im Fernsehzimmer mit meinen Seifenopern und Manischewitz. Und dann begann ich mir die Frage zu stellen, für was ich eigentlich lebte. Meine Karriere war ein Witz, meine Familie wollte mich nur noch sehen, wenn ich auch Geld mitbrachte, und mein Eheleben glich einem wahren Albtraum. Mir ging es hundeelend, aber ich brachte noch nicht mal den Mut auf, mich umzubringen, da ich dafür viel zu feige war. Stattdessen trank ich Roséwein und glotzte *All My Children* bis ich endlich in den Schlaf fiel. Dann hoffte ich nie wieder aufzuwachen – nie wieder.

Nun weiß ich, dass ich mir eine Menge Leid hätte sparen können, hätte ich mich den Problemen gestellt und nach Antworten gesucht. Doch das war nicht mein Stil. Unangenehme Themen zu vermeiden, gehörte zum Familienerbe. Mein ganzes Leben brachte man mir bei, dass schlimme Dinge schließlich verschwinden, kehrt man ihnen den Rücken zu – egal, ob es sich um die Junkies vor dem Haus meiner Großmutter handelte oder meinen Vater, der eine Flasche Gin runterkippte und den Rausch auf den vorderen Treppenstufen ausschlief. Genau auf diese Art ging Mum mit ihren Problemen um, und das traf auch auf Phil zu.

Ich war gerade erst 25 Jahre alt, doch hatte bereits so viel meines Selbst ignoriert und verdrängt, dass ich gar nicht mehr wusste, wer ich eigentlich war. Ich musste unbedingt eine Identität finden – und sehr schnell – denn sonst würden mich Phil, Manischewitz und Bette Davis in den Wahnsinn treiben. So wie es aussah, kamen sie diesem Ziel schon gefährlich nah.

Die Identität, die ich für mich letztendlich auswählte, lag in der Natur begründet – ich würde eine Mutter werden. Ich habe Kinder schon immer geliebt und unbedingt eine Familie gewollt. Ich wusste, dass ich eine gute Mutter werden würde. Eigentlich brauchte ich nur noch ein Kind. Und ich fand es – glauben Sie es oder nicht – im Fernsehen.

Ich schaute diese Doku über ungewollte Babys, in der der Moderator diesen winzigen Jungen hochhielt. Er war erst wenige Tage alt, hatte glatte, braune Haut und das welligste Haar, das ich jemals bei einem Baby gesehen habe. Er war – wie auch ich – gemischtrassig und einfach nur hinreißend.

„Oh, mein Gott", sagte ich zu mir. „Er ist ja so süß!" Er sah genau so aus, wie ich mir immer ein gemeinsames Kind von Phil und mir vorgestellt hatte. Für mich wirkte das wie ein Zeichen Gottes. Ich würde eine Mutter sein und konnte es nicht erwarten.

Und ich wartete auch nicht. Ich rief an, fand heraus, wo die Adoptionsvermittlung ihre Räumlichkeiten hatte und fuhr schon am selben Nachmittag dort hin, sogar ohne Phil zu fragen. Die Büros lagen mitten in der Stadt, und da Phil meinen Wagen an dem Tag benutzte, musste ich den großen, weißen Rolls über den Hollywood Freeway bugsieren. Das jagte mir natürlich eine Höllenangst ein. Ich war so nervös, dass ich auf dem ganzen Weg immer wieder über den Mittelstreifen steuerte. Nachdem ich all das überstanden hatte und die Agentur betrat, erklärte mir die Adoptionsvermittlerin, dass ich ihn nicht sehen durfte.

Sie stellte sich als Miss Tracy vor und verhielt sich nett und fürsorglich. Doch sie wies mich auf Regeln hin, die es zu befolgen galt. „Was meinen Sie?“, wollte ich wissen. „Was für Regeln?“

„Normalerweise benötigt man einen Termin, um die Kinder zu sehen“, erklärte sie. „Und es ist verpflichtend, dass beide infrage kommenden Elternteile bei den Vorgesprächen anwesend sind.“

Ich fühlte mich so niedergeschlagen, dass ich zu weinen begann. „Sie verstehen das nicht. Mein Mann war bei der Fernsehübertragung nicht zuhause, doch ich konnte nicht mehr warten. Ich musste dieses kleine Baby sehen. Und ich bin den ganzen Weg hierhergefahren. Auf dem Freeway. Ganz allein.“

Ich machte natürlich keine Witze, und Miss Tracy muss mein Verhalten wohl als lustig empfunden haben, denn sie ließ endlich ihre steife Fassade fallen. „In Ordnung, Mrs. Spector“, sagte sie mit einem Lächeln. „Für eine Lady, die den Hollywood Freeway ganz allein besiegte, können wir die Regeln etwas lockerer auffassen.“

Sie ging in ein anderes Zimmer, und als sie dort herauskam, trug sie das Baby auf dem Arm. Er war so winzig, mit einer perfekten Nase und langen, leicht gewellten Wimpern. Miss Tracy verriet mir, dass er am 23. März 1969 auf die Welt kam – nun war April – und somit erst wenige Wochen alt war.

Ich streichelte eine seiner kleinen Augenbrauen und plötzlich schaute er mich an. Ich begann zu weinen. Es war doch nur ein

Baby und bereits ganz allein auf dieser weiten Welt. Er tat mir so leid, dass ich ihn am liebsten noch am selben Tag mit nach Hause genommen hätte. Doch das ließ Miss Tracy nicht zu.

„Zuerst müssen wir einen Termin für eine Besprechung finden", erklärte sie. „Und dann muss ich Sie und Ihren Mann zuhause aufsuchen."

„Und wie lange dauert es, bis ich das Baby haben kann?", fragte ich. In meiner Vorstellung gehörte er bereits zu mir. Das musste so sein.

„Das dauert seine Zeit", klärte sie mich auf. „Doch wenn sich alles zur Zufriedenheit entwickelt, können Sie ihn nächsten Monat zu dieser Zeit zu sich nehmen."

„Okay", antwortete ich. „Aber Sie werden ihn doch nicht jemandem anderen zeigen, oder? Weil ich weiß, dass sich alles gut regeln lässt. Es muss sich gut regeln lassen, denn ich will dieses Baby wirklich. Er schaut sogar wie ich aus."

Dann nahm Miss Tracy das Baby auf ihren Arm und lächelte. „Wenn es so sein soll, wird es auch so sein. Gehen Sie jetzt ruhig nach Hause und hören Sie auf, sich Sorgen zu machen." Ich war schon fast zur Tür raus, als sie mir nachrief: „Und reden Sie mit ihrem Mann!"

Das machte ich auch. Und Phil war genauso begeistert wie ich von der Idee ein Baby zu adoptieren. Wir hatten vermutlich beide das Gefühl, dass uns Kinder einander näherbrächten, und warteten wie verrückt auf die Nachricht, ob man der Adoption zugesagt hatte. Wir suchten sogar schon einen Namen für ihn aus – Donté – so, als sei es unser leibliches Kind.

Damals war es genauso schwierig, ein Kind zu adoptieren wie auch heute noch. Man wurde streng überprüft. Allerdings fanden wir schnell heraus, dass sich die Adoption für Wohlhabende einfacher gestaltete. Miss Tracy besuchte das Anwesen, sah sich kurz um und erklärte, dass man uns das Baby zusprechen würde.

Ich fühlte mich überglücklich. Der Monat, den wir warten mussten, während man den ganzen Papierkram erledigte, damit Donté endlich zu uns konnte, waren die längsten vier Wochen meines

Lebens. Ich fühlte mich wie ein Kind zu Weihnachten und wusste, dass ich das wunderbarste Geschenk bekäme.

Obwohl Donté adoptiert wurde, wollte ihn Phil wie unser eigenes Kind aufziehen. Ich konnte da nichts Schlechtes erkennen – doch – wie alles andere in seinem Leben – reizte er diese Einstellung bis ins lächerlichste Extrem aus. In seiner Fantasiewelt war Donté unser natürlich geborenes Kind. Und Phil war bereit, alles zu unternehmen, um den Rest der Welt davon zu überzeugen, darunter sogar mich.

Eines Tages schmückte ich gerade das Kinderzimmer, als Phil hereinkam und mir eine kleine gelbe Karte überreichte. „Was ist das?", wollte ich wissen.

„Die Bekanntmachung von Dontés Geburt", erklärte er.

Ich schaute auf die Karte. Auf einer Seite erkannte man die Zeichnung eines Babys, untertitelt mit „Presenting the Smash Hit Production of Donté Phillip Spector". Ich lächelte über Phils Witz, das Baby wie eine seiner Hit-Produktionen darzustellen. Ich fand das niedlich. Doch mein Lächeln gefror, als ich mir das kleine Szenario auf der Rückseite der Karte durchlas:

ERSTER AKT:
Zeit: Krankenhaus … 23. März 1969.
Handlung: Ein kleines Baby wird zu früh geboren … Der Mutter geht es gut …
Der Gesundheitszustand des Kindes ist unklar.
Die Eltern gehen nervös nach Hause …
Das Baby bleibt im Hospital.

ZWEITER AKT:
Zeit: Vier Wochen später im Krankenhaus.
Handlung: Dem Baby geht es gut … Name: Donté Phillip.
Die Eltern sind ganz aufgeregt, aber noch zögerlich, sich den Erfolg einzugestehen.
Sie können es nicht glauben!

DRITTER AKT:
Zeit: Zehn Wochen später.
Handlung: Mum und Paps bringen das Baby nach Hause.
Das Baby wiegt zehn Pfund. Die Eltern können es endlich glauben.
Die Feuerprobe ist bestanden … Happy End.
Eine Veronica und Phil Spector Produktion.

Ich hatte es noch nicht zu Ende gelesen, als mich Phil fragte: „Was hältst du davon?"

„Ich weiß nicht", antwortete ich, dabei jedes einzelne Wort anstarrend. „Das klingt so, als habe ich Donté selbst empfangen."

„Das will ich auch glauben. Wenn wir Donté als unser eigenes Kind aufziehen, müssen wir auch so denken."

„Aber, Phil", protestierte ich. „Jeder weiß doch, dass ich nicht schwanger war."

„Und wenn ich erkläre, dass du schwanger warst, wer würde dann sagen, es stimme nicht?"

Das war ein Argument. Die Leute bekamen mich so selten zu Gesicht, dass sie Phils Behauptung glauben würden, ich sei die letzten acht Monate schwanger gewesen. Er gab sich geradezu manisch, den Leuten den Eindruck zu vermitteln, dass es sich um sein Baby handele. Er ließ mich sogar ein Kissen unter meinem T-Shirt tragen, wenn seine Sekretärin Gloria uns aufsuchte.

Der Tag, an dem wir Donté endlich abholten, war vermutlich der einzige wirklich glückliche Tag unserer gesamten Ehe. Als wir vorsichtig mit dem in eine Decke gehülltem Baby aus dem Adoptionsbüro gingen, glichen wir jedem anderen, glücklich verheirateten Paar. Es war ein Traum, der sich erfüllte – endlich hatten wir eine eigene Familie.

Wir verbrachten den Rest des Nachmittags, indem wir Donté fütterten und ihn überfürsorglich behandelten, wie es auch ganz normale Eltern machen. Ich liebte das. Für wenige Stunden war ich mir sicher, dass sich alles zwischen Phil und mir ändern würde, nun da wir unsere eigene kleine Familie hatten. Doch diese Fantasie dauerte ungefähr einen Tag, denn Phil begann wieder mit seinen üblichen Tricks.

Ich spielte gerade mit Donté im Kinderzimmer, als George Johnson diese ältere Dame hereinführte. Sie trug eine Tasche voller Windeln und Babyspielzeug bei sich. „Das muss also unser Donté sein", meinte sie. „Und Sie sind die neue Mami."

„Ja", antwortete ich irritiert. „Und wer sind Sie?"

„Ich bin Mrs. Taylor", lautete die Antwort. „Hat Ihnen Ihr Mann nicht von mir erzählt? Er hat mich eingestellt, damit ich mich um das Baby kümmere." Und diese Lady machte keine Scherze. Noch bevor sie den Satz zu Ende gebracht hatte, hatte sie sich Dontés Windeln angeschaut und bereits mit dem Abziehen der Bettwäsche begonnen. Ich fühlte mich wie vor den Kopf geschlagen. Diese Lady erscheint wie aus dem Nichts und übernimmt in nur drei Minuten das Regime, trennt mich von meinem eigenen Kind.

Ich konnte es nicht glauben – Phil stellt ein Kindermädchen ein, ohne zuerst mit mir darüber zu reden. Als ich zum Pool rausging, um ihn damit zu konfrontieren, tat er so, als wäre es eine Nebensächlichkeit. „Du hast doch keine Ahnung, wie man ein Kind großzieht", meinte er. „Ich habe Mrs. Taylor eingestellt, weil sie eine ausgebildete Expertin ist. Willst du nicht auch das Beste für Donté?"

„Natürlich will ich das", stimmte ich zu. „Doch die Liebe einer Mutter ist das Beste, was man einem Kind geben kann."

„Dann liebe ihn. Das bedeutet noch lange nicht, dass du die Windeln wechseln musst."

„Und wenn ich die Windel wechseln will?", musste ich einwenden. Doch Phil gab nicht nach.

Wir waren reich, wir mussten ein Kindermädchen haben, und damit hatte sich alles erledigt. „Davon abgesehen", bekräftigte er seinen Standpunkt, „Wer soll sich denn um das Baby kümmern, wenn wir im Studio sind?"

Phil wusste, dass er mich damit hatte. Ich würde nicht gegen eine Entscheidung argumentieren, die meine Karriere vermeintlich begünstigte. Und so akzeptierte ich es, und von dem Zeitpunkt an lebte bei uns ein Kindermädchen für Donté. Natürlich erhielt ich von Phil niemals eine anständige Antwort, wenn ich ihn fragte, wann es denn wieder ins Studio ginge. „Wann nehmen wir denn wieder was auf?", fragte ich ständig und er blockte mich ab, sagte, ich solle ihn nicht belästigen.

„Raus hier, Veronica", hieß es dann. „Ich muss noch einige Anrufe machen." So lief das ab, wenn er gute Laune hatte. Wenn ich es wagte, Phil in einer miesen Stimmung anzusprechen, wütete er drei Tage lang. „Du egomanische Bitch!", schrie er. „Ich muss noch an etwas Anderes denken, als an deine verfluchte Karriere."

Und wer würde so einem Typen eine Frage ein zweites Mal stellen? Ich nicht! Schließlich gab ich auf und kehrte alle Gespräche über meine Karriere unter den Teppich. Eins wurde offensichtlich – Baby oder kein Baby – Phil war Phil und das würde sich auch in seiner Rolle als Vater nicht ändern.

Nachdem wir Donté zu uns geholt hatten, kam Mum, um so oft wie möglich bei uns zu wohnen. Sie mochte das kleine Gästeapartment, das wir unten für sie eingerichtet hatten, und ich liebte es, sie in meiner Nähe zu wissen. Ich glaube, dass Phil ihre Anwesenheit auch schätzte, denn er konnte sich gut mit ihr unterhalten. Außerdem bat er sie um kleine Gefälligkeiten, wie zum Beispiel das eine Mal, als er sie in den Stadtteil Watts schickte, damit sie ihm eine Afro-Perücke kauft.

Der Afro-Haarstil war in den späten Sixties eine ganz große Sache, und so entschied sich Phil, dass er unbedingt eine Afro-Perücke bräuchte. Für ihn war es die perfekte Frisur für einen Toupetträger, da man unter all den wilden Haaren das Netz nicht sehen konnte. Ich schätze mal, ihm gefiel auch die Vorstellung die Frisur eines Schwarzen zu haben, denn manchmal – das schwöre ich – glaubte er ein Schwarzer zu sein.

Und so gab er Unsummen von Geld aus, damit weiße Perückenmacher ihm Afros designten. Doch sie sahen immer total lächerlich aus! Schließlich war er so verzweifelt, meine Mutter und mich nach Watts zu beordern, um exakt die Afro-Perücke zu kaufen, nach der er Ausschau hielt.

Mum und ich fuhren also zu allen erdenklichen Friseurläden für Schwarze und hielten nach einem Afro Ausschau, Größe extraklein. Als wir schließlich einen Shop fanden, der sie im Sortiment hatte, kauften wir direkt drei und nahmen sie mit nach Hause. Natürlich durfte man Phil keinen Karton mit dem Satz überreichen: „Hier ist deine neue Perücke." Somit stellten wir die Neuanschaffungen diskret auf den Küchentisch ab, denn wir wussten, dass Phil sie von dort holen würde.

Was seine Perücken anbelangte, war Phil extrem pingelig. Er hockte sich vor seinen Spiegel im Ankleidezimmer und verbrachte Tage damit, sein Toupet echt wirken zu lassen. Wir gingen zwar kaum aus, aber bei diesen seltenen Gelegenheiten – wenn er mich zum Beispiel zum Abendessen einlud – verbrachte er Stunden in seinem Zimmer, bevor wir uns endlich aufmachten. Und falls es Phil nicht gelang, seine Perücke optimal zu platzieren, mussten wir zuhause bleiben. Ein großer Teil unseres Ehelebens drehte sich also um seine Haare.

Phil stand total auf den Afro. Wahrscheinlich gab er ihm das Gefühl, eine Seele zu haben, denn nachdem er die Perücke besaß, wollte er, dass wir alle nach Watts fuhren, um uns authentischen Gospel in der Reverend James Cleveland's Kirche anzuhören. Mich interessierte das kein bisschen. Ich habe niemals authentischen Gospel gemocht, da ich nie verstand, wovon sie singen.

Natürlich hatte Phil sich dem Stil ganz und gar verschrieben. Und so quetschten wir uns hinten in die Limo, ich, meine Mutter und Phil, nicht zu vergessen die beiden Bodyguards. Afro hin oder her – Phil wollte nichts dem Zufall überlassen, wenn er nach Watts fuhr. Er brachte sogar eine seiner Pistolen mit, die er in die Anzugtasche steckte.

Mutter schüttelte nur den Kopf. „Phil!", sagte sie in einem ermahnenden Tonfall. „Warum musst du unbedingt eine Waffe mit in eine Kirche nehmen?"

„Das hier?", fragte er und klopfte auf seine Pistole wie im Wilden Westen. „Das ist mein Peacemaker. Ich habe ihn mitgebracht, falls es Ärger gibt." Glücklicherweise hatte er so viel Verstand, die Bodyguards in der Limo sitzen zu lassen, als wir die Kirche betraten. Wir nahmen hinten Platz, und schon begann der Chor der Reverend James Cleveland's zu singen. Sie stimmten einen klagevollen, leidenden und expressiven Gesang an, so wie es die Gospel-Leute machten und Phil sang klagend und leidend mit ihnen. Er machte rollende Bewegungen mit seinen Schultern, schüttelte seine Arme und schon bald schwitzte er und schrie „Amen", als wäre er bei einer Massenevangelisation. Das wirkte lustig und albern. Und hier saß ich nun, das schwarze Mädchen, bei einem Gospel-Konzert zu Tode gelangweilt, mit einem jüdischen Mann, der einen Afro trug, der so aussah, als sei er ein Zungenredner.

Nach dem Singen schrie Phil sein „Amen" sogar während der Predigt von Reverend Cleveland. Als der gute Mann sein Tablett für die Kollekte aufstellte, sprang Phil hoch, einen Einhundert-Dollar-schein in der Hand. „Oh, nein!", stöhnte Mum ganz leise, aber es war schon zu spät ihn aufzuhalten.

Wir bissen uns auf die Lippen und sahen meinen Mann, der den Mittelgang der überfüllten schwarzen Kirche hochjoggte, mit einem Afro auf dem Kopf und 100 Dollar in der Hand. Als ich dann den Knauf der 38er sah, der bei jedem Schritt aus der Jackett-Tasche hüpfte, begann auch ich mit dem Beten. „Bitte, Gott", flüsterte ich. „Mach, dass er nicht rausfällt."

Nach der Messe starrten die Leute Phil an, während wir uns den Weg durch die Menge nach draußen zur am Bordstein parkenden Limousine bahnten. Mum und ich schämten uns für ihn, doch Phil lächelte und wirkte stolz, sich dabei den Schweiß von der Stirn wischend.

„Schätze mal, dass ich ihnen gezeigt habe, dass ich nicht so wie die anderen Weißen bin", prahlte er. „Das hast du, Phil", stimmte Mutter zu. „Das hast du sicherlich."

17

Außer Kontrolle

So sehr er das Ausgehen auch hasste, achtete Phil immer darauf meinen Geburtstag zu feiern. Egal, wie lange wir im Anwesen eingekerkert waren, stand am 10. August ein Abend in der Stadt an. 1969 flog er sogar mit mir nach Las Vegas, um meinen 26. Geburtstag bei einem Elvis-Konzert zu zelebrieren.

Damals war Elvis noch gut in Form. Nach ungefähr zehn Jahren absolut beschissener Filme, versuchte er sich an einem Comeback und achtete dabei natürlich auf seine Bühnenpräsenz. Ich fand, dass es eine gute Show war und wollte ihm das mitteilen. Elvis lud uns in den Backstage-Bereich ein, doch Phil ließ mich kaum in seine Nähe. Als wir dort angelangten, drängten sich ungefähr 20 oder 30 Leute in Elvis' Garderobe. Phil ließ mich allein mit seinem Bodyguard im Flur warten, während er sich den Weg durch die Menge bahnte, um den King zu sehen.

Ich stand dort und versuchte einen Blick durch einen winzigen Spalt in der Tür zu werfen, als dieses Mädchen wie aus dem Nichts auftaucht und mir die Tür beinahe vor den Kopf geschlagen hätte. Ich erkannte sie zuerst nicht, doch dann bemerkte ich, dass sie die Einzige war, die sogar noch mehr Mascara benutzt hatte als ich selbst. Das musste Priscilla Presley sein.

„Oh, hi", meinte sie freundlich in einem Ton, als seien wir alte Freunde. „Was machst du denn hier draußen? Komm rein! Elvis kann es nicht erwarten, dich kennen zu lernen."

Sie schnappte sich meine Hand und führte mich durch die Menge. Ich wusste, dass sie schüchtern war, doch sie schien keine Probleme zu haben, sich mit mir zu unterhalten. „Weißt du", begann sie, „Ich habe dein Aussehen immer geliebt. Du bist wirklich sehr hübsch."

„Oh, danke", freute ich mich. Das berührte mich sehr. Ich weiß nicht, warum sie sich mir gegenüber so liebenswert verhielt, doch ich habe das niemals vergessen.

Priscilla schleppte mich direkt zu Elvis – an Phil vorbei – der noch schüchterner wirkte als seine Frau. „Sehr schön, dich zu treffen", meinte er, doch mehr hörte ich nicht, denn Phil packte mich am Arm und begann mich wegzuzerren. Schätze mal, dass Elvis mich eine oder zwei Sekunden länger angesehen hatte, als Phil es angemessen empfand. Vielleicht konnte er auch den Wettbewerb nicht ertragen. Was auch immer der Grund war, Phil holte mich so schnell wie möglich aus der Garderobe.

„Warum gehst du nicht mit George ins Hotelzimmer und wartest auf mich?", fragte er, nachdem wir wieder im Flur standen. Dann zog er eine dicke Rolle von 100-Dollar-Scheinen aus der Tasche und gab George Brand fünf davon. „Hier, George", forderte er ihn auf. „Bring sie ins Casino und lass sie alles spielen, was sie will. Heute ist ihr Geburtstag."

Welches Mädchen will ihren 26. Geburtstag mit einem Spiel Craps mit ihrem Bodyguard verbringen? Ich erklärte, um Nichts in der Welt ins Casino zu wollen und bat George mich beim Hotel abzusetzen. Dort saß ich zwei Stunden wartend auf Phil, und es fühlte sich an wie in der Hölle zu schmoren. Ich tat alles, um die Zeit totzuschlagen. Ich nahm ein Bad. Ich schaute Fernsehen. Und ich zog sogar die Bettwäsche ab und dann wieder auf. Aber ich fühlte mich so deprimiert, dass alles, was ich machte, mich nur an meine elendige Einsamkeit erinnerte.

Schließlich war ich es leid, auf Phil zu warten und rief den Zimmerservice an. Der Hotelpage brachte mir sechs Pepsi-Cola und eine Flasche Wodka. Ich übereichte ihm einen 100-Dollar-Schein und sagte, dass er das Wechselgeld behalten könne. Dann verschloss ich die Tür. Wenn ich schon meinen Geburtstag allein in einem Zimmer verbringen musste, wollte ich um alles in der Welt eine kleine Party feiern.

Phil schlich um ungefähr 5 Uhr morgens auf Zehenspitzen ins Zimmer und fand mich bewusstlos vor dem Fernseher. Damals wusste er bereits, dass ich trank, wenn mich die Depressionen überkamen. Ich glaube aber nicht, dass er mich zuvor so sturzhagelvoll erlebt hatte. Nicht so. Und das jagte ihm eine höllische Angst ein.

Er rief George Brand zu unserem Zimmer, wonach die beiden Kaffee in mich hineinschütteten. Sie hofften wohl, mich genügend auszunüchtern, um den Morgenflug nach Los Angeles zu überstehen. Ich war aber überhaupt nicht in der Lage zu fliegen, und so mussten sie mich praktisch in den Flieger tragen, was Phil unglaublich peinlich war. Ich fühlte mich hundeelend und konnte nur eins denken: „Das geschieht Phil recht, wenn er mich an meinem Geburtstag allein lässt." Was mein Trinken anbelangte, tickte Phil zwar total aus, doch unternahm damals so gut wie gar nichts, um mir dabei zu helfen, etwas dagegen zu unternehmen. Er glaubte, das Alkoholproblem in den Griff zu bekommen, indem er eine noch stärkere Kontrolle auf mich ausübte – obwohl dieses erstickende Verhalten mich dazu brachte, überhaupt erst zu trinken. Doch er wollte sich das nicht eingestehen. Irgendwie malte er sich aus, meinem Alkoholismus den Rücken zuzukehren, wonach sich alles wie in Luft auflöst. Das dauerte so lange, bis ich mich mit dem Camaro beinahe umbrachte. Erst dann verstanden er oder ich wie ernst die ganze Problematik war.

In der Nacht des Unfalls fuhr ich von Bobbie Golsons Haus zurück zum Anwesen. Manchmal ließ mich Phil nach dem Abendessen zu Bobbie fahren, solange ich versprach innerhalb einer halben Stunde wieder zurück zu sein. Meist fuhr mich George Brand – nachdem Phil das mit dem Trinken herausgefunden hatte, hasste er es, mich allein irgendwohin gehen zu lassen. Aber George war an diesem Abend beschäftigt, und so machte ich mich allein auf den Weg. Nur ich und mein aufblasbarer Mann.

Mich plagten meine üblichen Depressionen, und so kippte ich zuerst einen Drink, als ich bei Bobbie ankam. Und dann einen zweiten! Gefolgt von einem dritten. Meist genehmigte ich mir einige Drinks mit Bobbie, doch dieses Mal ließ ich mich gehen, was sie natürlich bemerkte.

„Ronnie", ermahnte sie mich. „Was tust du dir da an? Das ist es doch, was er will."

„Was weißt du schon, was Phil will?", schnauzte ich sie an. Ich war längst betrunken, und mir riss der Geduldsfaden. Das Letzte, was ich jetzt brauchte, war eine Moralpredigt.

„Ich weiß natürlich nicht, was Phil will", fuhr Bobbie fort. „Aber du weißt es. Du weißt, dass er dich kontrollieren will, deinen Körper und dein ganzes Denken. Doch das kann er nicht. Er kann dich für dein restliches Leben wegschließen, doch er kann deinen Geist niemals kontrollieren – außer, du lässt es zu. Und jedes Mal, wenn du so wie jetzt trinkst, verlierst du ein bisschen mehr an Kontrolle und lässt Phil ein wenig näher an dich heran."

Bobbie versuchte mir eine vernünftige Perspektive zu vermitteln, doch dafür war es schon zu spät. Ich kam nicht mit der Wahrheit klar und gab mich gegenüber Bobbie ruppig.

„Warum kümmert sich nicht jeder um seine eigenen verdammten Angelegenheiten und lässt mich und Phil zum Teufel noch mal in Ruhe?", meckerte ich energisch. „Du liebst Phil nicht. Du kennst ihn noch nicht mal. Dieser Mann kann Berge versetzen. Und er würde es auch, wenn ihn nur jemand ließe."

Dann schnappte ich mir die Schlüssel und stampfte wütend zum Wagen. Bobbie versuchte nicht, mich aufzuhalten. Sie wusste, dass es am besten war, mich in so einer schlechten Laune allein zu lassen. Ich ließ den Motor des Camaros in ihrer Auffahrt aufheulen und fuhr rasend schnell auf die Straße. An die Ereignisse bis zum Unfall kann ich mich kaum erinnern, doch ich kann mir noch jedes Detail des Wageninneren ins Gedächtnis rufen. Ich spüre immer noch den geflochtenen, ledernen Lenkradbezug, sehe das lange Armaturenbrett mit dem Handschuhfach und meinen darauf angebrachten

Namensinitialen in Silber. Und ich werde wohl niemals die Zigarette vergessen, die von den Lippen meines Plastikmanns herabbaumelte, als ich hochschaute und panisch den Baum sah, der durch die Windschutzscheibe krachte.

Ich riss den Lenker scharf nach links und hatte das Gefühl, als würde der Wagen auf dem Wasser treiben. Das ist alles, an was ich mich erinnere, bevor ich in einem fremden Haus mit drei Hippies und Phil Spector aufwachte, der mit einem Becher heißen Kaffees über mir stand. Ich wusste, dass ich am Leben war, denn das hier entsprach nicht meiner Vorstellung des Himmels.

„Phil?“, fragte ich.

„Veronica! Geht es dir gut?“

„Was ist passiert, Phil? Wo bin ich?“

„Trink das“, riet er mir, dabei eine Tasse Kaffee in der Hand haltend. Er war heiß. Viel zu heiß, und ich verbrannte mir die Lippen.

„Ouch!“, schrie ich. „Wer sind diese Typen?“

„Wow!“, platzte es aus einem der Hippies heraus. „Hab' doch gesagt, dass sie sich an nichts erinnert!“

„Amnesie!“, urteilte der zweite Hippie. „Total abgefahren!“

Dann berichtete der dritte Hippie, wie sie mich taumelnd und benommen um meinen Wagen herumirrend gefunden hatten. Es war direkt vor ihrem Haus geschehen, woraufhin sie mich mit reinnahmen. Nachdem ich bewusstlos geworden war, fanden sie Phils Visitenkarte in meiner Tasche und riefen ihn an.

„Du hast sehr viel Glück gehabt, Veronica“, unterstrich Phil. Ich hatte erwartet, dass er wahnsinnig sauer ist, doch auch wenn es so gewesen sein mag, zeigte er es nicht, während wir uns bei den Hippies aufhielten. „Du wirst es selbst sehen, nachdem du den Wagen begutachtet hast!“

Nach all dem Kaffee und den Hippies führte mich Phil nach draußen, um das Wrack anzusehen. Ich traute meinen Augen nicht. Der vordere Teil des Camaro ragte über ein Kliff hinweg. Der Wagen befand sich in so einer kritischen Balance, dass die kleinste Berührung ihn einige Hundert Meter in die Tiefe befördert hätte.

Ich warf einen kurzen und vorsichtigen Blick über das Kliff und hielt den Atem an.

„So knapp bist du dem Tod entronnen", sagte Phil mit ungläubigem Kopfschütteln. Danach gingen wir zum Rolls, und George Brand fuhr uns nach Hause.

Nach dem Unfall entschied Phil, dass ich wegen des Trinkens einen Psychiater aufsuchen musste. Ich mochte die Idee zuerst nicht, dachte, es sei Phils Art, mir zu erklären, ich sei wahnsinnig. Doch dann ging ich trotzdem. Wenn ich wirklich durchgeknallt war, wollte ich das von einem Experten hören.

Der Psychiater war ein älterer Typ mit einem Büro, das ganz hinten in einer Gemeinschaftspraxis lag. Man verlangte von mir, ihn einmal in der Woche aufzusuchen, um über mein Trinken zu reden, doch dann erzählte ich ihm einfach alles, was mich belastete und quälte. Ich berichtete ihm davon, wie schlecht ich mich fühlte, mein ganzes Leben nach einem anderen Menschen auszurichten, wie sehr ich die Auftritte vermisste und dass meine Ehe mir keinerlei Freude bereitete. Noch nicht mal der Sex.

„Haben Sie immer noch Sex?", fragte er.

„Ja", antwortete ich. „Doch es macht keinen Spaß mehr. An einigen Morgen – nachdem wir aufgewacht sind – setze ich mich auf Phil – und bringe es einfach hinter mich. Ich hoffe immer, dass er mich nach so einem Start am Morgen nicht den ganzen Tag anschreit und anbrüllt."

„Und? Ist das so?"

„Nein. Er brüllt mich immer noch an."

Danach redete ich weiter, und er hörte mir geduldig zu. Ich fand es großartig. Ich hatte niemals das Gefühl, als würde er auf mich hinabschauen, wie es scheinbar all die anderen taten. Ich wünschte mir, ihn weiter aufgesucht zu haben, doch in der dritten Woche machte er den Fehler vorzuschlagen, dass auch Phil Hilfe benötigte. Und das war der Anfang des Endes.

„Vielleicht können Sie Phil dazu bringen, an einer Gruppentherapie teilzunehmen." Ich willigte ein, das mit Phil abzusprechen, doch hatte schon eine ganz gute Vorstellung von seiner Reaktion.

Und ich hatte Recht! Phil ging bei dem geringsten Hinweis durch die Decke, dass er psychiatrische Hilfe benötigen würde. „Eine Gruppentherapie? Was, Veronica? Wozu bräuchte ich eine Gruppentherapie?“, schrie er. „Bin ich hier derjenige mit einem Problem?“

Danach weigerte sich Phil weitere Sitzungen mit dem „Quacksalber“ zu bezahlen, wie er ihn nannte. Ich durfte den Psychiater nicht mehr aufsuchen, und so fand ich auch keine Lösung für meine Probleme. Genau betrachtet, wurden sie noch schlimmer.

Nachdem wir Donté zu uns genommen hatten, hegte ich unglaublich hohe Erwartungen, doch Ende 1969 wusste ich, dass sich nichts ändern würde. Die Rolle eines Vaters hatte Phil nicht wie durch Magie in einen Märchenprinzen verwandelt. Und eine Mum zu sein, verwandelte auch mich nicht über Nacht. Ich war kein bisschen glücklicher, nun ein Baby an meiner Seite zu wissen, das mein Elend teilte.

Zumindest musste ich mir keine Gedanken mehr machen, vor Phil das Trinken zu verbergen. Nachdem mein Problem ans Tageslicht gekommen war, wurde ich dreister. Wenn ich einen Drink wollte, ging ich einfach zu Phils Alk-Versteck und knackte das schwere Schloss mit einem Schraubendreher. Wenn er es demoliert vorfand, ersetzte er es durch ein größeres. Und dann fand ich einen noch größeren Schraubendreher.

Wenn Phil in meinem Zimmer auftauchte und mich betrunken vorfand, brüllte und schrie er mich an, wurde sogar beleidigend. Allerdings entdeckte ich einen wunderbaren Nebeneffekt des Alkoholrausches – Phil wirkte auf mich nicht mehr so beängstigend. Da ich das kleine Geheimnis für mich bewahrte, wurde der Alkohol meine hauptsächliche Verteidigung gegen ihn. Und das brachte ihn zum totalen Ausrasten. Er spürte, dass er die Kontrolle über mich verlor und genau das ertrug er nicht.

Einmal – ich hatte drei Tage lang durchgetrunken – war Phil so frustriert, dass er Mum in New York anrief. „Sie müssen kommen, Mrs. Bennett“, erklärte er ihr. „Veronica will nichts mehr essen. Sie will nicht mehr schlafen. Sie will gar nichts mehr!“

Als meine Mutter endlich auftauchte, war ich total fertig. Ich hatte den ganzen Morgen getrunken und lag besinnungslos im Fernsehzimmer. Statt mich einfach dort zu lassen, zerrte Phil mich auf die Füße und schleppte mich nach unten.

„Deine Mutter kommt die Einfahrt hoch", meinte er. „Los, wir begrüßen sie an der Tür."

Ich war viel zu groggy, um zu verstehen, was er überhaupt meinte, doch kapierte, dass Mum in der Nähe war. Dadurch fühlte ich mich ein bisschen besser. Sie ging geradewegs aufs Haus zu, als Phil mich gegen die Innenseite der Tür presste. „Öffne sie", kommandierte er.

„Drück mich nicht so", antwortete ich genervt.

„Los, mach schon", befahl er. „Öffne die Tür. Ich will, dass deine Mum genau sieht, was ich durch dich alles ertragen muss."

Ich öffnete die Tür einen Spalt weit und fühlte Erleichterung, als das Sonnenlicht die Dunkelheit des Eingangsflurs durchschnitt. Dann drückte Mum die Tür ganz auf. Das hereinstrahlende, grelle Licht fühlte sich wie ein Schlag direkt ins Gesicht an. Meine Knie wurden ganz weich und plötzlich überkam mich das Gefühl, mich hinlegen zu müssen. Ich fiel nach hinten, doch Phil packte mich unter den Schultern und hielt mich aufrecht. Krampfhaft versuchte ich meinen Blick zu fokussieren, doch ich konnte die Silhouette meiner Mutter kaum im Gegenlicht der grellen Sonne ausmachen.

„Mami", krächzte ich mit hoher Stimme. Dann löste Phil seinen Griff und ich stürzte auf Mum zu. Ich holte nach ihr aus, muss sie aber wohl verfehlt haben, denn ich verlor meine Balance und rutschte direkt vor ihr auf dem Boden aus. Fast ohnmächtig, erinnere ich mich nur noch an das Gefühl der Arme von Mum, die in die Hocke gegangen war und mich auf ihrem Schoß hielt. „Phil!", sagte sie mit energischer Stimme. „Was um alles in der Welt geht hier vor sich?"

Phil hatte natürlich keine Antwort parat, woraufhin er angewidert wegging. „Es tut mir leid, Mrs. Bennett", murmelte er. „Aber ich weiß wirklich nicht mehr, was ich mit ihr anstellen soll. Vielleicht dringen ja Sie zu ihr durch."

Als ich am nächsten Morgen aufwachte, befand ich mich immer noch in der Villa, lag aber im Bett meiner Mutter. Sie hatte mir ein großes Glas Orangensaft zubereitet, das sie mir direkt unter die Augen hielt.

„Trink das", forderte sie mich auf.

Mein Mund fühlte sich wie ein großer, brauner Schwamm an, und ich kippte alles in einem Zug runter. Als ich das Glas absetzte, hörte ich von draußen ein Geschrei. Es klang nach Phil. „Sitz!", krakeelte er. „Sitz!"

„Was geht da vor sich?", wollte ich wissen.

„Oh", wunderte sich Mum, nachdem sie zum Fenster gegangen war. „Phil ist draußen und trainiert die Hunde. Schon den ganzen Morgen. Ich weiß nicht, warum er nicht aufgibt!"

Sie zog den Vorhang weit auf, damit ich es sah. Phil stand neben dem Pool und trug diese schrecklichen engen, roten Shorts, die er schon seit der Highschool ständig anzog. Er gestikulierte mit einem Stock in der Luft, so als wäre er ein Löwenbändiger im Zirkus – und zu seinen Füßen lag dieser arme Schäferhund und zitterte wie Espenlaub. Während der ganzen Zeit starrte Phil das bemitleidenswerte Tier an.

Ich werde niemals diesen Blick vergessen. Phil fokussierte den Hund mit einem eiskalten Killerblick, der ausdrückte: „Ich werde dich kontrollieren." Ich konnte es nicht fassen – der Mann, den ich liebte, war in der Lage so böse zu starren. Dann dämmerte es mir. Zum ersten Mal seit vielen, vielen Jahren sah ich Phil im wahren Licht. Es stimmte mich unendlich traurig, dass ich das noch nicht viel eher erkannt hatte. Er hatte mich auf exakt dieselbe Art schon mindestens einhundert Mal fixiert. Ich stand eine unglaublich lange Zeit am Fenster und beobachtete ihn. Als ich genug hatte, drehte ich mich zu Mum und sagte: „Ich hasse ihn."

Bis zu dem Zeitpunkt hatte mich Phil nur zutiefst enttäuscht. Ich hatte Furcht empfunden und Wut, doch niemals Hass. Es war ein seltsames Gefühl. Das Einzige, was mich all die Jahre der langsamen Folter ertragen ließ, war die Tatsache, dass ich Phil zweifellos liebte. Und jetzt, wie aus heiterem Himmel, verschwand auch das noch.

„Du siehst aus, als hättest du einen Geist gesehen“, sagte Mutter mit leiser Stimme.

Ich wünschte mir, das wäre auch der Fall gewesen. Dann hätte ich das alles als weniger beängstigend empfunden. „Mum“, gestand ich. „Ich weiß nicht, wie viel länger ich das so aushalten kann.“

„Ich weiß, was du meinst, Ronnie“, entgegnete sie. „Das Eheleben ist niemals leicht.“ So einen Spruch zu hören, fand ich lustig, aber ich war überhaupt nicht zu Scherzen aufgelegt. Mum reichte mir ein weiteres Glas Orangensaft, das ich so schnell runterschüttete wie das erste.

18

Nicht meine Tonart

Im Januar 1970 baten die Beatles Phil nach London zu kommen, um ihnen bei der Produktion von *Let It Be* zu helfen. Ich fand es toll, dass er sich wieder einer Arbeit widmete und hatte sicherlich nichts dagegen, wenn er das Land für eine längere Zeit verließ. Wir brauchten beide dringend eine Pause vom jeweils anderen.

Phil wollte allerdings während der Arbeit mit den Beatles nicht ständig die lange Flugstrecke von London zur Westküste über sich ergehen lassen, und so mietete er uns in New York ein Apartment im Mayflower an der 72nd, Ecke Central Park West. Er richtete die Zimmer für Donté und mich ein, und es war eine radikale Veränderung gegenüber dem Leben in der Villa. Einfach nur in New York zu sein, stellte eine unglaubliche Veränderung dar. Donté begann gerade zu laufen, und ich schätzte die Möglichkeit, ihn in den Central Park mitzunehmen wie auch jede andere Mutter. Die Zeit, die ich in New York verbrachte, war die glücklichste in unserer Ehe. Ich fühlte mich kaum deprimiert, und während wir dort lebten, dachte ich noch nicht mal ans Trinken.

Auch für Phil war es eine schöne Zeit. Er kam mit den Beatles gut klar, besonders mit George und John. Sie mochten seine Arbeit an *Let It Be* so sehr, dass sie ihn fragten, ob er ihre nächsten Soloalben produzieren wolle. Ein Projekt führte zum nächsten, woraufhin Phil sich fast das gesamte nächste Jahr in London aufhielt.

Mit den Beatles zu arbeiten und Apple Records zu erleben, schien Phils Selbstvertrauen wieder zurückzubringen. Zum ersten Mal seit Auflösung seines eigenen Labels, strahlte er wieder Freude und Zuversicht aus. Alle paar Wochen flog er mit Bändern in die Staaten zurück, an denen er mit John und George gearbeitet hatte – es klang immer großartig. In unserem Apartment im Mayflower stand ein Flügel und Phil liebte es – wenn er nach Haus kam – sich hinzusetzen und mich diese Songs singen zu lassen. „Versuch mal den", schlug er vor. Dann spielte er „The Long And Winding Road" und ich sang von ganzem Herzen mit.

Kurz vor Thanksgiving brachte Phil Georges „My Sweet Lord" mit. Er spielte es mir auf dem Klavier vor, damit ich mir die Melodie einprägen konnte, wonach ich es sang. „Wow", urteilte er. „Genau so sollte es klingen!" Dann spielte er die Nummer wieder und wieder. Ich muss sie ungefähr fünfundzwanzig Mal gesungen haben. Nach jedem Durchgang lächelte Phil und fragte: „Noch mal?" Und dann ging es wieder los.

Einen Song so oft zu interpretieren, ist eine harte Arbeit, doch mir war es egal. Phil hatte seit geraumer Zeit vor der Hochzeit nicht mehr so intensiv mit mir geprobt. Das war aufregend und inspirierend. Ich hatte keine Vorstellung, wohin das alles führen sollte, wusste aber, dass Phil ein Ass im Ärmel hatte, da er mich fragte, was ich von Georges Song hielt.

„Ich liebe ihn", erklärte ich.

„Möchtest du so etwas in der Art machen?"

„Machst du Witze?", erwiderte ich verblüfft. „Ich würde für so einen Song töten. Warum?"

„Da gibt es keinen Grund", meinte er, dabei den Tastaturdeckel zuklappend. „Ich war einfach neugierig."

Ich wusste, dass da mehr dahintersteckte. Phil wärmte meine Stimmbänder nicht grundlos jeden Abend auf. Falls er beabsichtigte, mit mir etwas aufzunehmen, hatte er es aber nicht sonderlich eilig. Phil reizte mich bis zum Punkt der Folter, und das wusste er. Ich hätte ihn dafür umbringen können.

Er verlor kein weiteres Wort darüber, und dann ging es auch schon wieder nach London. Drei Tage später erhielt ich einen morgendlichen Anruf um 6.15 Uhr. Noch bevor ich den Hörer abnahm, wusste ich, wer es war.

„Glaubst du, dass du deine Mutter dazu bringen kannst, nach dem ersten Januar mit dir hier rüber zu fliegen?“, wollte er wissen.

„Nach London?“

„Yeah“, meinte Phil lapidar. „Jemand muss ja auf Donté aufpassen, wenn du im Studio bist. Glaubst du, dass du es arrangieren kannst?“

„Was?“, schrie ich voller Begeisterung. „Ich werde da sein, auch wenn ich das Baby in einem Tragegestell festbinden muss.“

Ich war wie vor den Kopf gestoßen, legte den Hörer auf, setzte mich senkrecht aufs Bett und versuchte dabei herauszufinden, ob ich wach war oder träumte. Als das Telefon ein zweites Mal klingelte, wäre ich beinahe von der Matratze gesprungen. „Hello?“

„Hi, Ronnie?“, wollte die Stimme am anderen Ende der Leitung wissen. „Hier spricht Pete Bennett von Apple. Tut mir leid, dich so früh anzurufen, aber ich wollte der Erste sein, der dir gratuliert.“

„Danke, Pete“, antwortete ich ihm höflich. „Aber was habe ich denn gemacht?“

„Phil hat dir also nichts davon erzählt?“, erkundigte er sich. „Du bist gerade für Apple Records verpflichtet worden!“

Es stimmte also! George und John hatten mich nach all den Jahren nicht vergessen. Ich war so aufgeregt, dass ich es irgendjemanden erzählen musste. Doch niemand war wach, und so rannte ich in das Kinderzimmer und holte Donté aus dem Bettchen.

„Hey, mein kleiner Junge … rate mal, was passiert ist?“, sagte ich. „Deine Mami hat ein Label!“ Der arme Junge rieb sich noch die verschlafenen Augen, als ich ihn hochnahm, wonach ich ihn absetzte, seine Händchen hielt und mit ihm im Zimmer herumtanzte. „Das ist wahr! Es stimmt! Mami ist bei Apple. Wir fliegen nach England und machen mit Daddy Schallplatten!“

Als Mum und ich gemeinsam mit Donté im März 1971 nach London flogen, hatte ich nicht den blassesten Schimmer, was Phil mit mir aufnehmen würde. Von Heathrow ging es direkt ins Park Hotel, wo Phil für uns alle eine Luxussuite gemietet hatte. Uns stand praktisch eine komplette Etage zur Verfügung, und der Laden war super-edel. Das Bett war so groß wie zwei normale übergroße Betten, mit mehreren Daunendecken. Als wir im Hotel angelangten, konnten Mum und ich Phil nirgendwo auffinden. Erst nach zwei geschlagenen Stunden, fanden wir heraus, dass er die ganze Zeit über im Bett gelegen hatte. Die Decken und Überdecken waren so dick, dass wir ihn gar nicht sahen.

Am Tag nach meiner Ankunft nahm mich Phil mit in die Abbey Road Studios der EMI. Wir wurden dort von Pete Bennett begrüßt, und bei dem Gespräch fand ich heraus, dass ich unter dem Namen Ronnie Spector aufnehmen würde. Später erfuhr ich, dass Phil ursprünglich den Namen Veronica nutzen wollte, was ich gehasst hätte, denn so sprach er mich immer direkt an. Doch John Lennon und George Harrison hatten ihn überzeugt, dass Ronnie Spector ein viel geeigneterer Künstlername war. Ich fand das auch. Ich mochte es immer, wenn die Leute mich Ronnie nannten und Spector erschien mir sinnvoll, denn das erinnerte die Fans an die gemeinsamen Wurzeln mit Phil und die legendäre „Wall of Sound". Ich behielt den Namen Ronnie Spector sogar nach der Scheidung. Der Gedanke ist schon witzig, dass ich den Namen, den ich heute trage, nicht hätte, wären da nicht die beiden Beatles gewesen.

Pete Bennett wollte mir den gesamten Komplex zeigen, doch Phil war darauf bedacht, so schnell wie möglich anzufangen, und so zog er mich in das riesige alte Studio, das man für uns reserviert hatte. Als wir dort hineinkamen, dachte ich, wir seien viel zu früh dran, denn da saß nur ein langhaariger Typ am Klavier und suchte nach bestimmten Akkorden. Er hatte uns den Rücken zugekehrt, und so fragte ich Phil, ob es einer der Tontechniker sei.

„Tontechniker?", flüsterte er. „Nein. Das ist der Typ, der den Song schrieb, den wir aufnehmen." Dann hörte der Mann zu spielen auf und drehte sich um. Ich wäre beinahe hinten rübergefallen, als ich sah, wer es war.

„George Harrison!“

„Hey, Ronnie“, begrüßte er mich mit einem Grinsen. „Toll, dich wiederzusehen. Du siehst großartig aus.“

„Du aber auch“, schwärmte ich und setzte mich neben ihn auf den Klavierstuhl. Es war ein wunderschönes Wiedertreffen, aber nur so lange es dauerte – ganze drei Sätze. Dann räusperte sich Phil unüberhörbar, was ein eindeutiges Zeichen darstellte, dass es nun an die Arbeit ging. George lachte ein wenig und meinte: „Schätze mal, dass du den Song hören möchtest.“

„Na klar – toll!“

„Er trägt den Titel ‚Try Some, Buy Some‘“ sagte er, mir ein Lead-Sheet überreichend. „Ich habe den ganzen Text aufgeschrieben, falls du ihn nicht verstehst, wenn ich ihn singe.“

Ich war so aufgeregt, dass ich kaum Luft bekam. Stellen Sie sich das doch nur mal vor. Man sitzt neben einem der Beatles, um den Song zu lernen, den er für dich komponiert hat!

Ganz sicher würde das der schönste Augenblick meiner gesamten Karriere sein. Nun verstand ich, warum Phil mir nicht schon früher etwas davon erzählt hatte – er wusste wohl, dass ich bestimmt einen ganzen Monat lang nicht geschlafen hätte.

Dann begann George zu spielen. Er haute voll in die Tasten und sang dazu in einer sehr, sehr hohen Lage. Die erste Strophe haute mich sprichwörtlich nicht vom Hocker. Sie war für die Stimme eines Typen geschrieben, der darüber redete, wie er etwas ausprobieren und etwas kaufen wollte. Was exakt das sein sollte, war nicht klar. Handelte die Nummer von Religion? Drogen? Sex? Ich stand vor einem Rätsel. Und je länger George sang, desto verwirrter wurde ich.

Als er bei der zweiten Strophe angelangte, kapierte ich gar nichts mehr. Dort fand sich eine Zeile, in der ich singen sollte, einen grauen Himmel gesehen zu haben und etwas ganz Großem, etwas Erhabenem begegnet zu sein. Ich hatte keinerlei Vorstellung über wen oder was er hier sang. Eins wusste ich aber ganz sicher: Es war kein grandioser Text zu einem Erfolgssong, mit der Textzeile „something in the way she moves“. Ich schaute verstohlen zu Phil rüber, der vermutlich über diesen Witz gleich vor Lachen platzt. Doch er tat es nicht. Tatsächlich spürte er den Song noch intensiver als George Harrison selbst.

„Was hältst du davon?“, fragte George, nachdem er das Stück beendet hatte. Ich war einige Sekunden still, bevor ich etwas sagte.

„Wow“, meinte ich etwas verlegen. „Da hast du aber einen ganz anderen Ansatz gewählt.“ Was hätte ich sonst sagen sollen? Ich fand die Nummer schrecklich. Er fing wieder von vorne an, aber ich stoppte ihn mitten in der zweiten Strophe. „George“, meinte ich vorsichtig. „Ich glaube nicht, dass ich den Song machen kann. Ich verstehe kein einziges Wort des Textes.“

Ihn schien das nicht sonderlich aufzuregen. Er nahm die Finger von der Klaviatur und zuckte mit den Schultern. „Das ist okay. Ich auch nicht.“

„Na gut“, zog ich ihn auf. „Warum gibst du ihn mir dann? Warum singst du die Nummer nicht selbst?“ Ich witzelte nur, aber wenige Jahre später veröffentlichte George eine Version von „Try Some, Buy Some“ auf einem seiner Soloalben. Trotzdem war ich erstmal an der Reihe.

Nachdem ich den Song gelernt hatte, bestellte Phil die Tontechniker, und wir begannen mit den Aufnahmen des Gesangs. Doch als ich den Background-Track hörte, den Phil mit den Musikern eingespielt hatte, erkannte ich sofort das Problem. Die Nummer war in keiner für mich geeigneten Tonart.

„Das ist viel zu hoch für mich“, erklärte ich.

„Das glaube ich nicht“, antwortete Phil über das Intercom. „Du musst dich nur etwas steigern. Ich weiß, dass du an die Noten kommen kannst.“ Doch es klappte nicht, woraufhin George einige der Wörter kürzen musste, da ich nicht an die Töne gelangte. Ich blieb dabei, bis wir einen vollständigen Take hatten, doch der Song fühlte sich einfach falsch an.

Nachdem die Nummer auf Band war, setzte ich mich im Aufnahmeraum auf einen Klappstuhl und lauschte mit George und Phil dem Playback. Ich hoffte auf ein Wunder, doch als ich meine Stimme hörte, die während des gesamten Stücks mit dieser eindringlichen Melodie kämpfte, wusste ich, dass mein erster Eindruck korrekt war. Die Platte war Mist.

George saß einfach nur da, die Ellbogen auf dem Mischpult abgestützt und den Kopf auf den Händen ruhend. Ich glaube nicht, dass er während des gesamten Playbacks einen Muskel rührte. Phil hingegen konnte nicht ruhig sein und schritt im Studio auf und ab, sein Kopf in Richtung der Lautsprecher geneigt. Als das Stück endete, sagte niemand ein Wort. Ich wusste, dass ich etwas sagen musste und zwar so diplomatisch wie möglich. „Was, wenn wir es noch mal machen?", schlug ich vor. Vielleicht kann ich es mit etwas mehr Vibrato singen?"

„Vergiss das Vibrato", meinte Phil harsch und verdrehte die Augen. „Vibrato ist doch voll Sixties. Das will heute keiner mehr hören. Wir haben 1971." Er klang so selbstsicher, dass ich mir die Frage stellte, ob er wohl Recht habe. Ich hatte schon seit Jahren keine Platte mehr gemacht – noch nicht mal intensiv Musik gehört – und war somit ein wenig weltfremd. Ich mochte die Platte nicht, und sah die einzige Chance darin, Phils Instinkten zu folgen.

Die Rückseite war ein noch schrägeres Stück mit dem Titel „Tandoori Chicken", was wir einige Abende später aufnahmen. John Lennon ließ sich bei der Session sehen, was jeden überraschte, auch Phil. John wusste wohl, dass Phil und ich gemeinsam mit George in den Abbey Road Studios aufnahmen, und so marschierte er mit einem Haufen anderer Leute um 21 Uhr bei uns ein und meinte zu Phil: „Wir sind hier, um mit Ronnie Ronette eine Platte zu machen."

Phil versuchte das mit einem Lächeln abzuwehren, aber ich erkannte deutlich, dass ihm der Gedanke überhaupt nicht schmeckte, einen weiteren und ihm über die Schulter schauenden Beatle in der Nähe zu wissen. Und ganz besonders einen John Lennon. Phil verspannte sich exakt in dem Augenblick, als John das Studio betrat und blickte wirr und nervös im ganzen Raum herum. Ich freute mich, John zu sehen, doch das Letzte, was ich brauchte, war einer von Phils Tobsuchtsanfällen, und so klebte ich den Rest des Abends förmlich an seiner Seite.

Allerdings wurde es eher eine Party statt einer Aufnahme-Session. Phil gab eine Bestellung auf und orderte Tandoori-Huhn vom Inder auf der gegenüberliegenden Straßenseite, während einer der Gäste einige Joints hervorkramte. Es dauerte nicht lange, und die Luft war vom Marihuanarauch so vernebelt, dass man zwangsläufig high wurde. Nachdem wir das indische Essen verputzt hatten, stand John auf und schrie einfach in die Regie: „Wann fangen wir mit der Platte an?"

„Jetzt", lautete Phils Antwort. „Wir nehmen einen Song mit dem Titel ‚Tandoori Chicken' auf." Dann setzte er mich auf einen Stuhl vor einem Mikro und ließ sich spontan einen Text einfallen. Eigentlich war es kein Song, denn ich musste die Wörter „tandoori chicken" wieder und wieder intonieren. Wir hatten aber noch kein Outro, und so trällerte ich „and a great big bottle of wine", denn irgendjemand ließ eine Riesenflasche Rotwein die Runde machen. Und das war dann also die B-Seite für meine erste – und letzte – Single auf Apple Records.

Ich hatte meine Zweifel, was die Platte anbelangte, doch wollte meine Hoffnung nicht aufgeben, bis Phil die Testpressung mit in unsere Suite brachte. „Na los, Phil", fieberte meine Mutter. „Lass sie uns anhören."

„Oh, nein, Mrs. Bennett", wimmelte er Mum ab. „Jetzt noch nicht. Sie muss noch ein bisschen bearbeitet werden." Seit „Be My Baby" hatte Phil immer eine Testpressung meiner aktuellen Produktion mit zu uns gebracht, um sie Mum vorzuspielen. Das war schon zu einer Art Ritual geworden. Doch er weigerte sich sogar die A-Seite „Try Some, Buy Some" auf den Plattenteller zu legen! Und in dem Moment wusste ich, dass sogar Phil glaubte, dass die Platte Mist war.

Hätte ich davon geträumt, noch eine weitere Session für Apple einzusingen, wurde die Hoffnung zerstört, als Phil meiner Mutter und mir Flugtickets aushändigte. Auf Mums Ticket stand als Zielort JFK, und als ich auf meins blickte, glich das einem Schock. „Phil", sagte ich. „Hier stimmt etwas nicht. Auf dem Ticket steht London nach Los Angeles."

„Und?", lautete die Antwort.

„Ich dachte, es sollte ins New Yorker Apartment gehen."

„Hä? Nein", lautete eine weitere Kurzantwort. „Ich bin hier fast fertig, und so kündige ich den Mietvertrag."

Ich ließ mich zurück ins Bett fallen, das befürchtend, was Phil als Nächstes sagen würde. „Es ist Zeit wieder nach Hause zu gehen", gab er bekannt. „Und unser Zuhause heißt Kalifornien." Mein ganz großes Comeback bei Apple Records stellte sich also als ein ganz großer Witz dar.

Kein Radio-DJ würde jemals „Try Some, By Some" auflegen, und Phil wusste das. Ich war das Mädchen, dass „Walking In the Rain" gesungen hatte und wer wollte schon hören, wenn ich über etwas Erhabenes gesanglich schwadronierte? Was zur Hölle war denn dieses Erhabene? Ich wusste es nicht und auch kein anderer hatte einen blassen Schimmer. Das trieb mich in den Wahnsinn. Mein werter Ehegatte hatte für George Harrison „My Sweet Lord" produziert und „Instant Karma" für John Lennon. Und was suchte er aus, als ich an der Reihe war? Als B-Seite einen Song über Hühnchen, nach indischer Rezeptur zubereitet. Und so hieß es zurück nach Kalifornien und einem Leben als Mrs. Veronica Spector, Frau von Phil Spector.

Wie soll man an einen Ort zurückkehren, den man so empfindet, als habe man ihn nie verlassen? Und so fühlte ich mich in dem Anwesen. An meinem ersten Tag zurück, hockte ich auf meinem Bett und arbeitete an einem Bild – nach dem Verfahren „Malen nach Zahlen" – mit dem Titel *The Blue Boy*. Dann platzte Phil rein.

„Lass uns runtergehen", gab er bekannt. „Ich werde einen Film vorführen." Es war kaum 11 Uhr, und er erwartete von mir, mich zwei Stunden lang in einen verdunkelten Raum zu setzen und einen Film anzuglotzen?

„Was für ein Film, Phil?" Warum machte ich mir überhaupt die Mühe und fragte ihn? Ich kannte die Antwort doch schon!

„*Citizen Kane*. Na los, mach schon."

In dem Moment zerbrach etwas in mir. Ich versuchte den Pinsel in das Wasserglas zu stellen und ihm wie eine gute Ehefrau nach unten zu folgen. Doch ich konnte mich nicht bewegen. Bevor ich mich versah, sagte ich das eine Wort, das ich mir in Phils Gegenwart bislang niemals traute auch nur zu flüstern.

„Nein!“

Er blieb wie angewurzelt stehen. „Nein?“, fragte er nach, sich dabei blitzschnell umdrehend. „Nein … was?“

„Kein Film.“ Ich konnte es nicht glauben, dass ich so mit ihm redete. Ich fühlte mich wie die Puppe eines Bauchredners, deren Worte einer anderen Quelle entsprangen.

„Nein, ich will *Citizen Kane* nicht sehen. Jetzt nicht. Niemals mehr.“

„Warum?“, keuchte er aufgebracht. „Warum nicht?“

„Weil ich ihn hasse, Phil! Okay? Ich hasse *Citizen Kane*!“

„Du hasst ihn?“ Armer Phil. Er schien tatsächlich verletzt zu sein. Er redete weiter, doch wirkte wie benommen. „Wie kann jemand nur *Citizen Kane* hassen?“

Seine Verwirrtheit hielt aber nicht lange an. Nach nur wenigen Sekunden verzogen sich seine Lippen zu einem Zischen und seine Augen glühten wie die eines wilden Tieres, das die meisten nur in Horrorfilmen sehen.

„Was ist nur über dich gekommen! Das mag ich nicht“, griff er mich verbal an. „Ich weiß, dass du getrunken hast. Ich habe aber Neuigkeiten, mein kleines Mädchen! Ich werde diesen Scheiß nicht mehr dulden. Nicht in meinem Haus. Nicht von meiner Frau.“

„Dann solltest du vielleicht deine Frau manchmal aus diesem Haus lassen!“

„Du darfst hier raus, wenn du gelernt hast, dich wie eine verantwortungsfähige Erwachsene zu verhalten!“, schrie Phil. „Und so wie das momentan aussieht, wird das niemals geschehen!“ Dann knallte er die Tür zu unserem Schlafzimmer zu und versuchte sie von außen abzuschließen. Mir war das egal. Ich fühlte mich großartig. Ich weiß immer noch nicht, was mich an dem Tag dazu brachte, gegen Phil aufzubegehren. Vielleicht ertrug ich nicht mehr das Leben in diesem muffigen alten Haus, nachdem ich die Freiheit in New York genossen hatte.

Phil versuchte immer noch die Tür zu verriegeln, als mir klar wurde, dass es noch einen anderen Fluchtweg gab. Wie konnte er es nur vergessen haben, dass das Badezimmer der Durchgang zu einem anderen Schlafzimmer war? Egal! Ich rannte durch die Räume und raus auf den Flur, wo Phil immer noch den geeigneten Schlüssel suchte, was ein rasselndes Geräusch verursachte.

Als er mich sah, wirkte es so, als würde er durch den Schreck kurzfristig in die Luft abheben, doch ich hatte schon die halbe Treppe nach unten genommen. Er rannte an den Rand des Absatzes und krakeelte mir hinterher: „Mach schon! Versuch doch abzuhauen! Du wirst schon sehen, wie weit du kommst!"

Zwei Dienstmädchen lugten durch einen Türspalt, um herauszufinden, was das ganze Geschrei denn sollte, doch niemand versuchte mich aufzuhalten. Ich hatte keinerlei Vorstellung, wohin es ging, aber ich wusste eins: Bloß hier weg!

Und es gab nur eine einzige Tür, die offen war – der Dienstboteneingang zur Küche. Kraftvoll durchschritt ich die Pendeltür und sah George Johnson, der in aller Ruhe Tomaten auf seinem Brett schnitt.

„Hi, George", schrie ich im Vorbeirennen.

„Hello, Miss Veronica", antwortete er. Und dann verschwand ich durch die Hintertür in die Freiheit.

19

Exkursionen

Ich trug noch meine Slipper, als ich das Haus verließ, doch kickte sie weg, sobald ich aus dem Vordertor rannte. Dann ging ich barfuß den La Collina Drive hinunter. Aus irgendeinem Grund musste ich die ganze Zeit weinen. Ich war mir nicht sicher, ob es sich um Freudentränen oder Traurigkeit handelte. Möglichweise war es ein Zeichen der Erleichterung? Was auch immer es war, mich konnte nichts mehr aufhalten, während ich den Hügel zum Sunset hinuntertrottete.

Schließlich erreichte ich die Ecke von Beverly Hills, die an West Hollywood angrenzt, nahe des Hamburger Hamlet. Ich hatte kein Ziel, und so ging ich ruhelos weiter. Schon bald gelangte ich zu diesem zweistöckigen Apartment-Gebäude, eins von denen, die man überall in Los Angeles sieht, mit einem Swimmingpool im Vorgarten. Im Garten stand eine pummelige Frau mittleren Alters, die einen Schlauch in der einen und eine Zigarette in der anderen hielt.

„Hey, kleines Mädchen“, rief sie. „Du ziehst dir mal lieber feste Schuhe an. Hier liegt überall Glas herum.“

Ich schaute hoch zu ihr und versuchte zu lächeln, doch auf meinem ganzen Gesicht flossen wahre Rinnsale von Mascara hinunter. Es war offensichtlich, dass ich geweint hatte.

„Nun mal langsam, hör doch auf damit“, meinte sie in einem beruhigenden Ton und kam zu mir rüber. „Was stimmt denn nicht mit dir, hier draußen barfuß herumzugehen? Möchtest du einen Tee?“

Ich nickte schniefend.

„Gut. Du kommst mit rein und ich mache dir eine Tasse. Dann erzählst du mir, was denn so schrecklich ist, dass du hier draußen herumirrst.“

Nachdem ich mich an ihren Küchentisch gesetzt hatte, verriet sie mir, dass sie Phyllis hieß und den kleinen Apartment-Komplex managte. Ich glaube nicht, dass sie wusste, was sie mit mir anfangen sollte, ein Mädchen, das da mit einer weißen Jeans hockt, einem an der Taille zusammengebundenen Cowboyhemd und herunterhängendem fransigen Haar. Auch wenn sie keine Ahnung hatte, wer ich war, konnte sie leicht sehen, dass ich mutterseelenallein war. Sie gab sich mir gegenüber unheimlich nett.

Ich saß dort ein oder zwei Stunden, trank ihren Tee und redete. Vielleicht handelte es sich nur um Smalltalk, denn sie fragte mich nicht wer ich war oder woher ich kam. Sie war diese Art netter, mütterlicher Typ, und ich hätte beinahe meine Tasse fallen gelassen, als sie Zig-Zag-Zigarettenpapier hervorkramte und begann, einen Joint zu kurbeln. Und sie wusste, was sie da machte, denn die Tüte war perfekt.

Sie zündete ihn an und reichte mir das Teil. Nachdem ich gehört hatte, dass die Beatles kifften, war ich ganz neugierig auf Marihuana gewesen, doch nun war es das erste Mal, dass ich es selbst ausprobierte. Und ich stand drauf! Ich mochte die Stimmung, in die mich das Kiffen brachte und liebte die Art, wie es mir beim Entspannen half. Eine Tasse Tee und einen Joint mit Phyllis erschienen mir wie das ultimative High.

Wir saßen dort einige Minuten schweigsam, als ein Paar auch im Gebäude wohnender Schwuler vorbeischneite, um kurz „Hello“ zu sagen. „Wisst ihr was?“, machte uns einer von ihnen neugierig. „Wir haben Karten für ein Diana-Ross-Konzert.“

„Hey, das ist ja toll, Jungs“, freute sich Phyllis. Dann stellte sie mich vor. „Das ist meine Freundin Veronica.“

„Hi, Veronica", meinte der andere. Die beiden schienen wirklich nette Kerle zu sein, doch sie schwärmten dermaßen von Diana Ross, dass sie mich so gut wie keines Blickes würdigten.

„Es sind ganz große Fans", erklärte Phyllis. Und das waren sie mit Sicherheit. Bevor sie gingen, führten die beiden noch eine Imitation von „Ain't No Mountain High Enough" auf, was sie sehr gut machten. Die zwei hatten alles drauf – die Handbewegungen und auch alles andere. Das schmerzte mir.

Meine Güte, hier saß ich nun – eine der Ronettes – direkt vor ihnen, doch war ein Niemand. Am liebsten wäre ich ihnen ins Wort gefallen. „Lasst mich mit dem Supremes-Scheiß in Ruhe. Ich war eine der Ronettes. Und bei uns ging auch was ab."

Doch ich sagte es nicht. Ich war ja keine Ronette mehr. Mit meinen nackten Füßen in der Küche dieser fremden Lady sitzend, wurde mir klar, dass die Reaktion dieser beiden vielleicht zutraf. Ich war ein Niemand.

„Phyllis", fragte ich sie. „Hast du vielleicht was zu trinken?"

Um etwas nach 19 Uhr schaffte ich es wieder nach Hause. Ich hatte mich in Phyllis Wohnung ziemlich betrunken, woraufhin sie mir anbot, mich den Hügel mit ihrem Wagen hinaufzufahren. Ich hatte ihr immer noch nichts von mir berichtet und so war sie ziemlich schockiert, als sie sah, wo ich lebte. „Bist du dir sicher? Ist das wirklich dein Haus?", fragte sie. Ich lachte nur, verabschiedete mich und torkelte durch den Dienstboteneingang in die Küche.

Als ich in die Villa kam, hörte ich Phil im Keller Pool spielen, und so ging ich auf Zehenspitzen zur hinteren Treppe zum Schlafzimmer. Ich fürchtete mich davor, ihn wiederzusehen, besonders in der Verfassung, in der ich mich befand. Er war ja schon am Morgen ausgerastet, als ich weglief, und ich wusste nicht, was er unternehmen würde, wenn er mich jetzt so sähe. Meine einzige Hoffnung bestand darin, nach oben zu gelangen, so schnell wie möglich einzuschlafen und ihn hoffentlich nicht zu sehen.

Ich zog mich aus, ging ins Bett, legte meinen Kopf aufs Kissen und wartete auf den erlösenden Schlaf, der mich von allem wegbrachte. Doch der Schlaf rettete mich nie und besonders nicht in dieser Nacht.

Als meine Arme unkontrolliert zu zittern begannen, wusste ich, dass es sich um einen Krampfanfall handelte. Doch es war zu spät, um noch etwas dagegen zu unternehmen. Ich begann um Hilfe zu schreien, doch meine Zunge fühlte sich an, als stecke sie in meinem Hals. Dann versuchte ich mich panisch aus dem Bett zu ziehen, doch meine Beine gaben unter meinem Gewicht nach, ich taumelte und stürzte auf den Fußboden. Und dort blieb ich liegen, bis sich meine Sinne vernebelten und ich das Bewusstsein verlor.

Ich wachte in einem Krankenhausbett auf. Mich umschauend sah ich ein großes Ölgemälde an der Wand, das einen Strand zeigte, ähnlich denen, die man in einem Holiday Inn erwartet. Neben dem Bett standen eine Couch und ein kleiner Beistelltisch voller Magazine. Das hier sah ganz und gar nicht wie eins der Krankenhäuser aus, in denen ich zuvor gewesen war.

Niemand sagte etwas, als ich aufstand und durch die Flure schlich. Schließlich fand ich eine Tür, die sich zu einer großen Rasenfläche hin öffnete. Ich schaute durch das Glas und entdeckte einige Damen, die auf Sonnenstühlen lagen und anderen Frauen bei einem Volleyball-Spiel zusahen. Dann ging ich nach draußen und begann ein Gespräch mit einer der „Stuhl-Ladys“.

„Hi“, stellte ich mich vor. „Das mag jetzt wie eine dumme Frage klingen, aber können Sie mir bitte verraten, wo ich bin?“

Sie lachte und antwortete: „Na klar, ich wusste die ersten sechs Wochen nicht, wo ich mich befand. Sie sind hier im Saint Francis Hospital.“

„Hospital?“, fragte ich nach und holte dabei hörbar Luft. „Das sieht eher wie ein Country-Club aus.“

„So können Sie es auch nennen“, antwortete die Dame, sich dabei eine Zigarette anzündend. „Ein Country-Club für reiche Ladys, die einen stillen Ort zum Trockenwerden brauchen.“

„Wow“, meinte ich verblüfft. „Mein Mann hat mich also in ein Sanatorium verfrachtet.“

Am Nachmittag traf ich mich mit einem der Ärzte, der mir erklärte, dass das Programm auf freiwilliger Basis beruhe. „Sie können die Einrichtung jederzeit verlassen, aber wenn sie Ihrem Organismus die Möglichkeit der Entgiftung geben wollen, bleiben Sie mindestens zehn Tage."

„Wollen Sie mich auf den Arm nehmen?", sagte ich. „Ich würde am liebsten ein Jahr hierbleiben. Ich liebe diesen Ort."

Und das traf zu. Das Sanatorium glich einem siebten Himmel. Hier fanden sich Leute, mit denen man reden konnte, fast immer wurde Volleyball gespielt oder es gab andere Beschäftigungen. Man durfte so viele Magazine und Zeitungen lesen, wie man wollte und auch Schallplatten hören. Dort machte ich zum ersten Mal Bekanntschaft mit Carole Kings *Tapestry*. Verglichen mit dem Ort, wo ich lebte, war die Einrichtung ein Spielplatz im Urlaub.

Und so empfand ich das Sanatorium. Ich war zwar nach zehn Tagen wieder draußen, doch nach einigen Wochen im Anwesen, konnte ich es nicht mehr erwarten, dorthin zurückzukehren. In die Reha zu gehen, entwickelte sich bei mir zu einer Gewohnheit, etwas, das die schreckliche Langeweile durchbrach, ähnlich Zigaretten, die den Tag in Abschnitte einteilten. Wenn zuhause alles wieder schlimm wurde, ließ ich mich schamlos volllaufen, verlor das Bewusstsein und verbrachte daraufhin wieder zehn Tage in der Reha.

Ich freundete mich mit einigen der älteren Ladys an, die ich dort monatlich sah, was zu einer wahren Freude wurde. Wir gingen auf Exkursionen und machten all die Dinge, die Phil mir niemals erlaubte. Eines Tages besuchte eine Gruppe von uns die Aufzeichnung der *The Carol Burnett Show*. Ich saß im CBS-Studio Television City mit meiner Gruppe von an Depression erkrankter Menschen und es war einfach nur großartig.

Natürlich vertrat Phil eine andere Meinung und fand das überhaupt nicht großartig. Saint Francis war teuer, und er hasste es, die Rechnung meiner monatlichen Aufenthalte zu bezahlen. Wenn ich also wieder nach Hause ging, musste ich mir sein Meckern anhören. „Ich werde noch pleite, damit es sich meine Frau die Hälfte ihres

Lebens im Hospital gut gehen lassen kann! Das ist hier kein Zuhause mehr, sondern ein Teilzeitzuhause." Wenn er so redete, tat mir Phil tatsächlich leid. Ich wusste, dass er tief in seinem Inneren ein ganz normales Eheleben führen wollte, so wie auch ich. Er konnte aber deutlich sehen, dass ich schon längst alle Hoffnungen auf eine gute Ehe aufgegeben hatte – und das jagte ihm eine fürchterliche Angst ein. Er ertrug den Gedanken nicht, dass ich ihn möglicherweise verlassen würde, und so begann er all diese verzweifelten Pläne zu schmieden, um mich an sich zu binden. Wie zum Beispiel die Adoption von Kindern.

Vermutlich malte er sich aus, dass wir eher einer Familie gleichen würden, hätten wir nur mehr Kinder. Im Dezember 1971 machte mir Phil das wohl befremdlichste Weihnachtsgeschenk, das eine Frau je bekam – Zwillinge.

Phil grinste bereits, als er vor das Tor des Sanatoriums fuhr, um mich von einem meiner monatlichen Aufenthalte abzuholen. „Du siehst aus, als hättest du sehr gute Laune", sagte ich ihm.

„Ich habe eine kleine Überraschung für dich", gab er mir einen Hinweis.

„Und was?", wollte ich wissen. Doch er verriet es mir nicht. Dann bemerkte ich, dass George Brand einen Abstecher vom üblichen Weg machte. „Wohin fahren wir, Phil?"

„Zu einem Spielplatz." Und dann schwieg er.

Sogar nachdem wir beim Spielplatz angekommen waren, sagte Phil kein einziges Wort. Er stieg aus der Limo und ging zu einem Zaun, der die Schaukeln umgab. „Phil, was machen wir hier?"

„Siehst du die beiden Kinder?", fragte er, dabei auf ein Paar Sechsjähriger deutend, die auf den Schaukeln spielten. „Ihre Namen sind Gary und Louis. Es sind Zwillinge, zur Adoption frei gegeben. Ich wollte, dass du sie siehst, bevor sie uns sehen. Auf diese Art verletzen wir sie nicht, wenn wir uns gegen sie entscheiden."

Ich fand sie wunderschön und sagte das Phil. Doch darüber hinaus schwieg ich. Zwei weitere Kinder in dieses Haus zu verfrachten – das wäre das Letzte, an das ich gedacht hätte. Doch ich sagte nichts, da es vermutlich noch genügend Zeit zum Nachdenken gab. Da lag ich aber falsch – es gab überhaupt keine Zeit.

Als wir nach Hause kamen, erlebte ich einen Schock der besonderen Art: Die Mitarbeiter der Adoptions-Agentur warteten bereits auf uns – mit den Zwillingen! Phil hatte George Brand also einen noch längeren Umweg machen lassen, denn als wir die Einfahrt hochfuhren, spielten Gary und Louis bereits beim Springbrunnen vor dem Haus Fangen.

„Fröhliche Weihnachten!", trällerte Phil mit überfreundlicher Stimme.

Mir klappte die Kinnlade runter. „Phil, hast du die beiden Kids schon adoptiert?"

„Ich habe alles vorbereitet, während du im Sanatorium warst. Überrascht?"

„Oh, ja", blieb mir die Puste weg. „Ich bin überrascht!" Doch überrascht war ein viel zu mildes Wort, um meine Gefühle zu beschreiben. Überrumpelt und geschockt traf es besser.

Das Schlimmste an der Adoption der Zwillinge war mein Wissen, dass es sich dabei lediglich um eine weitere Finte handelte, mich an das Haus zu binden. Falls ein Kind nicht reichte, um mich an das Haus zu ketten, würden das vielleicht drei schaffen – so dachte Phil. Und so machte er sich auf die Suche und fand zwei ältere Kids zusätzlich zu dem von mir ausgewählten Jungen, der bereits bei uns lebte. Presto! Familie komplett und zwar zackig! Die ganze Aktion war wie eine von Phils Aufnahme-Sessions orchestriert worden. Doch es gab da einen bedeutenden Unterschied, denn man konnte eine Familie nicht einfach so zusammenstellen wie eine Band. Ich weiß bis zum heutigen Tag nicht, ob Phil das jemals verstanden hat.

Ich war nun drei Jahre verheiratet und hatte bereits drei Kinder, fünf Hunde und 23 Zimmer. Und ich hatte keinen blassen Schimmer, was ich damit machen sollte. Es war zu viel, zu früh und zu schnell. Alles wurde so wahnsinnig, und ich fand keinen Ort mehr, an dem ich mich verstecken konnte.

Glücklicherweise geriet ich an die Anonymen Alkoholiker. Die Zeit, die ich bei den Treffen der A.A. verbrachte, gab mir im letzten Jahr der Ehe einen letzten Schimmer der Vernunft. Eigentlich war es Phils Idee gewesen. Er sah, dass meine Aufenthalte im Saint Francis nichts brachten, und so schlug er vor: „Warum versuchst du es nicht bei den A.A.?"

Dagegen war nichts einzuwenden. Ich machte alles, was mich wenigstens einige Stunden täglich aus diesem Haus brachte. Und darauf beschränkte sich zuerst mein Engagement bei den A.A., denn es war eine perfekte Entschuldigung, um Phils Brüllen und Schreien zu entfliehen. Wenn zuhause mal wieder alles zu brenzlig wurde, sagte ich einfach: „Dafür habe ich keine Zeit, Phil. Ich muss zu einem Treffen." Und dann ging ich einfach. Das konnte er mir nicht verweigern.

Je häufiger ich diese Meetings besuchte, desto mehr lernte ich über mein Problem. Ich fand heraus, dass ich zu den periodischen Alkoholikern zählte. Das bedeutete, dass der Alkoholkonsum nur während eines erhöhten Stresspegels stattfand, der eigentlich immer in meinem Haus herrschte.

Das spielte sich alles zu Beginn 1972 ab, ungefähr zu der Zeit, als mir erstmalig klar wurde, dass Phil selbst ein Alkoholproblem hatte, was er bislang gut unter den Teppich kehrte. Eines Morgens saß ich mit Donté auf der Rückbank des Rolls und wartete auf Phil, dass er endlich runterkam, damit wir das Baby zu den Impfungen beim Arzt bringen konnten. Phil mühte sich dann endlich auch auf die Rückbank, doch er sah nicht allzu gut aus. Es war erst 10 Uhr, doch er wirkte so, als habe er seit Tagen nicht mehr geschlafen.

Bevor George den Wagen startete, ließ er die Trennscheibe herunter und gab Phil eine Dose Shasta-Cola. „Was für eine Art, den Tag zu beginnen", witzelte ich, aber Phil lachte nicht. Er hob die Dose, setzte an und kippte das ganze Zeug in einem Schluck runter. Als er die Dose absetzte, fielen mir sofort seine grünlich verfärbten Zähne ins Auge. Er bemerkte, dass ich ihn anstarrte, und so wischte er sich schnell den Mund mit einem seiner mit Spitzen besetzten Ärmel ab. Dann warf er die Dose direkt aus dem Fenster.

„Phil?“, sprach ich ihn an. „Was ist denn in der Dose, dass deine Zähne davon so grün werden?“ Er versuchte das alles herunterzuspielen, doch sein Atem verriet ihn. Er konnte den übelkeitserregenden süßlichen Gestank nicht verbergen, der sicherlich nicht von der Shasta-Cola kam.

Wenige Tage später entdeckte Mum Phils kleines Geheimnis, als sie im Spielraum herumschnüffelte. „Schau mal an“, flüsterte sie und hielt dabei eine halb geleerte Flasche von Pfefferminzlikör in der Hand. „Die fand ich unter der Treppe. Jetzt weiß ich, warum Phils Zähne immer so grün sind.“

Während des Frühjahrs 1972 besuchte ich fast täglich die Treffen der A.A.. Ich konnte nicht genug davon bekommen, denn ich fand es sehr angenehm, einfach nur unter Leuten zu sein, sich zu unterhalten und Kaffee zu trinken. Zuerst war ich viel zu schüchtern, um mich vor eine Gruppe hinzustellen und schonungslos von mir zu berichten, wie es so viele andere taten. Ich setzte mich also auf einen Klappstuhl am hinteren Ende des Raums und hörte den anderen Alkoholikern zu, die von ihrem Kampf berichteten, trocken zu bleiben. Nach einer Weile bemerkte ich, dass sie im Grunde genommen alle dieselbe Geschichte erzählten, mit leicht abweichenden Details. Offensichtlich hatte jeder mit dem Trinken angefangen, da jeder Alkoholiker dachte, dass es eine Fluchtmöglichkeit vor seinem Leben darstellte.

„Ich weiß, dass du dich gefangen fühlst“, erklärte mir mein Sponsor bei den A.A.. Ihr Name war Verda und sie war eine tolle alte Dame, die Bette Davis sehr ähnelte. Nach den Meetings gingen wir immer noch zum Kaffeetrinken, und sie verdeutlichte mir, dass es so viele andere Möglichkeiten gab, das Haus zu verlassen, statt sich volllaufen zu lassen. „Und wenn du mit dem Trinken aufgehört hast, wirst du sie finden.“

Ich erzählte ihr, dass ich auch in der Hoffnung trank, damit es Phil so anekelt, dass er mich endlich verlässt. „Das wird nicht aufgehen“, erklärte sie. „Du wartest darauf, dass du rausgeworfen wirst. Wenn du das Haus wirklich verlassen willst, dann musst du das mit deinen beiden Füßen und aus eigener Kraft machen.“

Und genau das tat ich auch.

20

Barfuß und bankrott

Am 12. Juni 1972 verließ ich Phil. Das ganze Drama begann schon am vorherigen Abend, nachdem ich etwas zu spät von einem Treffen mit den A.A. gekommen war. Phil hatte mich ausgesperrt. Als ich das Haus um 22 Uhr erreichte, fand ich alle Türen verschlossen vor. „Oh, Scheiße“, meckerte ich zu mir selbst. „Phil macht wieder seine Spielchen.“

Ich wollte nichts mit ihm zu tun haben, und so schlich ich um das Gebäude herum und klopfte am Fenster meiner Mutter an. „Mum“, flüsterte ich. „Lass mich rein.“

Sie öffnete das Fenster einen Spalt weit und flüsterte durch die Gitterstäbe, die einem Gefängnis ähnelten: „Geh zur hinteren Küchentür. Ich treffe dich da.“

Am Dienstboteneingang angelangt, fand ich Mum wartend vor. „Komm schon, du bleibst heute Nacht bei mir. Phil tickt wieder total aus, und ich will nicht, dass er dich sieht.“

Wir schlichen auf Zehenspitzen über den dunklen Flur zu ihrem Zimmer. Gerade als wir dachten, es geschafft zu haben, hörten wir eine donnernde Stimme vom oberen Treppenabsatz. Wie erstarrt blieben wir stehen. Es war Phil. „Das muss wohl ein sehr interessanter Abend bei den A.A. gewesen sein, oder Veronica?“

Verängstigt versuchte mich Mum in ihr Zimmer zu ziehen, doch ich wich keinen Zentimeter von der Stelle. Phil stand im Flur im

Halbschatten einer der großen Säulen. Aus irgendeinem Grund wollte ich ihn genau ansehen können. Ich konnte den Pfefferminzlikör bis hier unten hin riechen.

„Ich meine, da muss wohl etwas absolut Faszinierendes vor sich gegangen sein. Was hätte dich sonst dazu bringen können, deine Familie komplett zu ignorieren, stimmt doch?"

Ich holte tief Luft, stand einfach nur da und wartete darauf, dass er seine widerlichen Anspielungen beendete.

Dann ging er langsam ins Licht und auf mich zu. Ich wollte etwas sagen, doch Phil fiel mir ins Wort. Scheinbar war er immer noch nicht fertig, mich zu quälen. „Hast du da einen Liebhaber, oder was?"

Er lehnte sich zu mir herüber, und ich starrte direkt in sein Gesicht. Der Gestank war so übelkeitserregend, dass ich fast gekotzt hätte. Doch ich ging nicht zurück. „Phil", begann ich den Satz, „warum musst du mich immer verletzen?"

Es sagte nichts mehr, stand da mit gekreuzten Armen vor seiner Brust und starrte mich unheilvoll an. „Ich habe niemals etwas gemacht, was dich verletzt hätte", fuhr ich fort. „Doch du versuchst alles Erdenkliche, um mich zu beleidigen. Tja, ich ertrage das alles nicht mehr." Ich brauchte alle Kraft, die ich hatte, doch ich war fest entschlossen, ihm die Wahrheit zu sagen. „Und wenn das nicht sofort aufhört, muss ich gehen."

Bis zu dem Moment war er noch verhältnismäßig ruhig gewesen, doch als ich eine Trennung erwähnte, brach es aus ihm heraus und er drehte völlig durch. Als ich diesen wilden, fratzenhaften Ausdruck sah, zu dem sich sein Gesicht verzog, versuchte ich instinktiv die Türschwelle zum Zimmer meiner Mutter zu erreichen, damit sie mich beschützt. Doch er hechtete mir hinterher und zog mich zu Boden. Ich strampelte meine Beine frei und begann ihn zu treten, doch er holte aus und umklammerte einen Fuß. Dann zog er mir den Schuh aus.

„Du willst mich also verlassen, häh?", keuchte er und steckte den Schuh in seinen Gürtel. „Mal sehen, wie weit wir kommen!" Das war nichts Neues, denn Phil versteckte meine Schuhe immer bei einem Streit – es war seine bizarre Art, mich vom Gehen abzuhalten. „Träum noch nicht mal davon, dich scheiden zu lassen!“, schrie er. „Du würdest einen Prozess niemals überstehen. Wenn du in den Zeugenstand trittst, werde ich dich nach fünf Minuten zerstören.“ Er drückte mich auf den Boden und brüllte so laut, dass ich nur noch zitterte. Meine Mutter hatte sich bislang im Hintergrund verschanzt, doch das wurde ihr zu viel. Sie sprang auf Phils Rücken und dann prasselten Faustschläge auf seine Schultern und seinen Kopf.

„Du lässt jetzt meine Tochter los“, kreischte sie. „Oder ich werde dich mit meinen eigenen Händen umbringen.“ Sie hatte unvermittelt zu schreien begonnen. Dann schrie er. Und dann schrie ich. Jeder boxte und schlug den anderen. In dem Handgemenge gelang es Mum schließlich mich durch ihre Tür zu ziehen. Dann stellte sie sich davor und warnte Phil auch nur einen Schritt weiterzugehen. „Ich werde dir die Perücke von deinem kleinen knöchernen Schädel reißen, das schwöre ich.“

Phil unterließ jeden Versuch, an Mum vorbeizukommen. Doch er gab auch nicht auf, wich nicht zurück.

„Mit wem glaubst du, hast du es hier zu tun?“, sagte er, dabei um Luft ringend. „Wenn diese Bitch es wagt, mich zu verlassen, werde ich sie in der Sekunde umbringen lassen, in der sie einen Fuß außerhalb der Tore setzt. Ich kann das auch selbst übernehmen!“

„Geh ins Bett, Phil“, riet Mum, langsam zur Besinnung kommend. „Du bist doch total am Durchdrehen.“ Doch Phil hatte sich so in Rage gebracht, dass er nicht nachgab.

„Ich habe mich schon auf den Tag vorbereitet“, wütete er. „Ich habe bereits ihren Sarg. Er ist aus solidem Gold. Und er hat einen Glasdeckel, damit ich sie nach ihrem Tod im Auge behalten kann.“

„Ich gehe jetzt ins Bett, Phil“, meinte Mum unbeeindruckt. Dann schlüpfte sie durch die Tür und verriegelte sie hinter sich.

„Glaubst du mir nicht?“, schrie er aus dem Flur. „Dann komm doch raus! Du auch, Veronica. Ich werde ihn dir zeigen. Er steht unten. Na los!“ Uns kam es überhaupt nicht in den Sinn, irgendwo hinzugehen. Ich lag schon in der Embryonalstellung auf Mums Bett und weinte hysterisch, als sie hereinkam und sich zu mir setzte. „Jetzt aber Schluss“, verlangte sie. „Hör auf, Ronnie.“ Doch mir gelang es nicht. Meine Mutter muss wohl erkannt haben, dass ich kurz vor dem Krampfen stand, denn sie stand auf und verpasste mir eine schallende Backpfeife, so wie man es immer in den Filmen sieht. Das jagte mir noch mehr Angst ein, doch Mum fühlte sich noch schockierter. Als ich zu weinen aufgehört hatte, setzte sie sich wieder aufs Bett. „Ronnie, wir müssen dich von Phil losreißen“, seufzte sie. „Du warst hier schon so lange, dass du dich selbst verrückt verhältst.“

Mum hatte Recht. Wenn ich auch nur einen Tag länger in diesem Haus wäre, würde ich es in einer Zwangsjacke verlassen – davon war ich überzeugt. Das, oder in einem soliden Goldsarg mit Glasdeckel. Ich überlegte mir alles ganz genau und sprach die Worte laut aus, damit ich am Morgen keinen Rückzieher mehr machen konnte. „Mir ist es egal, was morgen passiert – das ist die letzte Nacht, die ich in diesem Haus verbringe.“

Nachdem ich den festen Entschluss gefasst hatte, legte ich mich wieder auf Mums Bett und schlief zum ersten Mal seit dem Einzug gut durch. Wie sich herausstellte, war es zugleich die einzige erholsame Nacht für eine lange, lange Zeit.

Am nächsten Morgen wachten Mum und ich früh auf und planten meine Flucht. Ich hatte mir bereits die Telefonnummer eines guten Scheidungsanwalts von jemanden bei den A.A. beschafft, und nun musste ich nur noch aus der Villa gelangen und ihn aufsuchen. Und das wäre bestimmt kein Kinderspiel, denn Phil würde mich nach der letzten Nacht wie ein Falke bewachen.

„Ich werde Phil erklären, dich zu einem Spaziergang mitzunehmen“, schlug Mum vor. „Dann bis du erstmal aus der Tür. Allerdings musst du alles zurücklassen. Dein Notizbuch, deine Kreditkarten –“ „Mum“, unterbrach ich sie. „Und was ist mit Donté?“

„Mach dir mal keine Sorgen über Donté. Er ist bei der Nanny gut aufgehoben, bis wir den Rechtsanwalt haben und ihn zu uns holen. Aber zuerst müssen wir hier raus.“

„Gut, Mum“, stimmte ich zu. „Ich will mich nur von dem Baby verabschieden. Dann können wir gehen.“

„Hm, okay. Aber beeil dich bloß.“

Als ich das Kinderzimmer betrat, sah ich zuerst die Nanny, die neben Dontés Kinderbettchen saß und ihm etwas vorlas. „Ssh …“, flüsterte sie. „Er schläft.“

Ich schaute auf mein Baby. Es war zwar erst zwei Jahre alt, doch seine Füße reichten bereits bis zum Bettende. Ich lehnte mich hinunter und gab ihm einen Kuss auf die Stirn. Plötzlich bemerkte ich, dass die Nanny lächelte. „Er ist ein wirklich lieber Junge“, sagte ich. „Nicht wahr?“

„Eins der besten Kinder, die ich je betreute“, antwortete sie. Ich spürte eine mir das Gesicht hinablaufende Träne, doch verließ das Zimmer gerade noch rechtzeitig, damit die Nanny es nicht sah.

Mum wartete schon auf mich, als ich die Treppe runterkam. „Sie ist auf“, flüsterte sie, dabei auf die Vordertür deutend.

„Ich kann noch nicht“, meinte ich. „Phil hat immer noch meinen Schuh. Ich habe Angst noch oben zu gehen, um mir ein anderes Paar zu holen.“

„Dann musst du wohl barfuß gehen“, meckerte sie. „Das ist auch besser. Er wird niemals vermuten, dass du nie mehr zurückkommst, wenn er sich immer noch an den Schuhen festklammert.“

„Okay.“ Und dann schritten wir durch die Vordertür des dunklen Hauses, direkt in den Sonnenschein. Es war ein Morgen im Juni, doch die Luft fühlte sich so klar und angenehm kühl an wie ein Herbstabend in New York. Wir gingen eilig die Einfahrt runter, wo ich den feinkörnigen Splint bei jedem Schritt schmerzhaft spürte. Doch es war mir egal. Ich wäre über zersplitterte Pepsi-Flaschen gegangen, nur um endlich von diesem Ort wegzukommen.

Nachdem wir erstmal den Springbrunnen hinter uns gelassen hatten, waren wir uns sicher, es bis zum Tor zu schaffen. Hoffentlich würde Phil die nächsten zwei Minuten nicht durch das Fenster sehen – dann würde ich die lang ersehnte Freiheit erlangen. Ich warf einen gehetzten Blick zurück zum Haus. Kein Zeichen von ihm. Jetzt konnte mich nichts mehr aufhalten. Nichts!

Außer … ein Phil, der zwanzig Meter vor uns in der Einfahrt stand.

„Mrs. Bennett?“, fragte er argwöhnisch. „Wollen Sie und Veronica irgendwo hin?“ Er hatte die ganze Zeit im Vorgarten gestanden – nur einige Meter entfernt – und sich mit dem Gärtner unterhalten. Verdammt!

Meine Mutter schritt ein und baute sich zwischen uns auf. Ich wusste, dass sie das Reden übernähme und so schlenderte ich ein paar Meter weit weg und tat so, als würde ich verträumt in den Springbrunnen sehen.

„Ich werde ein wenig spazieren gehen, um mir mal wieder die Umgebung um das Anwesen herum anzusehen“, meinte sie. „Und Ronnie kommt mit mir.“

„Aha?“, meinte Phil mit leiser Stimme, misstrauisch wie immer.

„Ja“, fuhr sie fort, ohne dabei abzusetzen. „Nachdem, was Ronnie durchgemacht hat, ist es das Beste, was Sie machen können, dem Mädchen ein wenig Sonnenschein zu gönnen.“ Phil schien immer noch argwöhnisch zu sein, doch er blickte auf meine Füße und dachte wohl, dass ich ohne Schuhe nicht allzu weit komme. Er drehte sich um, ging die Einfahrt hoch, woraufhin wir einen Erleichterungsseufzer ausstießen. Doch auf dem halben Weg zum Haus hielt Phil inne. „Mrs. Bennett“, meinte er mit besorgter Stimme, und wir blieben wie erstarrt stehen. „Ja, Phil?“

„Passen Sie auf, dass Veronica auf nichts Scharfes tritt.“

„Machen Sie sich keine Sorgen“, rief Mum, ohne sich umzudrehen. „Sie wissen doch, dass ich immer auf Ronnie aufpasse.“

Und dann gingen wir einfach weiter, eng beieinander, bis wir auf die andere Seite des 2,50 Meter hohen, schmiedeeisernen Tors gelangten.

„Lass uns ein bisschen schneller gehen“, flüsterte ich. Kurz darauf joggten wir fast, und wir wurden kein bisschen langsamer, bis wir endlich den Sunset Strip erreichten. Ich konnte es kaum fassen! Wir hatten es aus dem Haus geschafft! Aber es stimmte! Nach all den Jahren der Krankenhäuser, der vermeintlichen Schwangerschaften und eines aufblasbaren Mannes, hatte ich es ein für alle Mal aus dem Anwesen hinausgeschafft.

Ich fühlte mich so erleichtert, dass ich lauthals zu Lachen begann, in aller Öffentlichkeit und auf dem Sunset Boulevard.

Plötzlich erkannte ich wie lustig und bizarr das Schicksal doch sein kann. Ich hatte mehr als fünf Jahre das Leben einer Millionärin in einer Villa mit 23 Zimmern geführt und mich die ganze Zeit über hilflos gefühlt. Nun stand ich an der Kreuzung Sunset und Doheny, barfuß und ohne einen einzigen Cent, der mir gehörte und fühlte mich so stark wie nie zuvor im Leben.

Irgendwie gelang es Mum ein Taxi zu organisieren, mit dem wir auf dem schnellsten Weg zur Kanzlei von Stein and Jaffe am Wiltshire Boulevard fuhren. Jay Stein war mein Rechtsanwalt, in allen Bezügen ein großartiger Mann. Das Erste, was er sagte, als er mich zu Gesicht bekam war: „Du siehst aus, als könntest du etwas Ruhe gebrauchen."

Dann buchte er für Mum und mich ein Zimmer im Beverly Crest Hotel in Beverly Hills. „Mach dir mal keine Sorgen", beruhigte er mich. „Phil zahlt für alles." Wenige Tage darauf „servierte" Jay Phil die Scheidungsunterlagen in seinem Büro und fuhr dann zum Anwesen, um mir einige Sachen zu holen. Ich brauchte dringendst frische Klamotten, denn ich trug seit drei Tagen dieselbe Jeans und dasselbe rote T-Shirt.

Doch als Jay ins Hotel kam, brachte er nur eine winzige Kulturtasche mit. „Das ist es?", fragte ich verblüfft. „Mehr hast du nicht?"

„Laut Phil", antwortete er, „ist das all die Kleidung, die du in der Villa hattest."

Ich öffnete die kleine Tasche und wäre beinahe in Tränen ausgebrochen. Phil ließ mir nur drei T-Shirts und eine Hose überbringen. Er hatte kein Wort über meine Bühnengarderobe verloren, meinen Schmuck, mein Make-up oder die Kleidung, die ich mir über die Jahre geleistet hatte.

„Phil versucht, all meine Sachen zu behalten!", erklärte ich Jay. „Das kann er doch nicht, oder?"

„Es gibt da so gut wie gar keine Möglichkeit etwas dagegen zu unternehmen, falls du nicht juristisch wasserdichte Beweise vorlegen kannst, dass sich im Anwesen weitere Habseligkeiten von dir befinden."

Dann durchwühlte ich die kleine Tasche und fand etwas, das ich auf den ersten Blick übersehen hatte – mir unbekannte Höschen und einen riesigen BH, der mir ganz offensichtlich nicht gehörte. „Phils Vorstellung von einem ‚netten' Spaß, oder?"

„Das nehme ich an", antwortete er lakonisch.

Jay starrte auf die Unterwäsche und schüttelte den Kopf. „Warum beschleicht mich nur das Gefühl, dass Phil hinsichtlich der Scheidung kein guter Sportsmann sein wird?"

Die Reaktion überraschte mich nicht. Nachdem ich vier Jahre lang mit dem Kerl verheiratet war, wusste ich, was für ein kindisches Verhalten er an den Tag legen konnte. Doch als es dann vor Gericht ging, fand ich heraus, dass eine Ehe mit Phil Spector noch ein wahres Picknick war, verglichen mit einer Scheidung.

Phil war es untersagt, mich außerhalb des Sitzungssaals zu treffen, doch das hielt ihn nicht davon ab, mich zu jeder Tages- und Nachtzeit in meinem Zimmer im Beverly Crest Hotel anzurufen. Einmal nahm ich einen Anruf Phils entgegen, doch das lehrte mich, es nie wieder zu tun.

Als ich den Hörer ans Ohr nahm, versuchte er mich zu bequatschen, dabei erklärend, dass er seine fiese Art und seine Marotten abgelegt hatte. Als er damit nichts erreichte, begann er mit Drohungen. „Wenn du die Scheidung durchziehst", wütete er, „werde ich jemanden bezahlen, der sich um dich kümmert. Und ich kenne da ein paar Typen, die sich darüber freuen würden –."

Ich knallte den Hörer auf die Gabel und zitterte am ganzen Körper.

Wenn Phil nicht anrief, schickte er Leute ins Hotel, um mich zu verunsichern und zu verängstigen. Einmal stand George Brand vor der Tür, mit einem Typen, den ich noch nie gesehen hatte. Meine Mutter war gerade nicht da, aber George arbeitete schon so lange als

Phils Bodyguard, dass ich ihm vertraute und ihn und seinen Freund hereinließ. Ich dachte, es handele sich bei dem anderen Mann um einen Rechtsanwalt, da er mir nach dem Eintreten direkt einen Vertrag in die Hand drückte.

„Was ist das?“, hakte ich nach. Dann schaute ich es mir genauer an. Die Papiere besagten, dass Phil die alleinige Vormundschaft für die Zwillinge erhalten sollte. „Ich kann das erst unterschreiben, wenn es mein Rechtsanwalt geprüft hat.“

Georges Freund sagte kein einziges Wort. Er ging zum Telefon, wählte eine Nummer und übergab mir den Hörer. „Es ist Ihr Mann“, erklärte er.

„Was ist hier los, Phil?“, fragte ich verdutzt.

Dann wütete Phil, schrie, dass es sich bei dem Typen um keinen Rechtsanwalt handeln würde, sondern um einen erstklassigen Auftragskiller. „Und er wurde dafür bezahlt, dir das Gehirn aus dem Schädel zu blasen, wenn du die Papiere nicht unterschreibst.“

Ich erklärte Phil, dass er keinen Killer bräuchte, damit ich die Verzichtserklärung unterzeichne. Ich liebte Gary und Louis, doch hatte mich schon von Beginn an gegen die Verantwortung gesträubt. Schätze mal, dass das alles war, was George und diese schräge Figur hören wollten, denn sie zogen ohne meine Unterschrift ab.

Die Scheidung entwickelte sich zu einem Albtraum. Jay Stein reichte die Unterlagen im Juni 1972 ein, woraufhin ich gefühlt ungefähr den Rest des Sommers in der Cafeteria des Santa Monica Courthouse verbrachte. Die ganz Prozedur erstreckte sich in die Ewigkeit. Da Phil die Scheidung eigentlich nicht wollte, fielen ihm immer wieder neue Aktionen ein, um alles hinauszuzögern. Als das Gericht ihn zu einer monatlichen Unterhaltszahlung verdonnerte, ließ er die erste Zahlung in einer Höhe von 1.300 Dollar in Jays Office bringen – in 5-Cent-Stücken.

Obwohl der Richter Phil unzählige Male darauf hingewiesen hatte, sich außerhalb des Gerichtssaals von mir fernzuhalten, machte er sich immer zum totalen Narren, wenn die Anhörungen vorüber waren. Er verfolgte mich und meinen Rechtsanwalt die Treppe hinunter, und brüllte mir und Mum die schlimmsten Obszönitäten hinterher. Doch für meinen Anwalt sparte er sich die bösartigsten Flüche auf.

„Blutsauger!“, keifte Phil. „Warum kümmert ihr Motherfucker euch nicht um eure eigenen Angelegenheiten und lasst uns allein?“

„Ignoriert ihn einfach“, riet Jay mit geradeaus gerichtetem Blick. „Einfach ruhig bis zum Wagen gehen.“

Doch nachdem wir in Jays Wagen Platz genommen hatten, setzte sich Phil hinter das Lenkrad seines Rolls Royce und hängte sich bis zum Hotel an unsere Stoßstange, dabei die ganze Zeit über auf die Hupe drückend. Dann streckte er seinen Kopf aus dem Fenster und schrie: „Okay, Veronica. Mach weiter, lass dich von mir scheiden! Die Zeit wird es schon zeigen, wer hier falsch oder richtig lag!“

Phil führte sich schlimm auf, wenn ihn mal wieder eine seiner gehässigen Launen überkam, doch wenn er sich selbst bemitleidete, wirkte er nur noch erbärmlich. Eines Nachmittags gingen wir auf der Treppe des Gerichts an Phil vorbei, und er sagte kein Wort. Er stand dort und sah aus wie ein trauriger Hund, dem man viel zu oft einen Tritt verpasst hatte.

Wir waren bereits im Wagen eingestiegen und Jay hatte den Motor gestartet, als man ein lautes Heulen hörte – wie eine Art menschlicher Sirene – das hinter uns kreischte. Wir blickten zurück und sahen Phil, der auf der Treppe stand und grässliche Töne intonierte.

„Veronica!“, schrie er. „Tu mir das nicht an!“

„Fahr los, Jay“, meinte Mum, dabei die Kontrolle übernehmend. „Lass uns möglichst schnell von hier verschwinden.“

Doch Phil gab nicht auf. Er wankte und stampfte die Treppe runter wie ein Zombie aus *Die Nacht der lebenden Toten* und brüllte in einer ohrenbetäubenden Lautstärke: „Veronica! Verlass mich nicht! Veronica!“

Jay hatte bereits eine kurze Strecke zurückgelegt, als Mutter zurückschaute und Phil am Bordstein stehen sah, der wie ein verletzter Coyote aufheulte. „Veronica! Komm zurück zu mir! Veronica!“

„Mein Gott", murmelte sie. „Hast du das gesehen?"

Aber ich schaute nicht zurück. Die Tage, in denen ich zusah, wie Phil einen Idioten aus sich machte, waren vorbei. Ich fixierte die vor mir liegende Straße und schaute nie wieder zurück.

Phil hatte mich immer gewarnt, dass ich eine Scheidung niemals überstände, ohne dabei wahnsinnig zu werden. Nach ungefähr drei Monaten dieser Hölle begann ich zu erkennen, was er damit gemeint hatte. Meine Mutter und ich verbrachten beinahe jeden Nachmittag in diesem kargen und schrecklichen Gerichtssaal. Und wenn wir uns dort nicht aufhielten, endeten wir in einem Coffee-Shop beim Beverly Crest, umgeben von einem Haufen deprimierter alter Ladys, die nichts anderes aßen außer Cantaloupe-Melone und Hüttenkäse.

Ohne Mum hätte ich all das nicht überstanden, und sie wusste, wie viel mir ihre Anwesenheit und Unterstützung bedeutete. Darum hatte es mich sprichwörtlich fast umgebracht, als sie ihre Rückreise nach New York bekannt gab.

„Du bist nicht meine einzige Tochter, Ronnie", meinte sie mit sanfter Stimme. Und dann packte sie ihre Koffer und reiste ab. Estelle hatte gerade ein Kind von Joe Dong bekommen, und Mutter wollte um alles in der Welt ihre erste Enkeltochter sehen.

Aber ich wollte sie auch in meiner Nähe wissen! Auf mich wirkte das so, als würde sie mich in einer Zeit im Stich lassen, in der ich sie am dringendsten brauchte.

Phil muss wohl eine Art Radar gehabt haben, das anzeigte, wann ich am verletzlichsten war, denn er rief mich exakt zwei Stunden nach Abflug von Mums Maschine an. Ich fühlte mich bereits wie ein Wrack. Die Vermittlung sollte seine Anrufe nicht durchstellen, doch manchmal machten sie einen Fehler.

Als ich Phils Stimme am anderen Ende der Leitung hörte, wollte ich augenblicklich auflegen. Er hatte das wohl gespürt und sagte sofort: „Leg nicht auf! Es geht um Donté." Damit hatte er mich am Haken.

„Was stimmt nicht?", keuchte ich panisch.

„Keine Ahnung. Er hat gerade mit dem Weinen aufgehört und schläft – schon in der dritten Nacht hintereinander. Ich mache mir ernsthafte Sorgen."

„Warum?", fragte ich. „Phil! Stimmt da was nicht?"

„Ich weiß es nicht. Er fragt ständig nach seiner Mami. Und wenn ich ihm sage, dass sie uns verlassen hat, fängt er zu weinen an und hört nicht auf, bis er endlich einschläft." Dann wurde Phil sarkastisch. „Keine Ahnung. Klingt doch so, als stimme etwas nicht!"

Mich quälte der Gedanke von Donté, der sich in den Schlaf weinte. Und Phil wusste das! „Gib ihn mir", verlangte ich. „Ich will mit meinem Baby sprechen."

„Nein!", lautete Phils energische Antwort. „Er braucht keinen Anruf. Was Donté braucht, ist eine Mutter, die die ganze Zeit für ihn da ist. Wenn du endlich deinen Arsch hierhin verfrachtest, wird er mit dem Weinen aufhören!"

Das brachte mich fast um, doch ich wusste, dass ich im Fall einer kurzfristigen Rückkehr zu Phil, Donté niemals von ihm bekäme. „Es tut mir leid, Phil, aber ich kann nicht wieder ins Haus zurück. Niemals."

„Na gut", zischte er schnippisch. „Wenn ich Donté das nächste Mal weinen höre, werde ich ihm mit Sicherheit erzählen, wie deine Gefühle für ihn sind."

„Ich muss jetzt gehen, Phil."

Wutentbrannt knallte ich den Hörer auf. Die Spielchen, die Phil bereits mit Dontés Gefühlen veranstaltete, brachten mich zur Weißglut und es kotzte mich an, dass ich dagegen nichts unternehmen konnte. Donté zurückzulassen, war meine einzige Chance gewesen, denn ich hätte meine Flucht niemals mit ihm geschafft.

Ich redete mir ein, dass ich unter den Umständen das Beste machte, doch das verhinderte nicht das Gefühl, mich als minderwertige Mutter zu empfinden.

Was ein Abend! Zuerst verließ mich meine Mutter. Dann musste ich mich plötzlich damit auseinandersetzen, wie ich mein eigenes Kind im Stich gelassen hatte. Mich überkam das Gefühl, als würde mein Inneres durcheinandergewirbelt. Der einzige Weg, damit klar zu kommen, lag darin, dass ich mir das Versprechen gab, ihn nie wieder aus den Augen zu lassen, wenn ich das Sorgerecht bekäme. Doch das nahm Zeit in Anspruch. Und ich wollte, dass mein Baby in dieser Nacht bei mir war.

Plötzlich überkam mich der Drang nach einer Zigarette. Mit dem Rauchen hatte ich bereits im Brooklyn Fox begonnen, doch diese Angewohnheit hatte sich während der Scheidung verschlimmert. In den letzten drei Monaten waren nicht mehr als 20 Minuten vergangen, in denen ich keine Marlboro zwischen den Fingern hielt. Ich zündete mir eine an und nahm einen tiefen Zug. Dann legte ich mich aufs Bett und zwang mich zum Schlafen. Doch jedes Mal, wenn ich die Augen schloss, sah ich Dontés weinendes Gesicht, das mich aus seiner Krippe anstarrte.

Es war sinnlos – in dieser Nacht gab es nur einen Weg, um an Schlaf zu gelangen. Ich wählte den Zimmerservice und suchte hastig einen Dollar Trinkgeld in meinem Portemonnaie, den ich dem Kellner zustecken konnte, wenn er mir etwas Alkoholisches brachte.

Nach einem Fünftel der Flasche schlief ich schneller als erwartet ein. Ich hatte noch nicht mal die glimmende Zigarette ausgedrückt – und so erzählten mir die Brandermittler später, dass ich beinahe das gesamte Hotel abgebrannt hätte. Ich kann mich nur noch an das Aufwachen im UCLA Medical Center am Morgen danach erinnern, wobei ich Jay Stein erkannte, der über mein Bett gebeugt stand.

„Was ist geschehen?", fragte ich ihn mit krächzender Stimme.

„Du hast letzte Nacht viel Rauch eingeatmet", erklärte er. „Doch der Arzt meinte, es würde dir den Umständen entsprechend gut gehen." Dann erzählte er mir davon, ich sei mit der brennenden Zigarette eingeschlafen, was damit endete, dass das Bett in Brand geriet. „Ich habe schon mit deiner Mutter gesprochen", meinte er beruhigend. „Sie bat mich, dich in den ersten möglichen Flieger nach New York zu setzen. Und das werde ich auch machen."

Ich war so glücklich, dass ich fast aus dem Bett geschwebt wäre. „Du glaubst also, ich muss nie mehr ins Gericht?"

„Momentan ist das unnötig", erklärte er. „Wir können das hier einige Monate allein regeln. Jetzt ist es wichtig, dass du eine Unterbrechung von deinem Tagesablauf hast."

„Eine Unterbrechung?", fragte ich nach. Dann lachte ich befreit los. „Ja, du hast gerade die magischen Worte gesagt."

21

Wieder im Spiel

Mein Rechtsanwalt hatte mir für den Zeitraum der Scheidung die Unterbringung im Navarro Hotel organisiert, was mir sehr gefiel. Ich war so lange allein, dass ich es aufregend fand, einfach aus der Tür hinauszugehen und mich in einer Menge von Menschen wiederzufinden. Ich sehnte mich nach Menschen, und dieses Gefühl verschwand nicht. Ich versuchte mit ihnen auf der Straße zusammenzustoßen, um mich zu erinnern, dass sie real waren. Ich wollte neben ihnen gehen, mit ihnen reden und mit ihnen essen. Doch am wichtigsten und am dringlichsten empfand ich meine Rückkehr auf die Bühne, um für sie aufzutreten.

Da gab es allerdings ein Problem. Ich hatte mich so lange von der Szene zurückgezogen, dass ich im Business keine Menschenseele mehr kannte, also völlig ohne Kontakte dastand. In den letzten fünf Jahren mit Phil hatte ich kaum Radio gehört. Und so entschied ich mich, da anzufangen, wo alles begann – und durchsuchte die Kanäle des Radios.

Und wer war Ihrer Meinung nach die erste Stimme, die ich hörte? Es war die von Murray the K, der immer noch die Nachmittagssendung machte, mit der Ausnahme des Senderwechsels zu WNBC. Ich musste geradewegs lachen. Er nannte sich zwar nicht mehr den fünften Beatle, doch riss immer noch die dümmlichen Witze und legte Platten auf. Ich hörte ein paar Minuten zu, schnappte mir dann den

Hörer und rief bei WNBC an. Als die Telefonistin antwortete, bat ich, mich zu Murray durchzustellen.

„Und wen soll ich bitte anmelden?“, fragte sie.

„Sagen Sie Murray, es ist eins seiner Tanzmädels.“

Es entstand eine kleine Pause, bis Murray das Telefonat entgegennahm. Er wäre beinahe ausgeflippt, als er mich hörte. „Ronnie! Mein Junge, was für ein schöner Klang für meine geschundenen Ohren!“, freute er sich. „Hey Liebes, wir nehmen das direkt auf.“

„Okay“, willigte ich ein. „Warum nicht?“

Er war so aufgeregt, und ich fand das wirklich süß. Wir unterhielten uns circa zehn Minuten, redeten über all die gemeinsamen Shows im Brooklyn Fox und den Spaß, den wir dort hatten. Es schien schon so lange her zu sein, doch ich sah vor meinem geistigen Auge noch viele lebendige Bilder. Es war das erste Mal, dass ich wirklich zurückschaute auf das, was die Ronettes damals geleistet hatten. Und das erfüllte mich voller Stolz.

„Wahnsinn, Ronnie, das war ja wie in den alten Tagen“, schwärmte Murray, nachdem er den Mitschnitt gestoppt hatte. „Du hast doch nichts dagegen, wenn wir es etwas später senden?“

„Überhaupt nicht“, lachte ich. „Ich kann die Publicity gebrauchen.“

Das war nur ein Scherz gewesen, doch wie sich herausstellte, entwickelte sich das zehnminütige Gespräch mit Murray the K zur besten Publicity, die ich mir hätte wünschen können. Er spielte das Interview ungefähr zehn Mal im Laufe der nächsten Tage, wobei die Lämpchen der Telefonanlage unendlich viele Anrufe anzeigten. Wenige Tage danach bimmelte mein Telefon.

Dave Zaan war der erste Anrufer. Dave hatte in den Sixties als Booker der Ronettes gearbeitet und verdiente sich nun seine Brötchen bei Banner Talent, einer Agentur, die in den frühen Siebzigern viele Oldie-Acts auf die Veranstaltungs-Rundreise schickte. Als ich abnahm, legte er mit einer direkten Frage los: „Bist du bereit wieder auf die Bühne zu gehen?“

„Machst du Scherze? Ich würde alles machen, um wieder auf eine Bühne zu kommen. Nenn mir nur Ort und Zeit.“

„Gut“, sagte er. „Da gibt es noch nichts Festes, aber das *Rock*-Magazin sponsert im Januar ein Rock'n'Roll-Revival in der Brooklyn Academy of Music. Und ich weiß, dass du dafür perfekt wärest.“

„Ich werde dort sein“!“

„Klasse“, freute er sich. „Schätze mal, du kontaktierst die beiden anderen Ronettes?“

Mir wäre beinahe der Hörer aus der Hand gefallen. „Die beiden anderen Ronettes?“

„Na klar. Was wäre schon Ronnie ohne ihre Ronettes?“

„Ja“, gab ich zu. „Ich schätze mal, das ist ein Argument.“ Dann erklärte ich ihm, dass er sich keine Sorgen machen müsse und dass ich die beiden Mädels im Nu ins Boot holen würde. Doch sobald ich den Hörer aufgelegt hatte, wusste ich, dass Schwierigkeiten auf mich zukamen. Es war bereits nach Thanksgiving, was bedeutete, dass ich eine Gruppe neu formieren musste, die seit sechs Jahren nicht mehr zusammen aufgetreten war.

Am schlimmsten empfand ich jedoch die Tatsache, dass ich erst kürzlich Estelle gesehen hatte, die nicht in der „Form“ war, eine Show abzuziehen. Seit dem Split der Gruppe hatte sie satte 15 Kilo zugenommen, und darüber hinaus war ich unsicher, ob sie noch die ganzen Tanzschritte draufhatte. Und mein lieber Junge – damit hatte ich Recht.

Ich lud sie zu einer Probe in mein Zimmer im Navarro ein und hoffte, dass sie es vielleicht irgendwie durch die Show schaffen würde, wenn ich ihr einige Schritte zeigte. Doch daraus wurde eine regelrechte Katastrophe. Ich legte eine Scheibe auf und versuchte sie in den Groove zu bringen, aber das erwies sich als hoffnungslos. Sie hatte ihre Koordination komplett verloren! Es war bizarr. Ich bewegte mich in eine Richtung, doch statt es mir nachzumachen, machte sie einen Sidestep in die andere. Ich dachte, sie wolle mich hochnehmen und sprach sie direkt darauf an.

„Warte mal, Estelle“, sagte ich. „Machst du hier Späße?“

Sie gab mir keine Antwort, aber ich sah ihren schockierten und gequälten Gesichtsausdruck, was ich ganz schrecklich fand. Estelle versuchte ihr Bestes, doch war einfach nicht mehr gut genug. Und nun hatte ich sie in eine unglaubliche Verlegenheit gebracht. Doch es gab nichts, was ich dagegen machen konnte. So schwierig es für mich vorstellbar war – meine Schwester war keine Ronette mehr.

Mit Nedra hatte ich ganz andere Probleme. Zuerst erreichten wir sie nicht, da sie die meiste Zeit in einem Krankenhaus in Ithaca verbrachte, wo sie ihre Mutter pflegte, die eine kleine Operation hinter sich hatte. Schließlich entschieden sich Mum und ich Nedra zurückzuholen, auch wenn das bedeutete, sie nach New York zu zerren. Dann – als ob nicht schon alles umständlich genug war – schneite es am Tag unserer Abreise so heftig, dass man alle Flughäfen schloss. Letztendlich nahmen wir einen Trailway-Bus, der uns den ganzen Weg nach Ithaca durch einen Blizzard beförderte.

Schließlich spürten Mum und ich Nedra in der Krankenhaus-Cafeteria auf.

„Nedra!", kreischte ich voller Begeisterung. „Sie wollen uns haben!"

„Wer will uns haben?", lautete ihre verdutzte Antwort.

„Die Brooklyn Academy of Music", verriet ich ihr. „Wir haben dort eine Show im Januar. Aber wir müssen so schnell wie möglich zurück nach New York, um mit den Proben zu starten."

„Es sind die Ronettes, über die du sprichst?"

„Na klar, wer denn sonst?"

„Tja, ich muss dich wohl ein wenig aufklären, Ronnie", meinte sie abweisend. „Ich habe jetzt Kinder. Ich bin eine Christin und mein Mann ist ein Priester."

„Scott?" Mir fiel es schwer, meine Überraschung zu verbergen.

„Ja, Scott", antwortete sie, ein wenig ungehalten.

„Hey, das ist doch klasse", meinte ich. „Doch was hat das alles mit den Ronettes zu tun?"

„Nun", antwortete sie in einem unverkennbar selbstgerechten Ton. „Du kannst von mir aus auf die Bühne der Brooklyn Academy of Music gehen und für die und alle anderen mit deinem Hintern durch die Gegend wackeln. Das ist mir egal. Aber ich mache es nicht. Ich ziehe es vor, mein gesangliches Talent im Dienst unseres Herren, Jesus Christus zu stellen, um seine Botschaft zu verbreiten."

„Okay“, antwortete ich verblüfft.

„Aber vielen Dank, dass du mich gefragt hast“, ergänzte sie.

„Nein, Nedra“, meinte ich zutiefst enttäuscht. „Danke dir.“

Dann verließ ich das Hospital, stieg in den Bus und weinte im Schoss meiner Mutter, bis wir auf den Highway fuhren. In New York angekommen, wurde mir klar, dass meine einzige Hoffnung darin bestand, zwei neue Ronettes zu finden. Ich erinnerte mich noch daran, wie Phil mich ersetzte, damit ich die Beatles-Tour nicht mitmachte und dachte mir, dass ich das auch könne. So lange wie meine Stimme im Vordergrund war – so hoffte ich – würde niemand allzu genau darauf achten, wer hinter mir stand.

Die Banner Agency vermittelte mir glücklicherweise den Kontakt zu allen schwarzen Schauspielschulen und Veranstaltungsorten New Yorks. Vermutlich hatte ich mir jede schwarze Tänzerin oder Sängerin der Stadt angesehen, bis ich endlich Chip Fields und Diane Linton fand. Die beiden stellten einen wunderbaren Ersatz für die beiden anderen Ronettes dar, denn sie waren spindeldürr, hatten eine etwas hellere Hautfarbe und konnten sich klasse bewegen. Sobald ich die zwei ins Boot geholt hatte, rief ich Tante Mattie an, und bat sie drei neue Ronettes-Outfits zu schneidern. Doch drei zueinander passende Kleider reichten natürlich noch lange nicht. Ich wusste, dass unser Publikum klar umrissene Vorstellungen hatte, wie denn eine Ronette aussehen musste, und ich fühlte mich fest entschlossen, dass die beiden neuen Girls dem Image gerecht wurden. Und so half ich Chip und Diane bei der Auswahl des Make-ups und fand für sie zwei lange schwarze Perücken. Dann, kurz bevor es auf die Bühne ging, schminkte ich ihre Augenpartien, denn sie nutzten nie genügend Mascara, wenn sie es selbst machten. Ich werde nie ihren Gesichtsausdruck am Abend unserer ersten Show vergessen.

Wir befanden uns in einem Theater in New Haven, Connecticut und warteten auf einen Aufwärm-Gig, als sich Chip und Diane zum ersten Mal in einem Spiegel sahen, der vom Boden bis zur Decke reichte – auf dem Kopf die gigantischen Perücken und mit ungefähr zwei Pfund Mascara geschminkt. Sie waren geradezu schockiert!

„Oh, mein Gott!“, keuchte Chip. „Das ist viel mehr Mascara als ich gewohnt bin!“

Die Show in New Haven sollte ein Probedurchlauf für den großen Auftritt in der Brooklyn Academy in der folgenden Woche sein. Aber ich war so nervös, als würde ich in der Carnegie Hall singen. Als der Moderator uns ansagte, erstarrte ich eine Sekunde lang. Was wäre wohl, wenn sie uns nicht mögen, vielleicht sogar hassen? Doch ich spürte auch, dass ich mir keine Sorgen machen musste, woraufhin ich mit den Mädchen auf die Bühne sprang und direkt mit der ersten Nummer startete – „Baby, I Love You“.

Wir sollten für unseren Abschnitt bei der Revue nur drei Songs zum Besten geben, doch nach dem Finale „Be My Baby“ überkam mich der Eindruck, dass uns das Publikum niemals von der Bühne lassen würde. Die armen Chip und Diane standen da – mit einer Art erstarrtem Grinsen – doch ich war noch nicht bereit zu verschwinden, sondern sog den Applaus in mich auf. Schließlich ging ich voran und wir verließen die Bühne wie drei spindeldürre Königinnen. Es war eine Nacht, an die man sich gerne erinnert.

Nachdem Dave Zaan die erste Show gesehen hatte, hängte er sich an die Strippe und organisierte uns Auftritte in kleinen Clubs und den Oldie-Revues, verteilt über den ganzen Frühling. Ich empfand es unglaublich aufregend, dass uns all die Arbeit quasi in den Schoß fiel, aber wusste gleichzeitig, dass eine Tour viel Organisationsarbeit bedeutete – viel mehr als ich und meine Mutter bewältigen konnten.

Zuerst mussten wir eine kleine Begleitband zusammenstellen. Und der erste Schritt zu so einem Unterfangen bestand darin, einen passenden Bandleader zu finden. Der Typ, der die Band bei meinen ersten Comeback-Shows leitete, war ein junger Gitarrist namens Billy Vera, der sogar heute noch tolle Platten macht. Billy war gut und kompetent und darüber hinaus auch recht süß. Er erinnerte mich ein bisschen an Phil, denn wenn er lächelte zeigten sich ähnliche Grübchen. Ja, und er hatte einen immer höher werdenden Haaransatz, ähnlich wie damals Phil. Ich muss wohl zugeben, ein wenig verknallt in ihn gewesen zu sein und mich beschlich das Gefühl, dass es bei ihm ähnlich war. Nachdem wir einige Shows zusammen gemacht hatten, ging ich zu ihm und meinte: „Billy, jeder sagt, du seist der beste Bandleader weit und breit. Ich werde wieder arbeiten, und ich brauche einen guten. Kannst du das machen?

Er meinte „Klar“ und das war's auch schon.

Billy engagierte eine Band für uns, und dann probten wir ein Programm von Stücken, bei denen ich mich auf Tour wohl fühlte. In diesen frühen Tagen hatte ich noch nicht genügend Selbstvertrauen, und so blieb ich bei den bewährten Ronettes-Songs. Das Publikum, das meine Auftritte 1973 miterlebte, hörte beinahe die komplette *Presenting The Fabulous Ronettes*, mit all unseren Philles-Hits, „What I'd Say“ und einige andere Nummern.

Billy Vera und ich hatten schon von der ersten Sekunde an ein gutes Verhältnis. Er war ein großartiger Bandleader und ein netter Kerl. Nach einigen Wochen gemeinsamer Arbeit verbrachten wir auch einige Zeit gemeinsam abseits der Bühne, hörten uns Schallplatten an und aßen in Mums Apartment. Er blieb sogar einige Nächte bei mir, aber ich war immer noch nicht bereit für eine Liebesbeziehung. Nicht so lange ich immer noch trank.

Nach meiner Rückkehr nach New York besuchte ich die Treffen der A.A. nicht mehr. Meiner Ansicht nach lief es wieder mit der Karriere – und wer brauchte dann schon die A.A.? Sie können sich sicherlich schon die Antwort dazu ausmalen!

Während der Zeit mit Phil schob ich das Alkoholproblem immer auf meine deprimierte Stimmung. Doch als ich wieder auf Tour war, ging mir ein Licht auf, denn ich genehmigte mir immer ein paar Drinks, wenn ich mich angespannt fühlte. Da man während einer Tournee einem dauernden Stresspegel ausgesetzt ist, verbrachte ich einige Zeit damit, mich volllaufen zu lassen. Vor einer Show genehmigte ich mir einige Wodka-Cola. Ich dachte natürlich immer, es im Griff zu haben, doch es gab Situationen, in denen ich die Kontrolle verlor.

An einem Abend absolvierten wir einen von Billy organisierten Gig in einem Nachtclub in Boston. Wie viele dieser Clubs, in denen wir spielten, stellte auch dieser Laden eine beängstigende Location dar. Ich weiß nicht, ob die Besitzer zur Mafia gehörten – oder einfach nur so taten – doch jeder dieser Typen trug einen teuren Anzug. Außerdem schienen die nichts Besseres zu tun zu haben, als rumzustehen und mich nervös zu machen. Und zu einer solchen Nervosität passten immer drei Drinks. Als es Zeit war, auf die Bühne zu gehen, konnte ich kaum mehr geradestehen.

Ich schaffte es durch die erste Nummer, doch das Publikum merkte, dass ich sternhagelvoll war, und sie ließen mich wissen, dass sie es nicht mochten. Niemand brüllte irgendwelche Obszönitäten oder buhte, aber es gab auch keinen Applaus, was ähnlich schlimm war. Dann spielte Billy das Intro zu „Walking In The Rain". Statt auf dem Downbeat einzusetzen, torkelte ich zum Bühnenrand und meckerte das Publikum mit einer lallenden Stimme an. „Hey! Ich kann euch nicht hören! Pennt hier jeder, oder was?" Im kleinen Saal breitete sich eine Totenstille aus. „Tja", setzte ich an und wollte es wieder versuchen. „Vielleicht kann ich euch scharf machen? Wer möchte einen Kuss?"

Ein Kerl aus der ersten Reihe stand auf und gab ein Handzeichen. Billy spielte den Song unbeirrt weiter, während Chip und Diane tanzten. Allerdings merkte man, dass sie das Schlimmste befürchteten. Und das geschah auch. Ich lehnte mich vor, um dem Typen in der ersten Reihe einen kleinen Kuss auf die Wange zu geben – und das war für mich das Ende der Show! Ich verlor nämlich das Gleichgewicht und fiel direkt von der Bühne.

Boom! Direkt auf den Boden.

Das Nächste, an das ich mich erinnere, war einer dieser Mafia-Typen, der mich hochzog und in ein kleines Büro direkt hinter der Küche schleppte. Er setzte mich auf einen kleinen Schreibtisch und blökte: „Werd nüchtern! Sofort!" Dann ließ er mich allein in dem Raum. Plötzlich konnte ich meinen Kopf nicht mehr hochhalten und wurde ohnmächtig – direkt auf dem Schreibtisch.

Als ich wieder aufwachte, befand ich mich mit Billy im Hotelzimmer. Er schüttete Kaffee in mich hinein und war verdammt aufgebracht. „Ronnie, du hättest dich umbringen können. Diese Gangster wollten dir beide Beine brechen! Und das wäre vermutlich auch passiert, wenn sie mich nicht gekannt hätten."

Dieser Zwischenfall verängstigte mich, doch nicht so sehr, dass ich mit dem Trinken aufhörte. Ich konnte es nicht, denn ich war eine Alkoholikerin. Dann versuchte Billy mir zu helfen. Wenn er mich vor einer Show mit einem Drink ertappte, kam er zu mir rüber und fragte: „Was ist in dem Glas, Ronnie?"

„Coca-Cola" antwortete ich meist. Dabei juckte es mich nicht, die zwei Schuss Wodka zu verschweigen, die mir der Barkeeper da rein gemixt hatte. Ich habe mir das Trinken niemals eingestanden, denn sonst hätte ich zugeben müssen, eine Alkoholikerin zu sein. Und das war eine Tatsache, die ich nicht sehen wollte.

Nach einigen Monaten war es Billy Vera leid, ständig auf mich aufzupassen, und er gab es einfach auf. Wir hatten gerade einen Gig in Florida gespielt, wonach er mit einem Briefumschlag voller Geldscheine in meinem Hotelzimmer auftauchte. „Hier ist dein Anteil von der Gage", erklärte er. „Auch die anderen sind bezahlt worden. Ich bin jetzt raus." Ich fühlte mich überrumpelt und schockiert, weil Billy sich auf diese Art von mir verabschiedete. Doch zurückschauend erkenne ich, dass ihm keine andere Chance blieb. Er konnte nicht so einfach dastehen und dabei zusehen, wie ich mich selbst zerstörte, doch konnte auch nichts dagegen unternehmen. Und so ging er.

Alice Cooper rief im Oktober 1973 an und bat mich auf seinem Album *Muscle Of Love* zu singen. Ich werde wohl niemals wissen, warum er gerade mich dafür auswählte, doch er lud am selben Tag auch Liza Minnelli ein. Ich denke, es war wohl eher ein Publicity-Stunt, denn im Studio drängelten sich Reporter und Fotografen.

Die Presse bat uns drei, sich vor dem Mikro zu positionieren, doch ich glaube, Liza passte es ganz und gar nicht, sich das Rampenlicht mit mir zu teilen. Ich hingegen freute mich über die ganze Aufmerksamkeit, sodass ich einige „ooohs" und „ahhhs" vom Stapel ließ, was die Reporter anmachte, die darüber applaudierten. Und das brachte

Liza auf die Palme. Sie verstand nicht, warum dieses Mädchen mit der befremdlichen Stimme all den Beifall und die Sympathie bekam, woraufhin sie einfach dastand, ständig ihre Zigaretten nervös ausdrückte und mich mit eiskaltem Blick anstarrte, während ich die kleine Show für die Reporter abzog.

Zu der Zeit ging sie mit Edward Albert, Jr. aus, der an dem Tag das Studio besuchte. In dem Moment, in dem ihr Freund durch die Tür kam, schnappte ihn Liza sich und drehte ihn in ihre Richtung, damit sein Rücken mir die ganze Zeit zugekehrt war. Wahrscheinlich wollte sie ihren Mann nur für sich allein haben. Dennoch weiß ich immer noch nicht, was genau bei ihr abging.

Während der Jahre 1973 und 1974 machte ich weiterhin Auftritte, doch meine Karriere als Platten-Künstlerin führte ins Nichts. All die großen Labels schauten auf mich als einen Oldies-Künstler herab, und es interessierte niemanden, zu was ich aktuell in der Lage war. Schließlich gelang es mir, bei Buddah Records einen Zweijahresvertrag abzuschließen, was allerdings daran lag, dass sie die Einzigen waren, die überhaupt Interesse zeigten. Sie stellten den Produzenten Stan Vincent an meine Seite, mit dem ich zwei Singles einspielte – eine dämliche Nummer mit dem Titel „Lover Lover" und eine Neueinspielung von „I Wish I Never Saw The Sunshine". Den letztgenannten Song hatte ich 1966 mit Phil aufgenommen, doch er veröffentlichte ihn nicht. Ich hätte besser die Finger davon gelassen, denn die neue Fassung war einfach nur fürchterlich. Stan Vincent war ein toller Mensch, aber kein Phil Spector, und so waren beide Singles miserable Flops.

Im November 1973 unterbrachen meine Mutter und ich das Touren, um den Scheidungsprozess in Kalifornien hinter uns zu bringen. Mir widerstrebte es, wieder zurück ins Gericht zu müssen. Wenn ich daran dachte, wie schrecklich sich Phil im Gerichtsaal aufgeführt hatte, konnte ich nur hoffen, dass er nach all dieser Zeit ein wenig milder gestimmt war. Ich hätte es besser wissen müssen.

In der Minute, in der er den Saal betrat, verwandelte sich alles in einen Zirkus. Er erschien mit einer ganzen Entourage von jungen

Mädchen, die mich vermutlich eifersüchtig machen sollten. Eine von ihnen war May Pang, John Lennons damalige Freundin.

Phil produzierte zu der Zeit ein Album mit John, der tatsächlich wenige Minuten später auftauchte.

Er kam gerade noch rechtzeitig, um mitzuerleben, wie Phil einen totalen Idioten aus sich machte. Mein „baldiger" Ex-Ehemann war keine drei Sekunden im Gericht und ließ schon eine Hasstirade vom Stapel: „Du Bitch! Du räuberische Bitch!" Es war so erbärmlich. Der Richter wies ihn auf die Missachtung des Gerichts hin und forderte eine direkte Sitzungspause, doch Phil konnte die Klappe nicht halten. Schließlich musste ihn der Gerichtsdiener aus dem Saal führen. John sah sich das ganze Schauspiel an und schüttelte den Kopf. Dann blickte er zu mir und mimte mit seinen Lippen ein „Good luck!" Er stand auf und verließ auf dem schnellsten Weg das Gericht, da ihn das Erlebte offensichtlich angewidert hatte.

Im Februar 1974 wurde ich offiziell von Phil Spector geschieden. Der Richter gewährte mir einen kleinen Anteil an seinem Vermögen sowie Unterhaltszahlungen für fünf Jahre. Doch der wahre Sieger war meines Empfindens nach Phil, denn ihm wurde das Sorgerecht für Donté zugesprochen.

„Wie konnten sie nur diesem wahnsinnigen Mann mein Baby geben?", fragte ich Mum. Ich hatte doch bereits die Zwillinge aufgegeben, was allerdings nicht so hart war, da ich nur sechs Monate mit ihnen zusammenlebte. Doch wie konnte ich Donté vergessen? Das ergab doch alles keinen Sinn! Ich war gerade erst 30 Jahre und hatte so viel Liebe, die ich ihm geben wollte.

Ich entschied mich, so schnell wie möglich wieder zu arbeiten, denn mir blieb keine andere Wahl. Hätte ich es nicht gemacht, hätte das sechs Monate Depressionen bedeutet. Ich rief Dave Zaan an, der meinte, er könne mich für die Oldies-Tour buchen, die in drei Tagen begann. „Du würdest dann im restlichen Winter im Süden touren. Kannst du das?"

„Yeah", willigte ich zügig ein. „Vielleicht bekomme ich auch ein wenig Sonnenschein ab."

Die Tour stellte sich als eine gute Therapie heraus. Jeden Abend absolvierte ich die Shows und hatte keine Zeit, darüber nachzudenken wie lausig mein Privatleben war. Nach drei Tagen trat sogar ein neuer Freund in mein Leben. Wir hatten gerade einen Gig in Memphis beendet, als Jerry Summers, einer der Dovells, zu mir kam, im Schlepptau diesen schüchternen kleinen Jungen, in seinen frühen Zwanzigern. „Ronnie, das ist unser Gitarrist", stellte Jerry ihn mir amüsiert vor. „Er ist in dich verliebt, aber zu schüchtern, um es dir direkt zu sagen. Sein Name ist Stevie Van Zandt."

Es war derselbe Stevie Van Zandt, der später in Bruce Springsteens E Street Band spielen sollte, doch ähnelte damals noch einem Jungen. Schließlich brachte Stevie all seinen Mut auf und fragte mich, ob wir zusammen ausgehen sollten. Und so schauten wir uns am folgenden Tag vor dem Auftritt *Der Exorzist* im Kino an. Wir hatten schließlich eine kleine Liebelei, doch nichts Ernstes, einfach eine tolle gemeinsame Zeit auf Tour. Als die Konzertreise endete, nahm mich Stevie zu einem Wochenend-Trip nach Puerto Rico mit. Ich hatte die Beziehung gedanklich schon abgehakt, wusste aber nicht, wie ich ihm das beibringen sollte. Und so ließ ich es. Stattdessen betrank ich mich, ein Zustand, der das ganze Wochenende über anhielt. Wieder zurück in New York angekommen, rief er mich nicht an, was mir nur recht war. So verrückt es sich auch anhört – auf diese Art beendete ich damals all meine Beziehungen.

Männer hatten eine Neigung, sich direkt in mich zu verlieben und ich das Problem, nicht nein sagen zu können. Und so hatte ich viele Dates, bei denen ich mir unsicher war. Was alles erschwerte: Wenn ich mit einem Mann ausging, den ich nicht mochte, sprach ich das nie direkt an. Stattdessen ließ ich mich dermaßen volllaufen, dass er kein Interesse mehr zeigte. Und dann machte er sich aus dem Staub. Somit überstand ich einige miese Dates, aber durch so ein Verhalten kann man sicherlich nicht viele Beziehungen beginnen.

Im März 1974 bot der Rock'n'Roll-Promoter Richard Nader den neuen Ronettes einen Auftritt im Madison Square Garden an – eine unvergleichliche Chance. Richard veranstaltete dort am 15. eine seiner Rock'n'Roll-Revival-Shows mit Dick Clark als moderierenden Gastgeber, was einem alten Heimspiel glich. Ich trat zusammen mit Chip Fields auf und einer neuen Ronette namens Denise Edwards. Vermutlich war es das größte Publikum, vor dem wir jemals auftraten. An diesem Abend erschienen 23.000 Zuschauer, und noch vor Ende des Konzerts drängten sich einige in den Zwischengängen. Andere standen auf den Stühlen und hielten Feuerzeuge in die Luft – also alles, was man sich nur wünschen konnte!

Es war ein großartiger Abend, aber die Show, an die ich mich am liebsten erinnere, stand wenige Monate später an. Es war im Mai 1974, als ich mit Chip und Denise in den Continental Baths gastierte. Die Baths waren ein kleiner Club in Midtown, den ein überwiegend schwules Publikum besuchte – und das hatte sich für uns bislang immer als perfekt herausgestellt. Schon vom Karrierebeginn der Ronettes an, war die schwule Gemeinde immer für die Gruppe da gewesen. Und das zeigte sich in dieser Nacht überdeutlich. Noch vor Ende der Show hatten wir die Menge zum ekstatischen Toben gebracht.

Die Baths waren eine Location, in der ich mich nach Lust und Laune ausleben durfte, und so trug ich einen stark glänzenden goldenen Overall, der nichts der Vorstellungskraft überließ, was die Jungs liebten. In dem Club arbeitete Murray the K als Moderator – inklusive seines Arsenals an schlechten Witzen – die aber ziemlich gut beim Publikum ankamen.

„Ich habe bemerkt, dass Patti LaBelle heute Abend hier ist", gab er vor unserer Vorstellung bekannt. „Das letzte Mal habe ich dich im Brooklyn Fox gesehen, Patti. Du hattest einen heftigen Streit mit Shirley von den Shirelles. Und nun? Du bist hier und sie nicht! Schätze mal, das bedeutet, dass du gewonnen hast."

Dann holte er uns auf die Bühne, und die Zuschauer rissen die Arme in die Höhe. Wir sangen alle Ronettes-Klassiker und auch einige neuere Songs. Meine Version von Stevie Wonders „Superstition" brachte alle zum Ausflippen, und als es dann zur Zugabe ging, waren die Jungs zu allem bereit. Ich begann mit „Love Train", was einen der Kerle so anmachte, dass er auf die Bühne hochsprang und mit mir tanzte.

Er hatte kein Hemd an und trug die engste Lederhose, die ich jemals gesehen habe, mit einem breiten Gürtel, der lose um seine Hüfte herumwirbelte. Ich begann mit ihm zu tanzen und konnte nicht widerstehen, ein wenig Fun zu haben. Ich holte aus, zog seinen Gürtel aus den Schlaufen und begann damit, ihm spielerisch auf die Beine zu schlagen. Und das brachte den Letzten zum Toben! Dann hielt ich den Gürtel über meinem Kopf und drehte mich zum Publikum. „Okay!", brüllte ich. „Und wer will der Nächste sein?"

Natürlich brach die Hölle aus! Sieben oder sogar zehn Jungs fielen übereinander, da jeder so schnell wie möglich auf die Bühne wollte. Dabei lachte sich der Rest der Menge regelrecht schlapp. Dann schnappte sich einer von ihnen das Mikro und begann zu singen, woraufhin ich mit den Schultern zuckte, mich in die erste Reihe stellte und ihm zuschaute. Nun brüllten alle vor Lachen, bis ich schließlich wieder die Kontrolle an mich riss.

In all den Jahren, die ich weggesperrt bei Phil verbrachte, verlor ich niemals meine Liebe für die Bühne. Wenn ich dort oben vor einem Publikum stand, glich das einem High, bei dem alles andere egal war. Das einzige Problem bei dieser Art des Abfliegens in ungeahnte Höhen ist die lange Strecke, die man abstürzen kann.

Ich habe mich niemals an die Vorstellung einer Teilzeitmutter gewöhnt. Den Scheidungsbedingungen nach erhielt ich das Besuchsrecht für Donté an vier Tagen monatlich für jeweils vier Stunden. Und dafür musste ich die ganze Strecke nach Kalifornien fliegen, um ihn dann in einem Hotelzimmer zu sehen. Ich hasste es, wieder in Phils Hoheitsgebiet zu reisen, aber zog es trotzdem durch. Jedes Mal, wenn ich in den Jet zur Westküste stieg, verdrehten sich meine „Eingeweide" und ich musste mich wegen der schrecklichen Assoziationen mit Kalifornien beinahe übergeben.

In Los Angeles angekommen, fuhr ich auf dem schnellsten Weg ins Hotel und wartete dort auf die Ankunft meines Sohns. Es war lächerlich, denn Phil ließ Donté immer in der großen Limousine bringen. Er war ja erst fünf Jahre alt und stieg wie ein Zwergenprinz aus dem Rolls Royce. Und sogar zu solchen Anlässen schickte er eine „Anstandsdame“ mit zur Begleitung, was ich noch durchgehen ließ, bis ich schließlich entdeckte, dass eins der Kindermädchen Waffen bei sich trug.

Sie war eine alte, knallharte Lady, die mich eh und je nervös machte. Ich hockte auf dem Boden meiner Suite, aß zusammen mit Donté Hamburger und schaute noch oben – und sah ihren starrenden, eiskalten Blick. Die war eher ein Cop als eine Nanny! Ich wusste, dass da etwas nicht stimmte und ließ sie nie aus den Augen. Einmal öffnete sie ihre Handtasche, um eine Zigarette hervorzukramen. Ich blickte verstohlen zu ihr rüber und entdeckte eine automatische Waffe, die im Fach hinter dem Wechselgeld klemmte.

Mein Rechtsanwalt erklärte, dass sie vermutlich eine von Phil engagierte Privatdetektivin sei, um auf Donté aufzupassen. Ich war wahnsinnig wütend!

Schließlich setzte er sich mit Phil in Verbindung, damit er sie abzog, und von diesem Zeitpunkt an sah ich meinen Sohn immer ohne seine „Nanny“. Doch auch ohne eine starrende Privatdetektivin sind vier Stunden täglich viel zu kurz, um den eigenen Sohn kennen zu lernen. Ich konnte ihm gerade einen Hamburger und ein Spielzeug kaufen, bis die Limousine wieder aufkreuzte, um ihn mir aus den Händen zu reißen. Nach dem vierten Tag gab ich Donté einen Abschiedskuss und setzte mich wieder in die Maschine nach New York.

Es war eine bemitleidenswerte Mutterrolle. Manchmal stellte ich mir die Frage, ob es mir nicht besser ginge, wenn ich alles vergessen würde. Doch ich liebte Donté! Er war mein einziges Kind, bis ich schließlich selbst reif und erwachsen wurde. Und das lag noch in ferner Zukunft.

Nach dem Riesenerfolg im Madison Square Garden und im Baths trat ich 1974 weiterhin mit den Mädels auf. Doch nichts übertraf diese beiden aufregenden Shows. Wir verbrachten die meiste Zeit damit, bei den Oldie-Revues rein- und rauszumarschieren, was nach einiger Zeit recht deprimierend wurde. Ich war gerade mal 30, doch überall wo ich hinkam, nannten mich die Leute einen „Oldie, aber Goodie". Von solchen Sprüchen kann ein Mädchen schnell einen Komplex bekommen.

Langsam trieb es mich in den Wahnsinn – und das half mir keineswegs bei meinem Alkoholproblem. Ich stand bei den Rock'n'Roll-Revivals im Backstage-Bereich und krümmte mich innerlich, wenn uns der Moderator als Oldies-Sängerinnen ankündigte. Manchmal verharrte ich im Dunkeln des Bühnenaufgangs und hob meine Dixie-Cup voller Wodka und Coke zu einem schweigsamen Toast. „Das ist für Ronnie Spector", flüsterte ich mir zu. „Ein Oldie. Aber ein Goodie!" Ich fasste es als Witz auf, aber glauben Sie mir, dass es daran nichts Witziges gab.

Ob es nun gut oder schlecht war, konnte ich zum damaligen Zeitpunkt nicht sagen, aber meine Karriere als Oldies-Sängerin endete in den letzten Wochen des Jahres 1974. Es war das Jahr, in dem Dick Clark die Ronettes für eine Rock'n'Roll-Revival-Show verpflichtete, die er im Flamingo Hotel veranstaltete. Und ich werde niemals diesen Albtraum in Las Vegas vergessen.

Ich fand es klasse, wieder mit Dick Clark zu arbeiten, denn seine Shows wurden immer professionell aufgezogen, und auch in Vegas machte er keine Ausnahme. Am späten Nachmittag probte ich meine Nummern mit Chip und Denise auf der Bühne und wir waren so explosiv wie Dynamit! Dick und alle Mitarbeiter prophezeiten, dass Vegas der Beginn einer neuen Karriere der Ronettes werden würde.

Als wir den Bandnamen dann bei der Leuchtreklame außerhalb des Casinos entdeckten, begann ich auch daran zu glauben. In Vegas findet alles in zehnfacher Übergröße statt. Die Reklame außerhalb des Hotels war demzufolge 30 Meter hoch, wobei die Gruppennamen der auftretenden Acts circa vier Meter in die Höhe ragten. Ich hatte „The Ronettes" noch niemals so großgeschrieben gesehen und fand es unheimlich gut.

Dick bewilligte uns nach der Probe und vor der ersten Abendshow eine Dinner-Pause, und so nahm ich den Fahrstuhl und fuhr hoch zu meinem Zimmer, um mich ein wenig auszuruhen. Mich beflügelte diese ganze Aufregung und nichts hätte mich runterziehen können. Dann klingelte das Telefon.

„Ich bin's", sagte eine Stimme. Er machte sich nicht mal die Mühe, seinen Namen zu nennen. Und das musste er auch nicht.

„Phil?" Ich hatte so lange nicht mehr mit ihm geredet, dass ich tatsächlich glaubte, er würde mir Glück für die Show wünschen.

„Veronica?", meinte er mit mahnender Stimme. „Was in Gottes Namen bringt dich auf den Gedanken, dass du für Vegas bereit bist?"

Ich hätte es wissen müssen. Phil zog wieder einen seiner alten Tricks ab. „Okay", meinte ich irritiert. „Rufst du deswegen an?"

„Nein", antwortete er. „Ich wollte dich nur warnen. Heute Abend könnte es das letzte Mal sein, dass du in Las Vegas auf der Bühne stehst. Oder in einer anderen Stadt."

Er sprach so ruhig und vermeintlich entspannt, dass ich kurz daran dachte, dass etwas Vernünftiges über seine Lippen käme und dass ich diejenige sei, die verwirrt ist.

„Von was redest du?

„Ich habe dir immer gesagt, dass ich dich umbringe, wenn du mich verlässt. Und heute Abend werde ich mein Versprechen einlösen. In zwei Stunden wirst du auf der Bühne des Flamingo ermordet."

„Ich rufe die Cops an, Phil", versuchte ich mich zu wehren. „Wenn du es wagst, auch nur einen Fuß ins Flamingo zu setzen, werde ich dich verhaften lassen." Ich versuchte gegen ihn anzukommen, doch hörte nur sein fieses Lachen in meinem Ohr. Es war ein Klang, der mir ins Rückenmark drang und mich erschaudern ließ.

„Du glaubt also, *ich* wäre so dumm, selbst abzudrücken? Für so was bezahle ich Auftragskiller. Und ich habe sechs für diesen Job angeworben. Drei Schwarze und drei Weiße. Du magst vielleicht einen sehen, aber niemals alle. Sie werden heute Abend bei deiner Show sein, und ich habe demjenigen einen 1-Millionen-Dollar-Bonus versprochen, der die Kugel abfeuert, die dich erledigt."

Ich ließ den Hörer fallen, als sei er ein stinkender Fisch und eilte aus dem Zimmer. Ich machte mir klar, dass es sich nur um einen von

Phils miesen Stunts handelte, doch es jagte mir eine Höllenangst ein. Eins wusste ich ganz sicher über Phil – man konnte ihn nicht einschätzen. Und wenn er heute total durchknallen würde? Was dann?

Ich musste Dick Clark finden, um mir einen Rat einzuholen, doch als ich in den Saal kam, war er bereits gegangen. Ich ging mit solch zitternden Händen durch das Casino, dass mir klar wurde, etwas zur Beruhigung zu brauchen, damit ich nicht komplett auseinanderfalle. Und so eilte ich schnurstracks zur Bar, um mir schnell einen Drink runterzukippen. Doch damals war schnell ein Fremdwort für mich. Und es blieb niemals bei einem.

Ich hielt mir die Nase zu und schüttete mir einen Wodka-Tonic runter, wonach ich die Hände auf den Tresen legte. Aber sie zitterten immer noch. „Noch einen", forderte ich vom Barkeeper. Nach dem zweiten fühlte ich mich so viel besser, dass ich glaubte, der dritte könne mich vollends beruhigen. Fünf Wodka-Tonic später hatte sich mein Problem in Luft aufgelöst. Ich musste mir keine Gedanken mehr machen, wie ich die Show überstehe oder ob ich sie sausen lasse. Dick Clark würde mir die Entscheidung abnehmen.

Als ich an dem Abend in den Backstage-Bereich torkelte, versuchte er zuerst wegzuschauen. Doch Dick konnte bei der Kostümprobe kaum die Tatsache übersehen, dass ich nicht mal eine Strophe von „Walking In The Rain" schaffte. „Ronnie", sagte er leise, mich in eine stille Ecke des Backstage bugsierend. „Du bist nicht in der Lage heute Abend auf die Bühne zu gehen. Ich schick dich jetzt auf dein Zimmer."

Dick Clark und ich haben eine lange gemeinsame Geschichte, denn ich hatte meinen ersten, im ganzen Land übertragenen Fernsehauftritt in seiner Show. Als ich die tiefe Enttäuschung in seinen Augen ablas, verletzte mich das mehr, als wenn er mich gefeuert hätte.

„Es tut mir so leid", lallte ich. „Ich wollte nicht, dass mich die Killer erwischen." Ich versuchte ihm eine Erklärung zu liefern, doch das erwies sich als sinnlos. Er hatte keine Ahnung, über was ich da gerade laberte und sicherlich wichtigere Aufgaben zu erledigen, als mir zuzuhören.

Es war bereits am Nachmittag des nächsten Tages, als ich mit Chip und Denise ins Taxi kroch. Ich wies den Fahrer an, uns zum Flughafen zu bringen. Die Mädels sagten glücklicherweise kein Wort, was ich als große Erleichterung empfand, bedenkt man die ganzen Umstände. Ich erklärte ihnen dann, wie leid es mir tat, aber danach gab es so gut wie nichts mehr zu sagen. Als das Taxi die Auffahrt zum Flamingo hinunterfuhr, warf ich einen kurzen Blick auf die gigantische Werbereklame. Das Casino hatte bereits einige Arbeiter mit der Deinstallation beauftragt. Ich sah, wie die Jungs unseren Namen abschraubten, Buchstaben für Buchstaben, bis ich nur noch „ETTES" erkannte. Dann fuhren wir um eine Ecke. Chip und Denise schauten nicht mehr hoch.

Ich wusste es zu dem Zeitpunkt noch nicht, doch als ich mich am Neujahrstag 1975 aus dem Bett mühte, stand mir eins der schlimmsten Jahre meines ganzen Lebens bevor. Ich hatte keine Freunde, keine eigene Familie und meine Karriere ließ sich nur als eine ganz große Null beschreiben. Buddah Records hatte meinen Plattenvertrag nach zwei gefloppten Singles aufgelöst, womit ich noch nicht mal mehr ein Label hatte. Nach dem Alk-Absturz konnte ich mich auch nicht mehr auf die Revival-Shows verlassen, denn der kleine Zwischenfall hatte den Ronettes als Oldies-Act einen Garaus gemacht. Zurückblickend wird mir klar, dass diese Tatsache vielleicht der einzige Lichtblick in dem ganzen Durcheinander war.

Ich machte mich daraufhin auf die Suche nach einem kleinen Apartment in der York Avenue, an der East Side. Und dann? Dann führte ich praktisch ein ganzes Jahr das Leben einer Rentnerin. Ich kann mich nicht an viel erinnern, außer in der Bude gesessen und getrunken zu haben.

Manchmal besuchte ich meine Familie. Doch das brachte mich meist dazu, noch mehr zu trinken.

Wenn ich mich zu Mums Haus aufmachte, betete ich förmlich darum, keinen meiner Onkel oder Tanten anzutreffen, da ich wusste, wie sehr sie mir wegen des Trinkens zusetzten. „Du bist ja ein klassischer Alkoholiker, genau wie dein Vater", sagte immer einer von ihnen. Wenn ich auch nur einen Drink nahm, hörte ich diesen Spruch.

Schließlich verschlimmerte sich meine Situation und alle Handlungen des Tages wurden vom Alkohol bestimmt. Ich stand morgens auf, putzte die Zähne und trank erstmal ein Bier. Und am Abend trank ich, bis mich der Schlaf übermannte. Jeden Tag tötete ich einen Teil von mir, doch es war egal. Ich wollte sterben. Wenn ich schon so war wie Dad, wollte ich wissen, ob ich nicht eher im Grab lag.

Mutter erkannte meine sich zunehmend verschlechternde Lage und brachte mich ins Reha-Programm im Metropolitan Hospital. Dort ging ich zwei Mal die Woche zu einem Psychologen, doch ich lernte eine Frau kennen, die überhaupt keine Ärztin war. Sie hieß Marcia Knight und arbeitete dort.

Als ich Marcia 1975 traf, war sie so alt wie ich – 32 Jahre – und sie kannte mich noch von meiner Zeit als Ronette. Ich konnte mich so ungezwungen und angenehm mit ihr unterhalten, dass ich an den Nachmittagen im Krankenhaus vorbeifuhr, um einfach „Hello" zu sagen. Marcia rannte die meiste Zeit mit einem Klemmbrett über die Flure, doch sie unterbrach immer ihren Job, um einige Worte mit mir zu wechseln.

Nach einiger Zeit besuchte ich sie auch zuhause. Sie arbeitete damals an ihrer Doktorarbeit im Fach Psychologie und erklärte, dass es ihre Anspannung verringern würde, wenn jemand da sei. „Ich treffe mit dir eine Vereinbarung", meinte sie. „Du hilfst mir die Doktorarbeit zu überstehen, und ich helfe dir, vom Trinken loszukommen."

Und so ließ ich mich dort beinahe häuslich nieder. Ich schaute Fernsehen oder las, und wenn sie eine Unterbrechung benötigte, gingen wir zum Tanzen aus oder ins Kino. Ich weiß nicht, wie sehr ich ihr half, doch ihre Freundschaft wirkte bei mir wahre Wunder. Natürlich wurde ich nicht über Nacht zur Abstinenzlerin. Tatsächlich trank ich noch eine lange Zeit, doch nachdem ich mich mit Marcia angefreundet hatte, wollte ich nicht mehr sterben. Und für mich stellte das allein schon einen Fortschritt dar.

22

Say Goodbye To Hollywood

1975 stagnierte meine Karriere als Sängerin. Allerdings nahm ich in dem Jahr eine Single mit dem Titel „You'd Be Good For Me" für das Winzig-Label Tom Cat Records auf. Doch wie alles, was ich seit den Sechzigern auf den Markt gebracht hatte, glich diese Veröffentlichung praktisch einem Geheimnis zwischen dem Label und mir.

Eine Zeit lang veränderte sich kaum etwas, doch dann lief ich zufällig John Lennon außerhalb des Dakota am Central Park West in die Arme. Es war im Frühjahr 1976, aber nicht das erste Mal, dass ich ihm begegnet war, seit ich wieder in New York lebte.

Ich sah ihn schon ungefähr zwei Jahre vorher, im Herbst 1974. Er lebte damals noch mit May Pang zusammen. Die beiden wohnten in einem großen Apartmentgebäude in der West Side. Eines Tages traf ich May Pang außerhalb des Komplexes, und sie zerrte mich förmlich die Treppe hoch, um John zu besuchen. „Komm schon", drängte sie. „John wird sich freuen, dich zu sehen."

Als wir in die Wohnung kamen, saß John im Schneidersitz auf dem Bett, hielt einen Joint in einer Hand und hörte sich Platten an. Er hatte sich seit Tagen nicht mehr rasiert und seine Haare waren total verfilzt. Er wirkte, als würde er einen heftigen Kater haben, doch als ich durch die Tür kam, sprang er aus dem Bett. „Schau mal, wen ich draußen getroffen habe", meinte May Pang.

„Ronnie Ronette!“, freute sich John und umarmte mich. „Ich habe gerade an dich gedacht.“ Dann drehte er sich schwungvoll um, suchte eine Single aus einem hohen Stapel heraus, der neben seinem tragbaren Plattenspieler auf dem Boden stand.

„Hast du die gehört?“, wollte er wissen und beugte sich runter, um die Single aufzulegen. „Es ist die brandaktuelle Phil-Spector-Single, aber das wirst du nicht glauben!“

Er spielte sie mir vor, doch was ich hörte erinnerte mich an „Baby, I Love You“, allerdings im Tempo einer Begräbnismusik. Die Platte klang so matschig, als hätte sie jemand unter Wasser aufgenommen.

„Wow“, hauchte ich verblüfft. „Läuft die in der richtigen Geschwindigkeit?“

„45 Umdrehungen!“, lachte John.

„Und wer ist das?“

„Es ist Cher!“

„Cher?“ Mir blieb die Luft weg. „Phil hat eine Platte für Cher produziert?“

„Yeah! Aber sie selbst ist irgendwo im Mix begraben“, erklärte John. „Kannst du das glauben? Das soll eine Phil-Spector-Produktion sein?“ Konnte ich nicht! Als die Single zu Ende war, nahm John sie vom Plattenteller und hielt sie eine Armlänge von sich weg. „Was ist denn bloß mit dem Kerl passiert, Ronnie? Ich glaube, der arme Bastard hat gar nichts mehr drauf.“

Dann warf John die Platte wie eine Frisbeescheibe durch das Zimmer. „Na gut“, meinte er, sich dabei einen weiteren Joint anzündend. „So viel zu den Helden unserer verschwendeten Jugend.“

Und so lief das Gespräch ab, wonach ich John geschlagene zwei Jahre nicht mehr sah. Dann traf ich ihn außerhalb des Dakota, und er sah verdammt nochmal viel besser aus. Er war so dünn und fit, dass ich ihn erst erkannte, als er rief: „Ronnie Ronette!“

Ich schaute hoch und da war er und ging zusammen mit einem anderen Typen die Stufen zum Dakota hoch, der – wie sich herausstellte – Jimmy Iovine war, der Plattenproduzent. „John“, freute ich mich. „Du siehst großartig aus!“

„Ich fühle mich auch großartig", antwortete er mit einem Strahlen. „Ich bin eine glückliche, unscheinbare Hausfrau, ohne die geringsten Sorgen. Oder nennt man das einen Hausehemann? Egal, ich habe nichts anderes zu tun, als den ganzen Tag herumzusitzen und mit meinem gerade erst geborenen Baby zu spielen. Und ich war niemals zufriedener."

Ich war meist ein wenig neidisch auf jemanden mit einem Baby und einem echten Familienleben, doch bei John spürte ich nur Freude und Glück. Ich wusste wie auch all die anderen, wie lange sich dieser Mann nach Frieden gesehnt hatte und verriet ihm wie super-glücklich ich mich fühlte, dass er endlich das gefunden hatte, nachdem er so lange suchte.

„Und wie sieht es bei dir aus, Ronnie?", erkundigte er sich. „Nach was suchst du?"

„Im Moment versuche ich einen guten Produzenten ausfindig zu machen", witzelte ich.

„Tja, da musst du mich nicht ansehen", meinte John. „Wie ich im *Rolling Stone* gelesen habe, bin ich anscheinend Frührentner." Dann deutete er auf seinen Freund Jimmy Iovine, der die ganze Zeit über höflich neben uns gestanden hatte. „Musik ist Jimmys Abteilung. Er kennt jeden in New York." Jimmy Iovine zählt nun zu den Top-Produzenten, doch damals begann er gerade erst als Tontechniker zu arbeiten.

Nach der Vorstellung imitierte John eine alte englische Omi und verabschiedete sich mit einer witzigen Stimme. „Ihr müsst mich aber jetzt entschuldigen, meine Liebchen, denn in meinem Ofen schmort ein Braten. Ta-ta!" Dann drehte er sich um und verschwand im Dakota, wo seine Frau und sein Kind auf ihn warteten. Jimmy und ich lachten und winkten ihm zum Abschied. Danach habe ich John Lennon nie wieder gesehen. Doch wenn ich heute an ihn zurückdenke, muss ich immer noch an diesen Nachmittag denken – und lächele.

Dann spazierte ich mit Jimmy eine Weile über den Gehweg, und er fragte mich, ob ich einen Kaffee mit ihm trinken wolle. „Na klar", lautete meine spontane Antwort. Er war ein liebenswerter Kerl, und danach wurden wir gute Freunde. Ich glaube, er spürte diesen Trott, in den ich mich selbst hineinbugsiert hatte, und er sah es als seine Aufgabe an, mich aus der Langeweile und Lethargie aufzurütteln. Keine einzige Woche verstrich, in der er mich nicht zu einer Club-Eröffnung oder einer Party einlud. Und dabei fand ich schnell heraus, dass John Recht gehabt hatte, denn Jimmy kannte beinahe jeden im Musikgeschäft.

Eines Abends hockte ich zuhause und sah Fernsehen, als mich Jimmy anrief. „Hey, Ronnie", begrüßte er mich. „Willst du heute Abend mit mir zu einer Session gehen?"

„Klar", sagte ich. „Wessen Session?"

„Southside Johnny and the Asbury Dukes."

„Southside wer?", hakte ich nach. „Ach, Jimmy, ich habe noch nie etwas von dem Typen gehört.

„Dann komm doch einfach aus Spaß mit. Der Produzent ist ein Freund von mir. Sein Name ist Stevie Van Zandt. Ich glaube, du wirst ihn mögen."

„Hey, ich kenne Stevie!"

Wir gingen an dem Abend um ungefähr 23 Uhr ins Record Plant. Als wir ankamen, war Stevie mitten in einer Aufnahme, doch er konnte seinen Blick nicht von mir lassen. Ich trug grüne Hosenträger über einem knallroten T-Shirt, und meine Jeans steckten in kniehohen Lederstiefeln, die ich damals oft anhatte. Ich sah ziemlich gut aus, und Stevie war nicht der einzige Kerl, der mich abcheckte.

Nachdem die Band ihren Take auf Band hatte, kam Stevie zu mir und drückte mich kurz. „Toll dich zu sehen, Ronnie", freute er sich. „Danke, dass du gekommen bist."

Als Stevie wieder in der Regie verschwand, warf ich Jimmy einen Blick zu und flüsterte: „Wie konnte Stevie wissen, dass ich heute hier sein werde?" Jimmy zuckte mit den Achseln und versuchte den Unschuldigen zu mimen. Doch ich hatte ihn durchschaut. „Ich vermute mal eine Falle", kommentierte ich.

War ja klar, denn Stevie kehrte keine fünf Minuten später zu mir zurück und fragte: „So, du wirst also heute Abend für uns singen oder bist du nur als Zuschauer gekommen?"

„Du kennst mich, Stevie. Zeig mir ein Mikro, warte ab und halte dich zurück." Er lachte und signalisierte dem Toningenieur den Backing-Track vorzuspielen, von einem von Bruce Springsteen komponierten Song mit dem Titel „You Mean So Much To Me".

„Bruce hat ihn für Johnny geschrieben", verriet mir Stevie. „Aber ich will ihn umändern, nämlich als Duett für einen Mann und eine Frau. Warum versuchst du es nicht mal?"

Da musste er nicht zwei Mal fragen. Southside Johnny war dieser dürre, blonde Typ mit der Brille, von dem ich dachte, er würde es als Sänger nicht bringen. Doch als er den Mund öffnete, wäre ich fast ausgeflippt. In der ersten Sekunde, in der ich diese ungewöhnliche Blues-Stimme hörte, wusste ich, dass wir zusammen großartig klingen würden. „Los, ziehen wir es durch", polterte ich los.

Stevie rief Springsteen an, der eine halbe Stunde später erschien. Die Jungs kannten sich alle seit Ewigkeiten, und als Springsteen durch die Tür kam, stellte Stevie uns vor, als seien wir alte Freunde. „Hiya, Bruce", sagte ich. „Nett, dich kennen zu lernen." Dann gab ich ihm einen Wangenkuss.

„Hi, Ronnie", antwortete er. „Freu' mich auch." Dann hockte er sich in eine Ecke und schrieb „You Mean So Much To Me" in ungefähr 15 Minuten um. Stevie schnappte sich den neuen Text und rannte in den Aufnahmeraum.

„Okay, lass uns starten", heizte er uns an.

Drei Stunden später hatte ich mein Duett mit Southside Johnny aufs Band gebracht und saß im Taxi auf dem Nachhauseweg. „You Mean So Much To Me" war ein nettes kleines Stück, und die Aufnahme hatte Spaß gemacht. Aber wenn mir jemand erzählt hätte, dass es der Anfangspunkt eines neuen Karriereabschnitts sei, hätte ich ihm direkt ins Gesicht gelacht.

Dave Zaan rief mich im März 1976 an. Er hatte einen Auftritt an der Angel, den ich seiner Meinung nach vielleicht machen wollte – in einem kleinen Club in Jersey. „Die Gage ist nicht so gut, aber du hast wenigstens ein Publikum", motivierte er mich.

Damals hatte ich es satt, einfach nur in der Wohnung zu hocken, und so erklärte ich Dave, dass ich die Show machen würde, wenn er neue Background-Sängerinnen organisiert. Ich hatte Chip oder Denise seit Vegas nicht mehr gesehen.

„Gut! Ich werde dir einige Sängerinnen nach Hause schicken. Wie sieht es mit 10 Uhr aus?"

„Sagen wir besser mal um 12 Uhr", erwiderte ich und legte den Hörer auf.

Keine fünf Minuten später schellte das Telefon erneut. Es war May Pang. Sie hatte mich einige Male angerufen, nachdem John wieder zu Yoko Ono zurückgekehrt war. Nach einer Weile hatten wir uns angefreundet. „Hi, May", freute ich mich. „Was gibt's?"

„Ich habe exzellente Plätze für die David-Bowie-Show heute Abend im Madison Square Garden. Willst du mit?"

Ich wusste rein gar nichts über David Bowie, doch dachte mir, es könne nicht schaden. Und das war der Beginn einer kleinen Affäre mit dem Musiker.

Es wurde eine traurige, lustige – und sehr kurze – Geschichte.

May und ich machten uns also zum Madison Square Garden auf und beschlagnahmten die besten Sitzplätze. Wir saßen so nahe an der Bühne, dass Bowie uns so gut erkennen konnte, wie wir ihn auch. Nach dem Auftritt schleppte mich May in dieses Restaurant, wo man für Bowie einen großen Empfang gab. „Ich hasse diese Feiern", sagte ich angenervt zu May. Doch sie bestand darauf, dass wir hingehen sollten.

Wir machten uns also auf den Weg, doch ein Treffen mit David Bowie war das Letzte, an das ich gedacht hätte. Davon abgesehen, hätte ich mich gar nicht mit ihm unterhalten können, denn er saß an einem ausladenden Privattisch, den man mit einer großen Kordel vom restlichen Raum abgetrennt hatte. Er nannte sich damals Thin White Duke und so sah er auch hinter dem goldenen Tau aus.

Bei diesem Empfang geschah rein gar nichts, und ich war schon bereit zu gehen, als mir so ein Typ auf die Schulter klopfte: „Mr. Bowie wünscht sich den Genuss ihrer Gesellschaft."

Ich musste lachen. May Pang gab mir ein Handzeichen, und ich folgte diesem Typen zu Bowies Tisch. Zwei andere Bedienstete öffneten die Kordel, um mich durchzulassen, wonach mich David Bowie mit einem expressiven Lächeln begrüßte. „Ich bin froh, dass du gekommen bist", meinte er. „Bitte, lass uns doch zusammen etwas essen."

Und so setzte ich mich hin und aß. Ich fand David ein bisschen seltsam und konnte erkennen, dass er eine hohe Meinung von sich selbst hatte. Doch aus irgendeinem Grund zogen mich schon immer Menschen mit einem großen Selbstbewusstsein an. Vielleicht glaubte ich, es könne auf mich abfärben? Als er mich dann zu einer Party in seine Suite im Plaza einlud, dachte ich mir: „Was soll's?" In meinem Leben geschah doch momentan rein gar nichts.

Wir nahmen eine Limousine ins Hotel, und als wir in seiner Suite ankamen, warteten dort schon diese hippen Typen, die mit einem britischen Akzent quatschten und 1.000-Dollar-Uhren trugen. Die meisten von ihnen hingen an einem langen Coffee-Table mit gläserner Abdeckung ab, die mit einem Haufen weißen Puders sprichwörtlich bestäubt war.

Ich drehte meinen Kopf zu ihnen und schaute sie vielleicht nur drei Sekunden an, doch David war während dieser Zeit bereits verschwunden. Ich fühlte mich inmitten dieser hochnäsigen Typen völlig deplatziert. Vermutlich musste ich ein bisschen Konversation über mich ergehen lassen, bevor David sich dazu entschied, zurückzukommen und mich zu retten.

„Hey", ließ ich verlauten und schlenderte zum Glastisch. „Kann ich was davon ausprobieren?"

Es müssen ungefähr zwölf Personen um den Tisch gestanden haben, doch keiner sagte ein Wort. Sie schauten mich alle an, als wollten sie sagen: „Was ist das denn für ein Stück Scheiße, das David angeschleppt hat? Wie lange müssen wir uns mit der abgeben?"

Dann hatte einer der Kerle ein wenig Mitleid und reichte mir einen Strohhalm, wofür ich mich bedankte. Ich beugte mich runter und sniefte eine Menge, die sich wie 30 Gramm Koks anfühlten. Wegen der bisher gehörten Geschichten erwartete ich eine Art magischer

Wirkung, doch das Einzige, was das Zeug verursachte, war eine laufende Nase.

Ich rannte ins Bad, um mir Kleenex zu besorgen, und als ich wieder rauskam, stand ein Typ mit Cognac-Schwenkgläsern im Flur. „David wartet auf Sie“, sagte er und reichte mir den Cognac. „Bitte folgen Sie mir.“

Ich war so glücklich von der Party errettet zu werden, dass ich dem Mann überall hin gefolgt wäre. Er geleitete mich zu einer verschlossenen Tür und deutete mit zwei Fingern auf den Türknauf. Dann ging er. Ich öffnete die Tür mit einem Schwung und schritt in das Schlafzimmer, das so hell erleuchtet war wie das Yankee Stadium. Musik drang an meine Ohren, doch ich konnte die Quelle nicht ausfindig machen. Dann schaute ich über das Riesenbett hinüber und sah einen auf dem Boden sitzenden David Bowie – vollkommen nackt – der eine Kassette nach der anderen in den tragbaren Player steckte. Ein Blick auf den Kerl reichte aus, um zu wissen, wie es ihn „aufregte“, mich zu sehen. Sehr!

Damals interessierte ich mich nicht so sehr für Sex. Ich war eine Alkoholikerin, und wenn man viel trinkt, kann das den Sexualtrieb verkümmern lassen. Doch irgendetwas sagte mir, dass ich in dieser Beziehung keine Probleme haben würde. Wie sich zeigte, liebten wir uns direkt auf dem Boden, und es war uns egal, die Kassetten mit einem Fußtritt zur Seite zu befördern.

Danach stiegen wir ins Bett. Jeder auf der Party zog sich Koks rein, aber David und ich lagen nur dort und tranken Cognac aus den großen Schwenkgläsern. Nach einigen davon flogen wir so ab wie auch die anderen. Ich versuchte einzuschlafen, doch wegen des Lärms wollte ich weg und suchte meine auf dem Boden liegende Jeans und zog sie wieder an.

„Ich muss hier raus, David.“

„Wohin willst du denn?“, erkundigte er sich.

„Zurück in die Realität. Ich werde nach Hause gehen.“

Dann fragte er mich, ob er mitkommen könne. Er meinte selbst ein wenig Ruhe und Frieden zu benötigen, doch mich beschlich das Gefühl, dass er das überhaupt nicht wollte!

„Lass uns gehen", forderte ich ihn auf.

Seine Limousine setzte uns vor meiner Wohnung in der York Avenue ab – und nach zwei Minuten lagen wir schon wieder auf dem Boden. Doch wir hatten gerade erst begonnen, uns zu lieben, als ich aus der Küche den Klang laufenden Wassers hörte.

„Scheiße!", keuchte ich. „Es ist meine Mutter!"

Ich wusste, dass sie Schlüssel von der Wohnung hatte, und es war auch nicht unüblich für sie, mal eine Nacht hier zu verbringen. Aber musste es gerade heute sein?

„Deine Mutter?", fragte Bowie ungläubig. Er sah mich an, als mache ich Witze. Als er aber merkte, dass dem nicht so war, begann er lauthals zu lachen. „Deine Mutter?", wiederholte er immer noch sich vor Lachen biegend. „Das ist ja so reizend."

Ich mochte es nicht aufgezogen zu werden, doch hatte eine gute Idee, um ihn zum Schweigen zu bringen. Ich zog ihn in mein Schafzimmer, wo wir einschliefen – danach. Am nächsten Morgen riss uns die Türklingel aus dem Schlaf, die lauter als ein Feuermelder schrillte. „Kannst du diesen verdammten Krach stoppen?", knurrte David, der sich das Kissen über den Kopf gezogen hatte.

„Nein", antwortete ich. „Da steht jemand vor der Tür."

„Wer in aller Welt kommt denn schon so früh?"

Ich warf einen Blick in Richtung des Weckers. „Es ist gar nicht so früh, David. Es ist bereits kurz nach Mittag."

Er sagte nichts mehr, und ich dachte, er sei wieder eingeschlafen. Dann klingelte es erneut. „Gut", meinte er. „Und wer zur Hölle kommt schon am Mittag?"

Mittag! Natürlich! Dave Zaan wollte doch die beiden Mädchen am Mittag vorbeischicken. Das mussten sie sein. Doch mir war es egal. Show oder keine Show, ich fühlte mich nicht in der Lage, heute mit zwei neuen Ronettes zu proben. Auch ich zog mir das Kissen über den Kopf und versuchte wieder einzuschlafen. Doch die Klingel bimmelte und bimmelte, bis ich schließlich nachgab.

Ich schleppte meine müden Knochen zum Wohnzimmer und checkte diese beiden dürren, schwarzen Girls, eine groß, die andere klein.

„Hi“, begrüßte mich die Große. „Dave Zaan meinte, dass du vielleicht gerade erst aufstehst. Er riet uns so lange zu klingeln, bis du aufmachst.“

„Ja, jaaa“, murmelte ich. „Vielen Dank auch, Dave.“ Dann ließ ich sie im Wohnzimmer warten und hetzte zurück, um zu sehen, was David machte. Als ich das Schlafzimmer erreichte, war er bereits gegangen. Er musste wohl in seine Klamotten gesprungen sein und sich hinten rausgeschlichen haben. Das traf auch zu, denn als ich beim vorderen Fenster angelangte, sah ich ihn in einem Taxi verschwinden.

„Dein Freund?“, wollte die Kleinere wissen.

„Nicht wirklich“, antwortete ich. Mir fiel es schwer die Antwort zu unterdrücken. „Das war David Bowie.“

„Oh, ähhh …“, erwiderte die Größere. „Klar.“

Mich beschlich das Gefühl, dass ich lange Zeit nichts mehr von David sehen würde. Und wie sich herausstellte, hatte ich Recht.

Meine gemeinsame Nacht mit Bowie war sicherlich nicht exemplarisch, aber ich führte in jenen Tagen allgemein ein befremdliches Sozialleben. In den ersten Monaten des Jahres 1976 beanspruchte meine Karriere nicht viel Zeit, und so ging ich praktisch mit jedem aus, der gerade Zeit hatte. Ich hatte eine lesbische Freundin namens Jeanette – ein Fan aus den frühen Tagen – die mich eines Abends mit in die Stadt zu einer Theateraufführung von *Women Behind Bars* mitnahm.

Es war eine bizarre Show mit Divine in der Hauptrolle und gespickt mit zahlreichen Witzen über steinalte Gefängnisfilme, die ich nicht verstand, da ich sie noch nie gesehen hatte. Schließlich langweilte mich die Aufführung dermaßen, dass ich in den Empfangsraum flüchtete, um eine zu rauchen. Als ich dort ankam, bemerkte ich diesen Typen, der neben dem Kartenverkaufsschalter stand und seine Augen nicht von mir reißen konnte. Er war offensichtlich ein Fan, woraufhin ich mich zu ihm drehte und ihn direkt anlächelte. Mehr war nicht nötig gewesen.

„Es tut mir leid, so gestarrt zu haben“, entschuldigte er sich. „Mein Name ist Clifford Terry und ich bin wahrscheinlich Ihr größter Fan auf der ganzen Welt. Ich möchte Sie wirklich nicht stören, aber ich würde mich die ganze Nacht ohrfeigen, wenn ich nicht an Sie herangetreten und mit Ihnen gesprochen hätte."

„Sie stören mich überhaupt nicht, Clifford", beruhigte ich ihn. „Und wenn es mich davon abhält, wieder in den Theatersaal zu gehen, dürfen Sie gerne ihre gesamte Lebensgeschichte vor mir ausbreiten."

Er musste darüber lachen und wir verbrachten die restliche Zeit der Aufführung mit einem Gespräch in der Lobby. Dabei fand ich heraus, dass dieser Mann keine Scherze gemacht hatte, denn er war ein waschechter Fan. Er kannte alle Platten von mir und viele Songs, über die ich seit Jahren nicht mehr nachgedacht hatte – „Paradise" und „I Wish I Never Saw The Sunshine" – und sogar die ganzen Stücke, die Phil nicht hierzulande, sondern nur im Ausland veröffentlich hatte.

„Viele der Songs kamen nur in England raus", erklärte mir Cliff, was mich verblüffte. Als er mich in sein Haus einlud, um mir einige der Stücke anzuhören, ließ ich mir die Gelegenheit natürlich nicht entgehen. Im Laufe der nächsten Monate verbrachte ich viel Zeit mit Clifford. Er verriet mir schon am ersten Tag unserer Begegnung, dass er schwul sei, doch seitdem sagte ich oft, dass wir eine tolle Liebesbeziehung haben würden, wenn dem nicht so gewesen wäre. Wir saßen oft in seiner Wohnung, spielten meine alten Platten und tranken stundenlang Wein. Und schließlich hatte ich wieder ein Gefühl dafür, wie gut ich eigentlich war, etwas, das ich seit einer langen Zeit nicht mehr empfunden hatte.

„Willst du mich hochnehmen?", ereiferte er sich, wenn ich mich mal wieder selbst runtergeputzt hatte. „Keiner auf der ganzen Welt singt wie du. Das ist eine seltene Gabe." Niemand hatte mir so etwas gesagt – seit einer langen, langen Zeit – und ich wollte es geradezu verzweifelt hören. Cliff half mir dabei mein Selbstwertgefühl zu stärken und das zu einer Zeit, in der ich es am dringendsten brauchte. Ich glaube, das ist einer der Gründe, warum wir uns so gut verstanden.

Er half mir auch, mich zu öffnen und der Vergangenheit zu stellen. Cliff war versessen darauf, die Geschichten zu hören. Und so blieben wir die ganze Nacht wach, und ich erzählte ihm all die Dinge, die ich bislang niemanden berichtet hatte – vom Albtraum meiner Ehe mit Phil und den Problemen, die ich mit meiner Karriere hatte. Dann genehmigten wir uns einen weiteren Schluck aus der riesigen Bauchflasche Wein und lachten – oder weinten – bis in die frühen Morgenstunden.

Es fühlte sich großartig an, mich endlich dieser Storys zu entledigen, sie abzuschütteln. Und dann merkte ich erst, wie sehr ich in der Vergangenheit lebte. Ich hatte immer gedacht, ein neues Leben anzufangen, als ich Phil verließ, doch war scheinbar nicht in der Lage, alles Alte hinter mir zu lassen. Während der Gespräche mit Cliff musste ich mich mit den Geschehnissen der Vergangenheit konfrontieren – und genau an dieser Stelle begann das Verständnis, wie mein Lebensweg in der Zukunft aussehen könnte.

Southside Johnny rief mich eines Tages im Frühjahr 1976 im Haus meiner Mutter an. Ich glaube nicht, dass ich das Telefonat jemals vergessen werde. „Ronnie", fragte er mich. „Was hast du für den Sommer geplant?"

„Gar nichts, Johnny", lautete meine Antwort.

„Tja, dann solltest du dir deine Tanzschuhe anziehen", meinte er. „Du wirst auf Tour gehen."

Ich wäre beinahe ausgeflippt. Johnny wollte touren, um sein erstes Album für Epic Records zu bewerben und wie er sagte, war „You Mean So Much To Me" der schärfste Song der Scheibe. Er erklärte, dass Epic bereit seien, mich für die Auftritte zu bezahlen, bei denen ich die Nummer jeden Abend mit ihm singen sollte. „Du kannst natürlich auch einige deiner Songs bringen, wenn du möchtest."

Falls ich es möchte? Das glich einem Traum, der sich verwirklichte. Wie sich zeigte, war ich die nächsten einundeinhalb Jahre mit Southside Johnny and the Asbury Jukes unterwegs und erlebte dabei die schönste Zeit meines Lebens. Die Jukes waren allesamt großartige

Typen und kannten ihr Handwerk. Und ja, es war eine wahre Wonne, wieder mit einer richtigen Rock'n'Roll Band unterwegs zu sein.

Bei einigen dieser Konzerte traten wir als Vorgruppe für Bruce Springsteen und seiner E Street Band auf, und daraus entwickelten sich immer großartige Shows. An eine – sie fand im Cleveland Agora statt – kann ich mich besonders gut erinnern. Sogar nachdem Springsteen sein Set beendet hatte, hörten die Kids mit dem Grölen nicht auf. Ich stand im Backstage-Bereich, als Bruce nach drei Zugaben von der Bühne kam. Er war vollkommen durchgeschwitzt, als er mich sah. „Hey, Ronnie!", schnaufte er. „Willst du raus und ein bisschen Rock'n'Roll bringen?"

„Da kannst du aber drauf wetten!", antwortete ich und rannte mit Springsteen auf die Bühne, wo wir jeden meiner Hits für die ausrastende Menge spielten. Springsteen und auch die anderen Jungs waren alle so große Phil-Spector-Fans, sodass ich den Eindruck erhielt, ihnen würde die Show mehr Spaß machen als dem Publikum.

Es ist natürlich kein Geheimnis, wie sehr Bruce und seine Band auf Phils Sound standen. Sie unterhielten sich im Grunde genommen nur über dieses eine Thema mit mir. Wenn ich mich zum Essen zu den Musikern setzte, tauchten plötzlich Bruce und Stevie auf, die mich mit allen nur erdenklichen Fragen über Phil und seine Musik löcherten.

„Ronnie", fragte Bruce zum Beispiel, „wie viele Gitarren setzte Phil bei ‚River Deep – Mountain High' ein?"

„Ich weiß es nicht, Bruce", lautete meine Antwort. „Als er das aufnahm, war ich in meinem Zimmer eingeschlossen und sah mir einen alten Cary-Grant-Streifen an." Doch das hielt ihn nicht davon ab, mich weiter zu „Baby, I Love You" oder dem Weihnachtsalbum zu „grillen" und sich stundenlang nach Details zu erkundigen. Details. Er wollte immer mehr Details. Und mit seiner Fragerei nach Details trieb er mich in den Wahnsinn.

Doch davon abgesehen, kam ich mit den Musikern von Bruces Band gut klar. Manchmal sogar zu gut. Nach einem der ersten Auftritte befand ich mich auf einer Party, und dort beugte sich der schwergewichtige, alte Clarence Clemons zu mir runter, um mich zu küssen. „Whoa, Clarence", wehrte ich ihn ab. „Das meinst du doch nicht ernst. Ich bin 1,58 Meter groß und du weit über 1,80 Meter – das wird niemals was mit uns werden." Er lächelte diese Abfuhr einfach weg, doch ich glaube, dass er alles richtig verstanden hatte, denn danach benahm er sich mir gegenüber wie der perfekte Gentleman.

Bei der Zusammenarbeit mit Southside Johnny schloss ich auch Freundschaften außerhalb des Dunstkreises der Gruppe. Steve Popovich war bei Epic ein großes Tier und einer meiner größten Fans bei dem Label. Er meinte immer, dass er einen Song für mich aufnehmen wolle – falls er den richtigen fände. Ich wusste, dass Steve ein guter Mensch war, doch ich nahm diese Aussage nicht allzu ernst. Doch dann erhielt ich im Dezember 1976 einen Anruf von Epic Records.

„Ronnie, Stevie Van Zandt ist gerade bei mir", meinte er viel versprechend. „Wir hätten gerne, dass du vorbeikommst, wenn du die Zeit hast."

„Klar", antwortete ich. „Was gibt's?"

„Ich glaube, dass wir einen Song für dich gefunden haben."

Ich flog praktisch zu Epic, die ihre Büroräume bei CBS Records in der 52nd Street hatten. Als ich hereinkam, hatte Steve Popovich den mysteriösen Song bereits auf den Plattenteller gelegt. „Ich war die ganze Nacht wach und habe mir Demos angehört, doch dann bin ich darauf gestoßen. Es ist eine Billy-Joel-Nummer mit dem Titel ‚Say Goodbye To Hollywood', und ich denke, sie wird dich überraschen."

Er legte die Nadel auf die Platte und die Nummer blies mich förmlich weg. Sie klang so, als sei sie für mich geschrieben. Von dem „Be My Baby"-Drumbeat am Anfang bis zur „Wall of Sound"-Produktion am Ende, hätte es tatsächlich eine Ronettes-Nummer sein können. Es war zwar ein Mann, der da sang, doch er nutzte dasselbe starke Vibrato bei der Intonation, dasselbe, das ich auch eingesetzt hätte. „Das ist ein Billy-Joel-Song?", vergewisserte ich mich. „Aber der singt das doch nicht, oder?"

„Klar", erklärte Steve. „Das ist Billy, der Ronnie Spector imitiert. Als ich ihm davon berichtete, dich für den Song gewinnen zu wollen, schwebte er auf Wolke Sieben. Er hat die Nummer vor drei Jahren geschrieben, dabei aber die ganze Zeit an dich gedacht, wie er mir zusicherte."

Haben Sie jemals einen Tag erlebt, an dem Sie einfach wussten, dass Gott Sie anlächelt? Und als wir dann „Say Goodbye To Hollywood" einspielten, musste er wohl über beide Ohren gegrinst haben. Alles auf dieser Platte passte zusammen. Die E Street Band begleitete mich und Stevie Van Zandt saß auf dem Produzentensessel. Und dieser Kerl wusste, wie man meine Stimme zur Geltung brachte. Stevie kreierte einen Sound, der so nahe wie möglich an Phil heranreichte, doch die Platte klang gleichzeitig sehr modern. Und dafür muss ich die E Street Band von Bruce loben.

Die Leute haben mir immer gesagt, dass mein Gesang auf der Platte so stark wie zu meinen besten Zeiten ist. Das überrascht mich nicht. „Say Goodbye To Hollywood" handelt von einem Mädchen, das sich zusammenreißt und sich von Hollywood verabschiedet und all den Menschen, die sie im Stich gelassen haben. Im Grunde genommen war das meine Lebensgeschichte, und ich verstand die damit einhergehenden Gefühle. Ich wollte unbedingt, dass „Say Goodbye To Hollywood" die beste Platte meiner Laufbahn würde, denn mit einem Hit hätte sich mir die Möglichkeit eröffnet, für immer Abschied von Hollywood und Phil Spector zu nehmen.

Als Steve Popovich das Stück hörte, haute es ihn um und er fiel in seinen Stuhl. „Das ist ein Hit", meinte er überschwänglich. „Ohne jeden Zweifel!" Steve war dermaßen von der Nummer überzeugt, dass er sie als Erstveröffentlichung auf seinem eigenen Label Cleveland International Records auf den Markt brachte, einem Ableger von Epic Records. Noch bevor die Platte in den Regalen stand, sprach er davon, ein komplettes Album folgen zu lassen.

„Ich bin mir sicher, dass wir die Jungs von der E Street Band dazu bringen, noch ein paar Sessions zu spielen", meinte er. „Und gerade heute Morgen habe ich einen Anruf von Brian Wilson erhalten – er will einen Song für dich schreiben, für ein neues Album."

„Das ist ja fantastisch", freute ich mich.

„Ronnie, das ist erst der Anfang", schwärmte Steve. „Ich glaube, dass du dieses Mal abhebst! Das glaube ich wirklich."

Sie müssen eigentlich denken, dass ich mittlerweile sehr vorsichtig geworden bin, wenn jemand so über meine Karriere redet. Das traf aber nicht zu. In meiner Fantasie zählte ich schon die Millionen, als „Say Goodbye To Hollywood" im Sommer 1977 auf den Markt kam. Nach zwei Monaten war der Song wieder verschwunden.

Die Platte entwickelte sich zu einem – nach Steves Worten – „Turntable-Hit", was bedeutete, dass die DJs sie im Radio rauf und runter spielten, obwohl sie sich nicht verkaufte. Doch das bedeutete mir nichts. Was mich anbelangte, war „Turntable-Hit" eine nette Umschreibung für einen Flop, da sich die Kids die Platte nicht zulegten.

Im restlichen Sommer machte ich weiterhin Auftritte mit Southside Johnny. Das Publikum liebte es immer, wenn ich bei diesen Konzerten „Say Goodbye To Hollywood" sang. Doch nach dem Flop hörte ich nie wieder etwas von Brian Wilson oder irgendeinem der anderen Künstler, die an meinem Album arbeiten wollten.

Aber um ehrlich zu bleiben: Ich war auch in keiner guten Verfassung, um ein komplettes Album aufzunehmen. Bei den meisten Auftritten mit Southside Johnny konnte ich mich zusammenreißen, doch wenn ich wieder deprimiert war, trank ich wie eine Wahnsinnige – und nichts deprimierte mich mehr als ein Flop.

Was ich aber Steve Popovich hoch anrechnen muss, war seine Treue, denn er hielt unbeirrt zu mir. Im August verzichteten Epic Records auf die Option eines Albums mit mir, doch Steve bestand darauf, dass ich ihn in Nashville treffe. Er hatte sich plötzlich entschieden, unser Glück mit einem Country-Song zu versuchen.

„Bist du dir da sicher?", fragte ich ihn erneut, als ich dort angelangte. „Meine Güte, ich weiß ja noch nicht mal, ob ich Country singen kann."

„Hey, ich glaube nicht an all diese Abgrenzungen zwischen Country und Pop", erklärte Steve. „Ein guter Song ist ein guter Song, egal, wie man ihn aufzieht. Und das hier ist ein guter Song." Dann spielte er mir ein Demo von „It's A Heartache" vor, und ich musste ihm zustimmen. Es war ein toller Song, und ich hatte bei der Aufnahme eine Menge Spaß. Doch es war Bonnie Tylers Fassung, die ein Hit wurde – nicht meine.

Ich erinnere mich immer noch an den Tag, an dem wir den Titel aufnahmen. Es war der 16. August 1977 und Elvis Presley verstarb nur wenige Stunden Autofahrt entfernt in Memphis. Als die Nachricht von seinem Tod publik wurde, befand ich mich mit Chips Moman im Studio und vielen anderen Musikern, die mit Elvis gearbeitet hatten. Doch erst am Ende der Session erfuhren wir davon.

Ich hatte gerade meinen Gesang beendet, als so ein kleiner Typ ins Studio kam und Steve Popovich etwas ins Ohr flüsterte, der zu den Produzenten der Session gehörte. Steve sagte kein Wort, doch sprang direkt auf und rannte aus dem Studio. Niemand konnte sich erklären, was vor sich ging. Doch als er wenige Minuten später zurückkam, waren seinen Augen rot und wir glaubten, eine Fahne zu riechen. Alles was er sagte, war: „Lass uns fertig werden und hier rauskommen."

Wir spielten die letzten Takes ein, wonach mich Steve zurück ins Hotel fuhr. Dabei erzählte er mir, dass Elvis am Morgen tot in seinem Badezimmer aufgefunden wurde. „Oh, mein Gott", keuchte ich zutiefst bestürzt. „Warum hast du so lange gewartet, um mir das zu sagen?"

„Ich hätte es dir schon eher erzählt. Aber viele der Leute im Studio kannten Elvis persönlich, und ich war mir nicht sicher, wie sie die Nachricht auffassen. Mir stand nur dieser eine Tag zur Verfügung und ich wollte nicht das Risiko eingehen, dass ihr es eventuell nicht durch die Session schafft."

Steve hatte Recht. Alle zeigten sich tief erschüttert. In dieser Nacht machte ich mich zu Chips Momans Haus auf und weinte mich in den Schlaf. Es ist nicht so, dass ich ein großer Elvis-Fan war. Sein

Tod, brachte mich zum Grübeln. Da war ein Typ, der alles hatte und den man den „King of Rock'n'Roll“ nannte. Doch er war mit seinem Leben so unzufrieden, dass er sich letztendlich zerstörte. Und da er so plötzlich verstorben war, stellte ich mir zwangsläufig die Frage, ob ich mich nicht auch auf demselben Weg befinden würde.

Wenigstens hatte Elvis wieder seine Karriere in Schwung gebracht, was ich nicht von mir behaupten konnte. Ich hatte gerade eine tolle Single veröffentlicht und die letzten eineinhalb Jahre auf Tour verbracht, doch was konnte ich vorweisen? All die ganze Arbeit, die aber zu Nichts führte.

Und dann entschied ich mich zu einem Baby. Wenn ich schon als Sängerin keinen bleibenden Eindruck hinterlassen konnte, gelang es mir vielleicht bei der Erziehung eines Kindes. Und dann hätte ich etwas, an dem ich mich festhalten könnte, etwas ganz Eigenes. Es mag jetzt möglicherweise dumm klingen, aber ich vertrat die feste Überzeugung, dass ich immer ein Nobody sein würde, bis ich meiner Familie – und mir selbst – bewiesen hatte, ein Baby auf die Welt zu bringen.

Doch so sehr ich mich auch nach einem Kind sehnte, hatte ich überhaupt kein Interesse daran, den geeigneten Ehemann zu finden. Natürlich träumte ich noch von dem Ozzie und Harriet-Leben, doch war in jenen Tagen so fertig, dass ich nicht mal an eine Beziehung dachte. Ich wollte eigentlich nur einen Mann, der mich schwängerte und dann allein ließ. Und für diesen „Job“ kannte ich bereits den richtigen.

23

Backstage-Pass

Als ich Clifford Terry fragte, ob er mich schwängern könne, saß ich auf seinem Bett. Er dachte, ich würde Witze machen. „Ich weiß nicht, ob es dir bisher aufgefallen ist", lachte er, „doch das Baby-Machen gehört nicht zu meinen Stärken."

„Weil du schwul bist?", fragte ich nach. „Aber genau aus dem Grund habe ich dich ausgewählt."

„Oh?", artikulierte er lächelnd. Und dann wusste ich, dass ich ihn hatte.

„Du bist nicht an Frauen interessiert", erklärte ich. „Und ich habe es mit den Männern aufgegeben. Und so sind wir perfekt für den jeweils anderen. Ich will ein Baby, aber keinen Mann im Gesamtpaket. Du bist der einzige Typ, der mir da helfen kann."

Dann lachte er lauthals. „Okay. Doch wenn ich das mache", begann er und griff nach der Riesenflasche Wein, die immer in der Nähe stand, „glaube ich, ein wenig Hilfe zu benötigen."

An dem Abend betranken wir uns und hatten Sex, aber aus dieser Aktion entstand kein Baby. Später versuchten wir es noch ein oder zwei Mal, doch mir wurde klar, dass ich auf diese Art nicht schwanger wurde. Sie wissen ja, was man so sagt: Man kann es versuchen, aber nicht erzwingen.

Mich deprimierte das alles so sehr, dass ich den Gedanken aufgab, jemals ein eigenes Kind zu haben. In Wahrheit hatte ich Glück, dass Cliff mich nicht schwängerte, denn ich war für die Mutterrolle noch nicht bereit. Ich hatte noch nicht verstanden, was es überhaupt bedeutete, ein Baby zu haben. Zurückschauend auf mein damaliges Ich, wäre es vermutlich besser für mich gewesen, mit meinen alten Puppen zu spielen.

Mein Liebesleben glich seit der Scheidung einem Reinfall nach dem anderen, und nach einer Weile gab ich es auf, jemals einen Ehemann zu finden. Clifford Terry stellte mein regelmäßiges Date dar, und ich fühlte mich zufrieden, mit ihm auszugehen. Wer brauchte schon Liebe?

So lautete meine Resolution im März 1978. Aber – Sie ahnen es bestimmt schon – Ende April traf ich den Mann, der der Vater meiner Kinder werden sollte. Manchmal ist der beste Weg etwas zu finden, mit dem Suchen aufzuhören.

Ich begegnete meinem zukünftigen Mann bei einer Show mit dem Titel *The Neon Woman*. Es war eine weitere Aufführung mit Divine in der Hauptrolle, und sie fand im Hurrah statt, New Yorks erster Rock-Disco. Cliff Terry nahm mich mit dorthin. Er kannte praktisch jeden dort, und so lud man uns zur Backstage-Party nach der Show ein.

Peter Allen war der erste, dem ich begegnete, und er erklärte mir, einer meiner größten Fans zu sein. Ich wusste, dass Peter mal mit Liza Minnelli verheiratet gewesen war, und so tratschten wir direkt über sie. Ich berichtete ihm vom Treffen bei der Recording-Session von Alice Cooper und wie merkwürdig sie sich mir gegenüber verhalten hatte, und dann erzählte er mir einige seiner Storys.

Wir quatschen immer noch über Liza, als dieser junge Typ auf uns zukam und uns dann zuhörte. Ich fand, dass er toll aussah und wusste, dass er im Grunde genommen darauf wartete, einige Worte mit mir zu wechseln. Er lächelte und wartete höflich auf seine Chance. Nachdem Peter Allen sich wieder in den Tumult gestürzt hatte, lehnte ich mich zu ihm hinüber und sagte: „Trau dich bloß nicht, auch nur ein einziges Wort von dem Gehörten weiter zu erzählen!"

„Davon würde ich nicht mal träumen", antwortete er. Ich wollte gerade gehen, doch mich irritierte die Art wie er mich anlächelte. Schließlich fragte ich, was ihm durch den Kopf ginge.

„Ich weiß, es ist schon eine merkwürdige Frage", antwortete er. Allerdings hielt ihn das nicht ab, die Frage tatsächlich zu stellen. „Ich würde dich gerne in den Arm nehmen."

„Mich in den Arm nehmen?" Ich musste losprusten. „Klar. Warum nicht."

Ohne eine Sekunde verstreichen zu lassen, beugte er sich zu mir, und ich versank in seinen Armen. Er war ein großer Kerl und konnte mich praktisch „einrollen" und er drückte mich, bis ich leise quiekte. „Hey", kicherte ich. „Nicht so fest."

Wenn ich gedacht hatte, dass er vorher glücklich aussah, versetzte ihn die Umarmung in einen Zustand des „Benebelt-Seins". „Vielen Dank", sagte er und machte sich auf den Weg. Doch irgendetwas brachte ihn davon ab, denn er machte auf der Stelle kehrt, schaute mir direkt in die Augen und sagte: „Ich habe dich 1974 im Madison Square Garden singen gehört. Es reichte ein Blick und ich sagte mir: ‚Ja, das ist eine richtige Frau.' Und dann versprach ich mir – für den Fall, dass ich dich jemals träfe – dich so richtig fest zu drücken. Und darum bedanke ich mich bei dir – dafür, dass du mich gedrückt hast."

Das war so eine süße Geschichte, dass ich laut loslachen musste. Ich vermute mal, dass er dachte, ich würde über ihn lachen, denn er drehte sich um und wollte schon weggehen, aber ich hielt ihn auf. „Hey", rief ich laut genug, um den Hintergrundlärm zu übertönen. „Wie heißt du überhaupt?"

„Oh", hörte ich, und er kam lächelnd zurück. „Habe ich das nicht gesagt?" Ich merkte, dass er immer noch ein bisschen nervös war, doch er konnte diese Art von Lampenfieber schnell verdrängen. „Das tut mir leid. Mein Name ist Jonathan Greenfield."

Als er wieder ging, schaute ich ihn mir näher an. Er war ein großer Mann mit breiten Schultern und er hatte etwas Süßes und Offenherziges an sich, sodass ich meinen Blick den restlichen Abend nicht von ihm losreißen konnte. Er gehörte zu den Bühnenmanagern der Show. Ich erinnere mich noch genau daran, wie sehr es mich beeindruckte, dass die ganzen Helfer und Techniker ständig zu ihm gingen, um sich einen Rat zu holen, wo man zum Beispiel die Anlage hinbringt und Ähnliches.

Doch was mir am meisten imponierte, war der Stil wie er mit einer immens aufgebrachten Schauspielerin umging, die auch in der Show sang. Seitdem der Vorhang gefallen war, regte sie sich höllisch über eine kleine Musikpassage auf, die während des Auftritts schief gegangen war. Sie stampfte wutentbrannt durch den Backstage-Bereich, fluchte und rastete aus, bis Jonathan zu ihr rüberging und sich mit ihr hinsetzte. Ich hörte nicht, was die beiden sagten, aber was es auch war – es schien sie augenblicklich zu beruhigen. Zwei Minuten später hatte er sie zum Lachen gebracht und sie grinste wie eine Cheerleaderin.

„Wow", flüsterte ich in Richtung Cliff Terry. „Da ist ein Typ, der wirklich weiß, wie man eine schwierige Situation bereinigt." Das berührte mich immens.

Eine geschlagene Woche lang sah ich mir jeden Abend *The Neon Woman* an, was Cliff verwirrte, da er wusste, dass ich die Show nicht mochte. Schließlich musste ich ihm gestehen, dass meine plötzliche Begeisterung nichts mit der Leidenschaft fürs Theater zu tun hatte, die mich jeden Abend ins Hurrah trieb, denn ich hoffte innigst, zufällig Jonathan zu treffen.

Ich weiß immer noch nicht, warum ich mich so intensiv um ihn bemühte. Vermutlich spürte ich, dass da etwas an seiner Persönlichkeit und seinem Stil war, was mir auf eine bestimmte Art das Gefühl von Zuhause gab. Ich musste ihn einfach besser kennen lernen. Der arme Jon wusste gar nicht, dass ich ihn „verfolgte". Er dachte, es sei reiner Zufall, dass ich mich Abend für Abend nach der Show sehen ließ. Ihm wäre es niemals in den Sinn gekommen, dass sich sein Rock'n'Roll-Idol tatsächlich für ihn interessierte. Und das gehörte zu den Gründen, warum ich mich Abend für Abend ein bisschen mehr in ihn verliebte.

Ich kann mich nicht mehr an den Tag erinnern, an dem sich zwischen Jon und mir eine ernste Beziehung entwickelte. Ende 1978 zog ich in eine Wohnung mit einem Schlafzimmer an der Upper West

Side ein, an der 94th und West End Avenue. Jon lebte ganz in der Nähe und so rief ich ihn immer an, wenn Probleme in der Wohnung auftauchten. Ramponierte ich die Tür eines Wandschranks, wusste ich, dass er sie reparierte. Wenn ich einen Typen nach einem Date nicht abwimmeln konnte, ließ ich Jon kommen, der ihn verscheuchte. Jonathan Greenfield war der Mann, der mit allem fertig wurde, was ich ihm „vorwarf".

Was hinzukam: Gegensätzlich zu all den Kerlen, mit denen ich ausgegangen war, schreckte ihn mein Trinken nicht ab. Er sah mich oft betrunken und deprimiert, doch hielt immer zu mir. Er war immer da, wenn ich ihn brauchte. Es gab nicht viele Männer, von denen ich das behaupten konnte, Cliff mal ausgenommen.

Auch fand ich es höchst ungewöhnlich, dass Jonathan – egal wie viel Zeit wir miteinander verbrachten – immer eine respektvolle körperliche Distanz wahrte. Und das war etwas Neues für mich, denn ich war es gewohnt, mit Typen auszugehen, die es nicht erwarten konnten, auf mich zu springen. Jon versuchte nicht mal, mir einen kleinen Kuss zu entlocken. Doch nach einer bestimmten Zeit trieb mich seine Höflichkeit in den Wahnsinn.

Es war 2 Uhr in der Nacht, und Jon hatte mich gerade vor der Tür meines Apartments abgesetzt. Ich entschied mich, ihn endlich zu fragen. „Jon?", erkundigte ich mich ganz vorsichtig. „Stimmt etwas nicht mit dir?"

„Nein!", entgegnete er argwöhnisch. „Wie kommst du auf so eine Frage?"

„Ich weiß nicht. Du küsst mich nicht, du fasst mich nicht an. Ich dachte, dass du mich vielleicht nicht magst."

„Du denkst, dass ich dich nicht mag", meinte er ungläubig. „Ronnie, ich bewundere dich und du beeindruckst mich. Das war schon immer so."

„Ja, aber du zeigst das nicht."

Er stieg aus dem Wagen und eilte um die Karosse herum. Ich spürte wie er der Verzweiflung nahe war, was in mir starke Gefühle weckte. „Du denkst, ich wolle dich nicht küssen, dich umarmen und auch alles andere? Da liegst du aber daneben! Ich will dich küssen, dich umarmen und mit dir all die anderen Dinge machen, die du nicht erwähnt hast. Aber ich kann es nicht."

„Du kannst es nicht?", schrie ich. „Warum denn nicht?"

„Weil …", begann Jon, wobei er aufhörte auf und ab zu laufen und mir direkt in die Augen sah. „Weil ich nicht der richtige Mann für dich bin."

„Du bist doch verrückt!", brüllte ich. Dann bemerkte ich wie der Nachtwächter durch die Tür blinzelte, um zu sehen, wo denn der ganze Lärm herkam. Ich sprach mit leiser Stimme weiter. „Du bist doch verrückt, Jon!"

„Nein, bin ich nicht", flüsterte er. „Du bist ein Star."

Ich ging einen Schritt zurück und starrte ihn an. Er stand im Scheinwerferlicht seines Chevy, trug ein Paar Converse-Sneaker und ein Sweatshirt, das unter dem Arm einen Riss hatte. Für mich sah er wie ein Prinz aus. Dennoch – er laberte wie ein Volltrottel, und ich hätte ihm am liebsten eine verpasst. Das machte ich aber nicht. Stattdessen legte ich meine Arme um seine großen, alten Bärenschultern und drückte ihn so lange, bis es weh tat.

Es dauerte nicht lange, bis Jon aus sich herauskam. Das geschieht immer bei Männern. Je häufiger ich ihn sah, desto klarer wurde mir, dass er der perfekte Mann für mich war. Jonathan liebte meine Stimme, und er wollte, dass meine Karriere endlich wieder in Schwung kam, so wie auch ich es mir wünschte. Ich hatte endlich meinen Mr. Zuverlässig gefunden, einen Mann, auf den ich zählen konnte, auch wenn sich das Leben von seiner schwierigen Seite zeigte. Ich empfand es als eine glückliche Wendung, denn mein Leben stand kurz davor, sehr hart und schwierig zu werden.

24

Weglaufen

Mitten in einer kalten Januarnacht 1980 erhielt ich den Anruf. Das Telefon riss mich um ungefähr 1 Uhr morgens aus dem Schlaf. Durch die statischen Geräusche in der Leitung wusste ich, dass es sich um ein Ferngespräch handelt.

„Veronica Spector?“

„Ja“, antwortete ich, dabei den Schlaf abschüttelnd. „Wer spricht denn da?“

„Mein Name ist Dunham. Ich bin Sozialarbeiter beim Los Angeles County Department der Jugendfürsorge. Haben Sie einen Sohn namens Donté Spector?“

„Ja!“, erwiderte ich, um Luft ringend. „Das stimmt. Was ist mit ihm passiert?“

„Nichts. Es geht ihm gut“, antwortete der Mann. „Er ist nur von Zuhause ausgerissen.“

Durch den Satz war ich plötzlich hellwach. Donté war gerade mal elf Jahre alt, aber laut Aussage des Sozialarbeiters stieg er eines Nachts auf sein Fahrrad und machte sich aus dem Staub. „Ganz offensichtlich“, fügte dieser Mr. Dunham hinzu, „war er zuhause nicht allzu glücklich.“

„Haben Sie mit Phil darüber geredet?“, wollte ich wissen.

„Ja, das ist seltsam. Wir versuchen ihn schon seit drei Stunden zu erreichen, doch niemand nimmt ab.“

Ich fühlte mich wie vor den Kopf geschlagen. All die Schuldgefühle, die sich im Laufe der acht Jahre aufgestaut hatten, überschwemmten mich plötzlich und liefen wie Wellen durch den Körper. Ich hatte Donté jeden Monat besucht – wie ein gut geöltes Uhrwerk – doch er hatte mir kein einziges Mal davon erzählt, wie schlimm alles zuhause geworden war. In dem Moment wurde mir klar, wie wenig ich über meinen Sohn wusste. Und dann schwor ich mir, Donté zurückzuholen, egal, was ich dafür machen musste.

Ich rief meinen Rechtsanwalt Jay Stein an und erkundigte mich, ob ich das Sorgerecht erstreiten könne. „Unter diesen Umständen", ermutigte er mich, „würde ich sagen, dass die Chancen sehr gutstehen."

Das war alles, was ich hören musste. Am nächsten Morgen hob ich jeden Cent bei meiner Bank ab und setzte mich in den Flieger nach Kalifornien. In dieser Angelegenheit würde ich heftig gegen Phil kämpfen, auch wenn mein ganzes Geld dabei drauf ginge.

Nach der Ankunft in Kalifornien traf ich Jay, der die verschiedenen Fakten dieses Puzzles schon zusammengesetzt hatte. Die Story haute mich aus den Latschen. Jay erklärte: „Offensichtlich rannte Donté weg, weil Phil ihm nichts zu essen gab."

Als ich das hörte, sank ich so tief in Jays Lederstuhl, dass ich beinahe auf den Boden gefallen wäre. Und die ganze Geschichte wurde nicht besser. „Nach der von Donté beim Sozialarbeiter getätigten Aussage gab Phil ihm als Bestrafung kein Abendessen, wenn er seine Hausaufgaben nicht gemacht hatte."

Jay berichtete weiter, dass Donté und die Zwillinge manchmal so hungrig waren, dass sie zum Haus der Nachbarin schlichen, die großes Mitleid mit ihnen empfand und den drei Kindern kleine Salate zubereitete. Die Zwillinge waren jedoch drei Jahre älter als Donté und hatten ein bisschen mehr Lebenserfahrung, um mit Phils schrägem Verhalten klarzukommen. Donté wusste aber nicht, an wen er sich wenden sollte, woraufhin er einfach aufs Fahrrad sprang und das Anwesen verließ. Je mehr ich hörte, desto größer wurde meine Wut. Mein Magen drehte sich förmlich um. „Oh, Gott", seufzte ich. „Der arme, kleine Junge."

„Oh, das ist noch nicht mal das Schlimmste“, fuhr Jay fort, mit einer hellen Stimme, die Rechtsanwälte so draufhaben, wenn sie etwas Aufregendes verkünden, auch wenn es abgrundtief schrecklich ist. „Phil zog wieder seine alten Spielchen ab. Wie es scheint wurden sowohl Donté, als auch die Zwillinge bei jeder sich bietenden Gelegenheit Opfer verbalen und psychologischen Missbrauchs. Wann immer sie seine Standards nicht erreichten –“. „Ich weiß … ich weiß“, sagte ich bedrückt. „Dann fluchte und brüllte Phil.“ Ich musste nicht mehr hören. Ich wusste besser als jeder andere, wie beängstigend Phils Schreierei sein konnte. Und ich war eine erwachsene Frau. Ich konnte mir kaum vorstellen, wie das für einen Elfjährigen gewesen sein musste.

„Bedenkt man, was er bis zu diesem Punkt ertragen musste“, fügte Jay hinzu, „bin ich überrascht, dass er nicht schon viel früher fortgelaufen ist.“

„Wann kann ich ihn sehen?“

„Er ist momentan bei einer Pflegefamilie. Wenn du möchtest, fahre ich dich da hin.“

Als Jay und ich dort ankamen, spielte Donté mit ein paar Kindern Kickball im Vorgarten dieses netten Hauses, dessen Bewohner vermutlich zur Mittelschicht gehörten. Als erstes bemerkte ich wie normal er aussah. Er winkte, als er mich sah, doch spielte direkt weiter wie jedes andere, typisch amerikanische Kind.

„Hey, Mum“, rief er. „Sieh mal, wie ich den Ball über den Zaun schieße.“ Ich lächelte und dankte Gott dafür, dass Phil ihn nicht total zerstört hatte. Was ich nicht sehen konnte, war der bereits entstandene Schaden unter der Oberfläche. Ich begann die wahren Narben meines Sohnes erst zu erkennen, nachdem ich das Sorgerecht erstritten hatte und er schon lange bei mir in New York lebte.

Ja, ich erkämpfte mir das Sorgerecht, und es kostete mich jeden Cent. Ich musste eine ganze Reihe von psychologischen Evaluierungen über mich ergehen lassen, um den Beweis zu erbringen, dass ich eine kompetente Mutter war. Auch Phil musste das machen. Natürlich hatte er Angst vor den Resultaten, zu denen der Gerichtspsychiater gelangen konnte, und so ließ er sich bei den Tests nicht sehen. Und exakt dieses Verhalten führte dazu, dass der Richter zu meinen Gunsten entschied.

Ich war ganz aufgeregt, endlich eine richtige „Vollzeit-Mutter" zu sein, doch erkannte schon nach kurzer Zeit, was das für ein harter Job sein konnte. Die von mir zu bringenden Opfer begannen in der Minute, in der wir durch die Tür meines Apartments gingen. Das Gericht bestand darauf, dass Donté ein eigenes Zimmer zur Verfügung hatte. Da ich nur in einer Wohnung mit einem Schlafzimmer lebte, musste ich auf der Couch schlafen und Donté mein Zimmer überlassen. Ich schlief drei Monate lang in meinem Wohnzimmer, bis ich mir den Umzug in ein größeres Apartment im selben Gebäude leistete.

Phil war dazu verknackt worden, für Donté Unterhalt zu zahlen, was sich auf eine Summe von 850 Dollar monatlich belief. Doch das Geld reichte kaum für die Kosten der Privatschule. Ich hätte mir niemals träumen lassen, dass ein Kind so teuer war.

Als ich Donté immer in Kalifornien besuchte, hatte ich es mir angewöhnt, ihm jeden Tag ein Geschenk zu machen. Als er dann bei mir in New York lebte, versuchte ich ihm alles zu geben, wonach er fragte, denn ich dachte, dass das eine Mutter machen sollte. Wenn Donté ein Fahrrad haben wollte, zog ich los und kaufte ihm eins. Klaute ihm ein anderes Kind auf dem Spielplatz den fahrbaren Untersatz, machte ich mich wieder auf den Weg, ihm einen neuen zu besorgen. Ich verstand noch nicht, dass es für eine Mum okay war, manchmal auch „Nein!" zu sagen, doch ich lernte schnell. Aber diese Lektionen waren teuer und ich stand kurz vor der Pleite.

Meine einzige Hoffnung bestand darin, meine Karriere wieder in die Spur zu bringen. Doch das würde sicherlich nicht einfach werden, besonders, weil mein großes Comeback 1977 mit „Say Goodbye To Hollywood" so kläglich gescheitert war. Und da gab es ja auch noch all die Storys über mein Trinken, die die Runde machten, womit es bestimmt kein Wunder darstellte, dass keines der großen Labels

Interesse an mir zeigte. Darum war ich auch für alles offen, als mich eine Lady namens Genya Ravan aus heiterem Himmel anrief.

„Spricht dort Ronnie Spector?“, erkundigte sich die Dame, als sie mich endlich an der Strippe hatte. „Du liebe Güte, Sie sind aber schwierig aufzuspüren. Mein Name ist Genya Ravan und ich werde Ihre nächste Produzentin sein.“

„Tja, das ist ja wirklich nett“, zwitscherte ich, überzeugt, dass es sich hier um einen Streich handelt. „Ich freue mich, dass Sie angerufen haben. Aber wer sind Sie denn wirklich?“

Wie sich zeigte, war es kein Scherz. Wenige Tage darauf traf ich mich mit Genya und sie breitete mir ihre ganze Geschichte aus. In den Sixties – als Genya noch den Namen Goldie Zelkowitz trug – war sie der Kopf der Girlgroup Goldie and the Gingerbreads aus Brooklyn. Wenige Jahre später arbeitete sie als Produzentin, und nun begann sie ein eigenes Label aufzubauen. Und sie meinte: „Ich will, dass du meine erste Künstlerin wirst.“

Ich erklärte, darüber nachzudenken, doch wusste bereits, dass mir kein großer Entscheidungsspielraum blieb. Niemand wollte mich haben, ausgenommen Genya. Schließlich sagte ich: „Okay, lass uns eine Platte machen.“

Genya war zu der Zeit in der Punk-Szene involviert, und sie versuchte mich ständig in diese Welt zu zerren, was mich in den Wahnsinn trieb. „Ronnie“, ereiferte sie sich. „Du bist großartig, aber so Sixties! Wir müssen dich in die Achtziger bringen.“

Ich wusste zwar nicht so recht, was sie damit meinte, doch zog eine Zeit lang mit ihr los. Jeden Abend nahm sie mich mit, um eine neue Punk-Band im Max's Kansas City oder dem CBGB zu sehen. Dann sagte sie immer: „Das ist der Sound, den wir auf deiner neuen Platte hören wollen.“ Ich versuchte diese oder jene Band zu mögen, doch ehrlich gesagt, konnte ich keine von ihnen ab. Das Ganze erinnerte mich an Heavy Metal. Die Texte ergaben für mich keinen Sinn, und die Melodien gingen in dem ganzen Krach unter. Ich versuchte Genya meine Meinung mitzuteilen, doch sie lachte einfach.

„Na los, Ronnie, mach dich locker. Lass dir mal Achselhaare wachsen.“ Dann deutete sie auf die Leute im Raum. „Das sind die plattenkaufenden Kids. Die müssen wir erreichen.“

Ich schaute mich um, doch alles, was ich sah, waren einige zugeknallte Jugendliche mit blau-gelben Spikes als Frisur. „Ich weiß nicht, Genya“, antwortete ich skeptisch.

„Mach dir keine Sorgen“, bestand sie auf ihrer Meinung. „Warte, bis wir ins Studio gehen. Du wirst es sehen.“

Als wir schließlich zur Produktion von *Siren* in den Electric Lady Studios angelangten, hatte Genya all diese New-Wave-Typen zusammengetrommelt, die – was ich zugeben musste – verdammt viel Energie hatten. Sie verliehen der Musik eine härtere Note, als ich es eigentlich gewohnt war, doch das half, denn es inspirierte mich dazu, beim Gesang total aus mir rauszugehen. Wenn ich einen Song wirklich fühle, kann mich das sexuell erregen und bei den Aufnahmen zu *Siren* wurde ich richtig scharf. Ich mochte es natürlich, wenn Jonathan im Studio vorbeischaute, da ich ihn in die nächstgelegene dunkle Ecke zerren konnte, wo er mir ein wenig der Hitze nahm.

Genya war eine starke Produzentin, die wusste, was sie wollte, ähnlich wie Phil. Unglücklicherweise war das nicht die einzige Gemeinsamkeit der beiden, denn sie hatte eine obsessive Persönlichkeit und führte sich als Kontroll-Freak auf. Es gab Zeiten, in denen sie mein Leben außerhalb des Studios so bestimmen wollte wie in der Tonschmiede. Nach dem Beginn der Arbeit an dem Album schaltete Genya sogar Marcia Knight ein, damit sie ein Auge auf mich warf.

„Ich kenne Ronnie“, berichtete sie Marcia. „Du musst sie ständig im Auge behalten. Du musst alles beobachten, was sie gerade anstellt.“

Merkwürdigerweise verpasste ich keine einzige Session mit Genya. Und ich erschien bei jeder knochentrocken. Marcia und ich mögen hier und da einen Joint gequalmt haben, doch verglichen mit den ganzen Punks wirkten wir wie brave Schulmädchen. Manchmal saßen wir im Schneidersitz auf dem Boden, während Genya sich mit den stachelhaarigen Musikern vor unseren Augen Lines von Kokain zog.

Mich ermüdeten Genyas schräge Ansprüche so sehr, dass ich heilfroh war, sie nach Fertigstellung des Albums los zu sein. *Siren* war nicht sonderlich erfolgreich, doch auf diese Erfahrung zurückblickend, überrascht mich das nicht. Genya versuchte mich in eine Punk-Sängerin zu verwandeln, was ich nun mal nicht bin. Wenn ich etwas im Laufe der Jahre lernte, war es die Erfahrung des Phänomens, dass man in dem Moment zum Scheitern verdammt ist, wenn jemand dich zu verändern versucht, wenn jemand einen anderen Menschen aus dir machen will. Zumindest bezieht sich das auf die Musik.

Die Produktion von *Siren* half mir in professioneller Hinsicht nicht weiter und auch das häusliche Leben ähnelte keinem Picknick. Wenn ich um 4 Uhr morgens aus dem Studio kam, hätte ich am liebsten bis Mittag geschlafen. Doch das lief nicht. Ich war jetzt eine Mum. Und so stand ich drei Stunden später auf, um meinem Sohn Sandwiches zu schmieren. Mich überkam das Gefühl, langsam auszubrennen. Ich erkannte, wie schwierig die Erziehung eines elfjährigen Jungen sein konnte, besonders eines Jungen, der Phil Spector als Vorbild gehabt hatte.

Ich konnte kaum glauben, wie sehr Donté nach seinem Vater kam. Er versuchte sogar die anderen Kinder zu bestechen, damit sie seine Freunde wurden. Ich erfuhr davon, nachdem seine Lehrerin angerufen hatte, um sich zu beschweren, dass ich meinem Sohn zu viel Taschengeld gab. Dann beschrieb sie, wie Donté eine große Tüte Lutscher kaufte und das Süßzeug all den Kids in der Schule im Austausch gegen ihre Freundschaft schenkte. „Donté fühlt sich in dem Moment wie ein beliebter Schüler", erläuterte sie, „und dann hat er keine Süßigkeiten mehr."

Wenn ich den Versuch unternahm, mich mit Donté über solche Themen zu unterhalten, verschränkte er die Arme vor seinem Körper und starrte in die Ferne. Er konnte so launisch und dickköpfig wie Phil sein. Und das hielt einige Tage an. Marcia und ich nahmen ihn mit ins Kino oder raus nach Coney Island mit Jonathan, hoffend, dass sich seine Stimmung aufhellt, doch wenn Donté in einer seiner Launen steckte, brachte ihn gar nichts zum Lächeln. Damals erkannte ich, wie destruktiv Phils Einfluss auf meinen Sohn gewesen war.

Das Ganze lief außer Kontrolle, als ich ihn zu einem meiner Auftritte mitnahm. Nach dem Start von *Siren* hatte mir Jonathan dabei geholfen, eine Band zusammen zu stellen und einige Club-Termine in der Stadt zu organisieren. In der Nacht, in der Donté kam, um einen Gig zu sehen, trat ich im Ritz auf.

Ich konnte es kaum erwarten, meinem Kind zu zeigen, womit seine Mum ihr Geld verdiente, und so setzte ich ihn mit Marcia an einen Tisch in der ersten Reihe. Mitten in der ersten Nummer schaute ich zu Donté runter. Ich wollte wissen, wie ihm die Show gefiel. Doch er sah mich nicht mal an. Stattdessen saß er zurückgelehnt auf seinem Stuhl und starrte regungslos ins Nichts. Die Menge amüsierte sich und johlte, doch ich sah nur meinen schmollenden Sohn. Nach dem Auftritt war meine Garderobe gerammelt voll, doch ich konnte Donté nirgendwo finden. Ich kochte beinahe über, als ich endlich Marcia antraf. „Wo ist Donté?“, fragte ich energisch, sie am Arm packend.

Sie begann zu antworten, aber wegen des Lärms im Raum verstand ich kaum, was sie sagte. Schließlich deutete sie auf das andere Ende der Garderobe. Ich schaute rüber und sah Donté in einer Ecke stehen, die Arme vor der Brust verschränkt und mich angeekelt anstarrend.

Ich quetschte mich durch die Menge, mich fragend, was denn nicht stimme: „Mochtest du die Show nicht?“

„Ich hasste sie.“

„Was?“ Ich fühlte mich, als hätte mir jemand eine Ohrfeige verpasst.

„Das war widerlich, die Art wie dich die Männer angafften. Und du standest da oben und hast so getan, als hätte es dir gefallen.“

„Aber ich mag das“, versuchte ich ihm zu erklären. „Donté, ich trete auf. Die Leute geben Geld dafür aus, mich singen und tanzen zu sehen. Damit verdiene ich unseren Lebensunterhalt.“

„Hey, und musst du diese Geräusche von dir geben?“

„Was denn für Geräusche?“

„Du weißt doch – ‚uh, uh, ooh, ooh, baby'. Diese Geräusche."

„Diese Geräusche gehören aber zum Auftritt."

„Ich hasse das!", schnauzte er. Dann verschränkte Donté wieder seine Arme und weigerte sich, auch nur ein Sterbenswörtchen über die Lippen zu bringen.

Mir blieb die Spucke weg. Ich verstand, dass ein Sohn seine Mutter nur für sich allein haben wollte. Doch das hier war lächerlich, und ich wusste nicht, wie ich mich verhalten sollte. Mein eigener Sohn ertrug es nicht, mir dabei zuzusehen, wie ich der einzigen Tätigkeit auf der ganzen Welt nachging, die ich wirklich liebte. Das war zu viel. Danach zerbrach unsere Beziehung. Donté wurde zunehmend starrköpfig, bis er schließlich auf nichts mehr hörte, was ich sagte. Unsere schlimmste Auseinandersetzung fand Halloween 1980 statt.

Donté kam aus der Schule, voller Vorfreude, dass einer seiner Kumpels ihn zu einer Kostümparty an dem Abend eingeladen hatte. Ich wollte zu einer Probe, woraufhin ich ihm sagte, dass er zuhause bleiben musste. Das mochte er überhaupt nicht. Er stürmte in sein Zimmer und knallte die Tür hinter sich zu.

An dem Tag war meine Mutter da, und ich drehte mich kopfschüttelnd zu ihr. Ich glaubte, nun wäre endlich Schluss, doch hatte mich geirrt. Nach ungefähr 20 Minuten kam Donté aus seinem Zimmer, mit einem Laken über seinem Kopf, die Hände und Füße mit weißem Puder bedeckt.

„Und was soll das sein?", fragte ich ihn.

„Ein Geist", antwortete er. „Das ist mein Kostüm für die Party."

Nun war *ich* an der Reihe auszuklinken. „Wenn du willst, kannst du hier als Geist verkleidet herumschleichen", erklärte ich. „Aber du wirst heute Abend zu keiner Party gehen!"

Er sagte kein Wort, doch drehte sich um und warf mir einen Blick zu, der an Bosheit nicht zu übertreffen war. Dann versuchte er wieder mir die Tür vor der Nase zuzuschlagen. Es war eine dieser Türen mit vielen kleinen Glasfensterchen. Während ich sie aufhielt, sah ich seinen Blick durch eine Scheibe. „Schlag mir nicht die Tür zu. Ich bin deine Mutter!"

Aber Donté hatte einen Wutanfall, und es war viel zu spät, ihn aufzuhalten. Er holte mit einem Fuß weit aus, trat mit voller Wucht und zerschmetterte eine Scheibe, die in ungefähr zehn einzelne Scherben zerbarst. Eine davon erwischte mich am Bein und am Knöchel und hinterließ eine klaffende Wunde. Ich hielt meinen Fuß voller Schmerzen und fiel zu Boden. Dann kam Mum in den Flur gerannt, um zu sehen, was geschehen war, doch mittlerweile spritzte das Blut in alle Richtungen. Ich schaute hoch und sah Donté, der mich mit offenem Mund anstarrte.

„Oma", meinte er verwirrt zu meiner Mutter, „ich glaube, sie ist wirklich verletzt." Ich werde niemals die Panik in seiner Stimme vergessen. Er erlebte, dass ich nicht unzerstörbar war und das verursachte einen Schock. „Es tut mir leid, Mum", stotterte er. „Es tut mir so leid."

Ich verband mein Bein und ging zur Probe. Als ich dort angelangte, war Jonathan schon da. Ein Blick auf die Wunde reichte aus, und er kutschierte mich direkt ins Krankenhaus. Und das war auch gut so! Der Schnitt war so tief, dass die Chirurgen eine Notfall-Gewebeverpflanzung vornehmen mussten. Sonst hätte ich mich mein ganzes Leben lang mit einer unschönen Narbe am Beim herumplagen müssen.

Ich dankte Gott für Jonathan. Für mich stellte er eine Quelle der Kraft dar – persönlich und professionell. Ich hätte nicht gewusst, was aus mir geworden wäre, hätte er nicht die Managerrolle übernommen. Er behandelte mich immer gut. Bevor wir einen Auftritt spielten, stand Jonathan mitten auf der Bühne und wies die Musiker und Lichttechniker um sich herum an. Ich schaute ihm gerne dabei zu. Er war für mich wie ein Fels in der Brandung dieses Chaos.

Jon gehörte zu den Gründen, warum ich das Trinken bei der Arbeit aufgab. Das letzte Mal, dass ich mich vor einem Gig betrunken hatte, war zugleich einer der ersten Auftritte, bei denen er mich als Manager betreute. Als ich auf die Bühne musste, war ich sturzhagelvoll und lallte den Text zu „It's A Heartache", ohne zu wissen, wohin es gerade ging. Ich war verloren und spürte es. Ich blickte von der

Bühne runter und sah Jonathan. Er stand einfach da, mit dem wohl am meisten verzweifelten Blick, den ich jemals sah.

Das berührte mich ungemein. Ich habe noch nie etwas so bereut, wie die Trinkerei an diesem Abend. Jon hatte sich die Mühe gemacht, all die Hotels und Proberäume für mich zu organisieren, und ich ging einfach auf die Bühne und vermasselte alles. Doch Jon schrie mich nicht an. Er schüttelte zutiefst enttäuscht den Kopf und machte sich an die Pläne für den nächsten Auftritt.

Ich war es so sehr gewohnt, dass die Typen mich verließen, dass ich gar nicht wusste, wie ich mit Jonathan umgehen sollte, der zu mir hielt und blieb. Das beeindruckte mich immens. Mir wurde klar, dass ich ernsthafter und seriöser werden musste, um ihn bei mir zu halten. In dieser Nacht – als ich im Bett lag – schwor ich mir in aller Stille, nie wieder betrunken oder stoned auf die Bühne zu gehen.

Zwar wurde meine Beziehung zu Jon von Tag zu Tag besser, doch mein Umgang mit Donté verschlechterte sich zunehmend. Ich wusste, dass er in New York unglücklich war. Als er mich fragte, ob er eine Woche in Kalifornien verbringen könne, war ich voll und ganz dafür.

Er sollte bei einem Freund in Los Angeles wohnen, einem Jungen namens Jerry Goodman. Ich spürte die Nervosität in mir aufsteigen, Donté in eine Stadt zu lassen, die Phils Territorium war, und so gab ich Jerrys Mutter strikte Anweisungen, ihn nicht in seine Nähe zu lassen. Dann brachte ich Donté zum Flughafen und gab ihm einen Kuss.

„Hier ist noch etwas Geld“, sagte ich und steckte ihm drei 100-Dollarscheine in die Innentasche seiner Jacke. „Aber gib es nicht aus!“, erklärte ich. „Überreich das Geld Mrs. Goodman. Sie wird dir damit nächste Woche dein Rückflug-Ticket kaufen. Hast du das verstanden?“

„Yeah“, entgegnete er genervt und verdrehte seine Augen wie es alle 12-jährigen Jungen machen.

„Pass aber da gut auf dich auf“, meinte ich. „Und ruf deine Mami jeden Tag an.“ Tränen begannen aus meinen Augen zu laufen, und ich ließ ihn ziehen. Er ging schnurstracks zur Kontrolle und gab der

Mitarbeiterin sein Ticket, wie ein kleiner, fast erwachsener Mann. Dann rannte ich zum Fenster des Terminals und beobachtete ihn dabei, wie er die Treppe zu seinem Jet hinaufeilte. Er ging direkt in den Flieger, ohne sich nur einmal umzuschauen oder zu winken. Das tat weh. Doch es war nur ein kleiner Schmerz, verglichen mit dem, was die Zukunft für mich bereithielt.

Donté rief mich nicht am nächsten Tag an, was ich merkwürdig fand. Daraufhin setzte ich mich mit Mrs. Goodman in Verbindung, um zu erfahren, was er denn so trieb. Als sie den Anruf entgegennahm, klang sie kalt und distanziert, so als wolle sie nicht mit mir reden. „Oh, äh, hi", stammelte sie. „Äh … Donté ist nicht hier."

„Ach!", stieß ich hörbar die Luft aus. „Ich wollte mich eigentlich nur erkundigen, ob Sie ihm bereits das Rückflug-Ticket gekauft haben."

„Äh … tja", druckste sie weiter. „Noch nicht." Es entstand eine lange Pause. Nach wenigen Sekunden wurde ich fuchsteufelswild. „Hey, stimmt da was nicht? Wo ist Donté?"

„Tja", antwortete sie und suchte dabei nach möglichst schonenden Worten. „Ich habe lange darüber nachgedacht und wenn man seine Gefühle berücksichtigt –"

Die Anspannung hätte mich fast umgebracht. Ich schnitt ihr die Worte ab. „Wovon reden Sie überhaupt? Wo ist mein Sohn?"

„Er ist bei seiner Großmutter."

„Was?", schrie ich entsetzt. „Meine Mutter lebt doch in New York."

„Nicht Ihre Mutter. Er ist bei Phils Mutter."

„Bertha?" meinte ich ungläubig. „Was zum Teufel macht er denn da?"

„Nun …", sagte sie zögerlich. „Unter den Umständen wusste ich nicht, wohin ich ihn sonst schicken sollte."

„Was für Umstände?", verlangte ich zu wissen. „Und wann will er wieder zurückkommen?"

„Er will nicht zurück, niemals", erklärte sie. „Und mal geradeheraus gesagt – nach dem, was er mir erzählt hat, kann ich es ihm nicht verübeln."

Als ich das vernommen hatte, stand ich unter Schock. Mir wurde schwindelig und ich hörte ein Klingeln in den Ohren. Ich legte den Hörer einige Sekunden zur Seite, um meine wirren Gedanken zu sammeln, doch ich verstand es einfach nicht.

Mrs. Goodman redete weiter, doch je mehr sie sagte, desto schlimmer wurde es. Sie erzählte, Donté habe am ersten Tag in Kalifornien Phils Mutter angerufen und ihr erklärt, ich sei eine Alkoholikerin, dass er nie wüsste, was ich von der einen auf die nächste Sekunde machen würde und dass er sich davor fürchtete, zu mir zurückzukehren. Und so tauchte Bertha auf, um ihn mitzunehmen. Er würde nun bei ihr leben.

„Es tut mir leid, dass alles auf diese Art ablief", meinte Mrs. Goodman einlenkend. „Aber ich denke, es ist für alle das Beste ...". Ich weiß nicht, was sie danach sagte, denn ich ließ den Hörer fallen und ging in mein Schlafzimmer.

Dort setzte ich mich aufs Bett und versuchte zu weinen, aber die Tränen kamen nicht. Ich stand immer noch unter Schock. „Wow!", keuchte ich. „Das ist es also gewesen. Ich hatte meine Chance, eine Mutter zu sein, doch auch die habe ich vermasselt."

Der Schmerz durchflutete mich erst zwei Stunden später, um ungefähr 22 Uhr. Und dann war es schlimm – sehr schlimm. Ich begann zu weinen und konnte nicht aufhören. Mich überkam Übelkeit und ich musste mich eine halbe Stunde lang übergeben. Danach wankte ich wie ein Zombie zurück zu meinem Bett und zog mir die Decke über den Kopf. Ich habe immer geglaubt, schon einiges an schlimmen Dingen erlebt zu haben, aber es gibt wohl nichts, dass dich darauf vorbereitet, wenn dir dein Kind den Rücken zukehrt.

25

Ganz unten

Da ich bereits meinen gesamten Magen entleert hatte, konnte es doch nicht schaden, mich volllaufen zu lassen, oder? Das einzige härtere Zeug im Haus war eine von Marcia mitgebrachte Flasche Courvoisier-Cognac, gedacht als Zutat für Crêpes. Allerdings kamen wir nie zum Backen, und so war die Flasche noch voll. Doch das sollte nicht lange so bleiben.

Ich lag im Bett und trank den Cognac fast die ganze Nacht. „Warum jetzt aufhören?", dachte ich. „Ich kann ruhig weitertrinken, bis ich bewusstlos bin oder tot." In dem Augenblick wusste ich nicht, was besser war.

Nein, das muss ich zurücknehmen. Hätte man mir die Wahl gelassen, hätte ich den Tod vorgezogen. Ein Großteil meines Selbstwertgefühls wurzelte in der Rolle einer Mum, und da Donté mich verlassen hatte, musste ich zwangsläufig die schlechteste Mutter auf der ganzen Welt sein. Ich war davon überzeugt, dass Gott meinen Tod wollte, doch wusste nicht warum. Nachdem ich ungefähr die halbe Flasche geleert hatte, fand ich es leicht, mich direkt mit ihm zu unterhalten.

„Hey, Gott", schrie ich in Richtung eines Risses an der Decke. „Was habe ich falsch gemacht? Hääh? Bin ich wirklich der schrecklichste Mensch auf der ganzen Welt?"

Ich stoppte und schaute mich ernsthaft auf eine Reaktion wartend im Zimmer um. Ich hörte nichts, was aber noch lange nicht bedeutet, dass ich keine Antwort bekam. Hätte nicht jemand – oder etwas – in dieser Nacht über mich gewacht, wäre ich heute nicht in der Lage, diese Zeilen zu Papier zu bringen.

Kurz nach meiner Konversation mit Gott wurde ich so schläfrig, dass ich die Flasche neben mein Kissen stellte und versuchte, für wenigstens eine Minute zu dösen. Wenige Sekunden später schreckte ich auf. Ich spürte etwas Nasses am Hinterkopf, als läge ich im Wasser. Überall nahm ich den Geruch von Alkohol wahr. Schnell setzte ich mich kerzengerade auf. Ich sah, dass die Flasche Cognac direkt neben meinem Kissen umgefallen war. Ich versuchte noch schnell die Flasche zu packen, bevor sie ganz auslief, aber es war schon zu spät. Wütend schleuderte ich sie auf den Boden und verfluchte mich wegen meiner Dämlichkeit.

Verdammt! Für einen weiteren Drink hätte ich töten können! In der Flasche fand sich nicht mehr das geringste Tröpfchen, aber stattdessen waren meine Haare vollkommen durchnässt und verklebt. Als ich es langsam kapierte, dass ich keinen weiteren Drink haben konnte, nahm ich mir stattdessen eine Marlboro. Tja, jeder, der auch nur einen Hauch über Alkohol weiß, wird erklären können, dass das Anzünden einer Zigarette wohl eine der dümmsten Aktionen war, die ich bringen konnte. Doch ich wusste nicht, dass Cognac so schnell brennt wie Benzin. Bedenkt man den von mir auf dem Bett ausgeschütteten Alkohol, hätte ich mich auch gleich auf einen Molotow-Cocktail setzen können. Zieht man in Betracht, was hätte geschehen können, verlief alles recht glimpflich.

Da ich so zitterte, hielt ich das Feuerzeug mit beiden Händen, um mir die Kippe anzuzünden. Ich war so betrunken, dass ich das Ding mindestens fünf Mal anschnipsen musste, bevor der Funken das Gas entzündete. Doch auch nach all dem fing der Cognac kein Feuer. Noch nicht!

Nachdem ich die Zigarette endlich angezündet hatte, lehnte ich mich zurück und nahm einen netten, langen Zug. Das Letzte, an das ich mich erinnere, war die Spitze der Marlboro, die im knalligen Orange leuchtete. Dann muss ich wohl die noch glimmende Asche auf das Bett geschnipst haben, wodurch sich der Cognac entzündete. Als Nächstes spürte ich Flammen an meinem Hinterkopf und roch den übelkeitserregenden Gestank von verbranntem Haar.

Ich schrie. Ich musste nur noch an das Bild in der *Life* denken, das diesen buddhistischen Mönch zeigte, der sich in Vietnam als Protest gegen den Krieg verbrannt hatte. Ich war sicher, dass ich auch so brennen würde. Doch dann geschah das Unfassbare.

Das Feuer ging plötzlich aus.

Alles war so schnell zu Ende, wie es angefangen hatte. Das Ganze dauerte nicht länger als wenige Sekunden. Doch als ich mich zum Badezimmerspiegel schleppte, entdeckte ich voller Entsetzen, welchen Schaden ein Feuer in nur wenigen Sekunden anrichten konnte.

Meine Haare – seit meinen Teenagerjahren immer mindestens 50 Zentimeter lang – waren verschwunden. An einigen Stellen waren sie bis zur Kopfhaut abgesengt, und wo noch kleine Büschel hingen, waren diese nicht länger als vielleicht 15 Zentimeter. Schrecklich! Mein ganzer Kopf war ein großes, heilloses Durcheinander. Ich sah wie eine Puppe aus, nach dem Versuch, sie in der Badewanne zu shampoonieren.

Ich fühlte mich wie am Boden zerstört. Mein Haar zu verlieren, glich einem symbolischen Akt. Meine langen, sexy Haare waren der letzte Stolz, der in meinem Leben übriggebelieben war. Auch nachdem ich meinen Mann, meinen Sohn und meine Gesangskarriere verloren hatte, blieben mir immer noch meine wunderschönen dicken, Ronettes-Haare. Doch nun hatte ich sie nicht mehr. Verbrannt – alles verbrannt.

Ich mühte mich in das Badezimmer und erbrach einen Teil des Cognacs, bevor ich in Dontés Zimmer stolperte und mich in sein leeres Bett legte. Dann zog ich die kratzige Tagesdecke aus Wolle über meinen verunstalteten Kopf und schlief ein.

Als meine Mutter am nächsten Morgen reinkam, fand sie mich unter der Decke versteckt in Dontés Zimmer. „Ronnie? Was machst du denn in dem Bett?“, fragte sie erstaunt. Und was hast du mit deinem Zimmer angestellt? Das ist ja ein totales Durcheinander.“

„Geh weg, Mutter", krächzte ich, immer noch unter der Decke versteckt. „Ich will einfach nur noch sterben."

„Warum verkriechst du dich denn da?", verlangte sie zu wissen. Dann beugte sie sich runter und riss die Decke mit einem kräftigen Zug von meinem Kopf weg. „Oh, mein Gott, Ronnie!", keuchte sie. „Nun hast du es wirklich geschafft."

Ich versuchte den Kopf mit beiden Händen zu bedecken, doch es war sinnlos, etwas zu verbergen. Plötzlich fühlte ich mich völlig nackt und begann hysterisch zu weinen. „Oh, Mum! Ich habe meine Haare selbst verbrannt. Was soll ich jetzt nur machen?"

Dafür hatte meine Mutter natürlich auch keine Antwort parat, aber sie wusste, was sie nun unternehmen würde. Sie zog direkt ins Haus und begann damit, mich zu umsorgen – was wohl das Schlimmste war, was sie machen konnte. Was ich wollte – und brauchte – war meine Unabhängigkeit, doch indem sie mir Schwarzaugenbohnen und Bratfisch zubereitete, gab sie mir das Gefühl, ich sei gerade erst vier Jahre alt.

Eigentlich wollte ich so lange unter der Decke bleiben, bis meine Haare nachgewachsen waren oder ich das Zeitliche gesegnet hatte. Mir war es egal, was zuerst passierte. Und so blieb ich eine ganze Woche lang in diesem Bett. Ich erkannte keinen Sinn darin, jetzt aufzustehen. Was hätte das denn gebracht? Ich hatte mir bereits die Haare vom Kopf gekokelt und war nicht in der Stimmung herauszufinden, was mich noch Schlimmeres außerhalb dieser Tür erwartet.

In Wahrheit gab es nichts „Schlimmeres", das auf mich wartete. Mir war nichts mehr geblieben. Hier lag ich, im Bett meines Sohnes, ohne einen Ehemann, ohne eine Karriere, ohne ein Baby und ohne Haare, während meine Mutter mir Bratfisch und Schwarzaugenbohnen auftischte. Damals konnte ich es nicht sehen, aber ich war so tief gesunken, wie es nur möglich gewesen war. Es gab nichts mehr – außer den Weg nach vorne und nach oben.

Jonathan half mir dabei, das alles zu verstehen. Ich freute mich wahnsinnig, als Mum ins Zimmer kam und mir von seinem Anruf berichtete. Dann setzte ich mich im Bett auf und wartete auf seine

Ankunft. Ich hatte eine von Dontés Winterkappen aus einem Stapel herausgezogen, um den Kopf zu bedecken. Zusätzlich ließ ich es so dunkel im Raum, dass Jon mich nicht sehen konnte, auch wenn er es gewollt hätte. Da sich meine Augen an die Dunkelheit gewöhnt hatten, konnte ich ihn aber perfekt erkennen.

Als Jonathan hereinkam, sprang ich zu ihm und zog ihn an mich. „Gottseidank, Gottseidank, Gottseidank", freute ich mich unter Tränen. „Ich bin so froh, dich zu sehen! Donté ist gegangen und ich weiß nicht, was ich tun soll." Jonathan hatte immer Antworten parat. Natürlich würde er mir jetzt sagen, was ich machen solle, so wie immer. Doch dieses Mal überraschte er mich.

„Ich liebe dich, Ronnie. Doch jetzt und in dieser Angelegenheit kann ich dir nicht dein Händchen halten", erklärte er. Ich war sprachlos.

„Was? Warum nicht? Was ist denn los?"

„Ich werde einige Tage verreisen", entgegnete er. „Nach Vermont."

„Vermont! Aber du darfst mich nicht allein lassen. Das geht nicht."

Ich war so aufgebracht, dass ich versuchte seine Schultern zu packen und ihn festzuhalten. Doch er zog sich zurück und setzte sich ans Fußende des Betts. „Ich will für dich da sein", sagte er mit einer sehr ruhigen Stimme. „Aber du musst dich selbst aus diesem Wirrwarr befreien."

„Das kann ich nicht allein, Jon", meinte ich panisch. „Ich brauche Hilfe."

„Nein!", antwortete er laut und mit Vehemenz. „Du brauchst keine Hilfe." Dann hielt er eine Sekunde lang inne und sprach mit einer sanften Stimme weiter. „Die Leute haben dir in deinem Leben ständig geholfen. Zuerst waren es dein Vater und deine Mutter. Dann half dir deine Oma. Und deine Onkel und Tanten. Und dann Phil Spector bei der Musik. All diese Menschen machten nichts anderes, als dir zu helfen. Und wohin hat es dich gebracht? Du bist 37 Jahre alt und liegst wie paralysiert im Bett deines Sohns – völlig hilflos. Und jetzt willst du, dass ich dir helfe? Nun, das kann ich nicht. Du musst das alles selbst durchstehen."

Ich konnte nicht verstehen, dass ein Mann, der mich liebte, auf so eine Art mit mir redete. Hätte das eine andere Person gesagt, hätte ich vermutlich die Decke über den Kopf gezogen und sie rausgeschmissen. Ich blickte Jon an und sah, wie schwierig es für ihn gewesen war, mir all diese Dinge zu sagen, die mich möglicherweise verletzten. Dann realisierte ich, dass er so offen und ehrlich mit mir redete, gerade weil er mich liebte.

„Das ist hier aber etwas Anderes", lenkte ich ein. „Das wäre alles nicht geschehen, wenn Donté mich nicht verlassen hätte."

„Aber es ist passiert", meinte er. „Und nun kann keiner kommen, um dich zu retten. Kein Donté. Kein Phil, nicht mal ich. Du musst das machen, Honey, und zwar ganz allein."

„Aber warum passiert mir immer dieser Scheiß? Warum hasst mich Gott?"

„Gott hasst dich nicht, Ronnie", meinte Jon. „Er liebt dich. Darum ließ er das hier geschehen. Das ist Schicksal. Es ist alles ein Teil seines Weges."

„Meine Haare zu verbrennen, war also Schicksal?"

„Vielleicht?", entgegnete er. „Ich werd' dir mal was erzählen. Am selben Tag, an dem du dir die Haare weggebrannt hast, telefonierte ich mit Allan Pepper vom Bottom Line. Er fragte mich, ob du am 17. und 18. April als Headliner im Club auftreten könntest. Und ich sagte ja. Weißt du, was das bedeutet?"

Natürlich wusste ich, was das bedeutete. Das Bottom Line war einer der prestigeträchtigsten Nachtclubs in New York, in denen man auftreten konnte. „Das heißt, man gibt mir eine zweite Chance."

„Genau! Das ist Schicksal, und erzähl mir bloß nichts anderes." Dann machte er sich zum Gehen bereit. „Ich werde jetzt fahren, Ronnie. Ich bin in einigen Tagen zurück." Er ging zur Tür, doch bevor er mich zurückließ, drehte er sich noch einmal um: „Hey, Ronnie … versprich mir, dass du überleben wirst."

„Was?"

„Ich weiß, dass du diese Sache hier überstehst. Aber ich will, dass du es sagst. Na los, sag mir, dass du überleben wirst."

Ehrlich gesagt wusste ich nicht, wie ich die nächsten Tage ohne ihn überstehen sollte, doch irgendetwas brachte mich dazu, ihm die Worte zu sagen, die er hören wollte. „Okay, Jon. Ich werde überleben."

„Das ist meine Ronnie", freute er sich. „Ich sehe dich in ein paar Tagen."

Jonathan verließ das Zimmer, doch aus irgendeinem Grund fühlte ich mich nicht allein. Etwas war während unseres kurzen Gesprächs geschehen. Ich hatte den Eindruck, als sei mein ganzes Leben von einem klaren weißen Licht erhellt worden. In dem Augenblick verstand ich alles.

Gott hatte mir nicht den Rücken zugekehrt. Der Unfall war ein Weg gewesen, um mir zu zeigen, dass ich nicht hilflos war. Ich glaubte, dass ich alles verloren hätte, doch ich hatte die Chance erhalten neu anzufangen – und zwar mit einer weißen Weste. Gott ließ mich meine Haare verbrennen, um mir zu lehren, dass alles wieder nachwächst, wieder von Neuem beginnen kann.

Ich kletterte aus dem Bett und setzte mich vor den großen Kommodenspiegel. Dann setzte ich die Kappe meines Sohnes ab und begann das Wirrwarr auf meinem Kopf zu kämmen. Eine Comeback-Show war geplant – in weniger als sechs Wochen – und ich wusste, dass es viel Arbeit werden würde, mich bis dahin wieder aufzubauen. Aber ich zeigte mich fest entschlossen, wieder auf die Bühne zu klettern. Ich musste es schaffen. Es war doch das Bottom Line, und das bedeutete in vielerlei Hinsicht eine Menge.

Der Auftritt am 17. April 1981 im Bottom Line stellte für mich einen Wendepunkt dar. Ich werde diese Nacht niemals vergessen. Im Studio hatte ich bereits vier oder fünf Songs für *Siren* eingespielt, alles Hochenergie-Nummern, die das Publikum auf die Füße brachte. Dann machte sich die Band an „(The Best Part Of) Breakin' Up". Ich hatte diesen Song schon tausend Mal gesungen, doch aus irgendeinem Grund musste ich bei der Performance an dem Abend an Donté denken. Mitten in dem Stück begann ich zu weinen. Als ich es beendet hatte, war ich solch ein Wrack, dass ich mich dem Publikum zuwandte, um meine Tränen zu erklären.

„Es tut mir leid", sniefte ich. „Das ist eigentlich ein fröhlicher Song. Doch – äh – vor ungefähr zwei Monaten ist etwas passiert, was mich verstehen ließ, dass es nicht nur Freunde oder Ehemänner sind, die dir das Herz brechen können. Und so widme ich den Song meinem Sohn Donté. Wo auch immer du bist, Donté, ich will dich wissen lassen, dass der beste Teil einer Trennung der ist, der wieder zur Versöhnung führt."

Der Saal war so leise, dass man den draußen vorbeifahrenden Verkehr hörte. „Oh, Mann", seufzte ich. „Hattet ihr jemals das Gefühl, ganz dringend einen Drink zu brauchen?"

Das wurde mit ein bisschen Lachen honoriert. Ein Typ an einem der vorderen Tische machte sich sogar die Mühe mir sein Martini-Glas mit Wodka hoch zu reichen. Ich nahm das Glas und hielt es in den Scheinwerfer. „Noch vor wenigen Wochen hatte ich fest geglaubt, dass die Antwort auf alle Fragen tief unten im Glas liegt. Doch das stimmt nicht. Nicht heute!" Dann gab ich dem Mann den Drink zurück und überall brach tosender Applaus aus.

Zu hören, wie mich das Publikum unterstützte, wies mir einen neuen Weg. „Hey, ihr seid die Besten", lobte ich sie. „Ich würde am liebsten Jedem von euch einen großen, dicken Kuss geben, kann es aber nicht. So – ich werde mir jetzt einen von euch aussuchen und dieser Kuss ist an alle gerichtet. Freiwillige vor!" Keiner wollte den ersten Schritt wagen und so ergänzte ich: „Frau oder Mann, mir ist es egal. Jemand bekommt heute noch einen Kuss."

Dann hörte ich eine Stimme vom anderen Ende des Saals. „Ich will den Kuss", meinte er. Ich sah nicht, wer es war, aber hörte, wie das Publikum ihm applaudierte. „Na los, dann komm schon hoch", forderte ich ihn auf.

„Ich weiß nicht, ob ich da hoch kommen kann", antwortete er. Ich konnte mir nicht erklären, warum er nicht in einem Höllentempo zur Bühne rannte und schaute näher hin. Es war ein gutaussehender, junger Mann, und ich bin mir sicher, dass er in zwei Sekunden auf die Bühne gesprungen wäre, hätte er nicht an einer Seite eines langen Tisches festgesteckt – in einem Rollstuhl.

„Tja“, lachte ich mitfühlend. „Dann warte mal dort. Ich komme zu dir!“

Dann sprang ich von der Bühne – mit meinen Stiefeln mit Stachelnieten und einem Teenager-Minikleid – direkt auf den langen Tisch. Den Weg überstanden, stand ich direkt vor ihm und er wartete bereits.

„Hiya, großer Junge“, witzelte ich. Dann kletterte ich runter und beugte mich ganz nah zu ihm hinüber. Ich gab ihm einen großen Kuss. Das Publikum applaudierte wie wild. Dann kletterte ich wieder auf den Tisch und arbeitete mich zur Bühne vor. Dort angekommen, schaute ich zu ihm rüber und sah, dass er über beide Ohren strahlte. Ich fühlte mich großartig. Noch vor wenigen Minuten war er nur ein Typ in der Menge gewesen. Doch jetzt nicht mehr. Für den restlichen Abend war der Junge der King des Bottom Line.

Ich beendete den Auftritt ohne einen Ton zu vermasseln. Und ich musste jeden Song als Zugabe singen, den ich draufhatte. Erst dann ließ mich das Publikum in die Garderobe ziehen. Dort angekommen, saß Jonathan auf meinem Stuhl – mit Tränen in den Augen. Er stand auf und umarmte mich zärtlich, und ich blieb eine lange Zeit einfach stehen, eingekuschelt in seinen Armen.

Als ich mich an den Garderobentisch setzte, lächelte ich und konnte nicht mehr aufhören. Es gibt kein vergleichbares Gefühl auf dieser Welt als die Freude, vor einem applaudierenden Publikum zu stehen. „Und“, wie ich Jon in dieser Nacht erklärte, „es klingt noch liebevoller, wenn man vollkommen nüchtern ist.“

Nach dem Abend im Bottom Line hielt ich an meiner neuen Grundeinstellung fest. Ich fühlte mich so frei, als würde ich aus einem tiefen Loch klettern und zum ersten Mal seit vielen Jahren das Tageslicht sehen. Ich lächelte immer noch, als ich mich zum Spiegel drehte und begann, meine Haare zu bürsten, die tatsächlich jeden Tag ein wenig dicker und länger wurden.

26

Zwei Pfund und zweihundert Gramm

Nachdem ich Jonathan begegnet war, wurde mein Traum von einer Mutterschaft von Tag zu Tag intensiver. Klar, ich war Anfang 1982 38 Jahre alt, ein Alter, in dem sich solche Träume eigentlich in Luft auflösen. Doch irgendetwas sagte mir, den innigen Wunsch ein Kind zu bekommen, nicht aufzugeben. Noch nicht.

Ich versuchte alles, um schwanger zu werden und das bei jeder Gelegenheit. Einmal machten Jonathan und ich Liebe im Nachtzug von Chicago nach New York. Wir kamen gerade von einer Show zurück. Aus irgendeinem Grund schien das Schlafabteil der romantischste Ort auf der ganzen Welt zu sein, und ich erinnere mich noch an das Geräusch der Gleise, das im selben Rhythmus „erklingen wollte" wie Jons Bewegungen.

Klack-Klack! Klack-Klack! Klack-Klack!

Als ich spürte wie er kam, streckte ich den Arm aus und griff mir seine Eier. „Ein Mädchen!", flüsterte ich. Und dann drückte ich kurz und vorsichtig. Keine Ahnung, ob diese Art des Voodoo funktionierte, aber hey, ich war ja schon 38. Da versucht man einfach alles.

Im Frühjahr ging es wieder auf Tour, und plötzlich waren wir viel zu beschäftigt, um überhaupt an Babys zu denken. Das Thema einer Schwangerschaft tauchte erst wieder im Mai auf, als ich eine

Show beinahe absagen musste, da ich den Reißverschluss meines Kleides nicht mehr schließen konnte. Die Band wartete bereits auf der Bühne, während ich am Bühnenaufgang stand und am Reißverschluss herumriss, der an der Seite meines super-engen Minikleids verlief.

Endlich kam Jonathan panisch angelaufen. „Was ist denn los, Ronnie? Du bist dran!"

Es war mir ungeheuer peinlich. „Es tut mir leid, Jonathan. Offensichtlich krieg ich den Reißverschluss nicht zu."

„Lass mich mal versuchen", meinte er energisch. Dann zog ich alles ein, was ich hatte, inklusive der Knochen, bis Jonathan unter Schwerstarbeit das Ding zu bekam. „Wahrscheinlich solltest du die Finger von den Cheeseburgern lassen", lachte er los.

Doch ich hatte keine Cheeseburger gegessen, und das jagte mir eine Höllenangst ein. Ich hatte nur Salate zu mir genommen, meine Standard-Verpflegung auf einer Tournee. Aber als ich mich im großen Spiegel betrachtete, erkannte ich etwas, das einem kleinen Ball im Magen ähnelte.

„Oh, mein Gott", stöhnte ich auf. „Bei mir wächst ein Tumor!"

Nach so vielen Jahren, in denen ich vergeblich versuchte hatte schwanger zu werden, kam mir erst gar nicht der Gedanke, ich könnte schwanger sein. Sogar als ich zum Arzt ging, erwartete ich das Schlimmste. „Sie können offen zu mir sein, Doc", erklärte ich ihm. „Mein Leben glich einem Desaster nach dem anderen. Ich schätze mal, da kann ich ein weiteres verkraften. Ich weiß, dass es ein Tumor ist. Bitte sagen Sie mir eins: Wie lange habe ich noch zu leben?"

Der Doktor konnte nicht widerstehen und musste mich ein bisschen frotzeln. „Es sind vermutlich nur noch sieben oder acht Monate", verkündete er mit einem Lächeln. „Aber nachdem das Baby geboren wurde, wird alles wieder normal und so gut wie neu sein."

Ich setzte mich auf die Couch. „Sie meinen, ich bin schwanger?"

„Die Resultate werden erst morgen da sein", antwortete er. „Doch ich würde darauf wetten."

Ich schlief die ganze Nacht nicht. Zu der Zeit lebte ich schon mit Jonathan zusammen. Als das Telefon am nächsten Morgen klingelte, lag er schnarchend neben mir. Es war der Arzt.

„Es stimmt“, sagte er freundlich. „Sie sind schwanger.“

„Und das ist ganz sicher?“, wollte ich wissen, um allen Überraschungen vorzubeugen.

„Auf jeden Fall. Natürlich kann ich nicht garantieren, ob es ein Junge oder ein Mädchen wird, aber die Chancen stehen sehr gut, dass das eine oder andere zutrifft.“

„Eins reicht mir schon“, lachte ich. „Vielen Dank, Herr Doktor. Vielen Dank.“

„Sie müssen mir nicht danken“, meinte er mit einem fröhlichen Unterton. „Danken Sie Jonathan. Er hatte mehr damit zu tun als ich.“

Ich legte den Hörer auf und küsste Jonathan auf die Wange. „Wach auf, Daddy!“, flüsterte ich. „Du wirst ein Baby haben!“ Dann legte ich meinen Kopf wieder auf das Kissen und beobachtete wie Jonathan die Augen schlagartig öffnete.

Mein ganzes Leben veränderte sich an dem Tag, an dem ich von meiner Schwangerschaft erfuhr. Es war ein Wunder – ein Geschenk von Gott – und ich wollte es auf gar keinen Fall vermasseln. Als erstes hörte ich mit dem Trinken auf. Radikal. Es war gar nicht so schwierig, da mich das Verlangen nach Alkohol bislang immer in deprimierenden Situationen überkam. Nun fühlte ich mich glücklicher als je zuvor.

Jonathan wollte, dass ich es während der Schwangerschaft langsamer angehen ließ, doch ich empfand diese Erfahrung als so anregend, dass ich nicht darauf warten konnte, die Energie auf der Bühne rauszulassen. Schließlich schlossen wir einen Kompromiss – ich absolvierte nur die Shows, die schon vor der Schwangerschaft gebucht worden waren, wonach ich mich bis zur Geburt schonen würde.

Jonathan war unglaublich süß, während ich auf mein Kind wartete. Er schleppte jedes Buch über Geburten an. Und ich las sie von der ersten bis zur letzten Seite wie auch jeden Magazinartikel zum Thema Kinder und Geburt, den ich in die Hände bekam.

Bei der Lektüre eines medizinischen Magazins entdeckte ich zufällig einen Artikel über Frühgeburten. Dort wurde davon berichtet, dass Babys, die zwei Monate zu früh kamen, noch eine gute Chance zum Überleben hatten. Ich fand diesen Beitrag besonders interessant, da ich gerade im siebten Monat war.

„Schau dir das mal an, Jon", sagt ich ihm und deutete auf den Artikel.

„Wow", meinte er, wobei er ihn im Schnelldurchlauf überflog. Dann legte er das Magazin hin und begann zu witzeln. „Hey, wenn das stimmt, könntest du das Baby auch jetzt schon haben und alles hinter dich bringen."

„Ich weiß nicht so recht", entgegnete ich. „Ich würde lieber die kompletten neun Monate ausnutzen, wenn dir das recht ist."

„Na dann, drei Mal auf Holz geklopft", antwortete Jon. Und wir klopften zwei Mal auf den Tisch.

Offensichtlich war das zu wenig oder wir pochten nicht hart genug auf das Holz, denn in dieser Nacht malträtierten mich die schlimmsten Krämpfe meines Lebens. Ich lag zusammengekauert auf der Couch und hielt meinen Magen mit beiden Händen, doch das half nicht. Mich beschlich das Gefühl, dass etwas schnell aus meinem Körper kommen wollte und ich war mir sicher, dass es das Baby war.

„Oh, mein Gott, Jonathan", schrie ich voller Panik. Ich glaube, es kommt."

„Ich rufe den Arzt an", sagte Jon gehetzt.

Jon wählte die Nummer des Docs und redete ungefähr drei Minuten mit ihm, während ich in meinem Flanell-Nachthemd auf der Couch hin und her wippte. Alle paar Sekunden bat der Doktor Jon, mir eine Frage zu stellen.

„Er will wissen, was du heute gegessen hast, Honey", fragte mich Jon.

Ich musste kurz überlegen: „Nichts, Jon. Nur die Fertigsuppe, die du aus dem chinesischen Laden am Broadway mitgebracht hast."

„Okay". Er sprach ungefähr eine Minute mit dem Arzt, wonach er den Hörer auf die Gabel legte und sich seinen Mantel schnappte.

„Fahren wir jetzt ins Krankenhaus?", wollte ich wissen. Ich versuchte von der Couch aufzustehen und ihm zu folgen, doch dann drehte sich Jon um, und drückte mich sanft zurück.

„Nein, Honey", meinte er. „Du bleibst hier. Der Arzt meinte, dass du vermutlich nur Blähungen hast. Ich soll vom Drogisten Zäpfchen holen." Dann beugte er sich zu mir runter und gab mir einen Kuss auf die Stirn. „Egal, was du machen willst – steh nicht von der Couch auf. Ich bin ja schon in zwei Minuten wieder zurück."

Doch er war gerade erst zwei Sekunden aus dem Haus, als ich dringend aufstehen musste. Mein Magen stand kurz vor einer Explosion, und ich konnte es keine Sekunde mehr aushalten. Ich dachte, dass die chinesische Suppe endlich wieder raus wollte, und so stand ich auf und torkelte ins Badezimmer.

Ich schaffte es gerade noch zur Toilette, als etwas sehr Großes zwischen meinen Beinen hervorkam. Ich saß auf dem Toilettensitz und spreizte meine Schenkel so weit wie möglich, damit dieses Ding rauskonnte. Dann blieb es auf dem halben Weg stecken, und ich begann laut zu kreischen. Ich wusste in dem Moment gar nicht, was es war, aber ich musste es so schnell wie möglich aus meinem Körper befreien. Ich biss auf meine Lippen und presste, bis es endlich zwischen meinen Schenkeln hindurch rutschte.

Dann überkam mich die Erkenntnis wie ein Schock! Das Ding, das da gerade aus mir gekommen war, war mein Baby! Ich sprang hoch und sah wie meine Nabelschnur in der Toilettenschüssel versank. Und dann entdeckte ich die winzige Kreatur, die auf diesem schrecklichem, blutrotgefärbtem Wasser trieb. Ich sah sie nur eine Sekunde, doch es war lang genug.

„Oh, mein Gott, nein!", stieß ich kreischend aus.

Panik überkam mich. Ich wollte dort so schnell wie möglich raus und stolperte wie irre in das Schlafzimmer. Ich konnte nicht aufstehen – ich konnte mich nicht mal bewegen. Ich saß auf dem Bett und schrie mir die Lunge aus dem Hals. „Mein Gott, ich habe mein Baby getötet!"

Jon befand sich im Flur außerhalb des Apartments, als er meine Schreie hörte. Wenige Sekunden später platzte er ins Schlafzimmer, wo er mich sitzend sah, die Innenseiten meiner Beine blutverschmiert. „Ronnie!“, schrie er. „Was ist denn hier passiert?“

„Ich wusste, dass es zu schön war, um wahr zu sein“, schluchzte ich unter Tränen.

„Was?“, fuhr er mich an. „Was?“

„Das Baby“, weinte ich noch lauter. „Ich habe das Baby verloren.

„Wo ist es?“

„Im Klo!“

Die Worte waren kaum über meine Lippen gekommen, als Jon schon ins Badezimmer rannte.

Er schnappte sich das Baby aus dem Wasser und wickelte es in ein Handtuch ein. Das kleine Ding konnte kaum atmen und seine Haut hatte sich schon tiefblau verfärbt. Doch es war nur kurz im Wasser gewesen – weniger als eine Minute – sodass Jon die Hoffnung nicht aufgab.

„Mach dir keine Sorgen, Honey“, rief er, dabei das Baby in die Küche tragend. „Ich glaube, wir können es retten.“

Ich sank aufs Bett und heulte. „Wozu das alles?“, dachte ich. Gott hat es für mich nicht vorgesehen, ein Kind zu haben. Das ist seine Art, mir zu zeigen, dass ich diesen dummen Traum endgültig aufgeben soll.

Dann hörte ich Jon, der mit dem Notfallsanitäter sprach.

„Hello“, schrie er. „Meine Frau hat gerade ein Baby bekommen. Es atmet nicht. Was kann ich machen?“

„Ist da etwas, das die Nase blockiert?“, fragte der Typ.

Jon schaute runter und sah Schleim und Gewebereste in den Nasenlöchern des Babys. Er schnappte sich die Ecke eines Handtuchs und wischte damit seine Nase ab. „Okay. Was nun?“

„Versuchen Sie es mit Beten“, meinte der Sani.

Jon starrte auf das winzig kleine menschliche Wesen und wartete darauf, dass ein Wunder geschieht. Wenige Sekunden später geschah das Unfassbare.

Er spürte eine winzige Bewegung in dem Handtuch. Dann sah er, wie das Baby seinen kleinen Mund öffnete und um Luft rang. „Es atmet!“, erklärte Jon dem Mann am Telefon. „Ich glaube, es atmet.“

„Gut“, freute sich der Sanitäter. „Halten Sie das Kind warm und beten sie weiter. Der Rettungswagen wird jede Minute eintreffen.“

Dann rannte Jon durch die Schlafzimmertür. „Schau mal, Ronnie. Es atmet!“

Als ich sah, dass er das Baby in seinen Händen hielt, vergrub ich mein Gesicht in dem Kissen. „Ich will es nicht sehen“, sagte ich Jon mit brüchiger Stimme. „Bring es weg.“

„Aber Ronnie“, bestand er darauf. „Das Baby wird durchkommen.“

„Nein, es ist viel zu klein. Es wird sterben. Und ich will es nicht wieder sehen, wenn es doch stirbt.“

„Okay, Honey“, ließ er nach und wich zurück. „Aber mach dich zur Abfahrt bereit. Der Rettungswagen wird jede Sekunde eintreffen, um euch beide ins Krankenhaus zu transportieren.“

„Gut“, willigte ich ein. Ich hatte solche Angst, dass das Baby das alles nicht überlebt. Ich wollte keine Beziehung aufbauen, auch nicht die geringste. Meine innere Stimme brachte mich trotzdem dazu, Jon aufzuhalten und ihn zu fragen: „Ist es ein Junge oder ein Mädchen?“

Jon schaute runter und gab bekannt: „Das erste trifft zu. Es ist ein kleiner Junge.“

Dann hörte Jon ein Klopfen aus Richtung der Tür. „Da sind sie“, meinte er. „Komm schon, wir müssen los.“ Er rannte zur Tür, doch als er sie aufriss standen dort zwei Cops – ein Mann und eine Frau – und sie wirkten recht verblüfft. Der arme Jon sah „verboten“ aus. Auf dem ganzen Hemd, dass sich zu allem Überfluss in dem ganzen Chaos geöffnet hatte, befand sich Blut. Außerdem schwitzte er wie ein Wahnsinniger.

„Sind Sie derjenige, der Probleme mit der Atmung hat?“, erkundigte sich der Cop.

„Nein, nicht ich“, keuchte Jon und hielt dabei das Baby in dem kleinen Handtuch hoch. „Er hat Schwierigkeiten. Unser Baby.“

Die Frau nahm das Baby und erkundigte sich, ob ich mich gut genug fühle, um zu gehen. Ich zog den Gürtel meines Bademantels stramm zusammen und nickte bejahend. „Na los", drängte sie. „Wir haben keine Zeit, um auf den Rettungswagen zu warten. Wir nehmen unseren Dienstwagen."

Die Beamtin hielt immer noch das Baby, als sie sich mit Jonathan auf die Rückbank mühte, während ich neben ihrem Partner vorne Platz nahm. Als die Türen geschlossen waren, schaltete der Cop Sirene und Blaulicht an und schoss mit Vollgas in den Verkehr.

Ich befand mich immer noch in einem Schockzustand. Mich überkamen Schuldgefühle und Ängste, und niemand konnte mich davon überzeugen, dass ich das Baby nicht schon umgebracht hatte. „Mein Baby ist tot", weinte ich, dabei niemanden direkt adressierend. „Mein kleines Baby ist tot."

„Nein, er ist nicht tot", meinte die Frau. „Hören Sie mal!" Sie gab ihrem Partner ein Zeichen, die Sirene kurz abzustellen. „Hier", meinte sie beruhigend. „Hören Sie es? Es weint."

Ich hörte es. Ein winziges Stimmchen. Einen schwachen, rauen Klang, wie ein neugeborenes Kätzchen, das nach Milch krächzt. Es war so leise, dass man es so gerade eben wahrnehmen konnte. Ich hörte es.

„Gottseidank", flüsterte ich. Ich war mir immer noch nicht sicher, ob es mein Baby schaffen würde, hatte jetzt aber zumindest ein Zeichen, dass es lebt.

„Hör doch mal, Ronnie", forderte mich Jon auf. „Klingt, als wolle er ein Sänger werden, genau wie Mami."

Als der Fahrer hörte, wie Jon meinen Namen nannte, schaute er mich mit einem prüfenden Blick an. Dann schlug er mit einer Hand auf das Lenkrad und flippte aus. „Ronnie? Doch nicht die Ronnie von den Ronettes?"

„Äh?" Ich schaute verwirrt hoch. Ich brauchte einige Sekunden, um mir eine Antwort zurecht zu legen, denn in der Lage, in der ich mich befand, hätten die Ronettes auch eine Girlgroup vom Mars sein können. „Ja", murmelte ich. „Das war ich."

„Ich wusste es doch“, rief er ganz aufgeregt. „Als ich zehn Jahre alt war, nahm mich meine Schwester ständig mit ins Brooklyn Fox. Ich habe gesehen, wie du ‚Be My Baby‘ gesungen hast!“

„Toll“, versuchte ich seine Begeisterung widerzuspiegeln, und stellte mir dabei die Frage, ob er mich direkt im Streifenwagen um ein Autogramm bitten würde.

Das machte er nicht. Stattdessen schnappte er sich sein Walkie-Talkie, dabei erklärend: „Ich muss jemanden im St. Lukes anrufen, damit sie wissen, wer denn da gleich kommt.“

Er sprach einige Worte ins Mikro und ließ sich danach mit der Einsatzzentrale verbinden. „Hey, schätz mal, wer bei mir im Wagen ist?“, fragte er den Koordinator. „Ronnie Ronette. Das Mädchen, das ‚Be My Baby‘ gesungen hat. Sie hat gerade ihr Baby bekommen!“ Der Beamte am anderen Ende sagte etwas, das ich nicht verstand, wonach der Cop witzelte: „Yeah, na klar! Das ‚Be My Baby‘-Girl hat ein Baby!“

Nach Ende des Gesprächs lehnte er sich zu mir rüber und versuchte mich zu beruhigen. „Mach dir mal keine Sorgen um deinen Kleinen. Das Krankenhaus hat einen netten, vorgewärmten Inkubator für Frühchen vorbereitet. Wenn wir ankommen, ist schon alles bereit.“

„Vielen Dank“, freute ich mich, dabei meine Tränen zurückhaltend.

„Machst du Witze?“, sagte er lächelnd. „Wir werden das Baby vom ‚Be My Baby‘-Girl nicht verlieren.“ Das berührte mich so tief, dass ich auf dem Vordersitz des rasenden Streifenwagens in Tränen ausbrach. Ich hätte niemals gedacht, dass sich meine Auftritte im Brooklyn Fox auf diese Art und Weise auszahlen. Aber ich spürte eine Riesenerleichterung, dass es so war.

Als wir beim Hospital ankamen, stand bei der Notfallannahme ein Brutkasten bereit. Ich stieg aus dem Polizeiauto und bevor ich wusste, wie mir geschah, hatte eine Krankenschwester das Baby in den Inkubator gelegt und eine andere mich in einen Rollstuhl gesetzt, wonach sie mich zur Entbindungsstation schob. Ich drehte mich um, um den Cops zum Abschied zu winken, doch sie waren bereits so schnell weg wie der Lone Ranger.

Nachdem mich die Krankenschwester auf die Station gebracht hatte, brauchte ich nicht lange, um mein altes Selbst wiederzufinden. Innerhalb einer halben Stunde spazierte ich schon über den Flur – im Schlepptau die aufgehängte Infusion – und traf dort andere Mums, die ich fragte, ob eine von ihnen eine Kippe hätte. Als ich schwanger wurde, war es ein Leichtes mit dem Alkohol aufzuhören, doch Zigaretten stellten ein anderes Thema dar. Ich setzte mich mit dieser Lady in einen Rückzugsraum, die die ganze Zeit über die Geburtsschmerzen stöhnen musste. Als sie sah, wie ich durch die Gegend spazierte, fiel es ihr schwer zu glauben, dass ich gerade erst ein Kind zur Welt gebracht hatte. „Sind Sie nicht überall wund?", wollte sie wissen.

„Nein", verriet ich ihr. „Die Ärzte mussten auch nichts nähen."

„Das ist ein Wunder", sagte sie verblüfft. „Ihr erstes Kind! Und Sie sehen so aus, als wären Sie schon über 35."

„So ungefähr", antwortete ich. Nach dem, was ich durchgemacht hatte, durfte ich mir eine kleine „Korrektur" erlauben.

Als Jonathan auf die Entbindungsstation kam, ähnelten wir zwei alten Soldaten, die gerade aus der Schlacht kamen. Ich umarmte ihn so heftig, dass ich mir meine Infusionsnadel beinahe aus dem Arm gerissen hätte. „Hello, mein Liebhaber", flüsterte ich zärtlich.

„Hello, Mama", antwortete er ganz leise. „Was hältst du von Austin?"

„Austin?"

„Ja, den Namen für das Baby. Sollen wir ihn Austin nennen?"

Nun fängt das wieder an, dachte ich. „Jon, ich weiß nicht, ob wir uns jetzt schon zu sehr an ihn binden sollten. Was ist, wenn er es nicht schafft?"

„Komm mit", forderte mich Jon auf und nahm meine Hand.

„Wohin gehen wir?", fragte ich.

„Das wirst du schon sehen." Dann führte mich Jon den Flur hinunter, wo man die Frühgeburten behandelte. Er stellte mich vor ein großes Fenster, das den Blick auf drei Inkubatoren ermöglichte, und dann zeigte er auf den linken: „Das ist Austin. Siehst du wie gut es ihm geht?“

Ich schaute näher zum Brutkasten und hätte beinahe geweint. In dem Moment hätte ich Jonathan umbringen können, weil er mich dort hingeführt hatte. Es war schlimm. Mein Baby war so klein – zwei Pfund und zweihundert Gramm und weniger als 20 Zentimeter groß – und überall an seinem Körper fanden sich Drähte und Sonden. Man hatte seine winzigen Arme an beiden Seiten fixiert, damit er die ganzen Verbindungen nicht herausriss. Und er atmete in kurzen, schweren Zügen, als sei er kaum am Leben. Sein Gesicht war perfekt geformt, ähnlich dem einer kleinen Puppe, doch der Ausdruck war zu einem beängstigenden Starren gefroren, als wollte er weinen, könnte es aber nicht.

Ich schloss die Augen und drehte mich weg. „Bring mich hier raus“, verlangte ich. „Sie quälen das kleine Baby. Bring sie dazu, dass sie es rausnehmen, Jonathan.“

„Er wird sterben, wenn sie das machen.“

„Aber er ist so schwach“, weinte ich, nicht in der Lage die Tränen zurückzuhalten. „Ein so kleines Baby kann nicht solche Schmerzen ertragen.“

Ich drehte mich um und rannte wieder zur Entbindungsstation, den Infusionsständer hinter mir herziehend. Die restliche Nacht konnte ich weder essen noch schlafen. Alle paar Stunden tauchte eine Krankenschwester auf, erzählte, wie gut es meinem Baby ginge und fragte, ob ich es sehen wolle.

Doch ich weigerte mich wieder dorthin zu gehen. Ich hatte ihn gesehen. Ich wusste wie gering seine Chancen waren. Es brauchte schon ein Wunder, und ich hatte in meinem Leben bereits zu viele Enttäuschungen erlebt, um jetzt noch an Wunder zu glauben.

Ich dachte an all die Dinge, die in meinem Leben schiefgelaufen waren – meine miese Ehe, meine vermasselte Gesangskarriere und daran, dass mein Sohn mich verlassen hatte. Es sah so aus, dass aus allem, was ich mir sehnlichst gewünscht hatte, ein absoluter Scheiß geworden war. Und die Art zu denken, übertrug ich auf das Baby und stellte es mir als tot vor. So lief es nun mal im Leben. „Pass auf, Ronnie“, warnte ich mich selbst. „Mach dich bereit auf den größten Rückschlag aller Zeiten.“

Doch das Baby starb nicht in dieser Nacht. Und es ging ihm immer noch gut, als ich das Hospital drei Tage später verließ. Zurück nach Hause kommend, merkte ich, dass Jonathan bereits allen von unserem Kind erzählt hatte. Ich stand kurz vor einem Wutausbruch.

„Zumindest hättest du warten sollen, bis es aus dem Inkubator kommt, bevor du es allen erzählst“, meckerte ich ihn an. Aber Jonathan ignorierte mich. Er war in Hochstimmung, doch ich schlich im Haus herum und wartete darauf, das Schlimmste zu hören.

Manchmal war der Unterschied unserer Launen beinahe schon komisch. Als Jon seinen Rechtsanwalt anrief, um mit dem Baby zu prahlen, saß ich im Zimmer nebenan und weinte mir die Augen aus. Dann fragte sein Rechtsanwalt: „Ist das dein Baby?“

Und Jon sah sich zur Antwort gezwungen: „Oh, nein, es ist noch im Krankenhaus. Das ist Ronnie. Sie weint.“

Am vierten Tag seines Lebens wurde das Baby stärker, und jeder wusste, dass es gut ausgehen würde. Jeder – außer mir. Vielleicht hätte ich noch länger in dieser hartnäckigen Depression gesteckt, hätte mich nicht Marcia Knight aus dem Krankenhaus angerufen.

Es war 22:30 Uhr, als sie mir verriet: „Du musst dir unbedingt dein Kind ansehen. Sie haben Jon erlaubt, dass er es aus dem Inkubator nimmt und es ist so süß. Doch Jon wird langsam verrückt, weil er nicht versteht, warum du nicht kommen willst.“

„Dem Baby geht es gut?“

„Der Arzt meinte, das Schlimmste sei vorüber. Nun ist es Jonathan, dem es schlecht geht. Er steht da, hält das winzige Baby in seinen Armen und weint, Ronnie. Er weint!“

Der Gedanke an Jon, der dort mit einem winzig kleinen Baby in seinen Armen stand, brachte mein Herz zum Schmelzen. Ich sprang in meine Klamotten und saß ungefähr drei Minuten später im Taxi.

In dieser Nacht kam ich um ungefähr 23 Uhr am Hospital an. Zu dieser Uhrzeit war alles sehr still, besonders auf der Frühchenstation. Dort ankommend, fand ich Jonathan, der über dem Brutkasten stand und mit dem Baby redete. Ich schlich auf Zehenspitzen zu ihm und legte meinen Arm um seine Hüfte. „Hello, Papa", flüsterte ich.

Er war so überrascht mich zu sehen, dass er zwei Mal hinschauen musste, bevor er flüsternd antwortete: „Hello, Mum."

Dann blickte ich in den Inkubator und sah das Baby. Die Krankenschwestern hatten ihm ein winziges, blaues Mützchen für seinen Kopf beschafft und ihm einen kleinen, gelben Schlafanzug angezogen. Da sie nun alle Schläuche und Drähte entfernt hatten, erkannte ich endlich, was für ein perfektes, kleines Lebewesen er doch war. Ich lächelte diese Miniatur eines Menschen an und glaubte plötzlich an Wunder.

„Hello, Austin", flüsterte ich endlich. Dann musste ich eine Träne mit dem Ärmel der Bluse vom Inkubator wischen. Es war Jonathans.

Wenige Minuten später erschien die Ärztin. Sie strahlte solch eine unvergleichliche Liebe aus. Ich wusste sofort, dass sie hierhin gehörte, inmitten all dieser Babys, die jeden Hauch von Liebe brauchten, den sie bekommen konnten. Sie ging zu Austins Brutkasten, exakt in dem Moment, in dem er das kleine Türchen mit seinem Fuß öffnete.

Ich war so verblüfft, dass mir der Atem stockte. Die Ärztin lehnte sich vor, drückte Austins Fuß zurück und verschloss die Tür wieder. „Der ist wirklich ein kleiner Tiger", meinte sie liebevoll.

„Dann glauben Sie, dass er stark genug ist, um zu überleben?", fragte ich ängstlich.

„Oh, Liebes", begann sie. „Sie haben doch gesehen, wie er die Tür öffnete. Der Junge will nach Hause. Er konnte es nicht erwarten, aus ihnen ‚auszubrechen' und jetzt kann er es nicht erwarten, hier rauszukommen. Das Baby hat es sehr eilig, sein Leben zu beginnen."

Als ich diese Worte hörte, ähnelte das dem Gefühl, die Wolken würden verschwinden und der Sonne Platz machen. Plötzlich liebte ich die Ärztin mehr als jeden anderen, den ich in meinem Leben geliebt hatte. Ich versuchte die Tränen zurückzuhalten und sagte schnell: „Ich danke Ihnen, dass Sie meinem Baby sein Leben schenken."

Dann fiel ich in Jonathans Arme und wir beide weinten uns gründlich aus.

Austin musste zwei Monate im Krankenhaus bleiben, aber ich war jeden Tag da. Ich bestand darauf, ihn mit meiner Milch zu füttern, obwohl die Ärzte meinten, es sei nicht notwendig. Ich machte mich jeden Abend um 18 Uhr auf den Weg ins Krankenhaus und ließ mir die Milch abpumpen. Dann zog ich einen Morgenmantel an und fütterte Austin mit einem sehr kleinen Fläschchen, ungefähr in der Größe von einem für Augentropfen. Er war die ersten Wochen so klein, dass ich befürchtete, ihm etwas zu brechen, wenn ich ihn hochhob.

Nachdem er gegessen hatte, legte ihn die Krankenschwester wieder in den Brutkasten. Dann sang ich ihm ein Wiegenlied vor. Austin wurde in der Weihnachtszeit geboren, und sie spielten ständig meine Songs von Phils Christmas-Album im Radio. Und genau die sang ich ihm vor. Jeden Abend stand ich neben Austins Brutkasten und sang „Frosty The Snowman“ bis er lächelte und die Augen zum Schlafen schloss. Ich sang, um ihn glücklich zu machen, aber auch mich machte es glücklich.

27

Unfinished Business

Im Februar holten wir Austin schließlich zu uns. Nun begann die aufregendste Zeit meines Lebens, denn ich hatte noch nie einen Neugeborenen bei mir gehabt. Bei Donté war immer die Nanny anwesend, und so empfand ich alles als neu und ungewohnt. Das erste Mal, dass Jon und ich Windeln wechseln mussten, glich einem Jackie-Gleason-Sketch. Jon hielt das Baby fest, während ich unter Hochdruck mit Sicherheitsnadeln, Windeln und Puder hantierte. „Schnell, Jonathan, heb ihn hoch!“, befahl ich. Als nächstes kommandierte ich: „Okay, jetzt! Leg ihn hin. Jetzt, Puder. Puder!“

Jon und ich heirateten endlich am 16. Januar 1983. Wir planten zuerst eine große Hochzeit vor Austins berechnetem Geburtstermin im Februar auszurichten. Doch da er zu früh gekommen war, änderten wir unsere Pläne und einigten uns auf eine eher formlose Zeremonie in Yonkers, New York. Sehr formlos! Der Friedensrichter musste sich an dem Tag unbedingt die Playoffs der NFL anschauen und er weigerte sich, die „Feierlichkeiten“ vor der ersten Halbzeit auszurichten. Während dreier Werbe-Clips rasten wir durch das Ehegelübde. Er sagte: „Wollt ihr?“ Wir antworteten: „Ja, wir wollen.“ Und dann ging es wieder ins Hotel, wo wir Sex hatten.

Wir scherten uns nicht um Verhütung. Mein erstes Kind zu haben, stellte für mich ein solches Wunder dar, dass ich nicht mal daran dachte, schwanger zu werden. Doch wenige Wochen später – im Februar 1983 – der Monat, in dem Austin eigentlich zur Welt kommen sollte – wachte ich mit einer Morgenübelkeit auf.

„Das bedeutet nichts", erklärte mir meine Frauenärztin. „Frisch gebackene Mütter haben immer mit morgendlicher Übelkeit zu kämpfen. Das bedeutet nicht, dass Sie schwanger sind."

„Tja", meinte ich skeptisch. „Ich fühle mich aber schwanger."

„Jede junge Mutter hat das Gefühl", erklärte sie. „Aber ich sage Ihnen was. Ich werde einen Schwangerschaftstest anordnen und wenn sich herausstellt, dass Sie tatsächlich schwanger sind, werde ich ihn bezahlen."

Als die Ärztin mich am nächsten Morgen zurückrief, stillte ich gerade Austin. „Das hätte ich nie für möglich gehalten", meinte sie verdutzt. „Aber ich muss Ihre Rechnung zerreißen."

Ich legte den Hörer auf und hatte das Gefühl über den Wolken zu schweben, wonach ich mit Austin auf dem Arm durch das Zimmer tanzte. „Du wirst eine kleine Schwester haben", erzählte ich ihm. Er starrte mich mit diesem Lächeln an, das nur Babys ausstrahlen. „Natürlich können wir auch falsch liegen und es wird ein kleiner Bruder." Doch das war mir egal. Egal, ob es ein Junge oder ein Mädchen würde – ich fühlte mich wie die glücklichste Frau auf der ganzen Welt.

Mein zweites Baby hatte ein wenig mehr Geduld als Austin – aber nur ein wenig. Zumindest wartete es acht Monate bevor es den „Ausbruchsversuch" unternahm. Eines Abends im Oktober 1983 saß ich mit Jon und Mum in unserem Apartment, als die fürchterlichen Wehen einsetzten.

„Ruf den Krankenwagen", bat ich Jon mit schmerzerfüllter Stimme. „Das Baby kommt."

Die Notfallsanitäter erschienen in kürzester Zeit und beförderten uns schleunigst ins Saint Luke's Women's Center. Die diensthabende Gynäkologin untersuchte mich ungefähr fünf Minuten und gab dann bekannt: „Falscher Alarm."

„Machen Sie Witze?", fragte ich verblüfft.

„Entspannen Sie sich“, riet sie mir. „Ihr Muttermund ist noch nicht geöffnet. Sie werden in ungefähr zwei Wochen die Wehen bekommen.“

„Aber das fühlte sich genauso wie bei Austin an“, gab ich zu bedenken.

„Das mag sich genauso anfühlen“, erläuterte sie mir. „Aber es ist vermutlich nur Stress.“ Sie schwieg und machte sich Notizen auf dem Klemmbrett und plötzlich durchriss der laute Schrei einer gebärenden Frau aus dem anderen Kreissaal die Stille. „Wenn Sie solche Schmerzen haben“, sagte sie mir, „dann wissen Sie, dass es Wehen sind.“

Ich wollte noch dagegen argumentieren, aber merkte, dass die Schmerzen verschwunden waren. „Vielleicht waren es nur Blähungen“, spekulierte Jon. „Lass uns nach Hause.“ Er brachte mich nach unten, wo wir im Regen standen und auf ein Taxi warteten, das uns zurück zu unserer Wohnung befördert.

Schließlich kamen wir an, doch dann begannen die Schmerzen nach drei Minuten erneut und diesmal schlimmer als zuvor. Ich legte mich auf das Bett und bestand darauf, dass Jon den Rettungswagen ruft. „Mir ist es egal, was die Ärztin sagt. Ich bekomme jetzt ein Baby.“

Meine Mutter setzte sich neben das Bett, während Jon die Nummer des Notrufs wählte. Der Druck in meinem Magen wurde so unerträglich intensiv, dass ich in die Ecke des Kopfkissens biss, um nicht zu schreien. Schließlich – Rettungswagen hin oder her – machte ich, was ich machen musste und presste bis das Baby kam.

„Jonathan! Du kommst besser mal rein“, schrie meine Mutter. „Es kommt! Es kommt jetzt!“

Jon rannte mit einem frischen Handtuch ins Zimmer und legte es unter mein Becken. Dann ergriff er meine Hand und sagte: „Genau so, Honey. Press! Press!“

Die Schmerzen wurden so schlimm, dass ich nicht mehr ins Kissen biss, sondern so laut schrie wie ich konnte. Es war schrecklich – ich versuchte mich zu dehnen und zu dehnen, bis ich dachte, ich könnte nicht weiter, aber es kam immer noch. Ich hatte das Gefühl, dass ich einen ganzen Gefrierschrank zwischen den Beinen hervorpressen musste. Und dann, als ich dachte, es ginge nicht mehr, hörte es auf.

Plötzlich wurde ich ganz ruhig. Ich hob den Kopf, doch meine Haare klebten durch den Schweiß am ganzen Gesicht. Mit der Hand strich ich sie weg, und dann sah ich etwas, das mich die ganzen Qualen im Nu vergessen ließ. Dort war mein Jonathan, der mit einem winzigen Lebewesen in den Händen neben mir stand. „Sieht so aus, als hätten wir es wieder geschafft.“, strahlte er. „Es ist ein Junge.“ Ich streckte die Arme aus und Jon überreichte mir Jason Greenfield – mit einem Gewicht von drei Pfund und beinahe 400 Gramm.

Gottseidank trafen die Notfallsanitäter wenige Minuten später ein. Der Rettungswagen flog praktisch zum Saint Luke's, wo die Krankenschwestern das Baby in einen Inkubator legten. Dann lief alles so ab wie bei Austin, ausgenommen der Tatsache, dass Jason schon ein so hohes Körpergewicht hatte, dass er nur einen Monat auf der Frühchenstation verbringen musste, statt zwei. Doch es gab noch einen zweiten Unterschied, denn diesmal konnte mich niemand von meinem Baby fernhalten.

Ich war ständig bei Jason, fütterte ihn mit dieser Miniflasche oder sang ihm ein Wiegenlied, ähnlich, wie ich es bei Austin ein Jahr zuvor gemacht hatte. Hielt ich mich nicht bei den Brutkästen auf, stand ich draußen und drückte mir die Nase am Fenster platt.

Ich kann mich immer noch an den Tag erinnern, an dem wir ihn mit nach Hause nehmen durften. Wir stiegen vor unserem Apartment in der 94th und West End Avenue aus dem Taxi. Jon trug Austin und ich Jason, die beide schnell eingeschlafen waren. Ich konnte es kaum fassen, dass die Babys bei all dem Verkehrslärm an der West Side ein Nickerchen hielten.

Der Portier sah uns kommen und hielt für uns die Tür weit geöffnet. „Sieht so aus, als hätten Sie nun eine ganze Familie“, meinte er.

Und dann traf mich die Erkenntnis wie ein Schlag – er hatte Recht, denn nach all den Jahren des sehnsuchtsvollen Wartens, hatte ich endlich meine eigene kleine Familie gefunden. Ich sang 20 Jahre lang „Be My Baby“ und nun, endlich, durfte ich mich über zwei kleine Jungen freuen, die meine Babys waren. Für immer und ewig. Oder zumindest so lange, bis sie zum College gingen. Plötzlich überkam mich eine Welle des Glücks, sodass ich direkt im Fahrstuhl zu weinen begann. Jon bemerkte die Tränen erst, als wir auf unserer Etage ausstiegen.

„Was ist denn los, Ronnie?“, erkundigte er sich, während wir die wenigen Treppenstufen zur Wohnung hochgingen.

„Nichts!“, antwortete ich und begann zu lächeln. „Das ist es. Zum ersten Mal in meinem Leben stimmt einfach alles auf der ganzen Welt. Es sind Freudentränen.“

„Du bist wirklich etwas Besonderes“, schmeichelte Jon und gab mir einen schnellen Kuss auf die Wange. „Das bist du wirklich.“ Dann machte Jon mit Austin auf dem Arm die Tür mit Schwung auf und ging in unser kleines Heim. Jason lag schlafend in meinen Armen, als ich sie hinter mir schloss. Ich schaute auf sein winziges Gesicht und seufzte lang und überglücklich. Dann gab ich ihm einen Kuss, ganz vorsichtig und sanft, um ihn nicht zu wecken.

Ich kratzte gerade Kartoffelpüree von einem großen Porzellanteller, als Eddie Money anrief. Das passierte im Frühjahr 1986, und ich stand gerade in der Küche und machte den Abwasch. Als ich den Hörer nahm, waren meine Hände so seifig, dass er mir beinahe weggeflutscht wäre.

„Ronnie?“ Ich hörte die Stimme eines Mannes.

„Yeah?“

„Ist dort Ronnie Spector?“, fragte er.

„Yeah“, wiederholte ich. „Wer spricht denn da?“

„Mein Name ist Eddie Money“, antwortete er. „Ich hab da diesen Song und ich will, dass du ihn mit mir singst, doch jeder sagt mir, dass es sehr schwierig ist, an dich heranzukommen.“

„Das ist aber neu für mich“, entgegnete ich.

„Jaaa“, fuhr er fort, „Was machst du denn zurzeit?“

„Den Abwasch“, klärte ich ihn auf. „Wann können wir loslegen?“

Die Kids waren damals erst zwei und drei Jahre alt und so verbrachte ich die meiste Zeit mit der Betreuung. Aber egal, wie sehr ich mich mit ganzem Herzen der Rolle einer Mutter verschrieb, zog ich niemals die Möglichkeit eines kompletten Rückzugs aus dem Musikgeschäft in Betracht. Ich konnte es nicht, denn der Gesang war der einzige Weg, durch den ich Geld verdiente. Als Eddie mich anrief, war ich schon so lange nicht mehr im Studio gewesen, dass ich sofort auf die Chance einer Plattenaufnahme ansprang. Egal, was für eine Platte es auch war.

Den Song, den ich mit Eddie produzierte hieß „Take Me Home Tonight" und hatte einen netten, kleinen Part, in dem ich eine winzig veränderte Version von „Be My Baby" als eine Art Kontrapunkt zum Hauptgesang intonierte. Ich mochte es, als ich das Demo hörte und dachte mir, dass ich wohl am geeignetsten wäre, das Zitat von „Be My Baby" einzusingen. Doch der Hauptgrund für den Beitrag lag im Fun-Faktor. Ich hätte mir nie träumen lassen, dass ich meine erste Top-Ten-Platte in zwanzig Jahren haben würde, als die Nummer sechs Wochen später erschien.

„Die Single geht durch die Decke", berichtete mir Eddie. Und das stimmte. Der Song kam wie aus dem Nichts und hielt mich die nächsten sechs Monate lang in Bewegung. Eddie und ich produzierten ein Video, das man auf MTV spielte und wir sangen das Stück bei jeder TV-Show von *David Letterman* bis *American Bandstand*. Danach lief alles wie im Schnelldurchgang ab – genau so, wie damals, als ich noch so jung war. In der einen Minute machte ich den Abwasch für meine Familie und in der nächsten bin ich die Moderatorin der „American Music Awards" und Co-Gastgeberin einer MTV-Show mit Eddie Money. Ich liebte mein Leben.

Doch es entwickelte sich alles noch besser. Wenige Wochen danach bot mir Eddies Label Columbia einen Plattenvertrag für ein Soloalbum an. Ich flippte total aus. Columbia Records! Das war die Verwirklichung eines lebenslangen Traums.

Der Titel des Albums lautete *Unfinished Business*, und ich wusste, wie wahr die Symbolkraft des Titels anmutete. In meiner Vorstellung sollte es das Album werden, auf dem ich all die unvollendeten Versuche zusammenknüpfte. „Wenn das eine Nummer 1 wird", erklärte ich mir, „passt auf einmal alles zusammen. Ich werde wieder an der Spitze sein und kann all die Flops meines Lebens hinter mir lassen."

Doch schätzen Sie mal, was geschah?

Unfinished Business erschien im Mai 1987, und ich wusste bereits nach zwei Wochen, dass es ein Flop werden würde. Ich kenne den Trubel, der ausbricht, wenn man einen Hit hat – das Telefon läutet so oft, dass der Hörer scheinbar auf der Gabel tanzt, und jeder will ein Stück von dir haben. Doch nichts von dem geschah.

Im gesamten Monat nach der Veröffentlichung erhielt ich keinen einzigen Anruf. Jack Nitzsche schickte mir eine Postkarte, die mich sehr glücklich machte. Doch damit hatte sich schon alles erledigt. Danach hockte ich zuhause und spielte die Platte für die Kinder. Zumindest kannten Jason und Austin jeden Song von *Unfinished Business* auswendig, auch wenn es keine weiteren Fans gab.

Wie ich mich fühlte – natürlich wieder deprimiert. Wer wäre das nicht gewesen? Hier handelte es sich um mein viertes Comeback, und es war im Sande verlaufen – und noch schlimmer als bei den drei vorhergehenden. Meine Karriere befand sich wieder am Ausgangspunkt, und ich war völlig fertig. Mir ging es so schlecht, dass ich mich sogar eines Morgens weigerte aufzustehen. Ich zog mir die Decke über den Kopf und entschied mich, mindestens zwei Jahre darunter zu verharren. Vielleicht wäre das auch geschehen, doch nach ungefähr zwei Minuten tobten die Kinder schreiend ins Schlafzimmer.

„Mami! Mami!", rief Austin. Er war gerade erst vier Jahre alt, und dachte sich nichts dabei, einfach aufs Bett zu klettern, egal wie schlecht es seiner Mutter ging. Und natürlich folgte der dreijährige Jason seinem Bruder auf Schritt und Tritt.

„Geht weg, Kinder", wehrte ich sie ab und legte mir das Kissen über den Kopf. „Mum ist deprimiert. Sie bleibt für den Rest ihres Lebens unter der Decke liegen."

„Oh", hörte ich Austin. „Warum?" Ich zog Austin auf das Oberbett und legte mich zurück.

„Weil …“, begann ich mit einem Schmollmund, „keiner ihre Platte kaufen will.“ In dem Moment fühlte ich mich unglaublich bescheuert. Es war so schwierig diese völlige Niedergeschlagenheit zwei Kindern zu vermitteln, die Spider-Man-Schlafanzüge trugen.

„Oh“, lautete Austins Antwort, wonach er ging. Er war ungefähr eine Sekunde ruhig, bis er sich umdrehte und fragte: „Mami?“

„Was ist denn, Honey?“

„Ich will Apfelsaft.“

Ich sah, dass die beiden mich nicht in Ruhe lassen würden und versuchte einen letzten Anlauf, um sie loszuwerden. „Warum rennt ihr beiden nicht in die Küche und lasst euch von Daddy ein Glas Apfelsaft geben?“

„Nein“, antwortete Austin in einer fest entschlossenen Stimme. „Wir wollen, dass du den Saft machst.“

„Warum muss ich das machen?“

„Weil …“, begann Jason, „Daddy ihn nicht so gut macht wie du.“

Dann schaute ich mir meine kleinen Jungs mit ihren betrübten Gesichtern an, die einfach nur darauf warteten, dass ich ihnen Apfelsaft zubereitete. „Na gut“, lachte ich, warf die Ecke der Decke beiseite und kletterte aus dem Bett. „Durch Schmeichelei bekommt man alles.“

„Was verdammt noch mal ist mit mir los?“, dachte ich. Was heule ich darüber, was der Rest der Welt von mir hält, wenn ich doch diesen kleinen Fanclub direkt zuhause habe? Einige vergöttern mich als Ronnie Spector, aber diese beiden kleinen Kerle als Mami, und in dem Augenblick schien das viel wichtiger zu sein. Und so spazierte ich in die Küche, machte den beiden Apfelsaft und hielt Händchen mit den beiden tollsten Fans, die die Sängerin einer Girlgroup aus Harlem jemals kannte.

Epilog, 1990

Man weiß nie, wie sich die Dinge entwickeln. Hätte man mir vor 20 Jahren ein Foto gezeigt, wie ich heute aussehe und in der Küche eines Hauses in Connecticut für meinen Mann und den beiden Jungs Spaghetti koche, hätte ich bestimmt laut losgelacht.

„Das bin ich nicht", hätte meine Antwort gelautet. „Diese Leute sehen ja so normal aus!"

Und sogar jetzt noch muss ich mich manchmal zwicken, wenn ich sehe, wie Jonathan mit den Kids im Garten spielerisch kämpft oder mit ihnen Candy Land im Wohnzimmer spielt. Dann stelle ich mir die Frage: „Bin ich in der realen Welt? Oder habe ich wieder zu viel getrunken?"

Aber mein Leben ist kein Traum. Es mag zwar nicht so sein wie *Ozzie and Harriet*, aber es ist real. Ich habe mit dem Alkohol vor acht Jahren aufgehört, also vor meinem ersten Baby und erst kürzlich das akzeptiert, was die meisten Menschen als normal erachten: Lebensmittel einkaufen, Magazine lesen und zu den Elternabenden der Schule zu gehen. Das ist alles so normal geworden, dass ich manchmal auf mein altes Ich zurückblicke und mich frage, ob das nicht alles eine Halluzination gewesen war.

Doch in Wahrheit war es genauso real. Die Welt hat sich nicht verändert. Ich habe mich verändert. Und wenn meine Geschichte etwas beweist, dann die eigene Möglichkeit und das Vermögen das Leben zu verändern. Wenn ich es konnte, kann es jeder – garantiert! Vielleicht geschieht das nicht über Nacht, aber das ist auch okay. Es ist niemals zu spät. Ich hatte mein erstes Kind, als ich beinahe 40 Jahre alt war.

Natürlich ist mir klar geworden, dass ich in meinem Leben viel Zeit verschwendet habe. Und das schmerzt. Wenn ich an die unaussprechlichen Qualen denke, die ich durch Phil ertragen musste, wird mir eins klar: Die Akzeptanz, dass ich es zuließ, dass er mir das alles antat, ist nicht das Schwierigste. Viel schwieriger ist es, zu akzeptieren, dass ich diese Torturen so lange zuließ. Ich hatte nicht verstanden, dass mir mein Talent Macht verleiht und meine Zielstrebigkeit Stärke. Ich hätte ihn zu jeder Zeit verlassen können. Doch ich war so überwältigt von dem, was er für mich tun konnte, dass ich einfach dastand und zuschaute, während er um mich herum seine „Wall of Sound" errichtete. Ich erkannte viel zu spät, dass diese Mauern einmal zehn Meter hoch und mit Stacheldraht bewehrt sein sollten.

Dort draußen sind viele Phil Spectors. Nicht alle sperren ihre Frau in ein Anwesen mit 23 Zimmern ein. Man kann genauso gut eine Gefangene in einer heruntergekommenen Mietwohnung in der Bronx sein oder in einem Reihenhaus in Jersey. Es geht nicht darum, in einem Haus eingeschlossen zu sein, sondern das beklemmende Gefühl mit seinem Herzen wahrzunehmen. Niemand kann ein Schloss und Ketten vor deinem Herz anbringen – nur du selbst.

Als ich mit dem Singen aufhörte, habe ich das gemacht. Musik zu machen war alles, was ich jemals wollte, doch ich ließ es zu, dass mir jemand die Stimme raubte, während ich eigentlich wie ein Vogel hätte singen sollen. Ich verlor viele der guten Jahre und werde sie nie zurückbekommen. Mir bleibt jetzt nur eins – nach vorne zu schauen.

Ich treffe oft zufällig Menschen, die mich noch aus der alten Zeit kennen. Die meisten können es nicht fassen, dass ich noch lebe, nachdem ich all das durchgemacht habe. Ich fühle mich sehr traurig, erinnere ich mich an Frankie Lymon und all die anderen Rock'n'Roller, die nie die Chance hatten, ihre Geschichten weiterzuspielen.

Und dann wird mir klar, wie viel Glück ich hatte. Man bekommt nicht oft die neue Chance, wieder von vorne anzufangen, und ich hatte gleich mehrere zweite Chancen. Aber hier bin ich: endlich frei und am Anfang meines Daseins als Frau und Mutter. Ich kenne niemanden im Business, der so ein Leben führt, und ich danke Gott, es bis hierhin geschafft zu haben.

Das ist die Geschichte meiner Vergangenheit und Gegenwart. Was noch fehlt, ist die Zukunft. Und – so Gott es will – wartet dort noch eine Geschichte darauf, erzählt zu werden.

Postskriptum

Das letzte Mal, dass ich einen Epilog verfasste, beendete ich ihn mit einem Ausblick auf meine Zukunft. Hier sind wir nun und haben fast ein Viertel des 21. Jahrhunderts erlebt. Das 21. Jahrhundert! Als ich aufwuchs, erschien das für uns wie eine weit entfernte Zukunft. Und ich bin immer noch hier. Mache immer noch Musik. Gehe immer noch raus und toure in der Welt herum. Zumindest tat ich das, bevor so ein „kleines Ding“ namens Pandemie auftauchte. Wie elendig das war? Der für mich schwierigste Aspekt des Shutdown lag darin, dass ich gerade eins der ereignisreichsten Jahre meiner Karriere erlebte. 2019 absolvierte ich zwei Übersee-Tourneen, von denen die zweite mit einem ausverkauftem Weihnachtskonzert in Londons O2 Sheperd's Bush Empire endete. Und glauben Sie mir eins: Es gibt nichts Schöneres für eine Künstlerin in ihren Siebzigern wie eiligst herbeigerufene Sicherheitsmänner, die eine begeisterte Menge nach Ende des Konzerts zurückhalten müssen. Von so einem Hochgefühl in eine Situation zu geraten, in der ich nicht wusste, wann ich mein Publikum wiedersehen durfte? Das war die Hölle!

Abgesehen von der weltweiten Pandemie hätte ich mich nicht glücklicher fühlen können. Ich hätte niemals geglaubt jetzt noch zu leben, ganz zu schweigen davon, eine Traumversion meines Lebens zu genießen. Jon und ich nähern uns dem 40. Hochzeitstag. Und mal ehrlich – wie viele Leute im Rock'n'Roll-Geschäft sind in der Lage, „40 Jahre“ und „Ehe“ in einem Satz zu sagen? Das ist schon etwas Besonderes. Meine „kleinen“ Jungs Austin und Jason sind nun in ihren Dreißigern. Austin sieht exakt wie Jonathan aus und Jason kommt nach mir. Sie lieben die Tätigkeiten, denen sie nachgehen. Und keiner von ihnen hat auch nur das geringste Interesse am Showgeschäft.

Was den letzten Punkt betrifft, bin ich natürlich das totale Gegenteil. Nach mehr als 60 Jahren des Musikmachens, kann ich mir immer noch nicht ein Leben ohne diese wunderschönen Klänge vorstellen. Ich fühle mich, als sei ich zwei Ronnies: eine, die zuhause lebt, und dann die auf der Bühne. Verstehen Sie mich bitte nicht falsch. Ich liebe meinen Mann und meine Familie. Doch wenn ich auf die Bühne gehe und von der Menge umgeben bin, fühle ich mich meinem Ursprung ganz nahe, näher als an einem anderen Ort. Bin ich dort oben, befindet sich alles in meiner Welt am richtigen Platz.

Nervosität? Nur in den wenigen Augenblicken vor einer Show. Bevor ich die Bretter betrete, die die Welt bedeuten, bitte ich die Crew, mir nichts über das Publikum zu verraten – wie groß es ist, wer sich dort befindet oder wie die Stimmung ist. Ich muss nichts über das Publikum wissen, bis ich auf die Bühne gehe, und dann sind es nur noch sie und ich. Nach dem ersten Song – meist ist es „Baby I Love You" – schaue ich in die Menge, und wenn ich sie lächeln sehe, hört mein Herz schnell zu hämmern auf.

Ich freue mich darüber, dass sich in meinem Publikum alle Altersgruppen wiederfinden. Wenn ich von der Bühne aus meinen Blick schweifen lasse, erkenne ich vielleicht zwei alte ergraute Ladys, die klatschen und den Rhythmus mit den Füßen mitklopfen, neben einem Haufen junger Mädels, die in knallengen, blauen Ronettes-Kleidern abrocken, wobei ihre Beehives fast an die Decke stoßen und Mascara an ihren Augen herabläuft. Wenn ich das sehe, schmelze ich dahin. Das Publikum hilft mir. Sie füttern mich förmlich mit Emotionen, regen meine Gefühle an.

Was mir beim Tourleben besonders gefällt, ist die Chance auf Festivals aufzutreten, wo ich mich unter die neueren Acts mischen kann und auch Kontakte mit Künstlern knüpfe, die schon lange dabei sind, mit denen ich aber noch nie gearbeitet habe. Als ich bei Englands Glastonbury Festival 2016 auftrat, stieß Billy Gibbons von ZZ Top zu mir und der Band, um bei „Be My Baby“ Gitarre zu spielen. In derselben Nacht kam Elle King zu einem Duett von „(The Best Part Of) Breakin' Up“ zu mir auf die Bühne. Wir beide hatten so viel Spaß, dass wir später noch die Weihnachtssingle „Under The Misletoe“ zusammen aufnahmen. 2017 trat ich als Headliner bei einem Konzert für NPR im Lincoln Center auf, das unter dem Motto „Turning The Tables Live“ veranstaltet wurde. Mit dabei waren: Rickie Lee Jones, Roberta Flack, Gaby Moreno, Torres, Valerie Simpson, Nona Hendryx, Alynda Segarra und Lizo! Gibt es einen wilderen Mix aus Jung und Alt?

Ein Musiker, den ich immer liebend gerne treffe, ist Keith Richards. Uns verbindet seit der Ronettes-Tour mit den Rolling Stones 1964 in England eine tiefe Freundschaft. Keith spielte auf meinem Album *The Last Of The Rock Stars* auf einigen Tracks Gitarre und wir sangen ein Duett einer Nummer von Ike and Tina Turner. Das Ganze entstand per Zufall im Studio, wo wir uns einfach gehen ließen. Keith spielte ein Stück an oder einer von uns sang etwas, das uns gerade einfiel. Dann legten wir los und spielten es ein. Den meisten Spaß hatte ich mit Keith in seinem großen Haus in Connecticut, in dessen Keller sich ein Studio befindet, wo man jederzeit aufnehmen kann. Keith lädt gerne Freunde zum Musikmachen ein. Einmal war ich zufällig dort, als er mich bat, einen von ihm gerade geschriebenen Song mit dem Titel „Love Affair“ zu singen.

Ich fing an, während Keith Gitarre spielte und einige seiner Freunde andere Instrumente. Plötzlich hörte Keith mitten in einer Strophe auf. „Warte mal“, sagte er. „Ich muss das auf einem Flügel spielen.“ Er latschte mit mir nach oben, wo sein großer und imponierender Flügel stand. Keith bat den Tontechniker uns mit einigen Mikros und sehr langen Kabeln zu folgen, die bis unten ins Studio zum Mischpult reichten. Dann hockte er sich hin und spielte den neuen Song auf diesem riesigen Flügel, wobei ich ihn mit dem Gesang begleitete. Der Tontechniker war zwischenzeitlich nach unten gerannt und versicherte sich, dass die Bandmaschine alles aufzeichnete.

Immer wenn wir eine Aufnahme-Session in Keiths Heimstudio beendet hatten, lud er alle – die Musiker, den Tontechniker, die Leute, die alles aufgebaut hatten – zu sich nach oben ein, wo wir uns an einen langen Tisch setzten, vielleicht zehn Personen an jeder Seite. Dann machten wir uns über das Essen her, tranken und verbrachten beim Genuss der Mahlzeit eine wunderschöne Zeit mit Keith und seiner Frau Patti. Ich habe Keith unheimlich gern. Das war schon immer so.

Abgesehen von den sporadischen Treffen mit Keith, sehe ich nicht mehr viele Leute aus den Ronettes-Tagen. Nedra und ich telefonieren einige Male im Jahr und 2019 besuchte sie ein Konzert von mir im Wolf Trap Performing Arts Center in Virginia, nicht weit entfernt von ihrem Wohnsitz. Am Ende der Show stellte ich Nedra vor und lud sie zu „I Can Hear Music" auf die Bühne ein. Danach plauderten wir noch im Backstage, wobei ich an die Ronette denken musste, die nicht dort war, meine Schwester Estelle, die 2009 verstarb.

Als die Ronettes sich auflösten und das Scheinwerferlicht ausgegangen war, hatte Estelle die größten Probleme sich im normalen Leben zurecht zu finden. In ihren letzten Jahren isolierte sie sich zunehmend, bis sie schließlich in ein kleines Apartment in New Jersey zog. Dort starb sie im Februar 2009. Ich möchte sie als liebenswürdige, warmherzige Seele beschreiben, viel zu sanft für diese Welt. Am Ende wollte sie vermutlich alles ausblenden.

Darum bin ich aus heutiger Sicht überglücklich, dass Estelle und Nedra sich bei der Aufnahme in die Rock and Roll Hall of Fame im März 2007 zu mir gesellten. Wie sich herausstellte, war es das letzte Mal, dass ich meine Schwester sah, aber ich kann mir keinen besseren Anlass – oder schöneren Tag vorstellen – um sie in Erinnerung zu behalten.

Als die Ronettes endlich in die Rock and Roll Hall of Fame aufgenommen wurden, hatte das Nominierungsgremium unseren Namen bereits dreizehn Mal vor sich gehabt. Doch aus irgendeinem Grund kamen wir nicht in die Endauswahl. Warum es so lange bis zur Aufnahme dauerte, ist eine Geschichte, mit der ich Sie nicht langweilen möchte. Aber eins kann ich verraten: Ein bestimmter Ex-Ehemann, der einigen Einfluss auf das Gremium der Rock and Roll Hall of Fame ausübte, verbrachte viele Jahre damit, alles zu unternehmen, um die Ronettes abzuwürgen. Doch 2007 musste sich dieser bestimmte Ex-Ehemann einer Mordanklage stellen und sein Prozess war exakt auf ein Datum terminiert worden, das eine Woche nach unserem Einzug in die Ruhmeshalle lag. Ich schätze mal, dass er in diesem Jahr ein wenig abgelenkt war.

Der Auftritt der Ronettes in der Rock and Roll Hall of Fame war das erste Mal, dass wir drei seit 1967 wieder zusammen auf der Bühne standen. [Nedra tauchte aber erst nach der Performance auf.]

Doch als Estelle, Nedra und ich Seite an Seite auf der Bühne standen und den Applaus genossen – die Hände haltend, die wir über unsere Köpfe triumphierend hochstreckten, so wie wir jede Ronettes-Show beendet hatten – war es völlig egal, dass seit dem letzten Mal vier Jahrzehnte ins Land gezogen waren. In diesem Moment waren wir wieder einfach die drei Mädchen aus Spanish Harlem, die sich über einen Traum freuten, der in Erfüllung ging. Gemeinsam!

Ich hätte mir nur gewünscht, dass Mum lange genug gelebt hätte, um uns in dieser Nacht zu sehen. Doch sie starb 1998 aufgrund einer Herzerkrankung, die sie schon lange gehabt hatte. Als Jon und ich sie ins St. Vincent's Hospital brachten, hatte ich unglaubliche Probleme loszulassen. Nach der Einweisung bewegte sich Mum tagelang zwischen geschwächtem Wachsein und einem komatösen Zustand. Während einer der wenigen Wachphasen, überraschte sie mich, da sie ein Lied sang.

Es war nicht laut. Zuerst dachte ich, sie wolle etwas sagen, mir etwas mitteilen. Doch als ich mich näher zu ihr beugte, konnte ich sie singen hören, so leise wie ein Flüstern. Es waren die ersten Worte von „Be My Baby".

Seit meiner frühsten Kindheit hatte mir Mum keinen Song mehr vorgesungen. Während der wenigen Sekunden, in denen sie sang, drückte ich ihre Hand und hielt sie ganz fest. Als ihre Stimme immer leiser wurde, machte ich an der Stelle an der sie abbrach weiter und beendete das Stück. Dann sang ich einen weiteren Song. Ich wusste, wie sehr sie die langsameren Nummern liebte und so intonierte ich „Walking In The Rain“ und danach „So Young“, ihr absolutes Lieblingsstück. Ich sang insgesamt drei Stücke, und am Ende des dritten war sie wieder fest eingeschlafen. Ich habe sie nie wieder wach gesehen.

Während Mums letzter Tage versuchte ich unbedingt alles aufrecht zu halten. Uns einte eine Art Band, das mit nichts in meinem Leben vergleichbar war und das bis in meine Kindheit zurückreichte. Als die Ronettes begannen, war Mum sofort zur Stelle und passte zusammen mit Tante Susu, Nedras Mutter, auf uns auf. Dick Clark bat Mum zu den Tourneen mitzukommen, da sie nicht nur ein Auge auf uns warf, sondern auf alle Kids aufpasste. Als wir noch sechs Shows täglich im Brooklyn Fox gaben, war Mum auch zur Stelle. Sie half uns dabei, die Reißverschlüsse der knallengen Kleider zu schließen. Manchmal ging sie auch am frühen Morgen raus und besorgte uns Eier-Sandwiches. Egal, wie viel sie für uns erledigte – Mum fragte nie nach einer Bezahlung.

Heutzutage erhalten die Mütter von diesen Celebrity-Kids in den TV-Shows einen prozentualen Anteil von – sagen wir mal – 15 Prozent vom Verdienst ihrer Kinder. Doch Mum weigerte sich auch nur einen Penny von den Ronettes-Gagen zu nehmen.

Sogar nachdem ich Jon geheiratet und die beiden Jungs zur Welt gebracht hatte, trafen sich Mutter und ich ständig. Wir saßen auf dem Bett und unterhielten uns, kicherten und lachten wie zwei Freundinnen. Wir führten eine so enge Beziehung, dass ich mir ein Leben ohne sie nicht vorstellen konnte. Ich weiß, es mag verrückt klingen, doch erst bei einem Rap-Konzert wurde mir bewusst, dass Mum nicht zurückkommt.

Jon und ich besuchten eine Puff-Daddy-Show im New Haven Coliseum, wo wir Jason und Austin hingefahren hatten, damals 14 und 15 Jahre alt. Dank einiger unserer Freunde durften sich die beiden glücklichen Kids über zwei Sitze mitten in der zehnten Reihe freuen. Aus irgendeinem Grund saßen Jon und ich im hinteren Teil der Halle, in einer Riesendistanz zur Bühne. Wir saßen dort und hörten uns die Musik an, doch ich war nicht richtig bei der Sache und musste an Mum im St. Vincent's Hospital denken. Ich dachte, dass sie aus einem unmöglichen Grund jederzeit zurückkehren kann und wieder ihr altes Selbst findet. Gegen Ende des Konzerts sagte Puff Daddy einen Song mit dem Titel „I'll Be Missing You" an, den er als Tribut an den Rapper Notorious B.I.G richtete, der ungefähr ein Jahr zuvor gestorben war. Die ganze Halle war mucksmäuschenstill, während Puff Daddy sanft in sein Mikro sprach: „Wenn ihr jemals einen Menschen verloren habt", flüsterte er, „dann haltet eine Hand hoch."

In der ganzen Konzerthalle hielten die Menschen ihre Hände hoch. Dann entzündeten einige ihre Feuerzeuge. Plötzlich war das ganze Auditorium vom sanften Licht Tausender winziger Flammen erleuchtet. Dann lud Puff uns zum Mitsingen im Stil der Rapper ein. Wir sollten die Zeile „Every single day, I'll be missing you!" anstimmen. Ich sitze also in der letzten Reihe des New Haven Coliseum, halte die Hände über dem Kopf, während die Tränen meine Wange runterlaufen und schreie „I'll Be Missing You!". Jonathan drehte sich zu mir und war überrascht, dass Tränen und Mascara mein Gesicht hinabliefen. „Sie kommt nicht wieder zurück, Jon", erklärte ich. „Meine Mum kommt nie wieder zurück."

Mein Mann sagte kein Wort. Er legte seinen Arm um mich und drückte mich. War ganz nahe bei mir. Mum starb am nächsten Tag. Seitdem sind fast 25 Jahre vergangen, aber ich vermisse immer noch ihr Lachen.

Manchmal werde ich gefragt, welche aktuellen Sänger ich mir anhöre. Da muss ich leider gestehen, dass ich gelegentlich einen klasse Song entdecke, aber keinen zeitgenössischen Sänger, bei dem ich mit voller Überzeugung „Wow, ich muss die nächste Platte haben" sagen kann. Oder: „Ich kann das nächste Video oder den nächsten Auftritt kaum erwarten."

Die letzte Performerin, bei der solch positive Gefühle entstanden, war Amy Winehouse. Einige Sänger haben einfach nur eine gute Stimme für einen Stil, aber das traf nicht auf Amy zu – sie konnte einfach alles singen: Jazz, R&B, Rock. Natürlich mochte ich auch ihren Ronettes-Style, mit dem Beehive und dem extremen Eyeliner, doch letztendlich war es Amys Stimme, durch die sie sich abhob. Jeden Text, den sie sang, machte sie zu einem eigenen Text.

Amy Winehouse war klar, was sie machen musste, wenn sie in der Schallkabine stand, was ich durchaus nachempfinden kann, denn bei mir lief es genauso ab. Wenn ich vor einem Mikro stand, verschwand alles um mich herum weit in den Hintergrund. Nachdem die Bandmaschine lief, brauchte mir niemand mehr zu sagen, was ich machen musste. Dann waren nur noch meine Stimme da, meine Gefühle und das Erzählen einer Geschichte. „Be My Baby"? Na, klar! „Do I Love You?" Auch.

Ich wünschte mir nur, dass ich die Kontrolle, die ich im Studio hatte, auch auf andere Lebensbereiche übertragen hätte. Wenn ich aber vom Mikro wegging, verwandelte ich mich in einen anderen Menschen, jemanden, der anderen absolut vertraute, jemanden der naiv bis zur Lächerlichkeit war. Ich empfand eine solch intensive Leidenschaft für das Musikmachen, dass ich darauf meine ganze Aufmerksamkeit lenkte und jedem blind vertraute, der mir seine Hilfe versprach, diesen Traum zu erreichen. Ich stellte nie Fragen. Wenn man von mir verlangte, in einen Flieger zu springen und 3.000 Meilen hinter mich zu bringen, nur um einen Song aufzunehmen – dann ließ ich alles stehen und liegen. Ich stieg in das Flugzeug und dachte nicht an mein Leben, meine Familie und Tourneeverpflichtungen. Meine Einstellung gegenüber den einzelnen Managern, Produzenten und anderen Individuen, die Karriereentscheidungen für mich trafen, lautete: Du fährst, lass mich nur wissen, wann wir ankommen. Diese Haltung hat mich viel gekostet: Zeit, Möglichkeiten und sogar die künstlerische Kontrolle über das Material, das ich aufnahm.

Es hat mich auch sehr viel Geld gekostet. In der Ronettes-Ära waren wir nicht die einzige Girlgroup. Die meisten Acts, die zur selben Zeit rauskamen, wurden in finanzieller Hinsicht ausgenutzt, besonders die Sängerinnen und die Girlgroups. Mir war bis in die Achtziger gar nicht klar, wie sehr die Ronettes ausgebeutet worden waren. Doch dann schien es so, als könnte ich weder das Fernsehen, noch das Radio einschalten, ohne meine Stimme in einem Ronettes-Song zu erkennen, der in der Werbung, einem Film oder einer TV-Show lief. Und dafür erhielt ich rein gar nichts. Natürlich liebte ich es „Be My Baby" im Film *Dirty Dancing* zu hören, doch ich verstand nicht wie der Soundtrack mehr als 25 Millionen Einheiten absetzte, ohne dass die Ronettes auch nur zehn Cent dafür bekamen. Als ich dann herausfand, dass der Originalvertrag keine Klausel enthielt, die Tantiemen im Fall einer Lizenzierung für Film oder Fernsehen erwähnte, sagte ich mir: „Das ist nicht fair!" Und dann entschied ich mich, etwas dagegen zu unternehmen.

1985 strebte ich einen Prozess gegen Phil Spector und seine Plattenfirma an. Ich beanspruchte den uns zustehenden Tantiemenanteil von den Millionen, die Phils Firmen durch die Lizenzierung unserer Stimmen gemacht hatten und zwar auf eine Art, von der niemand zu träumen gewagt hatte, als wir diese Platten aufnahmen.

Natürlich setzte Phil ein Vermögen ein, um die Klage abzuwenden, und das ist einer der Gründe, warum sich alles jahrelang dahinzog, nicht zu vergessen die 17 Berufungsverfahren.

Während sich die Klage ihren Weg durch die Gerichtssäle bahnte, gab ich viele Interviews, in denen ich über die Rechte der Künstler sprach. 1999 zog ich als Mitglied der Recording Artists Coalition nach Washington, um mich bei den Kongressmitgliedern für Gesetze zum Schutz unseres Verbands einzusetzen. Bei meinem Aufenthalt im Capitol lud man mich in den dortigen Speisesaal ein, wo ich direkt den Repräsentanten John Lewis entdeckte, der an einem Tisch saß, umgeben von seinem Personal. Er muss gewusst haben, aus was für einem Grund ich mich in Washington aufhielt, denn als er mich sah, winkte mir Congressman Lewis zu, an seinen Tisch zu kommen und gab mir seine Hand. „Ronnie", sagte er und drückte meine Hand ganz fest, „Mach weiter mit dem Kampf für eine gute Sache." Und eins kann ich Ihnen sagen: Wenn ein Mann, dem sein Schädel aufgeschlagen wurde, als er mit Dr. King über die Edmund Pettus Bridge in Selma ging, dir erzählte weiterzukämpfen, dann hörst du auch zu.

Nicht lange, nachdem ich aus Washington zurückgekommen war, erhielt ich einen Anruf von Chuck Rubin, dem Manager des juristischen Teams in meinem Prozess gegen Phil Spector. „Der Richter ist zu einem Urteil über die ausstehenden Tantiemen gekommen", berichtete er. Dann fragte Chuck: „Sitzt du?"

„Wenn du das sagt, was ich hoffe", antwortete ich, „werde ich wahrscheinlich nicht lange sitzen können, obwohl ich gerade stehe."

„Den Ronettes werden 2,6 Millionen Dollar an Tantiemen zugesprochen", freute sich Chuck. „Sofort zahlbar."

„Wow!" meinte ich verblüfft. Und dann setzte ich mich auf den großen gepolsterten Sessel hin, der damals in unserem Wohnzimmer stand. Ich holte tief Luft und atmete langsam aus. „Ich danke dir, Chuck", sagte ich heilfroh. „Das ist eine Erleichterung."

Nach so vielen Jahren war der längste Rechtsstreit in der Rock'n'Roll-Geschichte endlich vorbei, und die Ronettes wurden zu guter Letzt bezahlt. Doch für mich ging es nicht nur um das erstrittene Geld. Ich wollte mich selbst zurückerobern. Ich habe den Songs Leben eingehaucht, und ich – sowie die beiden anderen Ronettes – hatten es verdient, für unsere Arbeit bezahlt zu werden. Durch diese Entscheidung wirkte es so, als würde der Richter genau das laut aussprechen, damit es die ganze Welt hört.

Vielleicht war das Beste am Prozessende, dass ich mich nie wieder mit meinem Ex-Mann auseinandersetzen musste – und auf diesen Tag hatte ich eine lange Zeit gewartet. Und es stellte sich als wahr heraus: Nach dem Prozess hörte ich nie wieder etwas von Phil persönlich.

Am 21. Januar 2021 befand ich mich zuhause, als ein Radiomoderator bekannt gab, „dass der Musikproduzent und verurteilte Mörder Phil Spector in einem kalifornischen Gefängnishospital verstorben war." Glauben sie es oder nicht, meine erste Reaktion war … völlige Teilnahmslosigkeit. Ich fühlte mich, als würde ich eine x-beliebige Nachricht des Tages hören. Oh, dachte ich nur. Okay. Dann machte ich einfach weiter und bereitete mich darauf vor, mit Jonathan auszugehen, um unseren 38. Hochzeitstag zu feiern, der exakt auf den Todestag meines Ex fiel. Das war für mich ein verdammt abgedrehter Zufall. Vielleicht auch ein Zeichen?

Ich bin mir immer noch nicht sicher, warum Phils Tod mich nicht härter traf. Vielleicht wollte ich nach all den Jahren, in denen ich seine Dramen ertragen musste, keinen Geist aus der Vergangenheit mehr zulassen, der eine Feier meiner Gegenwart zerstörte. Seit geraumer Zeit denke ich nur noch an meinen Ex-Mann, wenn ich einen der von uns produzierten Songs im Radio entdecke, besonders wenn es sich um einen Titel handelt, den ich schon lange nicht mehr gehört habe. Dann führt mich meine Erinnerung zu diesen frühen Tagen, als Phil, Jeff Barry und Ellie Greenwich einen fantastischen Song für mich komponierten, dem ich beim Singen meine ganze Seele einhauchte, wonach wir ihn in die Welt hinausschickten.

Natürlich können diese angenehmen Erinnerungen nicht den darauffolgenden Albtraum auslöschen. Die Tatsache lässt sich einfach nicht ignorieren, dass mein Ex-Mann viel Leid und Schmerzen auf dieser Welt verursachte. Das betrifft mich, aber auch andere. Auch kommt man um die Tatsache nicht herum, dass die Musikindustrie Phil tolerierte und sogar bestärkte. Als ich mit den Plattenaufnahmen vor 60 Jahren anfing, wurde alles von Männern bestimmt. Wenn also jemand wie Phil der Welt erklärte, er sei ein Genie, widersprach ihm niemand. Schlechtes Benehmen wurde mit der Definition von Exzentrik übertüncht und wenn dieses schlechte Benehmen in Grausamkeit mündete, entschuldigte man das mit „dem Preis, den man für Brillanz zahlen muss“. Wenn man nur lange genug wegschaute, hatte man es sehr bald mit einem Monster zu tun, das völlig außer Kontrolle geriet. Und sogar dann sagte niemand etwas.

Doch ich bin glücklich, lange genug gelebt zu haben, um den Beginn der Veränderungen zu sehen. Die Frauen, deren Stimmen das Herz der Musikindustrie ausmachten, nutzen diese Stimmen, um aufzubegehren und alles anzusprechen. Weibliche Künstlerinnen von heute fordern und erhalten auch die Kontrolle über die Songs, die sie singen, wie sie produziert und vermarktet werden und sogar auf welchen Plattformen man sie streamt. Doch die Veränderungen beschränken sich nicht nur auf das Musikgeschäft, sondern lassen sich auch bei Filmen festmachen, bei den Fernsehnachrichten und vielen anderen Industriezweigen, die nicht zum Entertainment gehören. Egal, wo man hinschaut, bieten starke Frauen einflussreichen Männern die Stirn, die geglaubt hatten, sie könnten sich bei ihnen einen Vorteil verschaffen. Und diese Männer werden benannt. Frauen sagen jetzt „Nein!", ich werde mir das keine Minute mehr länger antun! Und andere Frauen – aber auch Männer – halten zu ihnen.

Ich erkenne mich selbst in so vielen Geschichten dieser Frauen und mir teilen wiederum andere Frauen mit, dass sie sich selbst in meiner Geschichte wiederfinden. Und für jemanden, der so lange dafür gekämpft hat, gehört und ernst genommen zu werden, bedeutet das mehr als jeder Preis, der Ihnen einfällt. Die Welt hat sich verändert und ich sehe nicht, dass dieser Wandel umkehrbar ist. Es ist eine Bewegung und für mich ist die Zeit dafür dringend gekommen. Und wenn wir die Fifth Avenue hinunter marschieren müssen, dann lasst uns gemeinsam gehen, stolz und ohne Angst. Ich werde da sein – ganz vorne in der ersten Reihe.

Nachdem ich einen Großteil meines Lebens in einer emotionalen Achterbahn verbracht habe, ziehe ich nun die einfachen Dinge vor. Ich versuche das Drama in meinem Leben auf die eineinhalb Stunden auf der Bühne zu beschränken. Und ich unternehme alles nur Erdenkliche, damit mein Publikum ein ähnlich aufregendes Erlebnis hat.

Dann, wenn die Scheinwerfer nach der letzten Zugabe abdimmen, gehe ich aus der Tür des Bühneneingangs und mache mich auf den Weg nach Connecticut, wo der spannendste Teil meines Daseins in einer Fahrt durch die Landschaft besteht, einer Wanderung mit Jonathan im Kent Falls State Park, dem Genuss eines Burgers oder sich mit einem guten Buch hinzusetzen. Ich liebe Memoiren und Biografien, besonders von Frauen. Ich weiß, dass ich mich glücklich schätzen kann, immer noch etwas zu machen, das ich so sehr liebe, nämlich das Singen. Ich wünschte mir, dass jeder in seinen Siebzigern noch seiner Lieblingstätigkeit nachgehen könnte – und vielleicht auch viel länger. Uns würde es allen besser gehen, wir würden länger leben und glücklicher sein, wenn wir an unserem Wunschziel angelangen.

Ronnie Spector
November 2021

Danksagungen

Es brauchte einen Menschen, um mein Leben zu leben, aber – wie es mir erscheint – offensichtlich eine ganze Armee von Mitarbeitern, um daraus ein Buch zu machen. Ich möchte mich bei so vielen wie möglich bedanken, wie es der mir zur Verfügung stehende Platz erlaubt. Dabei beginne ich mit den Freunden, die ihre Erinnerungen während der Niederschrift des Buchs mit mir teilten:

Hal Blaine, David Brigati, La La Brooks, Cher, Dick Clark, Bobbie Cowan, Danny Davis, Chip Fields, Bobbie und Brielle Golson, Jimmy Iovine, Billy Joel, Dee Dee Kennibrew, Tony King, Gary Klein, Melanie Mintz, Uncle Ray Mobley, Richard Nader, Jimmy O'Neill, Stu Phillips, Steve Popovich, Ron Resnick, Bobby Sheen, Jay Stein, Nino Tempo, Billy Vera, Cynthia Weil, und Dave Zaan.

Wäret ihr nicht gewesen, um die Erinnerungslücken zu füllen, hätte das Buch viele leere Seiten gehabt.

Ich bedanke mich bei den folgenden Personen herzlich für die unschätzbare Unterstützung auf verschiedenste Art und Weise, die sich auf jeder Seite des Buchs widerspiegelt: Karen Adams, Michael

Aldred, Michael Alfonso, Jane Arginteanu, Helen Ashford, Ray Avery, Keith Beach, Cynthia Berry-Meyer, Richard Bonenfant, Patrick Chapman, Ray Coleman, Mark D'Antoni, Renee D'Antoni, Marvin Dolgay, Sante D'Orazio, Paul Dunford, Dave Elkouby, Gordon Flagg, James Fogerty, Rebecca Heisman, Katy Hickman, Jody Hotchkiss, Bob Hyde, Bill Inglot, Jon E. Johnsen, Rupert Kinnard, Harvey Kubernick, Bernie Kugel, Jay Lammy, Helen MacEachron,

Janet Macoska, Marcia Meldal-Johnson, Mandy Miller, Joanna Monks, Mike Murdock, Michael Ochs, David O'Shea, Mick Patrick, Debbie Paull, Wally Podrazik, Brad Pueschel, Michael Putland, Sophie Putland, Michael Randolph, Anthony Reichardt, Jane Rose, Dave Schwartz, Dan Slater, Kevan Staples, Jeff Tamarkin, Randy Taraborrelli, Mike Wagner, Winston Vargas, Bob Volturno, Elizabeth Waldron, Robert Waldron, Danny J. Williams, und David A. Young.

Ich möchte ein besonderes „Thank you" an Peter Andreasen richten, der sich große Mühe gab, die Diskografie dieser Ausgabe auf den neusten Stand zu bringen. Herzlich drücke ich Kevin Dilworth, meinen langjährigen Freund, für alles, was er tat, um das Buch zusammen zu stellen.

Und wenn ich mich schon in dieser Region bewege, möchte ich einer Handvoll Menschen meine Liebe aussprechen, die immer zu mir gehalten haben, darunter Jane Beese, den bereits verstorbenen Alan Betrock, Susan Blond, Peter Casperson, Paul Charles, Seth Cohen, Bob and Marie Donnelly, Joel Gallen, Bob Gruen, Gerri Hirshey, Marilyn Laverty, Steve Leeds, Cindy Mizelle, den bereits verstorbenen Eddie Money, Randy Myler, den verstorbenen Jack Nitzsche, Janet Oseroff, den bereits verstorbenen Chuck Rubin, Marcia Rubin, Paul Sanders, Andy Schwartz, Paul Shaffer, meinen bereits verstorbenen Freund Cliff Terry, und Narada Michael Walden.

An dieser Stelle möchte ich dem großartigen, aber leider schon von uns gegangenen Joey Ramone danken, der mir einen Tritt verpasste, genau in der Zeit, in der ich es brauchte. Und – last, but not least – ein riesiger Dank an Keith Richards, der die wunderschönen Worte verfasste, die das Buch einleiten. Ich muss an dieser Stelle kurz anhalten, um den Scheinwerfer auf meine Bandmitglieder und Road-Crews in all den Jahren zu richten. Sie sind eine talentierte Gruppe von Profis, die einer zweiten Familie ähneln: Mark Brett, Elaine Caswell, Jeremy Chatzky, Liberty DeVitto, Dennis Diken, Neil Drinkwater, Jim Durkin, Jack Flanagan, Marisa Franco, Gnomi Gré, Arno Hecht, Anne Husick, Dave Keyes, Andy Korn, Dan Lilienfeld, Joe McGinty, Monte Melnick, Cotter Michaels, Jenni Muldaur, Danny

Obadia, Eddie Oertell, Hiroko „Rockie" Onogi, Lou Reilly, Daniel Rey, Marc Ribot, Alvin Robertson, Steve Rushton, Zhana Saunders, Tricia Scotti, Michael Sticca, Bette Sussman, Jimmy Vivino, und Clem Waldmann.

Ich will mich auch bei meiner Familie bedanken, deren Liebe und Unterstützung mir dabei halfen zu dem Menschen zu „erwachsen", der ich heute bin. Meinem Vater, der dabei war, als ich zur Welt kam, meiner Mutter, die mir mit Liebe und Lachen bis zu ihrem letzten Moment beistand und meiner Schwester Estelle und meiner Cousine Nedra, die mit mir so viele Abenteuer durchmachten. Ich richte meine tiefste Liebe und einen riesigen Dank an meine Jungs Austin und Jason, die eine konstante Inspirationsquelle darstellen. An Donté, Gary und Louis – ich schicke euch meine Liebe und bete, dass jeder von euch den Frieden findet, den er verdient. Ich möchte mich mit herzlichem Dank bei meinen angeheirateten Verwandten bedanken, Dr. Michael und Harriet Greenfield, meinen Schwägern Andrew und Ken sowie meinen Schwägerinnen Debra und Marcia, die mich alle in einen liebenswerten Familienkreis aufnahmen.

Ich stehe in der Schuld von Michael Pietsch, dem Lektor der ersten Version des Buches, für seine Inspiration, seine Einblicke und die Ermutigung von Anfang an. Ein großes „Thank you" geht an Robert Guinsler von der Sterling Lord Literistic für seine regelmäßigen Anleitungen und dafür, dass er mich dem Team von Henry Holt and Company vorstellte – darunter Amy Einhorn, Patricia Eisemann, Christopher O'Connell, Caitlin O'Shaughnessy, Maggie Richards, Natalia Ruiz und Maia Sacca-Schaeffer. Sie alle machten einen tollen Job beim „Remastering" meiner Memoiren. Ein ganz besonderes „Thank you" richte ich an meine jetzige Lektorin Sarah Crichton, deren Leidenschaft, Geduld und Unterstützung es mir ermöglichten, meine Geschichte mit einem neuen Publikum zu teilen, was mir eine ungeheure Freude bereitet. Schließlich möchte ich mich bei Vince Waldron bedanken, dem Geschichtenerzähler, der mir dabei half, meine Worte zum Leben zu erwecken. Eigentlich muss ich ihm nicht sagen, wie sehr ich alles, schätze, was er geleistet hatte, denn wie dieses Buch zeigt, kann er bereits meine Gedanken lesen.

Ich habe mein letztes und größtes „Thank you" für meinen Mann Jonathan Greenfield aufbewahrt. Wäre mir nicht seine Liebe, Stärke und Ermutigung zuteilgeworden, würde ich nicht mehr hier sein, um diese Geschichte zu erzählen.

Die Ronnie Spector Diskografie

In den sechs Jahrzehnten, seit Ronnie Spector erstmalig in einem Studio war, hat sie ihre hochindividuelle Stimme auf über 175 Platten verewigt, darunter sieben Top-40-Hits, ähnlich faszinierende Stücke, die diese Platzierung nur knapp verfehlten und eine Handvoll Singles, die zu den bedeutendsten Platten aller Zeiten gehören. Diese Diskografie ist ein möglichst vollständiger Versuch alle Songs aufzuführen – die Hits, die Flops und all die anderen Platten, die Ronnie unter ihrem Namen oder als Mitglied der Ronettes auf den Markt brachte.

Die Liste beinhaltet auch die unveröffentlichten Aufnahmen, deren Existenz nachweislich verifiziert werden konnte und die Beiträge zu Platten anderer Künstler. Bis auf wenige Ausnahmen wurden Reissues auf Kopplungen/Compilations nicht inkludiert und auch fehlen viele der zahlreichen Promo-Veröffentlichungen und Ausgaben in anderen Ländern, ausgenommen der Fall, bei dem sich so ein Release signifikant im Format oder Inhalt von der ursprünglichen Ausgabe unterscheidet.

Die jeweiligen Songs sind nach dem Aufnahmedatum gelistet, was – wie Sie sehen werden – oftmals keinen großen Einfluss auf den Veröffentlichungstermin hatte. In den Fällen, in denen ein exakter Aufnahmetermin nicht verfügbar war, basiert die Chronologie auf klanglichen Hinweisen und – wann immer möglich – Erinnerung der beteiligten Künstler.

LESESCHLÜSSEL

Beispieleintrag:

September 1964[1]
***44.**[2] **Walking In The Rain**[3] **(#23)**[4]*
(Spector/Mann/Weil)
The Ronettes[5] – Philles 123 (Oktober 1964);[6] *Presenting The Fabulous Ronettes* – Philles 4006 (Dezember 1964);[7] PSI (UK) 2010017 (1976); Collectables 3208 (1983); *Be My Baby: The Very Best Of The Ronettes*[8]

1 Datum der Aufnahme-Session
2 Nummer des Eintrags
3 Titel und Komponisten
4 Höchste Charts-Position: Die Zahl bezieht sich auf den höchsten Platz der Billboard-Top-100.
5 Der Künstlername der Erstveröffentlichung
6 Label, Katalognummer und Veröffentlichungsdatum der Single (45 rpm). Eine Katalognummer und ein Veröffentlichungsdatum beziehen sich auf eine Single (45 rpm), wohingegen Alben durch den Titel definiert werden.
7 Albumtitel, Label und Veröffentlichungsdatum eines Albums, auf dem sich der Song befindet. Albentitel erscheinen in Kursivschrift. Die entsprechende Album-Katalognummer und das Veröffentlichungsdatum werden nur nach der Erstveröffentlichung genannt. Extended-Play-Veröffentlichungen werden durch die Abkürzung „(EP)“ nach dem Plattentitel genannt.
8 Spätere Reissues des Eintrags auf LP, 45 rpm Single, CD oder als digitaler Download werden generell in der Reihenfolge der Veröffentlichung aufgeführt. In den meisten Fällen werden nur kommerziell verfügbare Reissues in den USA gelistet. Viele von Ronnies Songs wurden zuerst – und in manchen Fällen nur – auf Platten in anderen Ländern veröffentlicht. Wichtige Aufnahmen die außerhalb der USA auf den Markt kamen, werden aufgeführt, wobei das Land in Klammern erscheint.

Juni 1961
Einträge 1-12 wurden von Stu Phillips produziert.

1. „My Guiding Angel“
(Tucker/Williams/Evans)
Ronnie and the Relatives – May 111 (Januar 1962); *The Ronettes Featuring Veronica* – Colpix 486 (März 1965); *The Ronettes Featuring Veronica* – EMI Gold (UK) 7243 8 64298 2 7486 (2006)

2. „I Want A Boy“
(Dinu)
Ronnie and the Relatives – Colpix 601 (August 1961); *The Ronettes Featuring Veronica* – (1965); *The Ronettes Featuring Veronica* – (2006)

3. „I'm Gonna Quit While I'm Ahead“
(Carr/Warren)
Ronnie and the Relatives – May 111 (Januar 1962); Colpix 646 (Juni 1962); *The Ronettes Featuring Veronica* – (1965); *The Ronettes Featuring Veronica* – (2006)

4. „Sweet Sixteen“
(Kaye/Springer)
Ronnie and the Relatives – Colpix 601 (August 1961); neu betitelt „What's So Sweet About Sweet Sixteen“ auf *The Ronettes Featuring Veronica* – (1965) and *The Ronettes Featuring Veronica* – (2006)

6. Februar 1962

5. „You Bet I Would“
(Kaplan/King)
The Ronettes – May 114 (April 1962)

6. „You Bet I Would“
(Kaplan/King)
The Ronettes – *The Ronettes Featuring Veronica* – (1965); *The Ronettes Featuring Veronica* – (2006)
Eine Alternativversion von derselben Session wie der vorhergehende Eintrag.

7. „I'm On The Wagon“
(Seneca/Steward)
The Ronettes – Colpix 646 (Juni 1962);

The Ronettes Featuring Veronica – (1965); *The Ronettes Featuring Veronica* – (2006)

8. „Silhouettes"
(Slay/Crewe)
The Ronettes – May114 (April 1962); *The Ronettes Featuring Veronica* – (1965); Eine extendend-Version dieses Track, mit Studiodialogen erschien auf *The Ronettes: The Colpix And Buddah Years* – Sequel (UK) CD 629 (1992).

1962
9. „Good Girls"
(B. Keyes/Q. Jones)
The Ronettes – May138 (März 1963); *The Ronettes Featuring Veronica* – (1965); *The Ronettes Featuring Veronica* – (2006)

10. „Recipe For Love"
(H. Miller/W. Denson)
The Ronettes – Dimension 1046 (vermutlich unveröffentlicht); *The Ronettes Featuring Veronica* – (1965); *The Ronettes Featuring Veronica* – (2006)

11. „He Did It"
(J. DeShannon/S. Sheeley)
The Ronettes – Dimension 1046 (vermutlich unveröffentlicht); *The Ronettes Featuring Veronica* – (1965); *The Ronettes Featuring Veronica* – (2006)

12. „Memory"
(R. Roberts/B. Katz)
The Ronettes – May 138 (März 1963); neu betitelt „The Memory" on *The Ronettes Featuring Veronica* – (1965) and *The Ronettes Featuring Veronica* – (2006)
The Ronettes Featuring Veronica wurde auch auf Vinyl als *The Colpix Years (1961–1963)* – Murray Hill 000156 (1985) wiederveröffentlicht.

Februar 1963
Die Einträge 13-24, 26, 29-52, 55-57 und 60 wurden von Phil Spector produziert.
13. „When I Saw You"
(Spector)
The Ronettes – Unveröffentlicht. Unter der Aufsicht von Phil Spector in New Yorks Regent Sound Studios eingespielt. Es handelt sich hier um eine völlig andere Fassung, als die, die auf dem Album *Presenting The Fabulous Ronettes* (1964) erschien und als B-Seite der 66er-Single „I Can Hear Music".

März 1963
14. „Why Don't They Let Us Fall in Love?"
(Spector/Greenwich/Barry)
Veronica – Phil Spector 2 (Juli 1964); *Phil Spector Wall Of Sound, Vol. 5: Rare Masters, Vol. 1* – PSI (UK) 2307 008 (1976); *The Greatest Hits, Vol. II* – PSI (UK) 2335 233 (1981); *Be My Baby: The Very Best Of The Ronettes* – Sony Legacy 88697612862 (2011)
Bei einigen Pressungen von Phil Spector 2 wird der Titel „Why Can't They Let Us Fall In Love?" geschrieben.

Mai 1963
15. „The Twist"
(Hank Ballard)
The Crystals – *The Crystals Sing The Greatest Hits, Volume 1* – Philles 4003 (Juli 1963); PSI (UK) 2010 020 (1977); *The Ronettes: All The Hits* – Charly Records (Germany) CD CRB 560 (1995); *Phil Spector Presents The Philles Album Collection* – Legacy 88697 92782 2 (2011)
Die Vocals stammen von den Ronettes, obwohl der Titel ursprünglich den Crystals zugeschrieben wurde.

16. „Hot Pastrami"
(Roziner)
The Crystals – *The Crystals Sing The Greatest Hits, Volume 1*; *Phil Spector Presents The Philles Album Collection*
Die Vocals stammen von den Ronettes, obwohl der Titel ursprünglich den Crystals zugeschrieben wurde.

17. „The Wah-Watusi"
(Mann/Appell)
The Crystals – *The Crystals Sing The Grea-*

test Hits, Volume 1; *Phil Spector Presents The Philles Album Collection*
Die Vocals stammen von den Ronettes, obwohl der Titel ursprünglich den Crystals zugeschrieben wurde. Es ist die einzige Ronettes-Aufnahme, bei der Nedra Tally den Lead-Gesang übernahm.

18. „Mashed Potato Time"
(Sheldon/Land)
The Crystals – *The Crystals Sing The Greatest Hits, Volume 1*; *The Ronettes: All The Hits*; *Phil Spector Presents The Philles Album Collection*
Ein weiterer Track, ursprünglich den Crystals zugeschrieben. Warum Phil Spector diesen Song und die drei vorhergehenden 1963 unter dem Gruppennamen der Crystals veröffentlichte, ist immer noch ein Rätsel. Angesichts des Materials – schnelle Nummern zum Tanzen, die die Ronettes regelmäßig bei ihren Auftritten sangen – besteht die Wahrscheinlichkeit, dass Phil diese Sessions als Warm-up für die Ronettes sah, bevor er sie in den folgenden Wochen und Monaten ernsthaft aufnahm und produzierte. Als solche mag Phil die Tracks als Single als zu schwach erachtet haben, aber perfekt als Füllmaterial für ein Crystals-Album. Die vier Stücke wurden den Ronettes erst 2011 in den USA zugeschrieben, als die Tracks mit korrekter Quellenangabe auf dem Album *Phil Spector Presents The Philles Album Collection* veröffentlichte.

19. „What'd I Say"
(Ray Charles)
The Ronettes – *Presenting The Fabulous Ronettes* – Philles LP-4006 (Dezember 1964); *The Ronettes: All The Hits*; *Phil Spector Presents The Philles Album Collection*
Ein Grundstein der Bühnenshow der Gruppe. „What'd I Say" klingt wie ein Live-Mitschnitt, wurde aber laut Ronnie im Studio aufgezeichnet, wobei der Publikumsbeifall als Overdub zugemischt wurde.

Juli 1963
20. „Be My Baby" (#2)
(Spector/Greenwich/Barry)
The Ronettes – Philles 116 (August 1963); *Philles Records Presents Today's Greatest Hits* – Philles 4004 (September 1963); *Presenting The Fabulous Ronettes*; PSI (UK) 2010 003 (1975); Collectables 3205 (1983); *Be My Baby: The Very Best Of The Ronettes*
Der Song, den Brian Wilson als „die perfekteste Poplatte aller Zeiten" lobte, war 13 Wochen in den Billboard Hot 100 und erreichte im Oktober 1963 eine Höchstplatzierung als Nummer 2. Im selben Monat stand er auf dem ersten Platz der Top-Singles-Charts des Magazins *Cashbox*. „Be My Baby", eine der am deutlichsten die Rock'n'Roll-Ära definierenden Kompositionen wurde 1999 in die Grammy Hall of Fame aufgenommen. Beim Ranking des *Rolling Stone* (500 Greatest Songs of All Time) steht der Titel auf Platz 22, und 2017 war er die Nummer 1 der Billboard-Liste „100 Greatest Girl Group Songs of All Time". 2006 fügte die U.S. Library of Congress das Stück der prestigeträchtigen National Recordings Registry hinzu.

21. „Tedesco And Pitman"
(Phil Spector)
The Ronettes – Philles 116 (August 1963); *Phil Spector Presents The Philles Album Collection*
Obwohl den Ronettes zugeschrieben, handelt es sich bei der B-Seite um ein Instrumental, ohne Beteiligung der Gruppe. Sie wurde auf der CD B-Seiten auf *Phil Spector Presents The Philles Album Collection* inkludiert, wo sie unter dem Gruppennamen Phil Spector Wall of Sound Orchestra gelistet ist.

Juli – August 1963
22. „Frosty The Snowman"
(S. Nelson/J. Rollins)
The Ronettes – *A Christmas Gift For You From Philles Records* – Philles 4005

(November 1963); PSI (UK) 2010 010 (1975); *Phil Spector's Christmas Album* – Pavillion PZ 37686 (1981) (Stereo); *A Christmas Gift For You From Phil Spector* – Legacy 88697 59214 2 (2009)

23. „Sleigh Ride" (#13)
(L. Anderson/M. Parish)
The Ronettes – *A Christmas Gift For You From Philles Records*; *Christmas EP From Philles LP 4005* (EP) – Philles X-EP (1964); *Phil Spector's Christmas Album*; *The Phil Spector Christmas Mix* (EP) – Chrysalis (UK) CHS 3202 (November 1987); *A Christmas Gift For You From Phil Spector*
„Sleigh Ride" kam Ende 2018 erstmalig in die Billboard 100 – rechtzeitig zu Weihnachten – und tauchte seither regelmäßig in der Weihnachtszeit auf. Das Stück eroberte Platz 10 in der Woche, die mit dem 1. Januar 2022 endete. „Sleigh Ride" gehörte zu den vier Titeln der Promo-EP *Christmas EP From Philles LP 4005*. Auch erschien das Stück auf *The Phil Spector Christmas Mix*, einer EP (1987), von Chrysalis Records 1987 im UK auf den Markt gebracht.

24. „I Saw Mommy Kissing Santa Claus"
(Tommie Connors)
The Ronettes – *A Christmas Gift For You From Philles Records*; *Phil Spector's Christmas Album*; Pavillion ZS8 03333 (1981); *A Christmas Gift For You From Phil Spector*
Neun Jahre nach der Erstveröffentlichung wurde *A Christmas Gift For You From Philles Records* vom Apple Records Label als *Phil Spector's Christmas Album* – Apple SW-3400 (1972) wieder veröffentlicht.

19. August 1963
25. „Getting Nearer"
(Bell/Watkins)
Joey Dee – Roulette R-4539 (Dezember 1963); *The Ronettes: The Colpix And Buddah Years* – Sequel (UK) NEM CD620 (1992)
Nur Background-Vocals. Produziert von Henry Glover. Die persönliche und professionelle Beziehung zu Joey Dee hatte 1963 bereits eine feste Basis, doch das Ausmaß ihrer Beteiligung bei seinen Platten wurde lange Zeit diskutiert. Ronnie erinnert sich nur daran, dass sie „manchmal mit Joey und den Jungs im Studio abhing" und gelegentlich ein oder zwei Harmonien sang. Obwohl sie keine klar umrissene Erinnerung an irgendeine dieser Sessions hat, die auf einen Tonträger gelangten, ist ihr Gesang hier eindeutig hörbar.

September 1963
26. „I Wonder"
(Spector/Greenwich/Barry)
The Ronettes – *Presenting The Fabulous Ronettes*; PSI (UK) 2010 017 (1976); *Be My Baby: The Very Best Of The Ronettes*

27. „Be My Baby" (Live)
(Spector/Greenwich/Barry)
The Ronettes – *Murray The K, Live from The Brooklyn Fox* – KFM 1001 (1963)
Live im Brooklyn Fox aufgenommen. Earl Warren wird als Orchesterdirigent genannt.

28. September 1963
28. „What'd I Say" (Live)
(Ray Charles)
The Ronettes – *Memories Of The Cow Palace* – Herbst 101 (Dezember 1963)
Phil Spector wird als Orchesterdirigent aufgeführt. 1983 wurde *Memories Of The Cow Palace* von Rhino im Vinyl-Format neu aufgelegt.

9. Oktober 1963
29. „Miss Joan And Mr. Sam"
(Phil Spector)
The Ronettes – Philles 118 (November 1963); *Phil Spector Presents The Philles Album Collection*
Obwohl den Ronettes zugeschrieben, handelt es sich bei der B-Seite um ein Instrumental, ohne Beteiligung der Gruppe.

November 1963

30. „Baby, I Love You" (#24)
(Spector/Greenwich/Barry)
The Ronettes – Philles 118 (November 1963); *Presenting The Fabulous Ronettes*; Collectables 3206 (1983); *Be My Baby: The Very Best Of The Ronettes*
Der Song erreichte den 6. Platz der R&B-Charts des *Cashbox*-Magazins.

31. „Girls Can Tell"
(Spector/Greenwich/Barry)
The Crystals – *Phil Spector Wall Of Sound, Vol. 5: Rare Masters, Vol. 1*
Obwohl den Crystals zugeschrieben, die auch eine eigene Version des Songs aufnahmen, ist der Track auf *Phil Spector Wall Of Sound, Vol. 5: Rare Masters* offensichtlich eine Ronettes-Aufnahme, belegbar an Ronnies klar unterscheidbaren Lead-Vocals.

Februar 1964

32. „The Best Part Of Breakin' Up" (#39)
(Spector/Poncia/Andreoli)
The Ronettes – Philles 120 (April 1964); *Presenting The Fabulous Ronettes*; PSI (UK) POSP 377 (1981); Collectables 3206 (1983); *Be My Baby: The Very Best Of The Ronettes*
Die erste Ronettes-Aufnahme komponiert von Phil Spector und dem Songwriter-Team Vini Poncia und Pete Andreoli, die im Laufe des folgenden Jahres herausragende Stücke für die Gruppe komponierten.

33. „Big Red"
(A. L. Spector)
The Ronettes – Philles 120 (April 1964); *Phil Spector Presents The Philles Album Collection*
Obwohl den Ronettes zugeschrieben, handelt es sich bei der B-Seite um ein Instrumental, ohne Beteiligung der Gruppe.

34. „Chapel Of Love"
(Spector/Greenwich/Barry)
The Ronettes – *Presenting The Fabulous Ronettes*; Collectables 3207 (1983); *The Ronettes: All The Hits*; *Phil Spector Presents The Philles Album Collection*

Februar – März 1964

35. „Soldier Baby (Of Mine)"
(Spector/Poncia/Andreoli)
The Ronettes – *Phil Spector Wall Of Sound, Vol. 5: Rare Masters, Vol. 1*

36. „When I Saw You"
(Spector)
The Ronettes – *Presenting The Fabulous Ronettes*; Philles 133 (Oktober 1966); Polydor/PSI (UK) 2010 009 (1975); Warner/Spector 0409 (1976); *Be My Baby: The Very Best Of The Ronettes*
Als dieser Track als B-Seite von „I Can Hear Music" 1966 auf den Markt kam, wurde er unter „The Ronettes Featuring Veronica" aufgeführt.

37. „So Young"
(William „Prez" Tyus)
Veronica – Phil Spector 1 (April 1964); *Presenting The Fabulous Ronettes*; Collectables 3205 (1983); *Be My Baby: The Very Best Of The Ronettes*
Obwohl zuerst nur unter „Veronica" gelistet, erschien der Track ohne spezielle Nennung auf *Presenting The Fabulous Ronettes*.

Mai 1964

38. „Keep On Dancing"
(Spector/Greenwich/Barry)
The Ronettes – *Phil Spector Wall Of Sound, Vol. 6: Rare Masters, Vol. 2* – Polydor/ PSI (UK) 2307 009 (1976)

39. „Do I Love You" (#34)
(Spector/Poncia/Andreoli)
The Ronettes – Philles 121 (Juni 1964); *Presenting The Fabulous Ronettes*; PSI (UK) 2010 003 (1975); PSI (UK) POSP 377 (1981); Collectables 3208 (1983); *Be My Baby: The Very Best Of The Ronettes*
Der Song erreichte den 11. Platz der R&B-Charts des *Cashbox*-Magazins.

40. „Bebe and Susu"
(Spector)
The Ronettes – Philles 121 (April 1964); *Phil Spector Presents The Philles Album Collection*
Obwohl den Ronettes zugeschrieben, handelt es sich bei der B-Seite um ein Instrumental, ohne Beteiligung der Gruppe.

August 1964
41. „You Baby"
(Spector/Mann/Weil)
The Ronettes – *Presenting The Fabulous Ronettes*; *Be My Baby: The Very Best Of The Ronettes*

42. „How Does It Feel?"
(Spector/Poncia/Andreoli)
The Ronettes – Philles 123 (Oktober 1964); *Presenting The Fabulous Ronettes* – Philles LP-4006 (nur Mono-Pressungen); *The Best of The Ronettes* – ABKCO Records 72122 (1992); *Phil Spector Presents The Philles Album Collection*

43. „How Does It Feel?"
(Spector/Poncia/Andreoli)
The Ronettes – *Presenting The Fabulous Ronettes* – Philles PHLP ST 4006 (stereo pressings only); PSI (UK) 2010 014 (1976); *The Ronettes: All The Hits*
Die Alternativversion von „How Does It Feel?" erschien auf der Stereoveröffentlichung von *Presenting The Fabulous Ronettes*.

September 1964
44. „Walking In The Rain" (#23)
(Spector/Mann/Weil)
The Ronettes – Philles 123 (Oktober 1964); *Presenting The Fabulous Ronettes*; PSI (UK) 2010 017 (1976); Collectables 3208 (1983); *Be My Baby: The Very Best Of The Ronettes*
Der Song erreichte den 4. Platz der R&B-Charts des *Cashbox*-Magazins.

45. „(I'm A) Woman in Love"
(Spector/Mann/Weil)
The Ronettes – PSI (UK) 2010 009 (1975); *Phil Spector Wall Of Sound, Vol. 5: Rare Masters, Vol. 1*

Dezember 1964
46. „Born To Be Together" (#52)
(Spector/Mann/Weil)
The Ronettes featuring Veronica – Philles 126 (Februar 1965); *The Greatest Hits, Vol. II*; Collectables 3208 (1983); *Be My Baby: The Very Best Of The Ronettes*

47. „Blues for Baby"
(Spector)
The Ronettes Featuring Veronica – Philles 126 (Februar 1965); *The Ronettes: All The Hits*

1965
48. „Lovers"
(Unbekannt)
The Ronettes – *The Greatest Hits, Vol. II*

März 1965
49. „Is This What I Get For Loving You?" (#75)
(Spector/Goffin/King)
The Ronettes Featuring Veronica – Philles 128 (May 1965); *The Greatest Hits, Vol. II; Be My Baby: The Very Best Of The Ronettes*

50. „Oh, I Love You"
(Spector)
The Ronettes Featuring Veronica – Philles 128 (May 1965); A&M 1040 (März 1969); *The Ronettes: All The Hits*
Als der Track als B-Seite von „You Came, You Saw, You Conquered" 1969 veröffentlicht wurde, lautete die Gruppenbenennung „The Ronettes Featuring The Voice Of Veronica".

Oktober 1965
51. „Paradise"
(Nilsson/Spector)
The Ronettes – *Phil Spector Wall Of Sound, Vol. 5: Rare Masters, Vol. 1*; Warner/Spector 0409 (1976); *Be My Baby: The Very Best Of The Ronettes*

52. „Here I Sit"
(Nilsson/Spector)
The Ronettes – *Phil Spector Wall Of Sound,*

Vol. 6: Rare Masters, Vol. 2; *Be My Baby: The Very Best Of The Ronettes*

November 1965
53. „Be My Baby" (Live)
(Spector/Greenwich/Barry)
The Ronettes – *The Big T.N.T. Show* (DVD) – Shout Factory 43380410 (2016)

54. „Shout" (Live)
(O. Isley/R. Isley/R. Isley)
The Ronettes – *The Big T.N.T. Show* (DVD)
Dieser und der vorhergehende Song wurden live bei „The Big T.N.R. Show" 1965 aufgezeichnet, einem All-Star-Konzert, das als Film 1966 in die Kinos kam. Phil Spector zeichnete für Konzert und Film verantwortlich.

Beginn 1966
55. „I'll Never Need More Than This"
(Spector/Greenwich/Barry)
Ike & Tina Turner – Philles 135 (1967); Ike & Tina Turner – *River Deep –Mountain High* – A& M SP-4178 (1969)
Background-Vocals. Obwohl Ronnies Stimme beim Chorus hörbar ist, kann sie sich nicht an eine Teilnahme bei den Sessions erinnern, die Phil mit Tina Turner aufnahm. Ihr Beitrag zu der Aufnahme wirkt hinsichtlich exakter Informationen nebulös. Das geschah oft, denn Phil brachte Ronnie häufig zu Sessions mit ins Studio, wo sie Songs oder Teile von Songs aufnahm, die im Archiv verschwanden oder – wie in diesem Fall – auf dem Album eines anderen Künstlers auftauchten.

April 1966
56. „I Wish I Never Saw The Sunshine"
(Spector/Greenwich/Barry)
The Ronettes – *Phil Spector Wall Of Sound, Vol. 6: Rare Masters, Vol. 2*; *Be My Baby: The Very Best Of The Ronettes*

Oktober 1966
57. „Everything Under The Sun"
(Crewe/Knight)
The Ronettes – *Phil Spector Wall Of Sound, Vol. 6: Rare Masters, Vol. 2*; *Be My Baby: The Very Best Of The Ronettes*

Herbst 1966
58. „I Can Hear Music" (#100)
(Spector/Greenwich/Barry)
The Ronettes Featuring Veronica – Philles 133 (Oktober 1966); PSI (UK) 2010 014 (1976); *The Greatest Hits, Vol. II*; *Be My Baby: The Very Best Of The Ronettes*
Produziert von Jeff Barry.

59. „I Wish I Never Saw The Sunshine"
(Spector/Greenwich/Barry)
The Ronettes – Unveröffentlicht
Produziert von Jeff Barry.

Februar 1969
60. „You Came, You Saw, You Conquered"
(Spector/Wine/Levine)
The Ronettes Featuring The Voice Of Veronica – A&M 1040 (März 1969); *Be My Baby: The Very Best Of The Ronettes*
Obwohl das Label die Ronettes erwähnt, waren Nedra und Estelle nicht dabei.

20. Januar 1970
61. „Earth Blues"
(Jimi Hendrix)
Jimi Hendrix – *Rainbow Bridge* – Original Motion Picture Soundtrack – Reprise MS 2040 (Oktober 1971)
Background-Vocals. Produziert von Jimi Hendrix, Mitch Mitchell, Eddie Kramer und John Jansen. Auf eine Frage zu dieser Session konnte sich Ronnie nur daran erinnern, dass sie und Estelle mit Hendrix aus Spaß ins Studio gingen, nachdem sie ihn bei einer Party zufällig getroffen hatten. Die Ronettes werden auf dem Albumcover genannt, und ihre Gesangsbeiträge sind auf dem Track deutlich zu hören.

Februar – März 1971
Die Einträge 62 und 63 wurden von Phil Spector und George Harrison produziert.

62. „Try Some, Buy Some" (#77)
(G. Harrison)
Ronnie Spector – Apple 1832 (April 1971); *Playlist: The Very Best Of Ronnie Spector* – Sony Legacy 88843020712 (2014)
Ronnies erste Veröffentlichung als Ronnie Spector, den Künstlernamen, den sie auf Ratschlag der Apple-Records-Mitbegründer George Harrison und John Lennon annahm.

63. „Tandoori Chicken"
(G. Harrison/P. Spector)
Ronnie Spector – Apple 1832 (April 1971)
John Lennon singt Backing-Vocals.

64. „You" (#20)
(G. Harrison)
George Harrison – Apple R 6007 (September 1975); *Extra Texture* – Apple SW-3420 (September 1975)
Background-Vocals. In seinem Buch *I Me Mine* erinnert sich George Harrison daran, den Titel für Ronnie geschrieben zu haben. Ursprünglich sollte er auf ihrem angedachten Apple-Album auf den Markt kommen. „Ich versuchte für sie eine Art Ronettes-Song zu schreiben", erinnert er sich. Allerdings nahm er nur einen instrumentalen Backing-Track auf – mit Leon Russell am Klavier – bevor die Sessions abgebrochen wurden. Harrison: „Wir kamen nie dazu, ein komplettes Album aufzunehmen, da wir nur vier oder fünf [Backing]-Tracks fertig stellten, bevor Phil genug hatte." Ein Backing-Track tauchte auf einem von Georges Soloalben auf, mit Ronnies deutlich hörbarer Stimme im Hintergrund.

65. „Lovely La-De-Day"
(Wine/Levine)
Ronnie Spector – Unveröffentlicht.

66. „I Love Him Like I Love My Very Life"
(Wine/Levine)
Ronnie Spector – Unveröffentlicht
Die Einträge 65 und 66 sind nicht komplett produzierte Tracks, die während der Sessions von „Try Some, Buy Some" aufgenommen wurden. Wie auch dieser Song waren sie für Ronnies angedachtes Apple-Album bestimmt.

1973
Einträge 67-70 von Stan Vincent produziert.

67. „Lover Lover"
(S. Vincent)
Ronnie Spector and the Ronettes Featuring Hugh McCracken – Buddah 384 (August 1973); *The Ronettes: The Colpix and Buddah Years*
Lead-Gitarre: Hugh McCracken.

68. „Go Out And Get It"
(S. Vincent)
Ronnie Spector and the Ronettes Featuring Hugh McCracken – Buddah 384 (August 1973); *The Ronettes: The Colpix and Buddah Years*
Lead-Gitarre: auch Hugh McCracken. Er wurde auf beiden Seiten der Ausgabe Buddah 384 namentlich genannt.

69. „I Wish I Never Saw The Sunshine"
(Spector/Greenwich/Barry)
Ronnie Spector and the Ronettes – Buddah 408 (Februar 1974)
Eine längere Fassung des Tracks mit einer zusätzlichen Strophe, veröffentlicht auf *The Ronettes: The Colpix And Buddah Years*.

70. „I Wonder What He's Doing"
(S. Vincent)
Ronnie Spector and the Ronettes – Buddah 408 (Februar 1974); *The Ronettes: The Colpix And Buddah Years*
Die Einträge 67-70 wurden von der neuen Ronettes-Besetzung eingesungen, mit Ronnie an den Lead-Vocals und

Chip Fields sowie Denise Edwards an den Backing-Vocals.

71. „Teenage Lament '74" (#48)
(Alice Cooper/Neal Smith)
Alice Cooper – *Muscle Of Love* – Warner Bros. 2748 (November 1973); Warner Bros. 7762 (Dezember 1973)
Nur Background-Vocals. Produziert von Jack Richardson und Jack Douglas.

1975
Einträge 72 und 73 produziert von Edward Germano.
72. „You'd Be Good for Me"
(Goffin/Goldberg)
Ronnie Spector – Tom Cat 10380 (September 1975)
Ein längerer Remix des Titels wurde als 12"-Promo-Ausgabe veröffentlicht unter Tom Cat YB 10380 (1975).

73. „Something Tells Me"
(R. Cook/R. Greenaway)
Ronnie Spector – Tom Cat 10380 (September 1975)

1976
Die Einträge 74-77 wurden von Steve Van Zandt produziert.
74. „You Mean So Much To Me"
(Bruce Springsteen)
Southside Johnny and the Asbury Jukes – *I Don't Want To Go Home* – Epic PE 34180 (Juni 1976); *Dangerous: Ronnie Spector 1976–1987* – Raven Records (Australia) RVCD-48 (1995)

75. „You Mean So Much To Me" (Live)
(Bruce Springsteen)
Southside Johnny and the Asbury Jukes – *The Best Of Southside Johnny And The Asbury Jukes* – Epic 52733 (1992); *The Very Best Of Ronnie Spector* – Sony Music (EU) 88875166582 (2015)

Dezember 1976
76. „Say Goodbye To Hollywood"
(Billy Joel)
Ronnie Spector and the E Street Band – Epic/Cleveland International 50374 (April 1977); *The Very Best Of Ronnie Spector*
Eine 12"-Promo von „Say Goodbye To Hollywood" und „Baby Please Don't Go" wurde mit der Katalognummer Epic/Cleveland International ASF-350 veröffentlicht (April 1977).

Winter 1977
77. „Baby Please Don't Go"
(Steve Van Zandt)
Ronnie Spector and the E Street Band – Epic/Cleveland International 50374 (April 1977); *The Very Best Of Ronnie Spector*

August 1977
78. „It's A Heartache"
(Scott/Wolfe)
Ronnie Spector – Alston 3738 (März 1978); *Get Down Tonight! The Best Of T.K. Records* – Rhino R2 71003 (1990)
Produziert von Kyle Lehning und Steve Popovich.

79. „Cry Like a Baby"
(Penn/Oldham)
Ronnie Spector – Unveröffentlicht
Vermutlich von Kyle Lehning und Steve Popovich produziert.

Dezember 1977
80. „I Wanna Come Over (Is That What Time It Is?)"
(Richard and Michael Benardi)
Ronnie Spector – Alston 3738 (März 1978)
Produziert von Charles Callelo und Steve Popovich.

81. „You Light Up My Life"
(Joe Brooks)
Ronnie Spector – Unveröffentlicht
Vermutlich produziert von Charles Callelo und Steve Popovich.

82. „And The Music Plays On"
(Shannon/Bourgoise)

Ronnie Spector – Unveröffentlicht
Vermutlich produziert von Charles Callelo und Steve Popovich.

1979 – 1980
Die Einträge 83-94 wurden von Genya Ravan produziert.
83. „Darlin'"
(Oscar Blandamer)
Ronnie Spector – Polish 202 (Juni 1980); *Siren* – Polish 808 (August 1980)

84. „Tonight"
(Chris Robinson)
Ronnie Spector – Polish 202 (Juni 1980); *Siren*

85. „Here Today, Gone Tomorrow"
(T. Ramone/D. Ramone/J. Ramone/J. Ramone)
Ronnie Spector – *Siren*

86. „Boys Will Be Boys"
(Roger Cook/Charles Cochran)
Ronnie Spector – *Siren*

87. „Let Your Feelings Show"
(Roger Cook)
Ronnie Spector – Unveröffentlicht.
Eine unveröffentlichte und anders abgemischte Fassung des Eintrags 88.

88. „Let Your Feelings Show"
(Roger Cook)
Ronnie Spector – *Siren*

89. „Happy Birthday Rock 'n' Roll"
(Peter Gage/Elkie Brooks)
Ronnie Spector – *Siren*

90. „Any Way That You Want Me"
(Chip Taylor)
Ronnie Spector – *Siren*

91. „Common Thief"
(William House)
Ronnie Spector – Unveröffentlicht.
Eine unveröffentlichte Aufnahme der *Siren*-Sessions.

April 1980
92. „Dynamite"
(Greg Allen/Ralph Fuentes)
Ronnie Spector – *Siren*

93. „Hell Of A Nerve"
(Glen Robert Allen/Ralph Fuentes)
Ronnie Spector – *Siren*

94. „Settin' The Woods On Fire"
(Greg Allen/Ralph Fuentes)
Ronnie Spector – *Siren*

1985
95. „Tonight You're Mine, Baby"
(Narada Michael Walden/Preston Glass)
Produziert von Paul Shaffer. Co-Produzenten Chris Lord-Alge und Steve Jordan. Eine der ungewöhnlichsten Aufnahmen von Ronnie, die nur auf dem Vinyl-Soundtrack der Teenager-Comedy *Just One Of The Guys* erschien.

96. „You And Me Go Way Back"
(John Sebastian/Phil Galdston)
Ronnie Spector, John Sebastian, Roger McGuinn, and Felix Cavaliere – *Deja View: The Ultimate 60's Party Video* (Laserdisc) – Karl- Lorimar LV 025 (1986)
Ronnie teilt sich die Lead-Vocals mit den 60er-Legenden John Sebastian, Roger McGuinn und Felix Cavaliere.

1986
97. „Take Me Home Tonight" (#4)
(M. Leeson/P. Vale)
Eddie Money – Columbia 38–06231 (August 1986); *Can't Hold Back* – Columbia FC 40096 (1986); *Dangerous: Ronnie Spector 1976–1987*
Produziert von Richie Zito und Eddie Money. Die Original-Single enthält den Hinweis: „Guest vocals by Ronnie Spector."

98. „Can't We Try"
(D. Hill/B. Hill)
Dan Hill and Ronnie Spector – Unveröffentlicht.

1987

Die Einträge 99-102 wurden von Michael Young produziert, 103 von Desmond Child und 104-109 von Gary Klein.

99. „Who Can Sleep"

(Alan Gordon/Jerry Friedman)
Ronnie Spector – Columbia 38-07082 (May 1987); *Unfinished Business* – Columbia C 40620 (May 1987); *Dangerous: Ronnie Spector 1976–1987*
Eddie Money singt ergänzend zu Ronnies Lead-Vocals. Das Label der Original-Single beinhaltet die Nennung: „Additional Vocals by Eddie Money". Eine 12"-Promo des Stücks erschien unter der Katalognummer Columbia CAS 2701 (1987).

100. „Dangerous"

(Billy Steinberg/Tom Kelly)
Ronnie Spector – *Unfinished Business*; *Dangerous: Ronnie Spector 1976–1987*
Susanna Hoffs von den Bangles singt einen Gastbeitrag zu Ronnies Vocals.

101. „Burnin' Love"

(Dennis Linde)
Ronnie Spector – *Unfinished Business*; *Dangerous: Ronnie Spector 1976–1987*

102. „Unfinished Business"

(Gregory Abbott)
Ronnie Spector – *Unfinished Business*; *Dangerous: Ronnie Spector 1976–1987*

103. „Love On A Rooftop"

(Desmond Child/Diane Warren)
Ronnie Spector – *Unfinished Business*; Columbia 07300 (Juli 1987); *The Very Best Of Ronnie Spector*

104. „(If I Could) Walk Away"

(Don Dixon)
Ronnie Spector – *Unfinished Business*; *Dangerous: Ronnie Spector 1976–1987*

105. „Heart Song"

(Douglas Berlent)
Ronnie Spector – *Unfinished Business*; *Dangerous: Ronnie Spector 1976–1987*

106. „True To You"

(Gerard McMann)
Ronnie Spector – *Unfinished Business*; *Dangerous: Ronnie Spector 1976–1987*

107. „When We Danced"

(David Palmer/Phillip Jost)
Ronnie Spector – Columbia 07082 (Mai 1987); *Unfinished Business*; *Dangerous: Ronnie Spector 1976–1987*

108. „Good Love Is Hard To Find"

(Alan Gordon)
Ronnie Spector – *Unfinished Business*; Columbia 07300 (Juli 1987); *Dangerous: Ronnie Spector 1976–1987*

109. „Don't Go Out On Me"

(Goffin/King)
Ronnie Spector – Unveröffentlicht
Ein unveröffentlichter Track der *Unfinished Business*-Sessions, produziert von Gary Klein.

110. „I Can Hear Music"

(Spector/Greenwich/Barry)
Ronnie Spector – *The Legendary Ladies Of Rock & Roll* (Laserdisc) – HBO Video ID845HB (1987)

111. „Be My Baby"

(Spector/Greenwich/Barry)
Ronnie Spector mit Belinda Carlisle und Grace Slick – *The Legendary Ladies Of Rock & Roll*
Die Einträge 110-111 wurden live aufgenommen, gedacht für das Video *Legendary Ladies Of Rock & Roll*, das im Fernsehen 1988 übertragen wurde. Clarence Clemons spielt auf beiden Tracks, während Belinda Carlisle und Grace Slick Background-Vocals bei „Be My Baby" singen.

1989

Die Einträge 112-115 wurden von Alan Betrock produziert.

112. „Communication"

(Marshall Crenshaw)
Ronnie Spector – *Something's Gonna Happen* (EP) – Bad Girl Sounds 0010 (2003)

113. „For His Love"
(Marshall Crenshaw)
Ronnie Spector – *Something's Gonna Happen*

114. „Something's Gonna Happen"
(Marshall Crenshaw)
Ronnie Spector – *Something's Gonna Happen*

115. „Whenever You're On My Mind"
(Marshall Crenshaw/Bill Teeley)
Ronnie Spector – *Something's Gonna Happen*
Marshall Crenshaw spielt Lead-Gitarre bei den Tracks 110-113, während die Pussywillows die Backing-Vocals übernehmen.

15. Juni 1990
116. „Little Rosey"
(Staples/Pope/Dolgay/Gilboy)
Ronnie Spector – *Little Rosey (Television Series)* – ABC- TV (1990–91)
Der Erkennungssong für *Little Rosey*, einer animierten Zeichentrickserie, die am Samstagmorgen lief und von der Comedian Roseanne Barr produziert wurde.

1991
117. „Creation Of Love"
(Barrett/Weiner)
Ronnie Spector – *Street Carols* – Street Gold 1352 (1991)
Ein Update einer B-Seite von Frankie Lymon and the Teenagers, die einen neuen und Weihnachten thematisierenden Text enthält.

118. „Blue Coral Reef"
(Eiichi Ohtaki, englischer Text von Brett Raymond)
Ronnie Spector – *Sweet Memories* – Victor (Japan) 230 (1991)

1992
119. „Farewell To A Sex Symbol"
(Berger/Plamondon, englischer Text von Tim Rice)
Ronnie Spector – *Tycoon* – Epic 471923 (1992); *The Very Best Of Ronnie Spector*
Ronnie ist auf einem Track der gefeierten kanadisch-französischen Rockoper *Starmania* – Kebec Frog KF 8001/2 (1978) zu hören.

120. „Rockin' Around The Christmas Tree"
(Johnny Marks)
Ronnie Spector/Darlene Love – *A Very Special Christmas 2* – A&M 31454 (1992)
Ein Duett mit Darlene Love, produziert von Jimmy Iovine und Danny Kortchmar. Jon Bon Jovi spielt Akustik-Gitarre.

121. „Courting You On Side ‚A'"
(Eiichi Ohtaki)
Ronnie Spector – *Canary Islands* – Virgin (Japan) 000117 (Juni 1992)

122. „Karen"
(Eiichi Ohtaki)
Ronnie Spector – *Canary Islands*

123. „Never-Ending Wind"
(Eiichi Ohtaki)
Ronnie Spector – *Canary Islands*

1994
Die Einträge 124-126 wurden von Jan Fairchild produziert.
124. „Favorite Waste Of Time"
(Marshall Crenshaw)
Ronnie Spector – *Something's Gonna Happen*

125. „Wrong Man For The Job"
(Egan/Flett)
Ronnie Spector – Unveröffentlicht

126. „That's How It Should Be"
(Unbekannt)
Ronnie Spector – Unveröffentlicht.

127. „Brace Yourself"
(Otis Blackwell)
Ronnie Spector – *Brace Yourself: A Tribute to Otis Blackwell* – Shanachie 57002 (1994)
Produziert von John Tiven und Tony Visconti.

128. „I Love You So"
(Alexander/Tiven)
Felix Cavaliere & Veronica – *Adios Amigo: A Tribute to Arthur Alexander* – Razor & Tie 2814 (1994)
Ronnie wird bei dem Duett mit Felix Cavaliere als Veronica angegeben. Produziert von Jon und Sally Tiven.

129. „So In Need Of A Change"
(Niclas Frisk)
Atomic Swing Featuring Ronnie Spector – Sonet (Netherlands) 10495 (1994); *Bossanova Swap Meet* – Sonet/ Polydor (Netherlands) 114302 (1994)
Produziert von Niclas Frisk. Die Single-Version enthält zwei unterschiedliche Mixe des Songs. Das Album *Bossanova Swap Meet* schreibt den Song Atomic Swing zu, mit „Guest Vocals by Ronnie Spector".

5. November 1995
130. „Hail, Hail! The Witch Is Dead"
(Arlen/Harburg)
Ronnie Spector, Dr. John, David Sanborn, and Images – *The Wizard Of Oz in Concert: Dreams Come True* – Rhino 72405 (August 1996)
Ronnie wird von Dr. John, David Sanborn und Images begleitet.

131. „Finale (Over The Rainbow)"
(Arlen/Harburg)
Lucie Arnaz, Phoebe Snow, Ronnie Spector, Ry Cooder, Dr. John, and David Sanborn – *The Wizard Of Oz in Concert: Dreams Come True*
Die Einträge 130 und 131 wurden am 5. November 1995 live in der Avery Fisher Hall im Lincoln Center in New York aufgezeichnet. Keith Levenson zeichnet für die Arrangements verantwortlich und dirigiert das Orchester. Regisseur war Louis J. Horvitz.

1997
132. „Everybody Loves Christmas"
(Money/Cuomo)
Eddie Money and Ronnie Spector – CMC International 06076 87241–2 (1997); Eddie Money – *Shakin' With The Money Man* – CMC International 07076 86223–2 (1997)
Ein Duett mit Eddie Money, produziert von Richie Zito. Der Track erschien auch auf der CD: Various Artists – *The Santa Clause 2* – Original Soundtrack – Walt Disney Records 60069-7 (2002).

1999
Die Einträge 133-136 wurden von Joey Ramone und Daniel Rey produziert.
133. „She Talks To Rainbows"
(Joey Ramone)
Ronnie Spector – *She Talks To Rainbows* (EP) – Creation Records (UK) CRESCD 305 (1999)

134. „Don't Worry, Baby"
(Wilson/Christian)
Ronnie Spector – *She Talks to Rainbows*

135. „You Can't Put Your Arms Around A Memory"
(Johnny Thunders)
Ronnie Spector – *She Talks To Rainbows*; *The Last Of The Rock Stars* – Artist First Music/Edel Records (EU) 0007716ATF (2006); *Playlist: The Very Best Of Ronnie Spector*

136. „Bye Bye Baby"
(Joey Ramone)
Ronnie Spector – *She Talks To Rainbows*
Joey Ramone und Ronnie singen unterschiedliche Strophen bei dem Cover eines Stücks, das Joey zuerst mit den Ramones auf deren Album veröffentlichte: *Halfway To Sanity* – Sire 9 25641-2 (1987).

137. „I Wish I Never Saw The Sunshine"
(Spector/Greenwich/Barry)
Ronnie Spector – *She Talks To Rainbows* (EP) – *Kill Rock Stars* 348 (1999)
Bei den Einträgen 134 und 136 über-

nahm die bekannte Session-Sängerin Cindy Mizelle die Background-Vocals, die zufälligerweise Ronnies Cousine ist. Eintrag 137 erschien als Bonustrack auf der US-Veröffentlichung der EP *She Talks To Rainbows*. Es ist eine Liveversion des bei 137 genannten Songs, aufgenommen 1999 in Tokio und arrangiert von Jeremy Chatzky.

138. „Mony, Mony"
(Bloom/Gentry/James/Cordell)
The Pretty Things – *Rage Before Beauty* – Snapper 128142 (1999)
Ronnie ist als Gast des 68er-Hits von Tommy James & The Shondells zu hören.

139. „Christmas (Baby, Please Come Home)"
(Spector/Greenwich/Barry)
Joey Ramone – *Christmas Spirit ... In My House* (EP) – Sanctuary 84689–2 (2002)
Ronnie ist am Ende des Tracks zu hören, bei dem sie die für sie charakteristischen „Whoa-oh"-Phrasen singt. Dieser Beitrag entstand spontan, da sie den Produzenten Daniel Rey im Studio besuchte, während er und Joey Ramone den Song beendeten.

2000-2001

140. „It's Gonna Work Out Fine"
(Ike Turner)
Andre Williams – *Bait And Switch* – Norton CED-288 (2001)
Ronnie singt bei diesem nach dem „Frage-und-Antwort"-Muster konzipierten Song gemeinsam mit Andre Williams. Die Nummer wurde erstmalig von Ike and Tina Turner 1961 aufgenommen.

141. „Brilliant Disguise"
(Bruce Springsteen)
Ronnie Spector – *Tribute To Bruce Springsteen: Made In The U.S.A.* – Purple Pyramid 1049–2 (Mai 2001)
Der Eintrag 142 wurde von Daniel Rey und Angela Piva produziert, Einträge 143 und 144 von Daniel Rey.

142. „Never Gonna Be Your Baby"
(Desmond Child/Eric Bazilian/Daphne Rubin-Vega)
Ronnie Spector – *The Last Of The Rock Stars*
Die bekannte Sängerin Lisa Fischer singt zusätzliche Spuren ein.

143. „All I Want"
(Amy Rigby)
Ronnie Spector – *The Last Of The Rock Stars*; *Playlist: The Very Best Of Ronnie Spector*
Keith Richards spielt Lead-Gitarre.

144. „Work Out Fine"
(Ike Turner)
Ronnie Spector – *The Last Of The Rock Stars*
Keith Richards spielt Lead-Gitarre und singt den Gegenpart zu Ronnies Hauptgesang. Es ist ein alter Song von Ike and Tina Turner, den Ronnie bereits mit Andre Williams aufgenommen hatte.

145. „Face In The Crowd"
(Glenn Matlock/Patti Paladin)
Ronnie Spector – Unveröffentlicht
Produziert von Joey Ramone und Daniel Rey. Jesse Maling singt Background-Vocals.

146. „Love Untold"
(Paul Westerberg)
Ronnie Spector – Unveröffentlicht
Produziert von Daniel Rey.

2002

147. „This Magic Moment"
(Pomus/Shuman)
Misfits – *Project 1950* – Misfits RCD 10643 (Juli 2003)
Ronnie zeichnet für die Vocals verantwortlich. Es ist die Coverversion des Drifters-Hits aus dem Jahr 1960.

148. „You Belong To Me"
(King/Price/Stewart)
Misfits – *Project 1950*
Ronnie am Gesang. Bei den Einträgen 147 und 148 spielt Marky Ramone Drums.

2003
Die Einträge 149 und 150 wurden von John Curley produziert.
149. „There Is An End"
(Craig Fox)
Ronnie Spector – *The Last Of The Rock Stars*
Patti Smith singt zusätzliche Vocals. Die musikalische Begleitung stammt von den Greenhornes.

150. „Won't Stop Saying Goodbye"
(Julia Greenberg/Jeremy Chatzky)
Ronnie Spector – The Last Of The Rock Stars
Die musikalische Begleitung stammt von den Greenhornes.

2004
151. „Hey Sah Lo Ney"
(John Linde/Bernard Schreiber/Sholom Schreiber)
Ronnie Spector – *The Last Of The Rock Stars*
Produziert von Matthew Ellard. Nick Zinner von den Yeah Yeah Yeahs spielt Lead-Gitarre und Dennis Diken von den Smithereens Schlagzeug.

2004-2006
Die Einträge 152 und 153 wurden von Richard Gottehrer und Sune Rose Wagner produziert.
152. „Ode To L.A."
(Sune Rose Wagner)
The Raveonettes – *Pretty in Black* – Columbia CK92875 (2005)
Ronnie ist hier Gastsängerin.

153. „Ode To L.A."
(Sune Rose Wagner)
Ronnie Spector – *The Last Of The Rock Stars*
Ronnie singt die Lead-Vocals. Die Backing-Vocals und die Musik stammen von den Raveonettes.

154. „Here Today Gone Tomorrow"
(Douglas Colvin/John Cummings/Thomas Erdelyi/Jeff Hyman)
Ronnie Spector – *The Last Of The Rock Stars*
Produziert von Ronnie Spector, Angela Piva und Roey Shamir. Ronnie nahm eine andere Fassung des Ramones-Songs für ihr 1980er-Album *Siren* auf.

155. „Girl from The Ghetto"
(Kina Cosper/Robert Hawes/London Jones)
Ronnie Spector – *The Last Of The Rock Stars*
Produziert von Ronnie Spector und Angela Piva. Die zusätzlichen Melodielinien und Texte stammen von Ronnie Spector und Roey Shamir. Ronnies Cousine Cindy Mizelle singt Background.

156. „Out In The Cold Again"
(Rube Bloom/Ted Koehler)
Ronnie Spector – *The Last Of The Rock Stars*
Produziert von Ronnie Spector und Daniel Rey.

12. März 2007
157. „Be My Baby" (Live)
(Spector/Greenwich/Barry)
The Ronettes – *The Best Of The Rock And Roll Hall Of Fame + Museum Live* – Time Life Music 26397/D (November 2011); *Rock And Roll Hall Of Fame, Volume 9: 2006–2007* (Live) – Time Life Music (November 2011) (nur Download)

158. „Baby, I Love You" (Live)
(Spector/Greenwich/Barry)
The Ronettes – *Rock And Roll Hall Of Fame, Volume 9: 2006–2007* (Live) – Time Life Music (November 2011) (nur Download)

159. „Walking in The Rain" (Live)
(Spector/Mann/Weil)
The Ronettes – *Rock And Roll Hall Of Fame, Volume 9: 2006–2007* (Live) – Time Life Music (November 2011) (nur Download)
Die Einträge 157-159 wurden am 12. März 2007 bei der Aufnahme in die

Rock and Roll Hall Of Fame mitgeschnitten, als den Ronettes endlich die ihnen schon längst überfällige Ehrung zuteilwurde. Die Feierlichkeiten waren der erste öffentliche Auftritt der Originalmitglieder seit 1967 und tragischerweise auch ihr letzter, da Estelle Bennett weniger als zwei Jahre später verstarb. Ein Video mit Keith Richards' Laudatio und der Performance von „Be My Baby" ist auf folgender DVD zu sehen: *Rock And Roll Hall Of Fame Legends* – Time Life 25654 (Mai 2010).

22. Dezember 2007

160. „Back To Black"/„You Baby"
(Amy Winehouse/Mark Ronson and Spector/Mann/Weill)
Ronnie Spector – Bad Girl Sounds (2009) (nur Download)
Curt Wade zeichnete den Song live auf und mischte ihn auch ab. Veranstaltungsort: Wolf Den im Mohegan Sun Casino in Uncasville, Connecticut.

2009

161. „It's Christmas Once Again"
(Elaine Blackman)
Ronnie Spector – *The Last Of The Rock Stars* – Bad Girl Sounds 0011 (2009); *Ronnie Spector's Best Christmas Ever* (EP) – *Bad Girl Sounds* 0004 (2010)
Produziert von Johnny Gale.
Der Track erschien erstmalig als Bonus auf der US-Ausgabe von *The Last Of The Rock Stars*.

162. „Please Say You Want Me"
(Donald Lynn Hayes/Irving Nahan)
Ronnie Spector – Bad Girl Sounds (2009) (nur Download)
Produziert von Bobby Eli.

163. „Back To Black"
(Amy Winehouse/Mark Ronson)
Ronnie Spector – Bad Girl Sounds (August 2011) (nur Download)
Produziert von Richard Gottehrer und Phenom. Obwohl Ronnie diesen Amy-Winehouse-Song seit 2007 bei ihren Konzerten coverte, wurde die Studiofassung erst 2009 eingespielt. Sie blieb unveröffentlicht und erschien erst nach Winehouse' Tod 2011 als Single. Alle Einnahmen kamen dem Daytop Village zugute, einem Behandlungszentrum für Drogensüchtige.

2010

Die Einträge 164-168 wurden von Bobby Eli produziert.

164. „My Christmas Wish"
(Johnny Colla)
Ronnie Spector – *Ronnie Spector's Best Christmas Ever*

165. „It's The Time (Happy Holidays)"
(Marshall Thompson/Anthony Raynard Watson)
Ronnie Spector – *Ronnie Spector's Best Christmas Ever*

166. „Light One Candle"
(Linda Sobo)
Ronnie Spector – *Ronnie Spector's Best Christmas Ever*

167. „Best Christmas Ever"
(John Sinclair/Leslie Stanwyck)
Ronnie Spector – *Ronnie Spector's Best Christmas Ever*

168. „I Do Love You"
(Billy Stewart)
Ronnie Spector – Bad Girl Sounds (Februar 2013) (nur Download)

169. „Baby, I Love You"
(Spector/Greenwich/Barry)
Ronnie Spector – *My Music: Rock, Pop & Doo Wop* (DVD) – Treasury Collection TCDVD001 (2011)

170. „Be My Baby"
(Spector/Greenwich/Barry)
Ronnie Spector – Treasury Collection (2014) (nur Download); *My Music: Rock, Pop & Doo Wop* (DVD)

171. „So Young“
(William „Prez“ Tyus)
Ronnie Spector – Treasury Collection (2011) (nur Download); *My Music: Rock, Pop & Doo Wop* (DVD); Various Artists – *My Music: Rock, Pop & Doo Wop* – Original Soundtrack (CD) – Treasury Collection RPDWCD (2011) (Limited Distribution CD)

172. „Do I Love You“
(Spector/Poncia/Andreoli)
Ronnie Spector – *My Music: Rock, Pop & Doo Wop* (DVD)

173. „Walking in The Rain“
(Spector/Mann/Weil)
Ronnie Spector – *My Music: Rock, Pop & Doo Wop* (DVD)
Die Einträge 169-173 wurden von Sean McDonald und Tom Moulton live mitgeschnitten und danach abgemischt. Das fand bei der Veranstaltung „My Music: Rock, Pop & Doo Wop“ statt, ein All-Star-Event am 22. Mai 2010 im Benedum Center, Pittsburgh, das danach bei den PBS-TV-Stationen übertragen wurde. Die von Ronnie aufgeführten fünf Titel erschienen auf der limitierten 3-DVD-Kollektion *My Music: Rock, Pop & Doo Wop*, exklusiv erhältlich als Premiumangebot bei den öffentlichen US-TV-Stationen. Von den Stücken wurden nur zwei – „Be My Baby“ und „So Young“ – als kommerzielle Download-Singles offeriert. „So Young“ erschien auch auf der CD *My Music: Rock Pop And Doo Wop* (Original Soundtrack), eine Various-Artists-Compilation mit Aufritten der Show, die – wie auch die DVD – als Premiumangebot für Fernsehzuschauer erhältlich war.

2014
174. „One Night Stand“
(Bryan Ferry)
Bryan Ferry – *Avonmore* – BMG 81012153 (November 2014)
Ronnie singt bei dem von Bryan Ferry und Rhett Davies produzierten Track.

175. „P.S. I Love You“
(Lennon/McCartney)
Ronnie Spector – *The Art Of McCartney* (Vinyl Boxed Set) – Arctic Poppy APVINLP 1402 (November 2014); Various Artists – *The Art Of McCartney* (Exklusives Deluxe Boxset) – Arctic Poppy APDELU 1402 (November 2014)
Produziert von Ralph Sall. Ronnies Beitrag zu diesem McCartney-Tribute erscheint nur auf der umfangreicheren Deluxe-Ausgabe.

April-November 2015
Die Einträge 176-186 wurden von Scott Jacoby produziert.
176. „Oh Me Oh My (I'm A Fool For You Baby)“
(Jim Doris)
Ronnie Spector – *English Heart* – 429 Records FTN16122 (April 2016)

177. „Because“
(Dave Clark)
Ronnie Spector – *English Heart*

178. „I'd Much Rather Be With The Girls“
(Andrew Loog Oldham/Keith Richards)
Ronnie Spector – *English Heart*

179. „Don't Let The Sun Catch You Crying“
(Les Chadwick/Les Maguire/Fred Marsden/Gerard Marsden)
Ronnie Spector – *English Heart*

180. „Tired Of Waiting“
(Ray Davies)
Ronnie Spector – *English Heart*

181. „Tell Her No“
(Rod Argent)
Ronnie Spector – *English Heart*

182. „I'll Follow The Sun“
(John Lennon/Paul McCartney)
Ronnie Spector – *English Heart*

183. „You've Got Your Troubles"
(Roger Greenaway/Roger Cook)
Ronnie Spector – *English Heart*

184. „Girl Don't Come"
(Chris Andrews)
Ronnie Spector – *English Heart*

185. „Don't Let Me Be Misunderstood"
(Bennie Benjamin/Gloria Caldwell/Sol Marcus)
Ronnie Spector – *English Heart*
Ronnies Cousine Cindy Mizelle ist bei folgenden Einträgen als Background-Sängerin zu hören: 176, 178, 180-185.

186. „How Can You Mend A Broken Heart"
(Barry Gibb/Robin Gibb)
Ronnie Spector – *English Heart*

2017
187. „Love Power"
(Teddy Vann)
Ronnie Spector and the Ronettes – Tarpan Records/Bad Girl Sounds (August 2019) (nur Download)
Produziert von Narada Michael Walden. Background-Sängerinnen sind unter anderem Cindy Mizelle, Gnomi Gré und Zhana Saunders.

2018
188. „My One And Only"
(Pete Molinari)
Ronnie Spector – Unveröffentlicht
Produziert von Linda Perry.

2019
189. „Under The Mistletoe"
(Camille Moitoret/David Lachance)
Ronnie Spector and Elle King – Valentine Recording Studios (November 2019) (nur Download)
Produziert von Nic Jodoin. Ein Duett mit der Singer/Songwriterin Elle King.

THE RONETTES: LOST AND FOUND

Die Ronettes-Fans wissen schon lange, dass die Gruppe einige Songs aufnahm, die zur aktiven Zeit in den Sechzigern nicht veröffentlicht wurden – aus welchem Grund auch immer. Eine Handvoll dieser Perlen – darunter beliebte Songs wie „Paradise" und „I Wish I Never Saw The Sunshine" – erschienen auf offiziellen Veröffentlichungen in den Siebzigern. Die Fans glauben aber, dass mit Sicherheit noch ähnlich hochwertige Ronettes-Songs im Archiv lagern. Diese Spekulationen werden durch die Tatsache angeheizt, dass in den letzten Jahren regelmäßig unbekannte Ronettes-Recordings auftauchten, die meisten nicht vollendet und einige nur als Fragmente. Sie sind nicht auf offiziellen Veröffentlichungen zu finden. Was folgt, ist ein Versuch diese „verlorenen" Stücke zu dokumentieren.

1964
„Padre"
(Unbekannt)
The Ronettes – *Everything You Always Wanted To Know About The Ronettes … But Were Afraid To Ask* – For Collectors Only (EU) FCO 01 (2017)
Produziert von Phil Spector. Über diese unvollendete Aufnahme stehen so gut wie keine Informationen zur Verfügung. Sie erschien 2017 ohne großes Aufsehen auf *Everything You Always Wanted To Know About The Ronettes … But Were Afraid To Ask*, einer inoffiziellen CD-Anthologie dubioser Herkunft.

„Someday (Baby)"
(Spector/Poncia/Andreoli)
The Ronettes – *Everything You Always WantedTo Know About The Ronettes … But Were Afraid To Ask*
Produziert von Phil Spector. Ein weiterer unvollendeter Ronettes-Track, der zuerst auf *Everything You Always Wanted To Know About The Ronettes … But Were Afraid To Ask* erschien.

1965
„Home Of The Brave“
(Mann/Weil)
The Ronettes – Unveröffentlicht. Produziert von Phil Spector. Obwohl eine andere Version des Songs – produziert vom Spector-Protegé Jerry Riopelle von Bonnie and the Treasures 1965 auf dem Phi-Dan-Label erschien, wurde die Existenz der Ronettes-Version (um die sich jahrelang Gerüchte drehten) bestätigt, denn 2020 tauchte ein bislang unbekanntes Azetat mit Ronnies Vocals auf.

„Close Your Eyes“
(Jerry Riopelle/Gary Zekley)
The Ronettes – *Everything You Always Wanted To Know About The Ronettes … But Were Afraid to Ask*
Produziert von Phil Spector. Wie bei „Home Of The Brave“ wurde eine ähnliche und von Jerry Riopelle produzierte Fassung von Bonnie (von Bonnie and the Treasures) 1966 veröffentlicht. Phil hatte zuvor den Song (Ronnie: Vocals) ins Archiv verbannt.

RONETTES/RONNIE SPECTOR COMPILATIONS

Ronnies Aufnahmen sind im Laufe der Jahre auf einer scheinbar unendlichen Reihe von Retrospektiven auf den Markt gekommen. Diese Check-Liste bietet einen Anhalt zu den am meisten essenziellen Compilations des großen Katalogs.

The Ronettes Featuring Veronica – EMI Gold (UK) 7243 8 64298 2 7486 (2006)
1. „He Did It,“ 2. „Silhouettes,“ 3. „Good Girls,“ 4. „The Memory,“ 5. „You Bet I Would,“ 6. „I'm Gonna Quit While I'm Ahead,“ 7. „I'm On The Wagon,“ 8. „Recipe For Love,“ 9. „My Guiding Angel,“ 10. „I Want A Boy,“ 11. „What's So Sweet About Sweet Sixteen“
Ronnie verfasste die Liner Notes zu diesem Reissue des 65er-Colpix-Albums, auf dem sich die frühsten Aufnahmen der Gruppe wieder finden, produziert von Stu Phillips 1961 und 1962. Im selben Jahr erschien die CD *The Ronettes: The Early Years* – Rhino R2 70524 (1991).

The Ronettes: The Colpix And Buddah Years – Sequel (UK) NEM CD620 (1992)
1. „He Did It,“ 2. „Silhouettes,“ 3. „Good Girls,“ 4. „The Memory,“ 5. „You Bet I Would,“ 6. „I'm Gonna Quit While I'm Ahead,“ 7. „I'm On The Wagon,“ 8. „Recipe For Love,“ 9. „My Guiding Angel,“ 10. „I Want A Boy,“ 11. „What's So Sweet About Sweet Sixteen,“ 12. Joey Dee – “ Getting Nearer,“ 13. „Lover Lover,“ 14. „Go Out And Get It,“ 15. „I Wish I Never Saw The Sunshine,“ 16. „I Wonder What He's Doing,“ 17. „Silhouettes“ (Overdub Session)
Diese einzigartige Zusammenstellung koppelt die Colpix-Tracks der Ronettes mit sehr schwer zu findenden Buddah-Aufnahmen der frühen Siebziger mit dem neuen Line-up, bestehend aus Ronnie, Chip Fields und Denise Edwards. Inkludiert sind auch Studio-Plaudereien, aufgenommen während der 62er-Aufnahme von „Silhouettes“.

A Christmas Gift For You From Phil Spector – Various Artists – Legacy 8869759214 2 (2009)
1. Darlene Love – “White Christmas,“ 2. The Ronettes – “ Frosty The Snowman,“ 3. Bob B. Soxx and the Blue Jeans – “The Bells Of St. Mary,“ 4. The Crystals – “Santa Claus Is Coming To Town,“ 5. The Ronettes – “Sleigh Ride,“ 6. Darlene Love – “Marshmallow World,“ 7. The Ronettes – “I Saw Mommy Kissing Santa Claus,“ 8. The Crystals – “Rudolph the Red-Nosed Reindeer,“ 9. Darlene Love – “Winter Wonderland,“ 10. The Crystals – “ Parade Of The Wooden Soldiers,“ 11. Darlene Love – “Christmas (Baby Please Come Home),“ 12. Bob B. Soxx and the Blue Jeans – “Here Comes Santa Claus,“ 13. Phil Spector and Artists – “Silent Night“
Die Ronettes präsentieren drei ihrer

beliebtesten Songs auf diesem klassischen Weihnachtsalbum veröffentlicht als *A Christmas Gift For You From Philles Records* – Philles PHLP 4005 (1963).

The Ronettes Sing Their Greatest Hits – PSI (UK) 2307 003 (1975)
1. „Walking In The Rain," 2. „Do I Love You," 3. „So Young," 4. „(The Best Part Of) Breakin' Up," 5. „I Wonder," 6. „What'd I Say," 7. „Be My Baby," 8. „You Baby," 9. „Baby, I Love You," 10. „How Does It Feel?," 11. „When I Saw You," 12. „Chapel Of Love"
Dieses UK-Reissue aus dem Jahr 1975 präsentiert die seltene Stereo-Pressung von *Presenting The Fabulous Ronettes* – Philles PHLP ST 4006 (1965).

Phil Spector Presents The Philles Album Collection (Disc 6) – Legacy 88697 927822 (2011)
1. „Walking In The Rain," 2. „Do I Love You," 3. „So Young," 4. „(The Best Part Of) Breakin' Up," 5. „I Wonder," 6. „What'd I Say," 7. „Be My Baby," 8. „You Baby," 9. „Baby, I Love You," 10. „How Does It Feel?,"11. „When I Saw You," 12. „Chapel Of Love"
Das Boxset *Phil Spector Presents The Philles Album Collection* (2001) beinhaltet Reissues von sechs klassischen Philles-Alben, darunter die Mono-Pressung *Presenting The Fabulous Ronettes* Philles PHLP 4006 wie auch eine Bonus-Disc mit einer B-Seiten Auswahl von Instrumentals. Vier davon erschienen ursprünglich auf frühen Ronettes-Singles. Zu den im Set enthaltenen Alben gehört *The Crystals Sing The Greatest Hits, Volume 1* – Philles 3, mit vier Ronettes-Tanz-Tracks, die bis zu dieser Veröffentlichung den Crystals zugeschrieben worden waren.

The Ronettes – The Greatest Hits, Vol. II – PSI (UK) 2335 233 (1981)
1. „I Can Hear Music," 2. „Is This What I Get For Loving You," 3. „Born To Be Together," 4. „Paradise," 5. „Soldier Baby Of Mine," 6. „(I'm A) Woman in Love," 7. „Everything Under The Sun," 8. „I Wish I Never Saw The Sunshine," 9. „Keep On Dancing," 10. „Here I Sit," 11. „Why Don't They Let Us Fall In Love," 12. „Lovers"

The Greatest Hits, Volume II beinhaltet den seltenen Ronettes-Track „Lovers", der ursprünglich auf dem neun-Alben-Boxset *The Wall Of Sound – Phil Spector* – PSI (UK) WOS 002 auf den Markt kam (1981).

The Ronettes: All The Hits – Charly Records (Germany) CD CRB 560 (1995)
1. „Be My Baby," 2. „Baby, I Love You," 3. „(The Best Part Of) Breakin' Up," 4. „Do I Love You," 5. „Walking In The Rain," 6. „Born To Be Together," 7. „Is This What I Get For Loving You," 8. „I Can Hear Music," 9. „So Young," 10. „I Wonder," 11. „You Baby," 12. „How Does It Feel?," 13. „When I Saw You," 14. „Oh, I Love You," 15. „Blues For My Baby," 16. „The Twist," 17. „Why Don't They Let Us Fall In Love," 18. „Chapel Of Love," 19. „Mashed Potato Time," 20. „What'd I Say"
Die deutsche Compilation beinhaltet die selten gehörte Ronettes-B-Seite „Blues For My Baby" wie auch „The Twist" und „Mashed Potato Time", zwei Tanznummern, ursprünglich den Crystals zugeschrieben.

Dangerous: Ronnie Spector 1976–1987 – Raven Records (Australia) RVCD-48 (1995)
1. Ronnie Spector and the E Street Band – „Say Goodbye To Hollywood," 2. Ronnie Spector and the E Street Band – „Baby Please Don't Go," 3. Ronnie Spector with Southside Johnny and the Asbury Jukes – „You Mean So Much To Me Baby," 4. Ronnie Spector and Eddie Money – „Take Me Home Tonight," 5. Ronnie Spector and Eddie Money – „Who Can Sleep," 6. „Love On A Rooftop," 7. „Dangerous," 8. „Burnin' Love," 9. „Unfinished Business," 10. „If I Could

Walk Away," 11. „Heart Song," 12. „True To You," 13. „When We Danced," 14. „Good Love Is Hard To Find," 15. Ronnie Spector with Southside Johnny and the Asbury Jukes – „You Mean So Much To Me Baby (Live)," 16. „Ronnie Spector Interview"
Die australische Kollektion präsentiert den ersten retrospektiven Überblick von Ronnies Karriere als Solokünstlerin. Und beinhaltet alle Songs des 87er-Albums *Unfinished Business* – Columbia C 40620 (Mai 1987).

Be My Baby: The Very Best Of The Ronettes – Sony Legacy 88697612862 (2011)
1. Veronica – „Why Don't They Let Us Fall in Love," 2. „Be My Baby," 3. „Baby, I Love You," 4. „(The Best Part Of) Breakin' Up," 5. Veronica – „So Young," 6. „Do I Love You," 7. „Walking In The Rain," 8. „I Wonder," 9. „When I Saw You," 10. „You Baby," 11. „Born To Be Together" 12. „Is This What I Get For Loving You," 13. „Paradise," 14. „Here I Sit," 15. „I Wish I Never Saw The Sunshine," 16. „Everything Under The Sun," 17. „I Can Hear Music," 18. „You Came, You Saw, You Conquered"
Die Zusammenstellung aus dem Jahr 2011 kompiliert die bekanntesten Songs der Gruppe, darunter „I Can Hear Music", ihre letzte Single für Philles.

The Very Best Of Ronnie Spector – Sony Legacy (EU) 88875166582 (2015)
1. The Ronettes – „Do I Love You," 2. Veronica – **„**So Young," 3. The Ronettes – „You Baby," 4. The Ronettes – „Baby, I Love You," 5. The Ronettes – „Walking In The Rain," 6. The Ronettes – „(The Best Part Of) Breakin' Up," 7. The Ronettes – „Be My Baby," 8. The Ronettes – „I Can Hear Music," 9. The Ronettes – „Paradise," 10. Ronnie Spector – Try Some, Buy Some," 11. Ronnie Spector and the Ronettes – „ Lover, Lover," 12. Southside Johnny and the Asbury Jukes with Ronnie Spector – „You Mean So Much To Me (Live)," 13. Ronnie Spector and the E Street Band – „ Baby Please Don't Go," 14. Ronnie Spector and the E Street Band – „Say Goodbye To Hollywood," 15. Ronnie Spector – „Love On A Rooftop," 16. Ronnie Spector – „You Can't Put Your Arms Around A Memory," 17. Ronnie Spector – „All I Want," 18. Ronnie Spector – „Farewell To A Sex Symbol"
Die Compilation aus dem Jahr 2015 bietet einen umfassenden Karriere-Überblick von Ronnie bei ihren verschiedenen Labels. Er reicht von den frühen Ronettes-Hits über ihre Arbeit mit Southside Johnny und Bruce Springsteen bis hin zu ihren bekanntesten Aufnahmen als Solokünstlerin.

Index

A&M Records 126, 220, 389, 390, 395
Abbey Road Studios 244, 247
Albert, Edward, Jr. 284
„Ain't No Mountain High Enough" 254
Allen, Peter 314
Alpert, Herb 126, 220
Alston, Shirley 79, 287
American Bandstand 77–78, 84, 130, 360
Andreoli, Pete 114, 217, 388
Apollo Theater 25–26, 33–34, 36, 81, 83, 91, 121, 158, 165
Apple Records 242–243, 248–249, 387, 391
„Baby, I Love You" 6, 90–91, 114–115, 123, 158, 280, 296, 307, 388, 398–399, 403–404
Bacall, Lauren 168
Barry, Jeff 67, 72–73, 90, 114, 376, 390, 398
Beatlemania 104, 111, 113
Beatles 95–97, 100, 103–107, 110–113, 123, 146–150, 152, 176, 205, 241–242, 244–245, 253
„Be My Baby" 6, 71, 73–81, 83–85, 87, 90, 114–115, 176, 248, 280, 349, 359–360, 368, 370, 374, 384–390, 394, 398–400, 403–404
Bennett, Beatrice 13, 204, 207
Bennett, Louis 13, 23
Bennett, Pete 243–244
Blaine, Hal 76, 379
Blossoms 76
Bob B. Soxx and the Blue Jeans 59, 68, 76, 402
Bogart, Humphrey 168–169
Bono, Sonny 76–77, 126–127, 129, 131, 141, 196–197
„Born To Be Together" 114, 137, 389, 403–404
Bowie, David 300–304
Brand, George 135, 160, 166, 170, 193, 199, 212–214, 216, 232–233, 236, 257–259, 268–269
Brigati, David 45, 47, 379
Brill Building 37–38
British Invasion 123
Brooklyn Fox Theater 52, 54, 61, 78, 99, 123, 139, 273, 276, 287, 349, 371, 387
Brown, James 81, 121
Bruce, Lenny 152–155, 173
Byrds 139
Campbell, Glen 76
CBGB 323
CBS Record s 308
Chantels 32, 37
„Chapel Of Love" 137, 388, 403
Charles, Ray 45, 139, 386, 387
Cher 76–77, 91, 127–128, 196–197, 296, 379
Clark, Dick 78, 84, 90, 150, 287, 290, 292, 371, 379
Clay Cole's Twisterama Revue 71

Clemons, Clarence 308, 394
Cleveland, James 229–230
Colpix Records 39–40, 56, 58, 66–69, 71, 132
Columbia Pictures 40, 47
Columbia Records 209, 360
Contours 57
Cooper, Alice 283, 314, 392
Crazy Elephant 102
Crystals 59, 385–386, 388, 402–403
Darling Sisters 38
Dave Clark Five 123
Decca Records 95, 205
Dee, Joey 45, 47–48, 78, 387
Dirty Dancing 374
Dixie Cups 137
„Do I Love You“ 117, 123, 373, 388, 400, 403–404
Dong, Joe 125, 158, 271
Dylan, Bob 121
Edwards, Denise 287, 290, 293, 300, 392, 402
Electric Lady Studios 324
Evans, Mal 106
Fields, Chip 279, 287, 379, 392, 402
Flack, Roberta 368
„Frosty The Snowman“ 92, 354, 386, 402
Gaye, Marvin 57
Gibbons, Billy 368
Glastonbury Festival 367/368
Goldie and the Gingerbreads 323
Gold Star Studios 69, 74–76, 126, 129–130, 141, 148, 220
Golson, Benny 171
Golson, Bobbie 171, 193, 195, 213–216, 233–234, 379
„Good Girls“ 42, 385, 402
Greenfield, Austin 5, 350–351, 353–359, 361–362, 366–367, 371, 381
Greenfield, Jason 5, 358–359, 361–362, 366–367, 371, 381
Greenfield, Jonathan 315–318, 324–326, 328–329, 335–336, 338, 340–344, 348, 350–355, 357–358, 363, 367, 372, 375, 377, 382
Greenwich, Ellie 67, 72–73, 90, 114, 376
Halikus, Phil 38–39
Hall, Tony 95–96, 98
Harrison, George 7, 94–96, 99–100, 102, 105–106, 110–111, 205, 241–247, 249, 391
„He Did It“ 42, 385, 402
Hendrix, Jimi 121, 390
Herman's Hermits 123
Hey, Let's Twist 47–48
„I Can Hear Music“ 143, 369, 385, 390, 394, 403–404
„I'm Gonna Quit While I'm Ahead“ 41, 56, 384, 402
„I'm On The Wagon“ 42–43, 384, 402
Impressions 82
„Is This What I Get For Loving You?“ 137, 389, 404
„It's A Heartache“ 311, 328, 392
„I Want A Boy“ 41, 43, 384, 402
„I Wish I Never Saw The Sunshine“ 137, 284, 305, 390–391, 396, 403–404
Jackson, Mahalia 180
Jagger, Mick 11, 120–121, 176
James, Fanita 75–76
Jay and the Americans 57
Joel, Billy 308–309, 379, 392
Joey Dee and the Starliters 45, 47, 78, 378
Johnson, Ella 103
Johnson, George 168–169, 175, 179, 187–188, 198–200, 212, 214, 216, 227, 251,
Jones, Rickie Lee 368
Kaufman, Murray „the K“ 50–52, 54, 56, 71, 78, 85, 105–106, 111, 275–276, 387
Kaye, Carol 76

Kessel, Barney 76
King, Ben E. 37, 99
King, Carole 43, 256
King, Martin Luther Jr 177, 374.
King, Tony 95, 102, 205, 379
Knight, Marcia 294, 324, 325–326, 332, 352
LaBelle, Patti 82, 188, 287
La Collina Drive 135, 138, 181, 252
Last of the Rock Stars, The 368, 396
Late Show with David Letterman 46, 360
Lennon, John 95–100, 103, 105–111, 149–150, 176, 208, 241–244, 247–249, 285, 295–298, 300, 391, 400
Let It Be Album 241
Levine, Irwin 219–220, 390–391
Levine, Larry 75–76, 131, 133, 141, 148
Little Anthony and the Imperials 32, 57
Love, Darlene 64, 75–76, 91, 128–129, 395, 402
„Love Affair“ 368
„Lover Lover“ 284,391
„Love Train“ 287
Lymon, Frankie 26–28, 30, 32–33, 62–63, 87–89, 210, 364
Mann, Barry 114, 133–134
Martha and the Vandellas 57
McGuire Sisters 41
„Memory, The“ 42, 385, 402
Minnelli, Liza 283–284, 314
Miracles 57
Moman, Chips 311
Money, Eddie 209,, 359–360, 380, 393–394, 396, 403
Moss, Jerry 126
„My Guiding Angel“ 41, 384
„My Sweet Lord“
Nader, Richard
Navarro Hotel
The Neon Woman 314
Newbeats 57
Nitzsche, Jack 10,76, 361, 380
Oldham, Andrew Loog 101, 400
Ondine 121
Ono, Yoko 300
Pang, May 285, 295, 300–301
„Paradise“ 137, 305, 389, 401, 403–404
Patti LaBelle 82, 188, 287
Peppermint Lounge 43, 47, 49–50
Philles Records 60, 120, 220, 386–387, 403
Phillips, Stu 39–42, 56, 204, 379, 384, 402
Poncia, Vini 114, 217, 388
Popovich, Steve 308–311, 379, 392–393
Presley, Elvis 176, 231–232, 311–312
Presley, Priscilla 231–232
Ready, Steady, Go! 123
„Recipe For Love“ 42, 385, 402
Richards, Keith 9–12, 120–121, 206, 368–369, 379–380, 397, 399–400
Richards, Patti 369
Righteous Brothers 138
Rolling Stones 9, 11, 94, 100–101, 120, 368
Ronnie and the Relatives 38, 47, 384
Ross, Diana 57, 253–254
Ross, Scott 105–107, 111, 158, 278
Russell, Leon 76, 391
„Say Goodbye To Hollywood“ 308–310, 322, 392, 403–404
Searchers 57
Shangri–Las 57
Shirelles 53, 57, 79, 287, 398
Siren 324–326, 338, 393, 398
Southside Johnny and the Asbury Jukes 306, 392, 403–404
Spector, Annette 131, 145–146
Spector, Bertha 129, 330–331

Spector, Donté Phillip 206, 224–228, 237, 241, 243, 259, 264–265, 271–273, 285, 288–289, 319–322, 325–332, 334, 336–339, 355, 381
Springfield, Dusty 57–58
Springsteen, Bruce 208, 286, 299–300, 307, 309, 392, 397, 404
Starr, Ringo 95, 111
Stein, Jay 267, 269, 273, 320, 379
Summers, Jerry 286
Supremes 57, 123, 125–126, 254
„Tandoori Chicken“ 247–247,
Taylor, Elizabeth 46
Temptations 51, 57, 99
Tyler, Bonnie 311
„Under The Mistletoe“ 189
Unfinished Business 299, 360–361, 394, 403
Van Zandt, Stevie 286, 298, 308–309
„Walking In The Rain“ 123, 133, 249, 282, 292, 371, 389, 398, 400, 403–404
Weil, Cynthia 114, 133–134, 379
„What I'd Say“ 45, 156, 281
„What's So Sweet About Sweet Sixteen“ 40–41, 43, 56, 384, 402
„Why Do Fools Fall In Love“ 27, 34, 62
„Why Don't They Let Us Fall In Love“ 67–69, 72, 385, 403–404
Williams, Hank 18
Wilson, Brian 310, 386
Winehouse, Amy 372, 373, 399
Wonder, Stevie 51, 57, 287
„You Bet I Would“ 42–43, 384,
„You Came, You Saw, You Conquered“ 219, 221, 389–390, 404
„You Mean So Much To Me“ 299, 306, 392, 403–404
Zaan, Dave 276, 280, 285, 299, 303–304, 379
ZZ Top 368